KB188178

Three

Women

세

여자

세
여자

여성의

성욕에

관하여

리사 태디오 지음

김승욱 옮김

코쿤북스

폭스를

위해

밖에서 열린 창문 안을 보는 것으로는,

닫힌 창문을 통해 안을 볼 때만큼 많은 것을 볼 수 없다.

촛불 하나만이 밝혀진 창문보다 더 심오하고, 더 신비롭고,

더 상상력을 자극하고, 더 암시적이고, 더 눈부신 것은 없다.

밝은 햇빛 아래 풍경보다 유리창 뒤편에서

벌어지는 일이 언제나 더 흥미롭다.

어두울 때든 환할 때든 그 사각형 유리창 뒤에서

사람들이 살아가고, 사람들이 꿈꾸고,

사람들이 고통받는다.

— 샤를 보들레르

일러두기

1. 모든 각주는 옮긴이주이다.
2. 인명, 지명 등 외래어는 국립국어원의 외래어표기법을 따랐다.
   단, 일부 단어들은 국내 매체에서 통용되는 사례를 참조했다.

목차

저자의 말 *011*

프롤로그 *013*

매기 *029*

리나 *046*

슬론 *064*

매기 *098*

리나 *133*

매기 *168*

슬론 *208*

리나 *228*

매기 *249*

리나 *265*

매기 *289*

슬론 *329*

리나 *350*

매기 *362*

슬론 *386*

매기 *394*

리나 *401*

슬론 *416*

매기 *434*

에필로그 *445*

감사의 말 *461*

저자의 말

이 책은 논픽션이다. 지난 8년에 걸쳐 나는 이 책에 등장하는 여성들과 수천 시간을 함께 보냈다. 직접 만날 때도 있고, 전화 통화를 할 때도 있고, 문자 메시지나 이메일을 주고받을 때도 있었다. 그들이 사는 도시로 내가 아예 이사를 가서 산 적도 두 번 있었다. 그들의 일상생활을 더 생생하게 이해하기 위해서였다. 그렇게 해서 나는 이 책에 적은 많은 순간들을 직접 경험했다. 과거에 있었던 일이나 내가 없는 곳에서 일어난 일을 묘사할 때는 이 세 여성의 기억과 일기, 문자와 이메일 등에 의존했다. 이 세 여성의 친구들 및 가족과도 인터뷰를 진행했고, 그들의 소셜 미디어도 추적했다. 그러나 대부분의 경우 이 세 여성의 시각을 따랐다.

사건들의 내용과 시간 순서를 확인하기 위해 법원의 기록과 지역 언론사의 기사도 참고하고, 기자, 판사, 검사, 수사관, 동료, 지인 등과도 이야기를 나눠보았다. 이 책에 실린 인용문은 거의 모두 법적인 서류, 이메일, 편지, 녹음, 이 책에 등장하는 사람들과의 인터뷰에서 따온 것이다. 문자 메시지, 편지, 이메일 등의 자료가 전혀 없는 중요한 예외가 하나 있기는 하다. 이 경우에는 사건 주인공이 여러 차례 들려준 이야기를 바탕으로 삼았으나, 그녀 자신이 편지를 통해 그 내용을 다시 논박한 바 있다.

나는 세 여성을 선택할 때 그들의 이야기에 독자들이 얼마나 공감할 수 있을지, 그들의 이야기가 얼마나 강렬한지, 과거의 사건들을 이 여성들이 아직도 얼마나 가슴에 품고 있는지를 기준으로 삼았다. 따라서 자신의 이야기가 기록으로 남을 줄 알면서도 아무 것도 숨기지 않고 솔직히 이야기를 들려줄 여성들과 이야기를 나눌 수밖에 없었다. 절반쯤 조사에 응한 뒤 자신의 이야기가 공개되는 것이 두렵다며 물러난 여성들도 여러 명 있다. 나는 주로 여성들이 스스로에게 얼마나 솔직한지 여부, 자신의 이야기를 전달하기 위해 자신의 욕망을 적나라하게 드러내는 것도 꺼리지 않는 태도를 바탕으로 세 명을 선택했다. 이 책은 이 세 여성의 이야기인 만큼, 다른 사람들의 목소리는 그리 뚜렷하게 드러나지 않는다. 그래도 나는 그 사람들을 보호하기 위해 대중에게 공개된 적이 없는 두 여성의 이야기에서 거의 모든 등장인물들의 이름과 지명 등 신원을 파악할 수 있는 정보를 실제와 다르게 바꿨다. 또 다른 한 여성의 이야기에서도 공개적으로 드러난 역할을 하지 않았거나 당시 미성년자였던 사람들의 이름을 역시 가명으로 바꿔놓았다.

나는 이들의 이야기가 여성과 욕망에 관한 중요한 진실을 들려준다고 확신한다. 그러나 여기에 실린 이야기들의 주인은 결국 세 여성이다. 모든 이야기에는 다양한 측면이 있지만, 이것이 그들의 이야기라는 사실은 변하지 않는다.

프롤로그

어머니가 젊었을 때, 어떤 남자가 매일 아침 출근하는 어머니의 뒤를 따라가면서 자위행위를 하곤 했다.

어머니의 학력은 고작 초등학교 5학년으로 끝이었고 지참금이라고는 중급 아마포로 만든 행주가 전부였지만, 대신 미모가 뛰어났다. 지금도 어머니를 생각하면 가장 먼저 떠오르는 말이 '아름답다'이다. 어머니의 머리카락은 알프스 티롤 지방에서 파는 초콜릿과 같은 색이었는데, 어머니는 항상 곱슬머리를 높이 쌓아올린 것 같은 머리 모양을 하고 다녔다. 피부색은 가무잡잡한 가족들과 달리 별로 비싸지 않은 황금으로 만든 밝은 색 장미 같은 독특한 색이었다. 갈색 눈동자는 냉소적이면서도 유혹적이었다.

어머니는 볼로냐 중심가에서 과일과 채소를 파는 노점의 계산원으로 일했다. 패션 지구에 길게 뻗은 널찍한 길 산 펠리체에 있는 노점이었다. 인근에는 구둣가게, 귀금속 가게, 향수 가게, 담배 가게, 직장에 다니지 않는 여성들이 입는 옷을 파는 가게 등이 많이 있었다. 어머니는 출근길에 이 가게들 앞을 지나면서 진열창의 고급 가죽 부츠나 반짝이는 목걸이를 들여다보곤 했다.

그러나 이 상업 지구로 들어서기 전에 어머니는 먼저 조용한 동네를 통과해야 했다. 아파트에서 나와 차가 다니지 않는 골목들을 걷다 보면, 열쇠 가게도 나오고 염소 고기를 파는 정육점도 나왔다. 사람이 없는 주랑 현관에서는 돌에 오랫동안 고여 있는 물의 음산한 냄새와 오줌 냄새가 코를 찔렀다. 남자는 바로 이런 길에서 어머니의 뒤를 쫓아왔다.

그가 어디서 어머니를 처음 보았을까? 내 생각에는 과일과 채소를 파는 그 노점이었을 것 같다. 통통한 무화과, 산더미처럼 쌓인 마로니에 열매, 햇볕을 듬뿍 받은 복숭아, 밝은 하얀색 회향, 초록색 콜리플라워, 아직 흙이 묻은 덩굴에 매달린 토마토, 피라미드처럼 쌓여 있는 짙은 보라색 가지, 작지만 아름다운 딸기, 반짝이는 체리, 포도주 색깔의 포도, 감 등 갖가지 신선한 농산물에 둘러싸인 아름다운 여자. 판매대에는 그때그때 달라지는 다양한 곡식과 빵, 타랄리,° 프리젤레,°° 바게트, 구리냄비, 요리용 초콜릿 등도 진열되어 있었다.

남자는 코가 크고 머리가 점점 벗어지는 60대였다. 푹 꺼진 뺨에는 하얀 후추 색깔의 혹이 하나 있었고, 머리에는 매일 지팡이를 짚고 거리를 산책하는 노인들이 모두 그렇듯이 뉴스보이 캡을 썼다.

그는 퇴근하는 어머니를 미행해 집을 알아두었음이 분명했다. 5월의 어느 맑은 아침에 어머니가 어두운 아파트 안에 있다가 무거운 출입문을 밀고 나가 갑자기 밝은 햇빛과 맞닥뜨렸을 때이탈리아

° 이탈리아 과자의 일종.
°° 이탈리아 빵의 일종.

의 아파트 복도는 거의 모두 어둡다. 그렇지 않아도 흐린 조명등이 비용 절감을 위해 일정 시간이 지나면 꺼지게 설정되어 있을 뿐만 아니라, 서늘하고 두꺼운 돌 벽이 햇빛을 막아버리기 때문이다 이 노인이 어머니를 기다리고 있었다. 어머니로서는 처음 보는 사람이었다.

노인이 미소를 보내자 어머니도 미소로 화답했다. 그러고 나서 종아리까지 내려오는 치마 차림에 별로 값이 나가지 않는 핸드백을 든 모습으로 일터를 향해 걷기 시작했다. 어머니의 다리는 나이를 먹은 뒤에도 기가 막히게 여성적인 형태를 그대로 유지하고 있을 정도였으니, 그날 그 노인이 어머니의 뒤를 따라가며 그 다리를 보고 무슨 생각을 했을지 상상이 간다. 이성애자 여성들은 수백 년 동안 남성들의 시선을 받으며 살아온 탓에 흔히 다른 여자들을 남자의 시각에서 바라보는 버릇이 있다.

어머니는 올리브 판매상, 포트와인과 셰리주 도매상 앞을 지나 몇 블록을 걷는 동안 뒤를 따라오는 노인의 존재를 느낄 수 있었다. 노인은 그냥 따라오기만 한 것이 아니었다. 어느 모퉁이에서 방향을 돌 때, 어떤 움직임이 언뜻 어머니의 시야 가장자리에 잡혔다. 아직 새벽이 다 물러가지 않은 그런 시각에 돌로 포장된 거리에는 사람이 없었다. 어머니가 고개를 돌리자 노인의 성기가 보였다. 바지 밖으로 나온 길고 가느다란 것이 우뚝 서 있었다. 노인은 어머니에게 시선을 고정한 채 그것을 빠르게 위아래로 움직이고 있었다. 노인의 시선이 어찌나 단단하고 안정되어 있는지, 그의 하반신에서 벌어지고 있는 일은 완전히 또 다른 뇌의 소관인 것 같았다.

그때 어머니는 겁에 질렸지만, 세월이 흐른 뒤에는 그 첫날 아침

15

의 두려움이 냉소적인 즐거움으로 퇴색되었다. 그 뒤로 몇 달 동안 노인은 일주일에 며칠씩 어머니의 아파트 앞에 모습을 드러냈고, 나중에는 어머니가 노점에서 일을 마치고 집으로 돌아갈 때도 뒤를 따라오기 시작했다. 그 관계가 한창 절정에 이르렀을 때, 노인이 하루에 두 번씩 어머니의 뒤를 따라왔다는 얘기다.

어머니가 이미 돌아가셨기 때문에 이제는 왜 매일 그 노인을 가만히 내버려두었는지 물어볼 수가 없다. 그래서 대신 나는 오빠에게 물어보았다. 왜 어머니가 어떻게든 조치를 취하거나 누군가에게 말하지 않은 거냐고.

그러나 1960년대의 이탈리아에서 어머니가 경찰에 신고했다면, 경찰관은 이렇게 말했을 것이다. "Ma lascialo perdere, e un povero vecchio. E una meraviglia che ha il cazzo duro a sua et." 그냥 둬요. 불쌍한 노인네인데. 그 나이에 그걸 세울 수 있다는 게 기적이구먼.

어머니는 출근길에서, 퇴근길에서 자신의 몸과 얼굴을 보며 자위행위를 하는 그 남자를 내버려두었다. 어머니는 그런 상황을 즐기는 사람이 아니었지만, 내가 장담할 수는 없는 일이다. 어머니는 당신이 원하는 것에 대해 결코 분명히 말한 적이 없다. 자신이 어떤 일에 흥분하고, 어떤 일에 열이 식어버리는지에 대해서도. 가끔은 어머니에게 자기만의 욕망이 아예 없는 것처럼 보일 정도였다. 어머니에게 성性이란 기껏해야 숲 속의 오솔길 같은 것이었다. 사람의 발길에 풀이 밟혀 길이 만들어졌지만 이정표 같은 것은 전혀 없는 곳. 그 길을 밟은 사람은 우리 아버지였다.

아버지는 여자들을 사랑했다. 옛날에는 멋있다고 여겨지던 방식으로. 의사인 아버지는 마음에 드는 간호사를 '설탕'이라고 부르고, 마음에 들지 않는 간호사는 '자기야'라고 불렀다. 하지만 아버지가 무엇보다도 사랑한 사람은 우리 어머니였다. 아버지가 어머니에게 매력을 느끼고 있음이 너무나 분명히 드러났기 때문에, 지금 그 기억을 떠올리면 마음이 불편해질 정도다.

비록 아버지의 욕망에 대해서는 생각해볼 기회가 없었지만, 모든 남성의 욕망이 지닌 힘 같은 것이 나를 사로잡았다. 남자들은 단순히 상대를 원하는 것이 아니었다. 그들에게는 그것이 '반드시 필요했다.' 매일 출퇴근길에 어머니의 뒤를 따라다녔던 그 남자도 '반드시' 그럴 필요가 있었다. 대통령도 구강성교 때문에 명예를 잃어버리는 세상이다. 남자는 순간을 위해 평생 동안 구축한 것을 도박하듯 내걸기도 한다. 권력이 있는 남자들은 자아가 워낙 비대해서 자신이 잡힐 것이라는 생각을 결코 하지 못한다는 이론을 나는 받아들인 적이 없다. 그보다는 그 순간의 욕망이 워낙 강렬해서 가정이든 일이든 다른 모든 것이 정액보다 묽고 차가운 액체로 녹아 의미를 잃어버리는 것 같다고 생각하는 편이다.

인간의 욕망을 다룬 이 책을 쓰기 시작하면서 나는 남자들의 이야기에 끌릴 줄 알았다. 그들의 갈망. 여자 하나 때문에 제국을 뒤집어버릴 수도 있는 그들의 이야기. 그래서 나는 남자들과 이야기를 나눴다. 로스앤젤레스의 철학자, 뉴저지의 교사, 워싱턴의 정치가. 확실히 그들의 이야기는 매력적이었다. 중국 식당에서 똑같은 앙트레를 몇 번이나 자꾸 주문하게 될 때처럼.

철학자의 이야기는 처음에 잘생긴 남자의 이야기였다. 별로 아름답지 않은 아내는 그와 잠자리를 하고 싶어 하지 않고, 열정과 사랑이 점차 시들해지면서 고뇌가 뒤따랐다. 그런데 어느 순간 그는 허리 통증 때문에 찾아간 마사지사와 자고 싶다는 이야기를 하고 있었다. 몸에 문신이 있는 여자였다. 그녀는 나랑 빅서로 도망치고 싶답니다. 그가 어느 화창한 날 아침 일찍 이런 문자를 보냈다. 그 다음에 만났을 때 그는 커피숍에서 내 맞은편에 앉아 그 마사지사의 엉덩이가 어떻게 생겼는지 묘사했다. 결혼 생활을 하며 잃어버렸던 열정이 다시 위엄을 찾은 것 같지 않았다. 열정은 그냥 겉치레인 것 같았다.

남자들의 이야기를 듣다보니 그 이야기가 그 이야기 같았다. 오랜 기간 동안 구애를 한 사람도 있고, 구애를 하기보다 상대를 자기 취향에 맞게 다듬은 사람도 있었지만, 대부분의 이야기는 숨이 턱턱 막힐 정도로 고동치는 오르가슴으로 끝났다. 나는 일제 사격처럼 밀려오는 오르가슴의 물결 속에서 남자의 스위치는 내려가지만 여자의 스위치는 비로소 올라가기 시작할 때가 많다는 사실을 알게 되었다. 여성이 경험하는 오르가슴은 복잡하고 아름다울 뿐만 아니라, 심지어 폭력적이기까지 했다. 이런 이유들로 인해서, 일종의 막간극이던 여성들의 이야기가 미국인들의 갈망을 다룬 이 책 전체를 대표하게 되었다.

물론 여성의 욕망도 남성의 욕망 못지않게 치고 올라갈 수 있다. 욕망이 치고 올라가면서 스스로 조절할 수 있는 끝을 찾아 헤매는 이야기를 듣다보면 내 관심이 사그라들었다. 내가 최고의 장엄함과 최고의 고통을 발견한 것은 통제할 수 없는 욕망에 대한 이야기, 욕망의 대상이 주도하는 이야기를 들을 때였다. 마치 자전거 페달을 거꾸로 돌릴 때와 같았다. 고뇌와 허탈감, 그리고 마지막으로 완전히 다른 세계로 들어선 것 같은 그 느낌이.

　이 책에 실린 이야기들을 찾아내기 위해 나는 차를 몰고 여섯 번 전국 일주를 했다. 도중에 멈출 곳은 그냥 대충 정했다. 하지만 대개 노스다코타 주 메도라 같은 곳에 발길이 닿곤 했다. 나는 토스트와 커피를 주문한 뒤, 그 지역 신문을 읽었다. 이렇게 찾아낸 사람이 매기였다. 자기보다 어린 여자들한테도 '창녀'니 '뚱보 년'이니 하고 불리던 젊은 여자. 고등학교 때 유부남인 선생님하고 사귀었다고 했다. 그녀의 이야기에서 놀라운 점은 성행위가 등장하지 않는다는 것이었다. 그녀의 이야기에 따르면, 그가 그녀에게 구강성교를 해주었을 뿐 자기 바지의 지퍼에는 손을 대지 못하게 했다고 한다. 하지만 그는 그녀가 가장 좋아하는 책인 『트와일라잇』에 마닐라봉투처럼 노란색 포스트잇을 붙여놓았다. 불행한 연인들의 유대감이 영원히 끊어지지 않을 것이라는 내용 옆에, 자기들 관계도 비슷하다는 뜻을 밝혀놓은 것이다. 이 어린 여성의 마음을 움직여 들뜨게 만든 것은 그가 붙여놓은 엄청난 숫자의 포스트잇과 그 상세한 내용이었다. 그녀는 자신이 그토록 우러러보는 선생님이 그 책을 처음부터 끝까지 모두 읽었다는 사실을 믿을 수 없었다. 게다가 일부러 시간을 들여 그렇게 통찰력이 가득한 논평을 써놓은 것에 대해서는 말할 필요도 없었다. 마치 선생님이 두 뱀파이어 연인에 대해 고급 강의를 해주는 것 같았다. 그는 또한 책갈피에 자신의 향수를 뿌려놓기도 했다. 자신의 향수 냄새를 그녀가 좋아한다는 사실을 알기 때문이었다. 그런 메모를 받아 보고 그런 관계를 경험한 뒤 갑작스러운 끝을 맞다니. 그 자리에 얼마나 큰 구멍이 남았을지 쉽사리 상상할 수 있었다.

내가 매기의 이야기를 우연히 발견한 것은 그녀의 상황이 설상가상으로 계속 악화될 때였다. 내가 보기에 매기는 끔찍하기 짝이 없는 방식으로 성과 성적인 경험을 부정당한 여자였다. 그녀의 시각에서 본 이야기를 나중에 들려주겠지만, 배심원들은 이 이야기를 아주 다른 시선으로 바라보았다. 그녀의 이야기를 읽다 보면 독자들은 너무나 친숙한 의문을 품게 된다. 누가 언제 왜 여자들의 이야기를 믿어주고, 누가 언제 왜 여자들의 이야기를 믿어주지 않는가.

역사를 통틀어 남자가 여자의 가슴을 아프게 하는 데에는 특정한 방식이 있다. 남자는 여자를 진심으로 또는 반쯤 건성으로 사랑하다가 점점 싫증이 나서 몇 주나 몇 달 동안 조용히 몸을 빼낸다. 문간에서 엉덩이를 빼고 뒤로 물러나 손을 턴 뒤 두 번 다시 찾아오지 않는 것이다. 그동안 여자는 기다린다. 사랑이 깊고 선택지가 적을수록 기다림이 길어진다. 그들은 남자가 고장난 휴대폰을 들고 오거나 잔뜩 얻어맞은 얼굴로 돌아와서 이렇게 말해줄 것이라고 기대한다. 미안해, 내가 생매장을 당했는데 생각나는 게 당신밖에 없었어, 당신 번호를 잃어버려서 전화를 못 했을 뿐인데 내가 당신을 버렸다고 당신이 오해할까봐 얼마나 무서웠는지 몰라, 날 산 채로 묻어버린 사람들이 내 휴대폰을 훔쳐갔거든. 3년 동안 전화번호부를 뒤져서 이제야 당신을 찾아낸 거야. 내가 사라진 게 아니야, 내가 느낀 감정이 전부 그대로 있는걸. 맞아, 그건 잔인하고 부당하고 불가능한 일이야. 나랑 결혼해줘.

매기 자신의 이야기에 따르면, 선생의 범죄적인 행동 때문에 그녀의 인생이 망가졌지만 그녀는 버림받은 여자들에게서 쉽게 볼 수 없는 어떤 것을 갖고 있었다. 그녀의 나이와 옛 애인의 직업이 부여해준 모종의 힘. 그녀는 이 나라의 법이 그 힘을 승인해주었다고 믿었으나, 궁극적으로는 그렇지 않았다.

어떤 여자들은 자신이 덧없이 사라질까봐 남자를 기다린다. 그 순간 그녀는 오로지 그 남자만을 평생 원할 것이라고 믿는다. 경제적인 이유 때문일 수도 있다. 여성의 종속을 끝내려는 혁명이 점차 완성되어서 사람들이 그런 주제를 다룬 기사보다 시골 밥상 요리법을 더 많이 돌려보게 될 때까지는 오랜 시간이 걸린다.

몇 년 동안 키스를 받아보지 못한 인디애나 주의 주부 리나는 남편과 헤어지기 위해 때를 기다렸다. 남편 없이 혼자 살아갈 돈이 없기 때문이었다. 인디애나 주의 배우자 부양 법률들은 그녀에게 그림의 떡이었다. 그러다 그녀는 다른 남자가 아내와 헤어지기를 기다리게 되었다. 계속 기다렸다.

이 나라에서 살다보면 가끔 우리의 삶 속에서 우리 자신은 누구인가 하는 의문이 든다. 때를 기다리고 남자를 기다리는 유형의 여자들은 흔히 다른 여자들이 자신의 행동을 용인하는지 확인한다.

그래야 자신도 스스로를 용인할 수 있기 때문이다.

차분한 식당 주인인 슬론은 자신이 다른 남자들과 섹스하는 모습을 남편이 지켜보게 한다. 침대에 두 커플이 모두 올라갈 때도 있지만, 대개는 그녀와 다른 남자의 모습을 남편이 직접 옆에서 보거나 영상으로 보는 식이다. 슬론은 아름답다. 다른 남자와 섹스하는 그녀를 남편이 지켜보는 동안 침실 창문 밖의 바다에서는 하얗게 거품이 인다. 길 저편에서는 오트밀 색깔의 코츠월드 양°들이 어슬렁거린다. 내 친구 중에 셋이서 하는 행위를 더럽다고 생각하는 사람이 있다. 내가 클리블랜드에서 부부 스와핑 섹스를 즐기는 사람들을 만난 얘기를 해주자 그 친구는 셋이서 하는 행위에 대해 거의 경멸을 쏟아내다시피 했다. 그런데도 슬론의 이야기에 대해서는 생생하고 공감이 가며 새로운 사실을 많이 알게 되었다고 말했다. 우리의 마음은 이렇게 공감할 수 있는 것을 향해 움직인다.

나는 매일 자신 앞에서 자위행위를 하는 남자를 그냥 내버려두었던 어머니를 생각한다. 그동안 내가 아무런 조치를 취하지 않고 내버려두었던 그 모든 일들을 생각한다. 그렇게까지 심한 일들은 아닐지라도, 넓은 맥락에서 보면 크게 다르지 않았다. 그 다음으로 나는 내가 남자들에게서 무엇을 원했는지 생각한다. 내가 남자들에게 원했던 것 중에 사실은 나 자신에게, 다른 여자들에게 원했던 것의 비중이 얼마나 되는지. 내가 애인에게 원한다고 생각했던 것 중

°몸집이 크고 털이 긴 영국산 양.

에 사실은 엄마에게서 받고 싶었던 것이 얼마나 되는지. 내가 들은 수많은 이야기에서 여자에게 더 많은 영향을 미치는 사람은 남자가 아니라 여자다. 여자는 여자로 인해 자신이 초라하다고, 창녀 같다고, 부정하다고, 사랑받지 못한다고, 아름답지 않다고 생각하게 될 수 있다. 결국 마지막에 남는 것은 두려움이다. 우리는 남자로 인해 겁을 먹을 수도 있고, 다른 여자들로 인해 겁을 먹을 수도 있다. 때로는 우리에게 겁을 주는 상대가 무서워서 혼자가 된 뒤에야 오르가슴을 느끼기도 한다. 우리는 원하지 않는 것들을 원하는 척한다. 우리가 필요한 것들을 손에 넣지 못한다는 사실을 아무도 모르게.

어머니는 남자들로 인해 겁을 먹지 않았다. 어머니가 무서워한 것은 가난이었다. 어머니가 내게 들려준 이야기가 또 있다. 이 이야기를 들을 때의 상황이 정확히 기억나지는 않지만, 어머니가 나를 자리에 앉히지 않은 것은 확실하다. 워터 비스킷과 로제 와인을 앞에 두고 들려준 이야기도 아니었다. 그보다는 부엌 식탁에서 말보로를 피우며 들려준 이야기였을 가능성이 높다. 모든 창문을 꼭꼭 닫아놓아 담배 연기가 자욱한 부엌에서 개가 우리 무릎을 향해 눈을 깜박였다. 어머니는 세정제로 유리 탁자를 닦고 있었던 것 같다.

이 이야기의 주인공은 어머니가 우리 아버지를 만나기 직전에 사귀던 지독한 남자였다. 어머니가 사용하던 단어 중에 내가 흥미와 두려움을 일으키던 말이 여러 개 있는데, '지독하다'는 말도 거기에 포함된다.

어머니는 아주 가난하게 자랐다. 오줌이 주근깨를 연하게 해준다는 말을 듣고 요강에 소변을 본 뒤 오줌을 찍어 주근깨에 바른 적도 있었다. 어머니를 포함한 세 자매는 부모님과 함께 한 방에서 살았다. 비가 오면 천장이 새서 자고 있는 어머니의 얼굴로 빗물이 똑똑 떨어졌다. 결핵에 걸려 요양원에 거의 2년 동안 입원하기도 했다. 그동안 누구도 문병을 오지 않았다. 요양원을 오가는 경비를 감당할 여유가 없기 때문이었다. 외할아버지는 포도밭 일꾼이자 알코올 중독자였다. 어머니의 남동생은 돌도 지나기 전에 세상을 떠났다.

어머니는 마침내 집을 탈출해 도시로 나왔지만, 그 직전인 2월에 외할머니가 병석에 누웠다. 위암이었다. 외할머니는 인근 병원에 입원한 뒤 다시는 집으로 돌아오지 못했다. 눈보라가 치고 진눈깨비가 길바닥을 후려치던 어느 날 밤 어머니는 아까 말한 지독한 남자와 함께 있다가 외할머니가 위독해서 다음 날 아침을 보기 힘들 것 같다는 소식을 들었다. 그 지독한 남자가 눈보라 속에서 차를 몰아 어머니를 병원까지 데려다주던 중에 엄청난 싸움이 벌어졌다. 어머니는 자세한 얘기 없이, 싸움 끝에 어머니 혼자 갓길에 내리게 되었다고만 말했다. 어두운 밤에 눈보라 속에서. 어머니는 그 남자의 자동차 꼬리등이 점차 사라지는 것을 지켜보았다. 얼어붙은 도로에 다른 차는 보이지 않았다. 결국 어머니는 외할머니에게 가지 못했다.

지금도 나는 어머니가 '지독하다'는 말을 어떤 의미로 쓴 것인지 확실히 알지 못한다. 그 남자가 어머니에게 주먹질을 했다는 뜻인지, 성적인 강압을 저질렀다는 뜻인지 알 길이 없다. 내가 보기에는, 어머니가 '지독하다'는 말을 쓸 때 성적인 위협이라는 의미가 항상 포함되어 있었던 것 같다. 내가 최대한 무시무시한 쪽으로 상상력을 발휘해본다면, 외할머니가 위독하시던 그날 밤에 그 남자가 어머니에게 성행위를 강요했던 것이 아닐까 싶다. 나는 그 남자가 어머니의 옆구리 살을 깨무는 모습을 상상한다. 그러나 어머니가 그 뒤로도 오랫동안 무서워한 것은 그 지독한 남자가 아니라 가난이었다. 택시를 잡아타고 병원으로 갈 여유조차 없는 가난. 어머니에게는 혼자 움직일 수 있는 수단이 없었다.

아버지가 돌아가시고 1년쯤 지나 우리가 그럭저럭 울지 않고 하루를 보낼 수 있게 되었을 때, 어머니가 내게 인터넷 사용법을 가르쳐달라고 부탁하셨다. 어머니는 평생 컴퓨터를 써본 적이 없는 사람이라서, 더듬더듬 힘들게 문장 하나를 치는 데 몇 분이 걸렸다.

모니터 앞에서 어머니와 하루를 씨름한 끝에 나는 결국 이렇게 말했다. 어머니가 원하는 걸 그냥 말해주면 내가 할게요. 우리 둘 다 지친 상태였다.

안 돼. 어머니가 말했다. 이건 내가 혼자 해야 하는 일이야.

네? 내가 물었다. 나는 어머니의 모든 것을 알고 있었다. 어머니 앞으로 온 청구서, 어머니의 편지, 심지어 어머니가 갑자기 돌아가시는 경우를 대비해서 내 앞으로 써둔 친필 편지까지 모든 것을 보았다.

어떤 남자에 대해 알아보고 싶어서 그래. 어머니가 조용히 말씀하셨다. 네 아버지를 만나기 전에 알았던 남자야.

나는 말문이 막혔다. 속도 상했다. 어머니가 항상 아버지의 부인이길 바랐기 때문에. 죽음이 두 분을 갈라놓은 뒤에도, 설사 어머니의 행복을 희생하는 한이 있더라도, 나는 내 부모님이 항상 내 부모님으로 남아 있기를 원했다. 어머니의 욕망에 대해서는 알고 싶지 않았다.

어머니가 말한 그 남자, 거대한 보석상 제국의 소유주인 그 남자는 우리 부모님의 결혼식이 이미 진행 중이던 성당까지 찾아와 결혼식을 막으려 할 정도로 어머니를 사랑했다. 아주 오래 전 어머니가 내게 루비와 다이아몬드로 된 목걸이를 준 적이 있었다. 어머니는 그 물건을 소중히 간직하지 않은 척하려고 일부러 내게 주는 것 같았다. 나는 어머니에게 혼자서 컴퓨터 사용법을 알아보라고 말했다. 하지만 그러기 전에 어머니가 병석에 누우셨다.

나는 어머니의 성에 대해 생각한다. 어머니가 가끔 성을 이용했다는 점에 대해서도 생각한다. 대단한 일은 아니었다. 집을 나서거나 문을 열기 전에 표정을 가다듬는 정도. 내 눈에는 그것이 항상 강점 또는 약점으로만 보였다. 어머니도 가슴을 두근거릴 수 있다는 생각은 한 번도 하지 않았다. 얼마나 잘못된 생각이었는지.

그래도 뒤에서 자위행위를 하던 그 남자를 어떻게 그토록 여러 날 동안 가만히 내버려둘 수 있었는지 모르겠다. 어머니가 혹시 밤에 몰래 울지는 않았을까. 어쩌면 그 외로운 노인을 위해서도 눈물을 흘렸을지 모르겠다. 가장 깊은 속내가 적나라하게 드러나는 순간에 그 사람의 진정한 모습을 보여주는 것은 그 사람이 지닌 욕망의 뉘앙스다. 내가 여성들의 욕망이 지닌 열기와 괴로움을 기록하겠다고 나선 것은, 다른 여자들과 남자들이 그들을 비난하기보다 이해할 수 있도록 도움이 되기 위해서였다. 영원히 계속 이어지면서 우리 자신과 이웃들에 대해, 우리의 어머니들에 대해 알려주는 것은 인생의 일상적인 순간들이다. 이 세 여성의 이야기가 그렇다.

maggie
매기

lina
리나

SLOANE
슬론

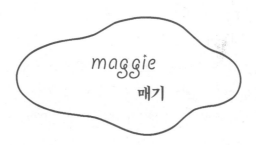

maggie
매기

너는 그날 아침에 전쟁을 준비하는 사람처럼 하루를 준비한다. 화장은 전사들이 얼굴에 그려넣는 그림이다. 중간색의 스모키 화장. 속눈썹은 진하게. 볼터치는 어두운 장밋빛. 그리고 누드 립스틱. 굵은 컬이 들어간 머리카락은 크게 부풀어 있다.

너는 머리를 손질하는 법과 화장하는 법을 거울 앞에서 혼자 배웠다. 린킨 파크와 레드 제플린의 음악을 틀어놓고서. 너는 얼굴의 윤곽을 표현하는 법과 액세서리 이용법을 선천적으로 알고 있는 여자다. 남몰래 요긴하게 쓸 수 있게 머리핀을 꽂아놓을 줄도 안다.

너는 단추가 없는 얇은 겉옷에 레깅스를 입고 웨지 부츠를 신는다. 네가 이제는 아이가 아니라는 사실을 그에게 알리고 싶다. 네 나이는 스물세 살이다.

물론 그가 아직도 너를 원한다면 좋겠다. 너를 잃어버린 것을 안

타까워하며 탄식하면 좋겠다. 나중에 저녁식탁에서 네 엉덩이에 대해 생각에 잠기면 좋겠다.

6년 전 너는 지금보다 작았고, 그는 너의 작은 손을 사랑했다. 그때는 그의 손이 네 안에서 가늘게 떨며 움직였다. 그동안 많은 것이 변했다. 먼저 네 아버지가 돌아가셨다. 아버지는 8월에 근처 공동묘지에서 손목을 그었다. 너는 그에게 아빠 얘기를 하곤 했다. 부모님과 사이가 안 좋다는 얘기도 했다. 그는 네 부모님이 술집으로 서로를 데리러 간다는 사실을 알고 있었다. 두 사람 모두 취한 상태였지만, 그래도 더 심하게 취한 쪽이 있었다. 그는 이해해줄 것이다. 빗방울이 후두두 떨어지는 날 네가 아빠의 무덤을 걱정하는 것을. 혹시 땅속의 아빠 몸이 젖지 않을까? 빗물이 억수같이 쏟아지는 이 춥고 어두운 곳에 왜 식구들이 자신을 버려두고 간 건지 의아해하지 않을까? 죽고나면 법정에서 벌어지는 일은 다 소용없어지는 것이 아닌가? 죽고나면 다른 모든 헛소리도, 경찰과 변호사도 전부 휴지 조각이 되는 게 아닌가? 어딘가에서는 여전히 그것이 너희 둘만의 문제가 아닌가?

너는 오빠 데이비드와 함께 차를 몰고 캐스 카운티 지방법원으로 가면서 담배 몇 개비를 나눠 피운다. 깨끗이 샤워를 하고 나왔을 때의 냄새와 담배 냄새가 너의 향수 냄새에 섞여 있다. 그는 네가 담배 피우는 것을 싫어했기 때문에 너는 거짓말을 했다. 부모님이 담배를 피울 때 그 냄새가 남색 후드티와 머리카락에 밴 것이라고. 피정을 위해 가톨릭 기도원에 갔을 때 너는 그를 위해 담배를 끊겠다고 맹세했다. 그에게는 너의 모든 것을 주어야 마땅했다. 네가 주고 싶지 않은 부분까지도 전부.

그가 오늘 나타나지 않게 만들 수도 있었을 것이다. 비록 변호사들은 오늘 법정에 출석하는 것이 그의 권리라고 말했지만. 어쨌든 그가 나와주기를 바라는 마음이 너의 안에 아주 작게 웅크리고 있었다. 네가 경찰서를 찾아간 데에는 그가 다시 얼굴을 보여주게 만들려는 마음 역시 조금 작용했다고 말할 수도 있을 것이다. 대부분의 사람들이 고개를 끄덕일 것이다. 애인이 연락을 끊어버리고, 널 만나지 않으려고 하고, 두고 간 오랄비 칫솔도 운동화도 필요 없다고 하고, 이메일에 답장도 안 하고, 아예 밖에 나가 새 운동화를 사버릴 때는 마치 누군가가 네 장기들을 얼려버리는 것 같은 기분이 드니까. 너무 추워서 숨도 쉴 수 없게 되니까. 6년 동안 그는 너를 멀리했다. 하지만 오늘은 올 것이다. 재판에 올 것이다. 따라서 어떻게 보면, 네가 그를 여섯 번 더 볼 수 있다는 사실이 이런 일을 벌인 이유 중 하나라고 말해도 될 것이다. 누군가가 단순히 사라져버리는 것만으로도 사람이 망가질 수 있다는 사실을 모른다면 이런 말이 이상하게 들리겠다.

너는 그를 다시 원하게 될까봐 걱정한다. 그의 아내도 걱정하고 있는지 궁금하다. 너는 집에서 달라붙는 아이들을 떼어놓고 시계를 보는 그녀를 상상한다.

너는 차를 세우고 담배를 조금 더 피운 뒤 안으로 들어간다. 기온이 영하 16도쯤 되지만 추운 데서 담배를 피우는 기분이 근사하다. 때로는 파고가 새로운 시작처럼 느껴진다. 고속도로에서 은색 트럭들이 횡횡 지나간다. 트럭들은 확실한 목적지를 갖고 있다. 그들이 반드시 지켜야 하는 좌표. 그보다 더 아름답고 자유로워 보이는 것은 기차뿐이다. 숨을 들이쉬자 얼음처럼 차가운 공기가 허파를 가득 채운다.

네가 먼저 법정에 도착한다. 다행이다. 너와 데이비드와 검사인 존과 폴. 너는 이 모든 남자들을 성을 뺀 이름으로만 생각하고, 부를 때도 그렇게 부른다. 그들은 네가 선을 넘는 행동을 한다고 생각한다. 그들은 딱히 너를 대변하는 사람들이 아니다. 그들은 노스다코타 주를 대변한다. 검사들이 너의 뒤를 받쳐주는 사람들이 아니라는 얘기다. 그보다는 너의 그림자를 붙들고 있다고 하는 편이 옳다.

법원 속기사 한 명이 안으로 들어온다.

그리고 그가 들어온다. 변호사와 함께. 조금 번드르르하게 생긴 호이라는 작자다.

그가 통로 건너편에 앉는다. 옛날 학교에 출근할 때의 옷차림과 같다. 셔츠에 넥타이, 그리고 바지. 이상한 기분이다. 그가 정장재킷을 입고 나올 거라고 기대했던 것처럼. 좀 더 맵시 있고 진지한 옷차림을 할 줄 알았는데. 저런 옷을 입으니 또 그에게 쉽게 다가갈 수 있을 것 같은 기분이 든다. 지난 몇 년 동안 네가 잘못 생각하고 있었던 게 아닌가 싶다. 너는 그가 침묵하는 것이 네게 무심하기 때문이라고 생각했다. 하지만 어쩌면 그도 너처럼 현실을 초월한 두려움 속에서 허우적거렸는지 모른다. 그가 셋째 아이를 낳았다는 소식을 들었을 때 너는 그네와 장밋빛 뺨을 한 그의 아내를 상상했다. 너는 얼음처럼 차가운 자기혐오 속에서 덜덜 떨며 허우적거리고 있는데, 다른 사람들은 모두 새 생명을 낳는 것 같았다. 네 몸이 점점

32

무거워지고, 네 화장도 점점 더 진해져 무거워졌다. 하지만 그동안 내내 그는 죽어가고 있었던 건지도 모른다. 네가 그리워서. 상심과 낙담으로 보낼 수십 년의 세월에 시인처럼 자신을 맡겨버린 채. 그네에 녹이 슬었다. 중산층 주택의 울타리는 그를 가둔 감옥 울타리다. 그의 아내는 교도관. 아이들은, 음. 바로 그들 때문이다. 그가 너 없이 불행한 삶을 선택한 것은 그 아이들을 위해서다.

아주 짧은 한 순간 너는 그가 사랑했던 작은 손을 그가 아직도 그 손을 사랑할까? 손을 사랑했던 그 마음은 죽어서 어디로 가지? 뻗어 그의 얼굴을 잡고 이렇게 말하고 싶어진다. 아, 씨발, 선생님을 배신해서 미안하다고요. 내가 얼마나 속이 상하고 화가 나면 그랬겠어요. 선생님이 내 인생에서 몇 년을 훔쳐갔는데. 선생님의 행동이 정상은 아니었잖아요. 그래서 내가 이렇게 된 거고. 날 봐요. 전사처럼 이렇게 얼굴에 그림을 그리고 나왔지만, 그 밑에는 흉터가 있어요. 무섭고 지쳤지만 발정도 나고 당신을 사랑해요. 그동안 몸무게가 14킬로그램이나 늘었어요. 학교에서 몇 번 쫓겨났고요. 아빠는 얼마 전에 자살했어요. 약도 얼마나 많이 먹는지 몰라요. 내 가방 안에 약이 징그럽게 많아요. 아직 젊은데 약은 늙은 여자만큼 먹어요. 대마초 냄새를 풍기는 남자애들이랑 데이트를 해야 할 나이에 완전 피해자 그 자체가 됐어요. 왜 나한테 답장 안 했어요?

너는 하마터면 그를 향해 손을 뻗을 뻔한다. 미안하다는 말만큼 널 돌봐달라고 애원하는 말을 하고 싶다. 그는 다른 누구보다도 더 너를 보살펴줄 수 있다는 걸 네가 아니까. 다른 누구도 예전의 그처럼 네 말에 귀를 기울여주지 않는다. 그때의 그 모든 시간. 아버지

같고, 남편 같고, 선생님 같고, 최고의 친구 같았다.

그가 탁자에서 시선을 들어 너를 마주본다. 차갑게 죽어버린 검은 눈. 작은 마노 같은 눈이 엄격하게 반짝인다. 네가 기억하던 눈보다 나이도 더 들어 보인다. 아니, 이건 네가 기억하던 눈이 아니다. 예전에는 사랑과 욕망이 가득했는데. 혀가 하나 더 생기기를 바라는 사람처럼 네 혀를 자기 입 속으로 빨아들이곤 했는데.

지금은 그가 너를 미워한다. 분명하다. 네가 그를 이곳으로 불러냈다. 무덤까지도 그를 따라올 아내와 세 자녀와 함께 아늑한 집에 있던 그를. 1월의 악마 같은 진창길로, 이 음침한 법정으로 네가 그를 불러냈다. 그리고 지금은 번드르르하고 재미없는 변호사에게 그의 수입과 그의 부모가 저축한 돈을 전부 바치라고 그에게 강요하고 있다. 그의 인생을 망가뜨릴 작정이다. 그가 지금까지 이룩한 모든 것을. 아침 7시의 답답한 공기 속에서 그가 스위치를 켜던 아기용 학습 책상까지도. 그는 너 때문에 살던 집을 팔고 다른 집을 샀다.

지금 노스다코타에서 아론 노델은 올해의 교사로 뽑힌 사람이다. 노스다코타 주 전체에서 그가 최고의 교사로 평가받은 것이다. 반면 너는 어떤가. 괴짜 부랑아, 알코올 중독자의 자식, 자살한 사람의 자식, 전에도 나이 많은 남자들과, 군인이나 미국의 정직한 남자들과 사귀다가 그들을 곤경에 빠뜨린 여자. 주위를 파괴하는 매춘부인 네가 올해의 교사를 끌어내리려고 한다. 그가 너를 향해 독한 냄새가 나는 숨을 내뱉는다. 달걀 냄새다.

넘치도록 선명한 또 다른 사실 하나. 네가 더 이상 신경을 쓰지 말아야 한다는 것. 지금 당장. 그러지 않으면 이 법정에서 영영 나가지 못할지도 모른다. 네 마음의 끝을 찾아 헤매던 너는 놀랍게도 그것을 찾아낸다. 자신과 하느님에게 감사하는 마음이 넘쳐 현기증이 날 정도다. 네가 옳은 일을 하고 있다고 생각한 날이 며칠이나 되던 가? 오늘이 그런 날이다. 오늘뿐일 수도 있다.

넌 아직도 그와 자고 싶어질 줄 알았다. 온라인으로 그를 쫓아다니기도 했다. 그런 건 요즘 스토킹 축에도 끼지 못한다. 네 컴퓨터를 열면 무덤을 파헤쳐 시체를 먹는 귀신들이 줄줄이 나타난다. 지역 신문의 아부성 기사들을 피할 수가 없다. 페이스북에는 너의 옛 연인이 낀 장갑의 판매점으로 곧장 연결되는 광고가 떠 있다. 최근에 찍은 그의 사진들을 보면서 너는 여전히 찌릿찌릿 마음이 들떴다. 과거의 욕망으로 욱신거렸다. 하지만 막상 이렇게 법정에 나와 보니 아무 것도 느껴지지 않는다. 굳게 다물어진 그의 작은 입술. 완벽하지만은 않은 그의 피부. 그의 입술은 관능적이라기보다 건조하고 거슬린다. 그는 병자처럼 보인다. 마치 바람이 숭숭 드나드는 지하실에 앉아 머핀과 커피와 코카콜라를 먹고 마시며 찌푸린 얼굴로 벽만 바라보고 있었던 것 같다.

안녕하십니까. 그의 변호사 호이가 말한다. 마술사처럼 빳빳한 콧수염을 기른 그는 공포 그 자체다. 그는 자기 의뢰인이 거짓말 탐지기 검사를 통과했다고 언론에 발표했다. 그 검사 결과가 법정에서 받아들여질 가능성은 희박하다고 검사가 말했는데도.

호이의 수염이 이미 판결을 내리고 있는 듯하다. 그를 보면서 너는 교육도 제대로 못 받고 오늘처럼 추운 겨울 아침에 시동도 걸리지 않는 고물 자동차를 타고 다니는 쓰레기가 되어버린 것 같은 기분이 든다.

그가 말한다. 기록을 위해 당신의 완전한 이름을 말해주시겠습니까.

법원 속기사가 자판을 두드리고, 네 오빠 데이비드는 너와 같은 박자로 숨을 쉬고, 너는 네 이름을 큰 소리로 말한다. 매기 메이 윌 큰입니다. 그리고 깊은 생각에 잠겨 긴 머리를 획 넘긴다.

먼저 네 긴장을 풀기 위한 질문들이 던져지지만 너는 분위기를 미처 따라잡지 못한다. 네가 워싱턴 주에 사는 언니 멜리아의 집에 머물렀던 시기에 대해 호이가 묻는다. 멜리아와 군인인 그녀의 남편 데인에 대해서도. 전에 하와이에 살던 이 두 사람의 집에 네가 잠시 가 있었던 적이 있다. 지금은 그들이 워싱턴에 살 때의 일들에 대해 묻는 중이다. 아론 이후의 시기다. 네 인생은 아론을 중심으로 나누어질 수 있다. 아론 이전과 아론 이후로. 아니면 아빠의 자살 이전과 이후로 나눌 수도 있지만, 솔직히 말하자면 모든 것의 시발점이 바로 아론이었다.

그가 데이팅 웹사이트인 플렌티오브피시에 대해 묻는다. 워싱턴에 있을 때 네가 그 사이트에서 남자를 몇 명 만난 것은 사실이다. 하지만 이 변호사는 마치 네가 쿠어스 라이트 한 캔을 받고 몸을 판 것처럼 굴고 있다. 이런 남자들은 네 삶을 규정하는 법을 만들 힘을 갖고 있다. 데이팅 웹사이트를 위장된 광고처럼 보는 남자들. 마치 네가 허벅지 사이로 카메라를 바라보는 자신을 찍어 올리기라도 한 것처럼 구는 남자들.

사실을 말하자면, 네가 그 웹사이트에서 만난 남자들은 모두 찌질이였다. 슬픈 일이다. 너는 그들 중 누구와도 자지 않았고, 공짜로 술을 얻어 마시지도 않았다. 너는 당혹감을 느낀다. 이건 사람들이 남들에게서 부러워하는 시선을 받으려고 인스타그램에 사진을 찍어 올리기 이전 시대의 일이다. 새로운 시대가 열리기는 했지만 아직은 초창기라 변화가 느릿느릿하던 시절. 호이는 다른 웹사이트에 대해서도 묻는다. 자기는 그 웹사이트 이름 철자조차 모르겠다면서. 네가 그게 뭔가요, 하고 묻자 그는 잘 모르겠지만 하여튼 그 사이트를 방문한 적이 있습니까, 하고 묻는다. 너는 아니요, 그게 뭔지 나도 몰라요, 하고 대답한다. 그러고는 이런 생각을 한다. 너도 모르잖아, 망할 놈아. 하지만 딱딱하게 격식을 갖춘 그의 태도 때문에 너는 그의 말에 맞설 용기가 나지 않는다. 그의 아내와 자녀들은 그에게 자주 거짓말을 하는 요령을 틀림없이 터득했을 것이다. 바늘처럼 영혼을 헤집어놓는 비판의 말을 피하기 위해서.

그는 너와 네 아버지가 싸운 일에 대해 묻는다. 이제는 돌아가신 네 아버지, 땅 속에서 비를 맞고 있는 아버지. 옛날에 너는 아버지와 숱하게 싸웠기 때문에 사실대로 말한다. 무슨 일로 싸웠습니까. 호이가 말한다. 무슨 일이든 다요. 네가 말한다. 너는 아무 것도 감추지 않는다. 그것이 저들에게 어떤 의미이든, 저들이 그것을 빌미로 무슨 생각을 하든 상관없이.

그는 너의 언니들과 오빠들에 대해 묻는다. 어쩌다 그들이 일찌감치 집을 떠나게 되었는지. 너는 미처 알지 못했다. 재판 전 구두 증언을 청취하는 절차가 바로 이런 것이었음을. 그들은 너의 증언을 이용해서 너를 공격하고 있다. 네가 아주 근근이 살고 있다는 것, 어쩌면 아주 헤픈 여자일 수도 있다는 것. 온갖 데이팅 웹사이트를 드나들고, 언니들과 오빠들은 이러이러하고, 부모는 술에 취한 채로 뒹굴며 많은 자식을 만들어놓고, 자식들이 사방으로 흩어지는데도 부모는 그냥 가만히 있고. 너는 웨스트파고의 좋은 동네가 아니라 그보다 떨어지는 동네에 살고 있다. 노스다코타 주에서 올해의 교사로 선정된 노델 씨와는 다르다. 그는 매력적인 중간색 집에 살고 있다. 마당에는 호스가 둥글게 말려 있고, 누구도 잔디밭에 물 주는 일을 잊지 않는다.

이런 말을 들으며 너는 그를 바라본다. 그리고 옛날 그때를 생각한다. 시간이 그대로 흐르지 않았다면? 그러면 다시 그때로 돌아갈 수 있을 텐데. 모든 것이 깨끗하고 모두가 살아 있던 때로. 너의 손과 그의 손이 아직 친구 사이라면 어떨까. 호이가 말한다. 당신은 2학년으로 올라가기 전에, 그 전에 노델 씨와 가까운 사이였다고 말했습니다.

맞습니다. 네가 말한다.

어쩌다 그렇게 된 거죠?

너는 이 질문에 어떻게 답할지 열심히 생각한다. 마음의 눈을 감자 순식간에 그때가 떠오른다. 검은 죽음 같은 현재를 벗어나, 제법 천국 같았던 과거로 돌아간 듯하다.

어느 날 오후 낭랑한 종소리가 울리지도 않았는데 매기는 운명과 맞닥뜨린다. 이 세상에서 파괴의 힘을 지닌 모든 것이 그리하듯이, 이 운명도 고양이처럼 조용조용 다가온다.

그에 대해 남들이 하는 얘기를 듣기는 했다. 학교 여자애들 중에 그가 진짜 섹시하다고 떠드는 애들이 몇 명 있었다. 앞머리를 조금 남기고 매끈하게 빗어 넘긴 검은 머리는 마치 항상 경례를 하는 것 같은 모양으로 젤을 발라 굳힌 것 같다고 했다. 그리고 매력적인 검은 눈. 노스다코타의 날씨가 아무리 추워도 그런 선생이 학교에 있다면 학교에 오고 싶어질 것이라나. 아이들은 복도에서 속삭이듯 그의 이름을 주고받았다. 그 이름만으로도 마음이 들떴기 때문에.

노델 선생님.

매기는 누구누구가 섹시하다는 남들의 말을 곧이곧대로 받아들이는 성격이 아니다. 그냥 분위기에 맞추기 위해 대세를 따르는 성격도 아니다. 친구들은 매기에게 필터가 없는 성격이라고 말한다. 그러면서 웃음을 터뜨리지만, 속으로는 매기와 친해진 것을 좋아하고 있다. 그녀는 또한 남자에게 같이 밖으로 나가고 싶지 않으니까 그런 말을 아예 꺼내지 않는 게 좋을 거라고 대놓고 말하는 사람이다.

문제의 그날 2교시와 3교시 사이에 매기는 복도를 지나가는 그를 마침내 본다. 그는 카키색 셔츠에 넥타이를 맨 차림이다. 막 별똥별이 떨어지는 것 같은 순간은 아니다. 자기 인생의 VIP가 될 사람을 처음 만나는 순간부터 엄청 대단한 느낌이 드는 경우는 드물다. 그녀는 친구들에게 이렇게 말한다. 그래, 잘생기긴 했네, 하지만 설마 애들 말처럼 대단하기야 하겠어.

섹시한 남자 교사는 많지 않다. 아니, 사실 한 명도 없다. 학교에는 남자 교사가 두 명 더 있다. 머피 선생님과 크링크 선생님. 여기에 노델 선생님까지 모두 친한 사이다. 그들은 또한 학생들과도 다양한 방법으로 연락을 주고받는다. 예를 들어 문자 메시지 같은 것으로. 특히 자신이 가르치는 아이들과 친하다. 머피 선생과 노델 선생은 학생 의회를 지도하고, 크링크 선생과 노델 선생은 연설 및 토론을 지도한다. 그들은 방과 후에 다양한 맥주를 내놓는 식당에서 함께 시간을 보낸다. 스핏파이어 바앤드그릴. 애플비스. TGI 프라이데이즈. 그들은 운동 경기를 함께 보며 라거 맥주를 마신다. 평일에는 노델 선생의 방에서 이른바 '남자의 점심'을 먹는다. 상상 속 미식축구 경기에 대해 토론하며 클럽샌드위치를 크게 한 입 베어 무는 것이다.

이 세 친구 중 노델 선생이 최고다. 키 178센티미터, 몸무게 86킬로그램, 갈색 머리, 갈색 눈. 전통적인 의미의 좋은 상대는 아니다. 자식이 있는 유부남이니까. 여기서 최고라는 말은 마흔 살 이하의 교사들 중에서 가장 매력적이라는 뜻이다. 라스베이거스에 갈 수 없다면, 폭스우즈의 카지노라도 가야 하지 않겠는가.

1학년 2학기 때 매기는 노델 선생의 영어 수업을 듣는다. 그 수업에 흥미가 생겨서 그녀는 허리를 꼿꼿이 세우고 앉아 손을 들어 질문도 하고, 미소도 짓고, 지각도 잘 하지 않는다. 수업이 끝난 뒤에도 함께 대화를 나눈다. 그는 좋은 선생답게 매기의 눈을 똑바로 바라보며 귀를 기울인다.

모든 조각이 착착 제자리를 찾아간다. 웨스트파고가 여자 축구 준결승전에서 파고 사우스와 맞붙게 되었을 때, 감독이 매기를 부르자 매기는 작은 새처럼 온몸이 덜덜 떨린다. 감독은 매기에게 너처럼 힘 있는 선수가 필요하다고 말한다. 결과는 패배지만, 그래도 거의 이길 뻔했던 것은 매기 덕분이다. 공기는 상쾌하고, 날씨는 화창하다. 그때 이런 생각을 했던 기억이 난다. 앞으로 평생 이걸 할 수 있어, 그 밖에도 무엇이든 원하는 일을 할 수 있어.

미아 햄과 애비 웜백의 포스터가 그녀의 방에 붙어 있다. 어머니는 침대 머리판 대신 그물 모양 그림을 그려준다. 매기는 데이비드 베컴에게 빠져 있다. 자신감이 넘치는 그녀는 대학까지 직진하는 자신을 상상한다. 남자애들이니 졸업 무도회니 갖가지 소문이니 하는 것들을 뒤로 하고 미리 미래를 생각하며, 여자 축구 경기가 펼쳐질 대형 경기장을 상상한다. 사람들이 경기를 보러 올 것이다. 매기는 아직 아이 같은 꿈을 품고 벼랑 앞에 서 있지만, 이제는 어른의 잠재력을 바탕으로 그 꿈을 밀어 올릴 수 있다.

1학년 때 축제 날 밤, 매기는 친구들과 함께 음료수 병에 담은 술을 몰래 가져온다. 축제가 끝난 뒤에도 부모님이 집을 비운 친구의 집으로 다 같이 몰려가 술을 더 마셨는데, 술에 취하고 나니 출출해져서 차를 몰고 퍼킨스로 간다. 영세민을 위한 무료 급식소처럼 생긴 식당이다. 음침한 식당 안의 손님들은 얼굴이 벌겋고 웨이트리스들은 담배 때문에 기침을 해댄다. 하지만 어린 주정뱅이들에게는 이런 식당도 야식을 먹기에 좋은 곳이 된다. 어릴 때는 무슨 짓을 해도 슬프게 보일 때가 거의 없다.

멀리서 기차가 칙칙폭폭 지나간다. 매기는 언젠가 편도 표를 사서 파고를 빠져나가는 기차를 탈 생각에 기운이 난다. 유리가 반짝거리는 도시에서 직장에 다니며 멋진 아파트에 살 것이다. 창창한 앞날이 앞에 펼쳐져 있다. 선명하지는 않지만 다양한 방향으로 길이 뻗어 있다. 우주 비행사가 될 수도 있고, 스타 래퍼가 될 수도 있고, 회계사가 될 수도 있다. 행복해질 수도 있다.

호이가 너에게 함께 영어 수업을 들은 학생들에 대해, 주로 어울리던 친구들에 대해 묻는다. 너는 멜라니, 새미, 테사, 리즈, 스노클라의 이름을 댄다.

스노클라라, 냉동 디저트 이름 같네요. 그가 말한다. 여자입니까?

여자예요. 네가 말한다.

혹시 당신이 성이 솔로몬일 거라고 말한 그 사람인가요?

호이는 선심을 베푸는 것 같은 태도다. 그때 아론이 처음으로 입을 연다. 한때 네 온몸에 입술을 대던 남자가 어느 날 그런 행동을 멈췄을 뿐만 아니라 아예 네 존재를 모른 척했다. 그 남자가 지금 6년 만에 처음으로 네게 말한다.

그렇지 않습니다. 그가 고개를 저으며 말한다. 솔로몬이라는 성이 틀렸다는 뜻이다. 그의 말투와 고개를 젓는 모습이, 당연히 옳은 말을 한다는 듯한 태도다. 단순히 머리가 뛰어난 것이 아니다. 그는 더러운 여자들과 아무리 많이 잠을 자도 결코 성병에 걸리지 않는 남자다. 마을 축제에 가면 반드시 싸구려 봉제 인형을 여러 개 안고 돌아갈 것이다.

호이가 말한다. 혹시 당신이 성이 솔로몬일 거라고 말한 그 사람인가요?

아닌 것 같네요. 네가 말한다. 얼굴이 뜨겁게 달아오른다. 한때 너는 그를 사랑했지만, 그는 예나 지금이나 항상 권위를 인정받는 사람이다. 예전에 그가 너를 위해 맨스케이프°를 했다고 말했을 때, 너

° '제모'라는 뜻.

는 그 말이 무슨 뜻이지 전혀 알 수 없어서 멍청이가 된 기분이었다.

무슨 말인지 모르겠습니다. 호이가 말했다.

그쪽 의뢰인이 분명하게 그 이름이 아니라고 말했으니까…. 네가 말한다.

궁지에 몰려 화가 났을 때 너는 심술궂은 사람이 된다. 호이가 말한다. 자자, 두 분 그러지 마시고 그냥 제 질문에 답하세요.

나중에 너는 호이가 무고한 남자를 변호하는 변호사라기보다 부부 싸움을 말리는 친구처럼 행동한 것이 이상하다는 생각을 왜 아무도 하지 않았는지 의문을 품을 것이다.

그러나 정신이 이상한 쪽은 호이가 아니라 너다. 네가 미친 여자다. 사람들은 네가 돈을 원한다고 생각한다. 이 남자에게 무고하게 누명을 씌워 돈을 받아내려 한다고. 너는 제정신이 아니고 망가진 여자다. 네 자동차나 정신 건강이나 다 똑같다. 언제나 그렇듯이 나쁜 놈들이 이긴다. 아론은 여전히 너보다 더 큰 존재다. 그로 인해 고통스럽지는 않지만, 뭔가 암 덩어리 같은 것이 너의 마음 속 깊은 곳에서 울먹인다. 너는 어깨를 으쓱한다.

나도 몰라요. 네가 호이에게 대답한다.

매기는 타비사라는 아이가 1학년 영어 수업을 함께 들은 것으로 기억한다. 그녀가 이 사실을 기억하는 것은, 노델 선생이 수업 중에 자신이 고환암을 앓은 적이 있다고 밝혔기 때문이다. 선생들이 이렇게 내밀하고 개인적인 이야기를 하면 재미있고 기분이 좋다. 소름이 끼치는 느낌은 아주 조금만 들 뿐이다. 이런 말을 하는 선생은 덜 선생처럼 보인다. 학생들은 자신과 함께 땅 위에 살면서 가끔 감기도 걸리고, 경제적으로 감당할 수 없는 물건을 원하기도 하고, 항상 매력적이지만은 않은 선생들에게 더 쉽게 공감한다.

그때 타비사가 노델 선생에게 묻는다. 그럼 선생님은 고환이 한 개밖에 없는 거냐고. 사실 그 애의 말투는 이렇게 정중하지 않았다. 그러니까 그건 선생님 불알이 하나뿐이라는 얘기예요? 이렇게 말했다.

노델 선생은 불편한 표정으로 엄격하게 말했다. 그 얘기는 방과 후에 하자.

매기는 노델 선생이 안쓰러웠다. 타비사가 그에게 창피를 주었으니까. 어떻게 그런 황당한 질문을 던지나. 누가 그런 걸 물어볼 줄 상상이나 했겠어? 매기는 무모하고 시끄러운 아이지만, 잔인하거나 생각이 없지는 않다.

얼마 뒤, 노델 선생이 출산 휴가를 낸다. 학생들은 고환이 하나 없어도 크게 장애가 되지는 않는다는 걸 보여주려는 모양이라고 농담을 주고받는다. 어쨌든 그의 아내가 둘째 아이를 낳았다. 휴가기간 동안 그의 자리는 머피 선생이 대신한다. 아이들을 돌보다가 학교로 돌아온 노델 선생은 예전보다 더 솔직해진 것 같다. 예전보다 생기가 돌고, 예전과는 다른 의미에서 다가가기 쉬워졌다. 반짝거리고 입이 무거운 아저씨 같다고나 할까.

매기는 자기가 어쩌다가 방과 후 상담 시간에 그에게 자기 인생에 대해 이야기하게 됐는지 잘 기억나지 않는다. 처음에는 그의 수업이 끝난 뒤 매기가 뒤에 남거나, 아니면 그가 문으로 걸어가는 그녀에게 질문을 던지곤 했다. 그가 믿을 수 없을 만큼 진지한 눈빛으로 이름을 부르면 그녀는 뒤에 남았다. 그러다 결국 그에게 이런저런 이야기를 조금씩 하게 되었다. 아빠가 너무 심하게 취해서 술집에서 차를 몰고 올 수 없었다는 이야기. 어젯밤에 아빠랑 싸웠다는 이야기. 매기는 아빠 말을 듣기 싫다고 말했다. 나더러 가서 맥주를 사오라고 하는 아빠 말을 들을 사람이 어디 있어요?

그녀가 한동안 아무 말도 하지 않으면, 그가 그녀를 살짝 찔러댔다. 매기, 너희 집은 다 안녕하시니? 그러면 매기는 뒤에 남아 새로운 소식을 말해주었다. 그는 좋은 선생이고, 학생들을 아꼈다. 때로는 누군가가 던지는 질문 하나가 세상 무엇보다 좋을 때가 있다.

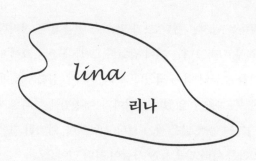

lina
리나

열다섯 살 소녀에는 두 종류가 있다는 걸 리나는 안다. 그녀가 속한 쪽은 프렌치 키스보다 스티커 모으기를 더 많이 하는 유형이다. 자기 방에서 눈을 감고 그녀는 사랑에 빠지는 상상을 한다. 그것이야말로 리나가 세상 무엇보다 원하는 일이다. 그녀는 사랑보다 성공을 더 원한다는 여자애들은 거짓말을 하는 거라고 믿는다. 아래층에서는 엄마가 미트로프를 요리 중이다. 리나가 몹시 싫어하는 요리다. 특히 냄새가 오래 남는 것이 싫다. 지금도 온 집 안에서 미트로프 냄새가 난다. 앞으로 며칠 동안 계단 난간의 먼지에서도 그 악취가 날 것이다.

이마에 여드름이 하나 있다. 여드름 한가운데는 피처럼 붉은 오렌지색이다. 오늘은 금요일이지만 그녀에게는 아무 의미가 없다. 금요일이나 화요일이나 별로 다를 것이 없기 때문이다. 그래도 다른 점을 찾자면, 화요일이 금요일보다 더 낫다고 할 수 있다. 적어도 화요일에는 다른 사람들도 그녀와 똑같이 평범한 일상을 보낼 것이라고 확신할 수 있으니까. 어떤 사람들은 조립식 주택이나 트레일러에 살면서 그냥 아무 것도 하지 않는다. 리나의 집은 그나마 괜찮은 주택이다. 찾아보면 언제나 자기보다 못한 사람이 있다. 물론 자기보다 나은 사람도 항상 있지만.

오늘 금요일은 평소와 조금 다르게 흘러갈 것이다. 리나는 아직 모르고 있지만, 이 금요일이 그녀의 인생을 송두리째 바꿔놓을 것이다.

몇 주 전, 남자애들과 자주 진하게 사귀는 친구 제니퍼가 로드라는 사람과 데이트를 시작했다. 로드에게는 에이던이라는 절친한 친구가 있는데, 리나는 에이던을 좋아한다. 인기 없는 여자 아이가 인기 많은 남자 아이에게 품을 만한 감정이다. 에이던은 강하고 섹시하고 엄청나게 조용한 아이라서 그가 입을 열 때마다 사람들은 짜릿하게 마음이 들뜬다. 하지만 리나가 에이던을 볼 기회는 거의 없기 때문에, 좋아하는 감정도 그저 중간 정도다. 둘이 수업 하나를 같이 듣기는 하지만, 말을 해본 적은 한 번도 없다. 에이던은 입으로 그걸 해줄 것 같은 입술과 커다란 가슴과 부드러운 생머리를 지닌 여자 아이들을 주로 만난다. 섹시한 애들과 사귄다는 얘기다.

리나의 몸에 이상한 부위는 없다. 거울을 봐도 자기가 못생긴 것 같지 않다. 거울에는 정확히 있는 그대로의 그녀가 비친다. 어깨까지 구불구불 내려오는 금발, 회청색 눈, 머리선을 따라 여드름이 줄줄이 나 있고 전체적으로 불그스름한 피부. 키는 162.5센티미터로 평범하고, 몸매도 중상은 된다. 허벅지가 서로 쓸릴 정도로 살이 찐 것도 아니고, 저녁을 굶으면 뱃살도 괜찮아지니까.

하지만 아름답지는 않다. 예를 들어 그녀가 어느 날 갑자기 에이던의 여자친구가 된다 해도, 다른 남자애가 야, 에이던의 여자 섹시하던데, 라고 말할 것 같지는 않다.

최근 그녀는 세상에 그것보다 더 중요한 것은 있을 수 없다는 사실을 점점 깨닫고 있다. 다른 것은 중요하지 않다. 아니, 다른 모든 것이 중요해질 것이다. 섹시한 사람은 인생의 다른 면에 집중할 수 있는 자유를 누리니까. 섹시한 사람은 남 보기에 괜찮은 모습을 연출하려고 거울 앞에 한 시간 동안 서 있을 필요가 없다. 섹시한 사람은 누군가의 사랑을 얻으려고 애쓰지 않아도 된다. 섹시한 사람은 울 필요도 없다. 하지만 만약 누군가 가까운 사람이 죽어서 울음을 터뜨린다면, 그 모습조차 섹시하게 보일 것이다.

어쨌든 그녀는 섹시하지 않을 뿐만 아니라, 마땅히 그녀에게 쉽게 눈길을 줄 만한 사람들의 관심도 받지 못했다. 세븐일레븐이나 테이스티프리즈 같은 데서 일하는 남자들. 얼굴에는 노란 여드름이 나고 바지의 허리띠 고리와 지갑을 사슬로 연결해놓은 남자들. 심지어 그 남자들조차도.

하지만 이제 제니퍼가 로드와 데이트를 하게 되었으니 가능성이 생겼다. 리나가 조금만 전략을 세워 노력하면 이 인기 있는 남자랑 사귈 수 있을 것 같다. 좋은 전략을 세우기 위해서는 사실상의 집착이 필요하다.

그렇게 해서 리나는 몇 주 만에 에이던에 대해 모든 것을 알아낸다. 야, 우리가 자기들을 얼마나 많이 생각하는지 남자들이 알기나 할까. 그녀는 제니퍼에게 이렇게 농담을 던진다. 리나는 이런 일에 대해 항상 솔직하다. 하지만 제니퍼는 자기도 리나와 비슷한 짓을 한 적이 있다는 사실을 도통 인정하려 하지 않는다. 그러니까, 말 한 마디 나눠본 적 없는 사람에 대해 모든 걸 알아내려고 노력하는 일 같은 것.

주소.

완전히 외워버린 전화번호. 2주 동안 전화번호를 여섯 번째 숫자 까지 눌러본 적이 수천 번은 된다. 마지막 일곱 번째 숫자 앞에서 심 장은 터질 듯하고 손가락이 주춤거린다. 하지만 그 숫자를 누르지는 않는다. 그럴 때면 헤로인을 할 때와 똑같은 근육이 움직인다.

부모의 이름과 직업, 직장의 위치.

기르는 동물의 이름과 산책 시간. 어떤 길에서 산책을 하는지도 알아낸다. 그래야 워크맨을 들고 그곳으로 갈 수 있으니까. 매일 그 산책을 위해 옷을 골라 입고 모퉁이를 돌 때마다 심장 가득 모기들 이 날갯짓하는 것 같은 기분을 느낄 수 있으니까.

소속된 운동 팀에서 사용하는 백넘버.

그가 처음으로 키스한 여자애. 이걸 알아낸 뒤에는 그 여자애가 얼마나 형편없는지 멋대로 상상하며 이야기를 만들어낸다. 그 여자 애가 워낙 형편없어서 그가 그 여자애 이야기를 아예 입에 올리기 도 싫어한다는 이야기를 샤워 중에 지어낸다. 그가 그 여자애의 이 름을 거의 잊어버리다시피 할 거라는 이야기. 리나는 평생 잊지 못 하겠지만.

좋아하는 밴드, 좋아하는 영화, 그 밖에 아마도 누군가와 친한 사이가 된 뒤에야 비로소 물어보아야 하는 것들이라고 리나 본인도 인정하는 모든 것.

　　그의 수업 시간표. 리나와 함께 듣는 수업에서 그가 앉는 자리. 리나가 일부러 그와 가까워지려고 애쓰는 것처럼 보이지 않게 그보다 먼저 교실에 가 있자는 계획.

　　이 모든 것이 숨쉬기보다 더 중요해진다. 이렇게 완벽한 남자를 손에 넣을 수만 있다면 다른 것도 모두 괜찮아질 것이라고 리나는 확신한다. 그때는 그녀가 섹시하지 않아도 괜찮을 것이다. 모든 것이 괜찮아질 테니 거지같은 일들에 신경 쓰지 않아도 될 것이다.

　　이를테면 지금보다 더 나은 것을 원하는 그녀를 바보처럼 만들어버리는 엄마의 말이라든가. 무슨 그런 멍청한 생각을 하니, 리나. 그런 소리는 또 어디서 들었어, 리나? 엄마가 자주 하는 말이다.

　　리나의 아빠도 그렇다. 아빠가 오리 사냥을 갈 때 리나는 함께 가고 싶어 죽을 지경이지만, 엄마는 허락해주지 않는다. 리나 자매에게 여자답게, 숙녀답게 굴어야 한다고 말하면서.

　　게다가 리나의 엄마는 딸들에게 너무 많은 질문을 던진다. 항상 리나의 면전에 있다. 리나 옆에서 떨어지질 않는다. 엄마는 엄마 인생이 없어? 가서 엄마 인생을 좀 살아, 제발. 리나는 속으로 생각한다. 이 망할 놈의 집구석에서는 어떻게 혼자 있을 수가 없어?

　　그녀의 계획이 성공한다면 이런 일에 신경 쓰지 않아도 될 것이다. 아니 최소한 참아 넘길 수 있을 정도는 될 것이다. 에이던 하트의 집에 가서 지하에 있는 그의 방에 들어가 불을 모두 꺼놓고 영화도 보고, 까끌거리는 담요 밑에서 서로 꼭 달라붙어 조용하지만 질펀하게 지분거리기도 하는 사이가 된다면. 두 사람은 완전히 서로에게 푹 빠져 있을 테니 다른 일에는 전혀 신경 쓰지 않을 것이다. 아, '남자친구'라는 단어가 얼마나 좋은지. 감히 상상도 할 수 없는 단어 같다. 아주 멀리 있는 단어 같다. 만약 그녀가 그 자리에 앉게 된다면 언제까지나 소중히 여길 것이다. 매일 눈을 뜰 때마다, 아, 젠장, 나한테 '남자친구'가 생겼어, 라고 중얼거릴 테니까.

리나가 에이던에게 얼마나 완벽한 상대인지 그가 알아주기만 한다면. 그러면 그는 그녀의 얼굴을 어루만지며 이렇게 말할 것이다. 꼬맹아, 우리가 그 많은 시간을 허비하고 만나지 못한 게 아쉬워 죽겠어. 그러니 그 잃어버린 시간을 보상해야지. 평생 1분도 쉬지 않고 네 몸을 만질 거야.

그러면 그녀는 손끝을 그의 입술에 갖다 댈 것이다. 옛날에 어떤 영화에서 섹시한 여자가 그랬던 것처럼. 쉬이 하고 조용히 하라는 소리를 내면서. 그러고는 그에게 키스할 것이다.

오늘 금요일 밤에 그녀가 하고 있는 행동이 바로 그것이다. 그녀는 자기 방에서 불을 다 꺼놓고 하얀 팬티 차림으로 이불 속에 누워 고기 슬라이서처럼 양다리를 움직이며 영화 같이 흘러가는 자신의 삶을 상상한다. 빗속에서, 미식축구 연습장에서, 영화관에서, 아이스크림 가게의 하얀 벤치에서 그에게 키스하는 그녀. 브래지어와 팬티만 입고 침대에 누워 있는 그녀 옆에 그가 있고, 그의 두꺼운 팔이 그녀의 하얀 허리를 감싼다. 그의 엄지손가락은 그녀의 배꼽 안에 들어가 있다. 그녀는 그에게 정신없이 프렌치 키스를 하는 중이다. 두 사람의 혀는 풀장의 미끄럼틀보다 더 축축하다. 혀의 미뢰 하나하나가 모두 느껴진다.

그때 전화벨이 울리더니 계단 발치에서 엄마가 꽥꽥거리는 소리로 리나의 이름을 부른다. 오후 6시. 리나가 수화기를 든다.

제니퍼다.

리나, 에이던이 너더러 귀엽대. 우리 오늘밤에 더블 데이트하자. 제니퍼가 이렇게 말하는 순간, 금요일이나 화요일이나 다를 것이 없고 미트로프 냄새와 거지같은 것들만 가득하던 세상이 통째로 사라지고 완전히 새로운 인생이 시작된다.

이 밤에 일어나는 모든 일들을 그녀는 영원히 소중하게 간직할 것이다. 자신이 원하던 것을 마침내 손에 넣은 이 느낌. 꿈이 현실이 됐다는 것.

기온이 따뜻하고 바람도 불지 않는 9월의 이 저녁에 그들은 영화관에서 만나기로 한다. 제니퍼의 부모가 그들을 차에 태워 거기까지 데려다줄 것이다. 차를 타고 가는 동안, 리나의 면도한 다리가 덜덜 떨린다. 그녀는 청 반바지에 분홍색 셔츠 차림이고, 금발은 어깨 주위까지 완벽하게 늘어뜨렸다. 모처럼.

차가 극장 앞에 서자 두 소년이 보인다. 리나는 믿을 수가 없다. 이런 일이 정말로 일어나다니. 차에서 내리면서 그녀는 자신의 발을 내려다본다. 그가 어떤 표정을 지을지 두렵기 때문이다. 그가 그녀의 얼굴을 보고 별로라고 생각할까봐 두렵다. 그때 뭔가가 그녀의 시선을 끌어올리고, 두려움을 녹인다.

에이던.

그가 거기 서 있다. 다른 남자아이들보다 더 빨리 성숙해진 모습으로.

그녀는 즉시 사랑에 빠진다. 이번에는 진짜 사랑이다. 마치 그녀의 뼈가 자석처럼 그의 뼈에 이끌리는 것 같다. 가까이에서 본 그는 수줍은 기색이다.

만나서 반가워, 리나. 그가 말한다.

나도 반가워. 그녀가 말한다.

에이던이 한 손을 내민다. 그것을 보고 리나는 하마터면 기절할 뻔한다. 멀고 먼 꿈이었던 것이 갑자기 꿈이 아니게 되었다. 그녀가 이런 일을 일부러 꾸며낸 것이 아니다. 사실 그렇게 꾸며내는 것은 불가능했다. 그래서 이 순간이 더 아름답다. 세월이 흘러도 그녀는 지금 이 순간에 떠오른 생각을 잊지 못할 것이다. 내 인생이 행복할 수도 있다는 생각은 한 번도 해보지 못했어.

리나는 자기 손이 전혀 부족하지 않다는 사실을 갑자기 깨달은 사람처럼 자신있게 그의 손을 잡는다. 그가 빙긋 웃으며 숨을 내쉰다.

로드와 제니퍼는 이미 프렌치 키스는 물론 십중팔구 그 이상도 해보았을 사이라서 두 사람만큼 로맨틱하게 굴지 않는다. 리나는 언제나 제니퍼가 자기보다 더 예쁘다고 생각했지만 오늘밤은 그렇지 않다.

남자애들이 미리 표를 사두었기 때문에 네 사람은 곧바로 극장 안으로 들어간다. 여자애 둘이 나란히 앉자, 로드가 제니퍼 옆으로 가서 앉고 에이던은 리나 옆에 앉는다. 그의 몸의 온기가 느껴져서 그녀는 평범하게 행동하기 위해 온갖 노력을 기울인다. 자기들이 영화관에 조금 늦게 도착한 것이 다행이라는 생각이 든다. 객석의 조명이 이미 어두워져서, 빨개진 그녀의 얼굴과 여드름, 기쁨에 들뜬 표정을 그가 보지 못할 테니까.

「세븐」은 리나가 좋아할 만한 영화가 아니다. 피가 낭자하고 야한 영화다. '색욕'의 죄를 지은 남자가 여자와 섹스를 강요받는 장면에서 리나는 도저히 못 참겠다고 생각한다. 여자는 칼날이 달린 부착물을 몸에 달고 있어서, 움직이면 칼에 베일 것이다. 에이던과 나란히 앉아 있고 싶다는 마음보다 불편함이 더 컸기 때문에 리나는 자리에서 일어난다. 그러자 에이던도 말없이 함께 일어난다.

그녀는 그가 자기를 따라올 것이라는 생각에 몹시 의기양양하게 밖으로 나온다. 그녀에게 이런 일은 한 번도 없었다. 그냥 자기 방에 틀어박힌 회색 쥐 같은 존재였으니까. 그녀가 걸음 속도를 높이자 그도 발걸음을 빨리하는 소리가 들린다. 그러다가 그가 그녀를 부른다. 앞으로 오랫동안 그녀의 꿈에 나타날 호칭이다.

야, 야, 꼬맹아, 기다려. 너 괜찮아?

리나가 돌아선다. 극장 입구의 불빛이 두 사람을 비추고 있다. 갑자기 1957년 분위기가 난다. 패커드 자동차들이 극장 앞에 서고, 케리 그랜트가 말한다. 안녕, 미녀 아가씨! 그러자 베티 데이비스가 말한다. 야호, 레이디. 그랜트가 그녀의 팔을 잡는다. 이쪽이야. 그녀가 그를 향해 돌아선다.

방금 나를 꼬맹이라고 부른 거야?

응.

우린 같은 학년이야.

응.

그러니까.

그래서 싫어?

아니. 리나가 활짝 웃으며 말한다. 좋아. 아주 좋아.

그때 그 일이 일어난다. 세계 역사상 가장 로맨틱한 키스. 그가 천천히 머뭇거리며 손바닥을 움직여 그녀의 뺨을 감싼다. 그녀가 보기에는 누구보다 성숙한 남자 같은데도, 여전히 소년처럼. 그녀의 얼굴이 온통 빨갛게 달아오른다. 사람이 죽음의 순간에 보게 된다는 수천 가지 장면들이 주마등처럼 지나간다. 첫 키스 때도 이런 걸 보나? 엄마가 계단 발치에서 리나에게 게으름뱅이라고 말하고 있다. 아빠가 문 밖으로 걸어나간다. 아빠는 계속 걸어나가고, 문은 아빠의 등 뒤에서 계속 닫히고, 엄마는 이렇게 말한다. 리나, 네가 어지른 건 네가 치워. 리나, 너 뭘 하는 거야. 리나, 너 어디 있어, 아직도 망할 놈의 욕실에 있는 거야. 리나의 언니들이 눈을 가늘게 뜨고 그녀를 바라본다. 리나가 키우던 토끼가 보인다. 밤에 토끼가 죽었는데 아침에 엄마가 내다 버리라고 했다. 리나는 토끼를 묻어주고 싶었지만 끈을 돌려서 묶게 되어 있는 쓰레기봉투가 보인다. 아빠가 문을 걸어나가는 모습이 보이더니 갑자기 이 아름다운 남자의 입술이 자기 입술에 닿는다. 그의 혀가 그녀의 입 속으로 미끄러지듯 들어오고, 그녀가 지금까지 상상만 하거나 『키스하는 법』이라는 책에서만 본 일이 벌어진다. 그 책에서는 혀가 금붕어처럼 움직인다고 되어 있었는데, 그녀의 혀와 그의 혀는 금붕어 같지 않다. 혀가 아니라 영혼이 축축한 치아 옆에서 움직이는 것 같다. 리나는 지금 당장 죽어도 좋다는 생각이 든다. 그래도 그녀의 삶은 완전할 것이다.

에이던. 그녀가 그의 입 안을 향해 입김을 불어넣듯이 말한다.

왜, 꼬맹아.

어떤 여자들에게 애인을 만나러 나가려고 준비하는 시간은 실제로 만나는 시간에 버금가게 신성하다. 그 시간이 더 좋다는 사람도 있다. 마침내 애인이 곁을 떠나거나 애정이 식더라도 기대감에 들뜬 그 귀한 순간은 그대로 남기 때문이다. 오랫동안 사라지지 않는 회색 진창보다 하늘에서 떨어지는 눈송이의 아름다움을 리나가 더 쉽게 기억하는 것과 같다.

리나는 구석진 곳에 있는 직사각형 샤워부스 안에서 달걀노른자 색깔의 커튼을 치고 창백한 알몸으로 서서 물살을 향해 입을 벌리고 있다. 영화 속 여자들처럼 엄지손가락을 양쪽 귀 위에 대고 손바닥을 정수리 쪽으로 돌려 젖은 머리를 뒤로 넘긴 뒤 매끈하게 빗어내린다. 다리털과 그 부위의 털을 깎아낸다. 선배 여학생들이 '활주로'라고 부르던 털만 남겨놓는다. 그리고 온몸에 비누칠을 한다. 그의 입술이 닿을지도 모르는 부분들을 특별히 깨끗이 닦는다. 어쩌면 필요 이상으로 박박 닦는 건지도 모르겠다.

리나는 언니가 욕실로 향하는 시간에 정확히 맞춰서 언니와 같이 쓰는 방으로 돌아간다. 그래야 방에 혼자 있을 수 있기 때문이다. 침대에 수건을 깔고 알몸으로 올라간 리나는 분홍색 로션을 온몸에 살살이 바른다. 그 다음에는 화장을 한다. 너무 진하지는 않게. 전에 그가 지나치게 화장한 여자들에 대해 더 성숙해 보이려고 하는 모양인데 그냥 몸 파는 여자 같아 보일 뿐이라고 말한 적이 있기 때문이다.

그 다음에는 드라이어로 머리를 부풀린다. 차분하면서도 볼륨이 있게. 그녀가 걸을 때마다 등과 어깨에서 머리가 찰랑거릴 것이다.

그 다음에는 귀 뒤, 오금, 손목 안쪽에 향수를 바른다. 레몬향이 들어간 꽃향기로, 바닷가에 있는 집의 오후, 박하 잎을 띄운 아이스티, 깨끗한 산들바람을 연상시키는 향수다.

향수를 맨 마지막에 바른 것은 그 냄새가 조금이라도 오래 가게 하기 위해서다. 가는 길에 흡연자와 마주친다면 리나는 조용히 화를 낼 것이다. 에이던은 담배를 피우지만, 그녀는 그에게 깨끗한 모습으로 가고 싶다. 담배 냄새 없이. 그녀가 그에게 다가갈 때 그가 담배를 피우고 있을 가능성이 높다 해도.

가슴이 떨리고 뱃속이 들뜬 것 같다. 며칠 동안 아무 것도 먹지 못한 사람 같기도 하다. 실제로 그동안 음식을 많이 먹지 못했다. 사랑이란 원래 이런 것임을 리나는 실감하고 있다. 사랑은 먹지 않아도 배가 부르게 하면서 동시에 속을 훑어낸다. 그래서 속이 가득 찬 것 같으면서 동시에 텅 빈 기분이다. 음식도, 다른 사람이 옆에 있는 것도 원하지 않는다. 원하는 것은 사랑하는 사람과 그를 생각하는 자신의 마음뿐. 다른 것은 모두 신경 써봤자 기운 낭비, 돈 낭비일 뿐이다.

비밀의 장소는 강이지만, 단순한 강이 아니다. 거의 20년이 흐른 지금도 리나는 그 비밀의 장소를 생각할 때 '강'이라는 단어를 떠올리지만 뭔가가 잘 어울리지 않는다. 하지만 그보다 나은 단어가 없다는 게 문제다. 인생에서 가장 완벽한 것이라 해도, 강은 그냥 강이다.

두 사람이 그곳을 실제로 비밀의 장소라고 부른 적은 없었다. 소리 내서 말한 적은 없다. 그냥 리나가 머릿속에서 그곳을 그렇게 불렀을 뿐이다. 사실 그곳을 지칭하는 단어는 훨씬 더 간단했다. '강'보다도 더 간단했다.

'거기.'

거기서 만나.

10시에 거기서 보자.

버스에서 내려 400미터만 걸어가면 거기가 나왔다. 숲으로 너무 깊이 들어가지는 말고, 평지에 뻗은 2차선 고속도로를 벗어나 400미터만 가면.

숲으로 난 오솔길 같은 것이 있었다. 제대로 난 길이라기보다는 적당히 길처럼 생긴 정도. 잔가지와 이파리가 갖가지 신발에 짓밟힌 모양으로 깔려 있었다.

하얀 운동화를 신은 리나는 이 길을 만드는 데 자신이 얼마나 기여했는지, 자기보다 앞서서 가장 먼저 이곳에 길 비슷한 흔적을 만든 사람들은 누구인지 생각해보았다.

이제 도착했다. 향모가 웃자란 공터. 가느다란 강이 반쯤 안개에 잠긴 채 뱀처럼 구불구불 흘러갔다. 최고의 순간은 그의 픽업트럭을 볼 때였다. 낡아빠진 데다가 주변 풍경과 구분이 안 될 만큼 회색을 띤 그 차를 볼 때마다 리나의 심장이 쿵쿵 뛰었다.

두 사람이 거기서 만나기 시작한 것이 가을이었으니 곧 겨울이 될 터였다. 그래서 그는 자동차 시동을 계속 켜두는 데 돈이 너무 많이 드니까 둘이 돈을 모아 담요를 사자고 말했다. 그가 이 말을 한 것이 겨울이 아직 한참 먼 9월이라는 사실 때문에 리나는 눈물을 글썽거렸다. 그가 그녀와 함께 있는 미래를 내다보는구나 싶어서. 아주 오랫동안 그것만으로 충분했다. 그녀가 사랑하는 사람이 그녀를 자신의 궤도 안에서 살아가는 심장으로 생각해주기만 해도.

그의 차가 벌써 와 있고, 나무 위에서는 새들이 지저귀었다. 발밑에서는 잔가지들이 밟히는 소리가 났다. 젖은 흙냄새와 배기가스 냄새. 그리고 안개 속에서 길을 잃는 것 같은 느낌. 그녀는 거울 앞에서 연습한 대로 머리카락을 귀 뒤로 넘겼다. 정확히 자신이 가장 예뻐 보이는 모습으로. 이 모든 소리와 냄새가 이제는 일상이었다. 이것이 그녀에게는 전희였다.

거기 차 안에서 똑바로 앞에 있는 나무들을 바라보며 담배 연기를 후광처럼 이고 있는, 신화 속 주인공 같은 이 남자가 곧 그녀의 것이 될 터였다. 지금 이 순간 그가 그녀를 기다리고 있다는 사실이 그녀의 존재 전체를 정당화해주었다. 그는 그녀가 존재하는 이유였다. 그녀의 엄마, 언니들, 아버지의 뒷모습 따위 알게 뭐람. 저 사람이 거기에 있는데.

거기.

언젠가 에이던이 지나치게 술을 많이 마시는 때가 올지 모른다. 자식들이 있는데도 봉급이 너무 적어서 여름의 생일 파티에 불을 피울 연료 값도 낼 수 없는 처지가 될지 모른다. 배가 불룩 나오고 후회가 가득한 아저씨가 될 수도 있다. 그가 해병이나 우주 비행사나 운동선수가 되는 일은 없을 것이다. 밴드에서 노래를 부르거나 태평양에서 수영하는 사람이 되지도 않을 것이다. 아이들과 아내, 그리고 그가 그들을 위해 하는 일 이런 일은 중요하면서도 중요하지 않다. 그래서 남자는 바깥에도 중요한 것이 있어야 한다 이 있을 뿐, 그가 사람들이 기억할 만한 업적을 남기는 일은 없을 것이다. 그는 한 여자에게만 중요했을 뿐이다. 그는 모든 것이었다.

안녕, 일기장.
나는 에이던 하트를 사랑하고 그도 나를 사랑해!
맹세컨대 이건 진실이야. 이 지구상에 나만큼 행복한 사람은 없을 거야. 아침에 눈을 뜨는 순간부터 심장이 터질 것 같아. 죽을 만큼 행복해. 이제 사람들이 말하는 '죽을 것 같다'는 말이 무슨 뜻인지 알았어.

겨울이 다가오면서 울퉁불퉁한 길을 달려가던 그들의 사랑이 점차 느려지기 시작한다. 그래서 리나는 겨울을 싫어하게 된다. 감정이 느슨해지는 것을 그녀는 팔다리가 부러지는 것만큼이나 강렬하게 느낀다.

학교의 무게가 그녀를 짓누른다. 엄마의 고약한 말도 더 날카롭게 들린다. 겨울 외투도 마음에 안 들고, 책을 읽거나 뭘 새로 배우고 싶은 생각도 들지 않는다.

이 무렵, 언니의 친구가 자신을 좋아한다는 소리가 들린다. 놀라우면서도 동시에 놀랍지 않다. 마치 에이던 때문에 갑자기 세상 사람들이 그녀를 볼 수 있게 된 것 같다. 인기 있는 사람이 된 것 같다.

리나는 이럴 줄 알고 있었다. 옛날부터 줄곧 알고 있었다. 이런 깨달음은 마음을 차분하게 해주기보다 오히려 정반대 효과를 낸다.

언니의 친구는 엄청난 미남은 아니지만, 친구가 많고 파티란 파티에는 모두 찾아다니는 사람이다. 복도에서 사물함 앞에 있는 리나에게 그가 다가온다. 그의 뜨거운 숨결이 리나의 코에 닿는다. 리나를 바라보는 시선은 좋아하는 사람을 보는 것 같지 않다. 애당초 리나를 그리 좋아하는 것 같지도 않다.

그가 주말에 열리는 어느 파티에 대해 말한다. 그리고 거기 가고 싶지 않으냐고 묻는다. 리나는 자기도 모르게 고개가 끄덕여지는 것을 느낀다. 거절의 말을 하기가 두렵다. 이것이 데이트라는 생각은 들지 않지만, 에이던이 아닌 누군가가 자신에게 매력을 느꼈다는 사실이 마음에 든다. 예전에는 조명등 가게에 진열만 되어 있을 뿐 플러그가 연결되지 않은 램프 같았다면 지금은 갑자기 손님들이 이 램프 앞에서 걸음을 늦추며 이렇게 말하는 것 같다. 여보, 이 램프 어때?

리나는 에이던을 사랑하지만, 하룻밤 이렇게 나가 놀아도 재미있을 것 같다는 생각이 든다. 아마 에이던도 나가서 놀 것이다. 사실 그것이 문제다. 최근 들어 리나는 저녁에 에이던을 잘 만날 수 없게 되었다. 아니, 사실 처음부터 줄곧 그랬지만, 그 사실을 리나가 요즘 갑자기 깨닫고 있다. 두 사람은 제니퍼와 로드처럼 서로에게 매인 진짜 커플로 변화하지 못했다.

리나는 혼잣말을 한다. 다른 사람이랑 파티에 가는 것도 좋을 거야. 이 집을 벗어나는 거잖아. 하지만 솔직히 말하자면, 리나가 이 파티에 가기로 마음먹은 것은 에이던에게서 며칠 동안 연락이 없기 때문이다. 학교 복도에서 마주치면 미소를 지어주기는 해도 거리를 두고 다가오질 않는다. 리나는 아직 거기까지는 생각하고 싶지 않지만, 잠재의식 속에 이미 어떤 생각이 자리잡고 있다. 엄마의 유언장처럼.

여기서 기억이 흐릿해진다. 리나를 파티에 데려간 남자, 리나를 좋아한다는 남자는 그들 중 하나가 아니다. 그 정도는 그녀도 안다.

그가 리나를 데려간 친구 집에서는 파티라고 할 만한 것이 열리지 않았다. 그냥 네 남자가 술을 마시고 있을 뿐이다. 그때 이런 생각을 했던 기억이 난다. 언제 여길 나가서 파티에 가려나? 그때 언니의 친구, 그러니까 리나를 이 집에 데려온 남자가 갑자기 사라진다. 아니, 리나의 기억에서 사라진 것 같기도 하다. 이제 방 안에는 술을 마시는 남자 셋과 리나뿐이다.

셋 중 한 명, 리나가 기억하기로 '첫 번째 놈'이 빨간 잔에 술을 따라 그녀에게 건넨다. 그것이 정말로 술인지 잘 모르겠다. 컵에 든 것은 자주색 또는 검푸른 바닷물 색깔이다. 맛도 술 같지 않다. 어둡고 고약하고 따뜻하다. 하지만 리나는 애당초 술을 마셔본 적이 없기 때문에 설사 그것이 진짜 술이라 해도 확실히 알 수 없었을 것이다.

그놈이 제일 확실하게 기억나요. 세월이 흘러 나이를 먹은 뒤 리나는 이렇게 말한다. 그놈이 첫 번째였던 건 확실해요. 그 첫 번째 놈이 제일 분명히 기억나요. 우린 그걸 하고 있었어요. 내 몸의 거기에서 일어나는 일이 뭔지 사실 나는 잘 몰랐어요. 그냥 누군가가 내 몸 위에 있다는 느낌이 왔고, 이게 섹스라는 걸 알았죠. 그 다음으로

62

기억나는 건 그놈이 내 몸을 돌려서 엎드리게 한 거예요. 그 다음에 다른 놈이 내 위로 올라왔죠. 그놈이 말했어요. 야, 안 돼, 얘는 애비의 동생이라고, 난 못하겠어. 그러고서 그놈은 그만뒀어요. 그 다음에 세 번째 놈이 있었지만 이때쯤에는 내 기억이 형편없어요. 내가 반항하지 않았던 건 기억나요. 그냥 남의 일 같았어요. 누구한테도 싫다는 말을 하고 싶지 않다고 생각했던 것 같아요. 그 사람들이 날 좋아해주길 바란 거죠. 그 사람들한테 다른 이유, 그러니까 날 좋아하지 않을 이유를 주고 싶지 않았어요.

그 다음 날부터 리나가 하룻밤에 세 명이랑 그걸 했다는 소문이 돌아다니기 시작한다.

SLOANE
슬론

슬론 포드는 아주 길고 아주 아름다운 밤색 머리카락을 지니고 있
다. 믿을 수 없을 만큼 따스한 색조의 갈색. 염색한 것이 아니다. 마
른 몸매의 슬론은 40대 초반이지만, 얼굴은 아직도 대학생 같다. 슬
론은 다른 엄마들과 점심을 먹는 횟수보다 헬스클럽에 가는 횟수
가 더 많다. 사람들이 뒤에서 이러쿵저러쿵 쑥덕거리는 여자 같기
도 하고 그렇지 않은 것 같기도 한다. 조금 의뭉스러운 것 같기는 해
도 진심처럼 보이고, "서비스업의 정치학이 아주 흥미로워요" 같은
말을 자주 한다. 식당에서 식사를 하는 경험이 친숙한 것과 낯선 것
이 한데 섞이는 역학을 보여주는 소우주이며, 그런 환경에서 마주
친 사람들 중 한쪽이 적어도 몇 시간 동안은 다른 한쪽을 섬기는 관
계가 된다는 말을 진심으로 하는 사람이다.

　슬론은 사람들의 시선이 자신에게 향한다는 사실을 모르는 듯하다. 어떤 측면에서 보면 슬론은 자신감이 넘치다 못해 무서울 정도라서, 사람들은 그녀의 기분을 건드리게 될까봐 몹시 신경을 쓴다. 하지만 그녀 자신이 작아 보일 만큼 가진 것을 전부 나눠주려고 굴 때도 있는데, 이때도 역시 친구들은 그녀의 기분을 건드리지 않으려고 애쓴다. 이 두 가지 측면이 하나로 합쳐진 결과, 사람들을 끌어당기는 놀라운 매력이 만들어진다.

슬론의 남편 리처드는 미인 아내만큼 미남은 아니다. 두 딸은 엄마처럼 활달하다. 또 다른 아이인 릴라는 리처드가 첫 결혼에서 낳은 딸이다. 그들은 가족으로서 흠 잡을 데 없는 유대를 자랑하지만 약간의 틈도 있다. 가족들 각자가 독립적인 존재로 살아갈 수 있게 해주는 우호적인 거리감이다.

그들은 로드아일랜드의 나랑간셋만灣에 있는 뉴포트에 살고 있다. 바위 해안을 따라 조지 왕조 시대 양식의 저택들이 늘어서 있고, 아름다운 거리를 메운 여름철 휴가객들은 수산물 시장에서 전갱이 파이와 카스 비스킷, 바닷가재 등을 산다. 리처드와 슬론은 배들이 조용히 흔들거리는 항구에서 몇 블록 안쪽으로 들어간 곳에 식당 하나를 소유하고 있다. 리처드가 요리를 하고, 슬론이 손님을 응대한다. 그녀에게 딱 맞는 일이다. 발목까지 내려오는 드레스를 입어도 옷에 묻히지 않는 여성이니까.

그들에게 여름은 바쁜 계절이다. 이 섬의 사람들은 누구나 그렇다. 여름에 최대한 돈을 벌어놓아야 한다. 추운 계절에는 소득이 없기 때문에. 1월과 2월에 이곳 주민들은 만반의 준비를 갖추고 집에 틀어박혀서 여름에 벌어둔 돈으로 버틴다. 미리 만들어둔 케일 소스를 먹으면서.

추운 계절은 또한 아이들의 학교 생활, 아이들의 공연과 운동 경기에 부모가 온 신경을 쏟을 수 있는 때이기도 하다. 그러나 슬론은 아이들에 대한 이야기를 거의 하지 않는다. 적어도 아이들을 중심으로 하루가 흘러가는 일부 여자들과는 다르다.

슬론이 없는 자리에서 사람들은 그녀에 관한 이야기를 한다. 작은 마을에서는 걸음을 멈추고 사람들과 이야기를 나누기보다 헬스클럽에 더 자주 드나들기만 해도 충분히 이야깃거리가 될 테지만, 슬론의 경우는 그 이유 때문이 아니다.

소문에서 확실하게 두드러지는 이야기는 슬론이 남편 앞에서 다른 남자들과 잔다는 것이다. 같은 동네에서, 또는 다른 섬에 가서 다른 남자와 잔 뒤 그것을 녹화한 영상을 나중에 남편에게 보여준다는 얘기도 있다. 남편이 없는 곳에서 다른 남자와 어울릴 때는 계속 남편에게 문자를 보내 상황을 알려주며, 때로 다른 부부와 잠자리를 할 때도 있다고 한다.

우선 언뜻 보기에 조금 이상한 부분을 꼽아보자. 슬론은 이곳을 1년 내내 떠나지 않는다. 그것 자체로 이상한 일이다. 슬론과 같은 사람들은 가족과 함께 여름에 2주 동안만 이곳에 머무는 경우가 많다. 때로 여름 내내 머무르는 경우도 있기는 하다. 아니면 엄마만 여름 내내 머무르고, 아빠는 주말에만 합류하기도 한다. 하지만 겨울 내내 이곳에 머무른다면 정신이 이상해질지도 모른다. 시간을 보낼 수 있는 대형 쇼핑몰도 하나 없는 곳이기 때문이다.

슬론의 성인기는 어느 해 크리스마스에 아버지의 직장 상사 집에서 열린 파티에서 시작되었다. 뉴욕 최고의 부자 중 한 명인 아버지의 직장 상사는 웨스트체스트 근교에서 주랑 현관이 있는 집에 살고 있었는데, 집 안에는 페르시아 융단과 금을 두른 크리스털 제품이 장식되어 있었다. 여자들은 굽이 낮은 신발을 신고 다녔다.

마당의 나뭇가지에는 얼음이 잔뜩 붙어 있고, 길에서는 빛이 났다. 슬론은 그날 아버지의 파트너였고, 그녀의 파트너는 보비라는 남자였다. 그녀가 만난 다른 남자들과 마찬가지로 보비도 미남이었다. 당시 스물두 살인 슬론은 전에 식당에서 일한 적이 있었고, 지금은 잠시 쉬면서 극장 쪽 일에 관심을 보이고 있었다. 거의 매일 밤 외출하는 그녀의 달력에는 습한 음악이 흐르는 곳에서 미지근한 맥주를 마시는 약속에서부터 이 직장 상사의 집 같은 곳에서 차가운 마티니를 마시는 약속에 이르기까지 온갖 약속이 가득했다.

아버지의 직장 상사의 아내인 셀마는 은발의 귀부인이었다. 그녀가 말했다.

키스와 슬론을 짝지어줘야겠어요.

셀마는 슬론의 파트너인 보비 앞에서 이런 이야기를 했다. 무슨 계시 같았다. 자기 아들인 키스. 그리고 남편의 오른팔의 딸이자 아름답고 날씬하며 가정 교육도 잘 받은 슬론. 신처럼 아름답고, 말처럼 즉시 번식할 준비가 된 두 사람. 그들의 집은 두 블록 거리였다. 왜 좀 더 일찍 이런 생각을 하지 못했을까!

슬론은 돈에 별로 관심이 없었지만, 어쨌든 이 키스라는 청년은 돈이 아주 많았다. 그의 집안은 예술계에서 실행되는 대부분의 프로그램에서 맨 위에 이름을 올리는 곳이었다.

몇 주 뒤 슬론은 키스와 데이트를 했다. 아버지를 위해 이렇게 할 수 있다는 것이 기뻤다. 자신의 성적인 에너지가 아버지의 일을 위해 유용하게 쓰일 수 있다고 생각하니 힘센 사람이 된 것 같았다.

키스가 어디에 가고 싶으냐고 묻기에, 슬론은 봉에 가고 싶다고 대답했다. 그 다음으로 가고 싶은 곳은 항상 혀끝에서만 맴돌았다.

키스가 말했다. 그것 재미있네. 나랑 가장 친한 친구가 거기 매니저거든.

슬론은 올리브 색 터틀넥과 벨벳 느낌이 나는 시가렛 팬츠에 부츠를 신은 차림이었다. 두 사람은 그 식당에서 가장 좋은 자리에 앉았다. 사람들 눈에 잘 띄지 않는 자리였다. 여섯 명이 앉을 수 있는 자리였지만, 그날은 두 사람만을 위해 예약되어 있었다. 슬론은 특별한 손님 대접에 익숙했다. 귀에는 자그마한 귀걸이를 걸고 있었다. 한창 뜨는 곳인 만큼 식당 안에 활기가 넘쳤다. 종업원들은 능숙하게 서로를 요리조리 피해가며 빠르게 걸어다녔다. 마치 그들 중 절반은 사람이 아니라 유령인 것 같았다. 요리도 예술적이었다. 피라미드처럼 쌓은 채소 위에 하얀색이나 회색 직사각형 생선 요리를 올리고, 반질반질하고 달콤한 소스를 뿌렸다. 시큼한 냄새와 열기가 느껴졌다. 라디에이터는 난방비 따위 신경 쓸 필요 없다는 듯 따끈따끈했다.

키스의 절친한 친구인 매니저가 와서 주방장이 특별한 시식 메뉴를 선보일 것이라고 알렸다. 저녁 식사 전에 키스와 슬론은 대마초를 피우고 온 참이었다. 슬론은 항상 모든 마약을 딱 알맞은 만큼 사용했다. 때로는 알맞은 양이라는 말이 과용을 뜻하기도 했지만, 그

때도 그 기준에 따랐다. 예를 들어 술이 그랬다. 상황에 따라 조금 술에 취하는 편이 적절할 때가 있다는 사실을 알기 때문이었다.

다섯 가지 코스의 음식이 나왔다. 음식이 하나씩 나올 때마다 계속 흥미진진해졌다. 슬론에게 가장 깊은 인상을 남긴 것은 디저트 전에 나온 마지막 음식이었다. 농어과의 작은 물고기 한 마리와 아스파라거스빈에 끈적끈적한 블랙빈 소스를 뿌린 음식. 그는 키스에게 계속 말했다. 이거 진짜 끝내준다. 그러면 키스는 빙긋 웃으면서 그녀를 보거나 지나가는 종업원을 보았다. 세상이 빠르게 획획 흘러가는 것이 재미있는 모양이었다. 이런 남자들이 마음속으로는 또 다른 예쁜 여자와 근사한 저녁 식사를 했던 경험을 태평하게 평가하곤 한다는 사실을 슬론은 잘 알고 있었다. 언젠가 그는 아래층에 당구대가 있는 집에서 시가를 피우며 아들들을 키울 것이다. 오늘은 농어를 먹었지만 그때는 넙치나 바싹 구운 참치를 먹겠지. 그의 아내는 슬론이 아니라 크리스티나나 케이틀린이라는 이름을 갖고 있을지도 모른다. 그러나 그 순간, 아니 대부분의 경우, 슬론은 주위에서 철썩거리는 물살과는 달랐다. 그녀가 키스의 손목을 살짝 건드리며 말했다. 이 생선 말이야, 진짜 끝내줘! 음식은 항상 슬론을 다른 세상과 이어주는 것 같았다. 그 세상에서 그녀는 예쁘게 꾸미고 있을 필요가 없었다. 그곳에서는 주스가 턱을 타고 흘러내려도 상관없었다.

마지막에 주방장이 직접 나왔다. 슬론과 키스가 생선 요리를 거의 다 먹었을 때였다. 깨끗하게 살을 발라먹은 생선 뼈가 접시 위에 있었다. 두 사람은 배불리 음식을 먹고 키득거리며 웃고 있었다. 슬론은 주방장에게 음식이 아주 훌륭했다고 말했지만, 사교적으로 사람을 대할 수 있는 상태가 아니었다. 술에 취한 것이 가장 큰 이유였다. 그래서 그녀는 생선 요리 덕분에 마음이 따뜻해졌다는 식의 말을 하지 않았다. 반짝이는 눈으로 주방장을 바라보면서도, 그 눈으로 그에게서 공감을 이끌어내려 하지 않았다. 원한다면 얼마든지 그렇게 할 수 있는데도.

하얀 모자를 쓴 주방장의 모습은 그리 인상적이지 않았다. 하지만 그는 웃는 얼굴로 친절하게 굴었고, 그녀는 그의 음식이 마음에 들었다. 그날의 식사는 처음부터 끝까지 이상적이었다. 키스와 이렇게 함께 시간을 보내는 것이 반드시 평생으로 이어져야 할 것 같았다.

주방장은 주방으로 돌아가 디저트를 내보냈다. 초콜릿 무스와 생강 쿠키, 그리고 사케와 열매로 만든 소스. 키스와 슬론은 커피와 소화를 돕는 식후 한 잔을 마셨다. 슬론은 대부분의 또래 여자들이 20대 후반이나 30대 초반이 되어 약혼한 뒤에야 먹게 될 음식을 자신이 먹고 있음을 의식했다.

식당을 나서는 길에 슬론은 키스를 바라보며 이렇게 말했다. 만약 내가 다시 식당에서 일하게 된다면, 이런 곳에서 하고 싶어.

키스는 조금 전 식사를 하면서 슬론이 전에 식당에서 일한 적이 있다는 이야기를 처음 들었다. 하지만 이것을 과거형으로만 보는 것은 터무니없었다. '과거'라는 단어를 쓰면, 슬론처럼 젊은 여성이 거의 호기심에서 한 번 그쪽 일을 해본 것처럼 보이기 때문이었다. 슬론은 뉴욕의 근교에 사는 상류층 가정 출신으로 미래에 주지사나 법무장관이 될 아이들과 같은 학교에 다녔다. 따라서 옷이나 립글로스 같은 물건에 쓸 돈이 부족하지 않은데도 열다섯 살 때 웨이트리스로 일했다. 슬론은 한 장짜리 지원서를 작성하면서, 예전 직장 경험을 묻는 항목에 아버지 사무실에서 서류 정리를 한 것과 저녁에 이웃집 아이들을 봐준 것을 적었다.

그녀가 식당에 마음이 끌린 것은 식당의 분위기를 좋아하기 때문이었다. 사람들에게 서비스를 하는 일도 좋고, 검은 바지와 하얀 셔츠도 좋고, 한 식탁에 앉은 손님들의 식사와 분위기를 책임진다는 점도 좋았다. 그녀는 다른 직원들이 손님들 사이를 오가며 지루해하거나, 짜증을 내거나, 신경질적으로 구는 것을 보았다. 대부분 일에 마음을 쏟지 않기 때문이었다. 그들은 자신이 하는 일에 진심으로 임하지 않았다. 하지만 그 일은 그들이 맡은 역할이었다. 서빙을 하는 종업원은 한 행사를 책임진 사회자와 같았다. 그 식탁의 가신이자, 주방의 대표. 물론 슬론은 돈도 좋아했다. 자신이 얼마나 일을 잘했는지를 수학적으로 칭찬해주는 그 달콤한 숫자들. 현찰로 팁을 놓고 가는 건 주로 남자들로만 구성된 일행이었다. 그들은 유혹하듯이 20달러 지폐 여러 장을 접어 잔으로 눌러두었다.

처음에 슬론은 올바른 방법을 시도했다. 정식으로 햄프셔에 지원서를 제출해서 합격했다. 다른 학생들과 방을 함께 쓰는 기숙사에 살면서 승마용 부츠를 신고 얼음처럼 차가운 연못 위의 다리를 건너고 뾰족한 산울타리 옆을 지나쳤다. 데이트도 하고 여학생회에도 가입했다.

중간에 자퇴했지만 다시 돌아갔다가 또 자퇴했다. 어느 것도 고심 끝에 힘들게 결정한 일은 아니었다. 아직 어리고 확신이 없었으니까. 슬론의 오빠인 게이브도 그녀와 비슷했다. 그래서 둘 중 한 명이 올바른 길을 걷고 있으면, 다른 한 사람은 엉뚱한 길을 가곤 했다. 부모는 한쪽을 보며 마음을 가라앉히다가, 다른 한쪽을 보고 다시 걱정에 휩싸였다.

슬론은 식당에서 일하면서도 수업을 들었지만, 항상 안절부절못했다. 교실 안의 다른 학생들이 정말로 수업을 열심히 듣는 것처럼 보이는 것이 이색적이었다. 슬론 자신에게는 그런 마음가짐이 불가능한 것 같았다. 그녀는 일어서서 돌아다닐 때 마음이 더 편안했다. 그래서 항상 유리잔이 챙챙 부딪히고 사람들이 분주히 돌아다니는 식당으로 돌아왔다.

그래도 오늘밤은 느낌이 달랐다. 마치 자석에 이끌리는 것 같았다. 슬론이 웨이트리스로 일한 건 이미 여러 해 전이었다. 그녀는 다시 학교로 돌아와 공부하면서 시내의 극장들을 살피고 있었다. 어쩌면 자신이 공연 제작에 소질이 있을지도 모르겠다는 생각 때문이었다. 슬론은 사람들과 대화하는 법, 권태에 시달리는 부자들에게 새로운 것에 대한 흥미를 불어넣는 법을 잘 알았다. 예를 들어 아버지의 친구들이 바로 그런 부자들이었다. 슬론은 그들의 눈을 똑바로 바라보며, 이 사람의 전람회나 저 사람이 디자인한 골프웨어에 투자하지 않으면 나중에 아쉬워질 것이라고 말했다. 자신의 멋진 머리카락과 미소, 지위를 이용했다. 그녀는 남들이 그냥 흘려들어도 되는 사람이 아니었다.

그리고 이제는 아버지 상사의 아들인 키스와 함께 있었다. 이것이야말로 아버지가 원했을 만한 일이었다. 어머니도 역시. 이니셜이

들어간 시트. 레인지로버의 트렁크에 있는 소풍 바구니. 피터팬 옷깃이 달린 옷을 입은 쌍둥이. ecru°라는 단어. 세인트존. 아스펜에서 보내는 크리스마스. 텔러라이드.

'만약 내가 다시 식당에서 일하게 된다면, 이런 곳에서 하고 싶어.'

자신이 이 말을 매니저도 들을 수 있을 만큼 큰 소리로 말했던 것 같기도 했다.

그 다음 주에 매니저가 전화해서 슬론에게 일자리를 제의했다. 슬론은 즉시 받아들였다. 자신이 식당에서 일하던 시절을, 그 분위기와 소음을 얼마나 그리워했는지 이제야 비로소 알 수 있었다. 정치의 매력과 비슷했다.

슬론은 식당 문 앞에 서서 손님들을 맞이하는 일을 맡았지만, 주방에서 하루 동안 훈련을 받아야 했다. 모든 직원이 식당 안의 일을 전부 잘 알고 있어야 농어를 어떻게 요리했느냐는 손님의 질문에도 즉시 대답할 수 있다는 원칙 때문이었다.

주방 훈련 때 주방장은 보통 신참을 각각의 조리대, 즉 찬 음식 조리대, 뜨거운 음식 조리대, 디저트 조리대 등으로 데리고 다닌다. 하지만 이번에는 주방장 리처드가 이런 일반적인 절차를 따를 생각이 없었다.

그는 식당 홀에서 그녀를 맞이했다. 젖은 천에 손을 닦고 있었다. 얼굴은 날렵하고 각진 모양이었으며, 밝은 색 눈은 경우에 따라 따

° 베이지색을 뜻하는 프랑스어.

뜻한 빛을 띠기도 하고 건달처럼 보이기도 했다.

리처드가 미소를 지으며 말했다. 함께 맛초볼 스프°를 만드는 게 어때요?

슬론은 소리 내어 웃었다. 맛초볼이라고요? 여기는 프랑스 요리와 태국 요리를 파는 식당이었다. 홀에 작은 소리로 음악이 흘렀다. 슬론은 바닥에 깔린 깔개의 모양과 색깔도 살펴보았다. 아직 한 번도 가본 적이 없는 사막 나라의 피라미드가 생각나는 모양이었다. 때로 그녀는 자신이 어디에도 속하지 않는다는 생각이 들었다. 어디에 있든 별로 다르지 않았다. 집에서든 학교에서든 그녀가 없다고 아쉬워하는 사람도 없을 것 같았다. 하지만 자신이 파티에서 생기를 불어넣는 역할을 할 때가 많은 것 또한 사실이었다. 따라서 사람들은 그녀가 마땅히 있어야 하는 자리에 밤 10시까지도 모습을 드러내지 않으면 이렇게 말할 것이다. 슬론은 어디 있어? 왠지 언젠가 다른 여자들이 이런 말을 하는 날이 올 것 같기도 했다. 슬론이 우리 엄마였으면 좋겠어. 그녀가 초등학교 3학년 아이의 생일 파티를 거하게 치러준 뒤에. 하지만 지금 그녀는 여기 이 식당에 있었다. 자신이 잘 알지 못하는 다른 사람의 몸에 빙의한 것 같은 기분으로. 이런 느낌이 드는 이유 중 하나는 자신에게 정체성이 없다는 두려움이었다. 자신이 어떤 사람인지 잘 모르기 때문에 그녀는 최소한 지루한 사람이 되지 않으려고 열심히 노력했다. 가끔은 누구에게서도 지루한 사람이라는 소리를 듣지 않기 위해 자기답지 않은 짜릿

° 유대인 음식.

74

한 일을 하기도 했다. 하지만 그 때문에 자신이 남을 사랑할 줄도 모르는 차갑고 부정한 사람인 것 같은 기분이 들 때도 있었다.

이 식당의 주방장 리처드는 슬론보다 나이가 많았지만, 아주 나이가 많은 사람처럼 굴지는 않았다. 그는 부자도 아니고 미치지도 않았다. 자가용 비행기를 소유하지도 않았고 부패한 냄새를 풍기지도 않았다. 슬론이 어울리는 남자들과는 전혀 달랐다. 당시 그녀는 특히 나쁜 남자들, 지저분한 몰골로 오토바이를 타고 다니는 어두운 남자들, 베이스 연주자들에게 빠져 있었다. 반면 리처드는 하얀 모자를 깔끔하게 쓴 요리사였으며, 성실하게 자신의 일을 했다. 슬론이 듣기로는 집에 갓 태어난 딸도 하나 있다고 했다.

리처드가 슬론을 주방으로 데려갔다. 긴 스테인리스 조리대가 반짝거렸다. 거기에 슬론의 강인한 턱이 비쳤다. 슬론은 어딘가에 비친 자신의 모습 때문에 마음이 산란해진 적이 한 번도 없었다. 그런 면에서 자신이 얼마나 운이 좋은지 어느 정도 알고 있었다. 그녀의 친구 중에는 어딘가에 비친 자신의 모습을 싫어해서 그럴 만한 곳을 멀리하거나 반대로 그런 곳을 강박적으로 찾아다니는 사람들이 있었다. 슬론은 어느 쪽도 아니었다. 상점 진열창이나 강철 탁자에 비친 자신의 모습을 언뜻 보고 나면 이미 알던 사실을 다시 확인하게 될 뿐이었다. 그녀는 평생 정말 아름답다는 말을 들으며 살았다. 어렸을 때부터 친척 아주머니들이든 낯선 사람이든 할 것 없이 그런 말을 했다. 그러면서 행운의 성이나 잔디밭에 풀어놓은 골든레트리버를 쓰다듬듯이 아무 생각 없이 그녀의 머리카락을 쓰다듬었다.

리처드가 스트레이트 맛초° 상자들을 꺼냈다. 슬론이 식당에서 좋아하는 것 중 하나가 바로 이렇게 재료의 양이 많다는 점이었다. 실용적인 물건들이 몇 상자씩 익명으로 깔끔하게 쌓여 있다는 점. 특히 토마토소스가 많은 것이 좋았다. 슬론은 똑같은 깡통에 든 소스를 벽을 따라 무한히 늘어놓을 수 있다는 점이 좋았다.

두 사람은 요리를 위해 맛초를 부쉈다. 리처드는 이미 꺼내 놓은 마늘, 소금, 베이킹파우더를 커다란 그릇에 넣었다. 그리고 다른 그릇에서 달걀과 닭고기의 지방을 섞기 시작했다. 딜은 이미 다져두었다. 슬론은 그가 맛초볼 수프를 만들자는 얘기를 하면서 그녀에게 거절당할 거라는 생각을 전혀 하지 않았음을 깨달았다. 마음에 들었다. 보통 슬론은 의사 결정 과정을 존중했다. 자기 대신 다른 사람이 결정을 내려주는 것이 좋았다. 그녀는 그가 내어준 앞치마를 입고 있었다. 평범한 모양이지만 아름다웠다.

리처드가 습기가 있는 달걀 혼합물을 가루 혼합물에 부으면서, 슬론에게 포크를 이용해 재료를 섞되 너무 많이 섞지는 말라고 지시했다. 그러고는 차가운 숟가락으로 재료를 공처럼 뭉치는 법을 알려주었다. 두 사람의 손과 팔이 서로 스쳤다. 슬론은 그의 뜨거운 매력을 느꼈다. 하지만 그것 외에 새로운 느낌도 있었다. 욕망이 폭발하는 경험은 전에도 해본 적이 있었다. 누군가의 손에 의해 침대로 내동댕이쳐지는 기분은 교회와 지옥을 동시에 경험하는 것 같았다. 하지만 이번에 느껴지는 것은 새로웠다.

두 사람은 둥글게 뭉친 반죽을 쟁반 위에 놓아 냉장고에 넣었다.

° 발효 과정 없이 물과 밀가루만으로 만든 빵. 우리말 성경에는 '무교병'으로 표기되어 있다.

그리고 반죽이 숙성하기를 기다리는 동안 이야기를 나눴다. 리처드의 주방 안을 돌아다니며 서로의 이야기를 들려주었다. 주방에는 둘뿐이었다. 다른 직원들이 드나들기는 했지만 누구도 두 사람에게 신경 쓰지 않았다. 리처드는 자신이 유대인 혈통이라고 말했다. 슬론은 그가 맛초볼 수프를 만들자고 말한 것이 자신이 어떤 사람인지를 알리려는 그 나름의 방식이었음을 순간적으로 깨달았다. 리처드는 자신의 딸 릴라에 대해 이야기했다. 슬론은 그 또래의 젊은 여성들이 대개 그렇듯이 아이를 낳는 경험을 아직 상상할 수 없었다. 임신이 무서워질 때마다 그녀는 여자친구나 남자친구와 함께 쓰고 있는 자신의 방을 둘러보며 아기 침대를 어디에 두면 좋을지 생각해보려고 했다. 지난 휴일에 마신 그레이구스° 병들과 한 곳에 쌓인 『보그』를 흘깃 보면 숨이 막히고 기분이 암울해졌다. 그녀는 아직 조카도 없었다.

맛초볼 반죽이 숙성되자 두 사람은 그것을 냉장고에서 꺼내 끓고 있는 국물에 투하했다. 짙은 회색 국물에서 빵 같은 냄새가 났다. 슬론은 그 냄새가 좋았다. 집을 연상시키는 냄새였다. 그녀는 그런 집을 한 번도 경험해보지 못했지만, 그래도 집은 집이었다.

리처드가 끓고 있는 냄비 옆에서 얽혀 있는 팔 사이로 슬론을 보았다. 그녀는 리처드가 있으니 자신이 화상을 입을 위험은 없을 것이라고 확신했다. 혹시 냄비가 갑자기 기울어지는 사고가 일어나더라도 리처드가 닌자처럼 재빨리 쏟아진 국물을 반대 방향으로 밀어

° 보드카의 상표명 중 하나.

버리거나 아니면 아예 자기가 화상을 입는 편을 택할 것 같았다. 얇팍한 검은 바지를 입은 그의 다리에 국물이 쏟아지면 다리가 돼지 날고기 같은 색깔로 변할 것이다.

맛초볼이 다 익은 뒤 두 사람은 그 수프를 직원용 식사로 내놓았다. 슬론은 서빙을 맡은 직원들부터 매니저까지 많은 사람들이 둘러앉은 식탁을 훑어보았다. 모두들 인생의 오르막과 내리막을 슬론 본인만큼 경험해보지 못한 것 같았다. 적어도 그때 그녀가 받은 느낌은 그랬다. 자신이 작은 신이 된 것 같았다. 어느 범주에도 속하지 않는다는 점에서 독특한 존재. 자애로우면서 동시에 잔혹한 존재. 아름다운 동시에 겉만 번지르르한 존재. 부자이면서 가난하고, 종교를 믿으면서 신을 믿지 않는 존재. 그녀는 모순들로 이루어진 천칭이었다. 부유하고 멋진 아빠와 스카프를 쓴 상쾌한 엄마 손에서 자란 반항적인 여자들이 모두 그렇듯이. 어디서도 그녀를 원하지 않았지만, 모든 곳에서 그녀를 욕망했다. 20년의 생애 동안 그녀는 대개 가벼운 리넨 옷을 입은 유령처럼 돌아다니며 우아한 식탁에서 오렌지 주스를 마시고, 부활절에는 최고의 모습을 유지했다. 자기가 이 방을 나가고나면 여기 사람들이 아쉬운 기색을 역력히 드러낼 것이라는 생각이 든 것은 이번이 처음이었다. 여기야말로 자신이 있어야 할 곳이었다. 그런 느낌이 들었다. 그녀가 먹은 수프가 온몸에 따뜻한 기운을 주었다.

주방에서 맛초볼 수프를 만든 그날 이후로 슬론은 식당에서 자신이 맡은 역할에 안착했다. 그녀가 맡은 일이 곧 그녀 자신이 되고, 그녀의 삶을 모두 차지했다. 모든 직업이 어느 정도는 그런 영향을 미치기 마련이지만, 식당에서 일할 때는 일의 성격과 근무 시간의 특성상, 즉 저녁 시간과 주말을 모두 일에 바쳐야 한다는 점 때문에 일이 곧 인간관계의 전부가 되어버린다. 식당 일은 그녀의 삶의 축이 되었다. 식당에서 길게 근무해야 하는 날에는, 꼬박 10시간 동안 깔끔한 생머리를 유지하기 위해 머리를 다듬는 데 각별히 시간을 쏟았다.

어느 날 해질 녘에 누군가가 자신을 지켜보는 것 같은 느낌이 들었다. 시선을 들어 보니 주방에 리처드가 있었다. 그날 슬론은 최신 유행인 체크무늬 바지 차림이었다. 몸에 꼭 끼는 바지를 입은 그녀는 키가 크고 예쁘고 유능한 사람이 된 기분이었다. 그녀는 식당 벽의 난간에 줄줄이 놓인 작은 그릇들에 봉헌 양초를 채우려고 천천히 식당 안을 가로질렀다. 그러면 리처드에게 최고의 뒤태를 보일 수 있다는 사실을 알고 하는 행동이었다. 난간을 향해 몸을 숙일 때도 그 점에 신경을 썼다. 그가 정말로 자신을 지켜보는지 뒤돌아 확인하지는 않았지만, 그의 뜨거운 시선이 피부를 간질이는 것 같았다.

슬론은 오전에는 커피숍에서 일했다. 하우징윅스 북스토어 카페라는 곳이었다. 특별히 돈이 필요해서라기보다는, 그런 식으로 에너지를 발산할 때 더 유능한 사람이 된 것 같은 기분이 들기 때문에 시작한 일이었다. 다양한 사업 모델을 배우는 것도 재미있었다. 여기저기 촉수를 뻗어놓는 것이 좋았다. 뉴욕 대학교 학생들이 공강 시간에 이 커피숍에 들어와 그래놀라와 요구르트와 살바도르 콘케이크를 먹었다. 숙취 때문에 뚱한 학생도 있고, 반짝이는 학생도 있었다. 슬론은 그들의 이야기에 귀를 기울이고, 그들을 관찰하며 서점 겸 카페 안을 훑어보았다. 다른 학생들과 나란히 앉아 수업을 들으며 재들은 어떻게 이 많은 정보를 다 흡수하는 건지 궁금해할 때보다 이렇게 그들의 시간을 관리하는 일을 할 때가 더 즐거웠다.

슬론은 언젠가 자기만의 가게를 갖고 싶었다. 서점 직원 중 한 명에게 그녀는 함께 식당과 클럽을 운영하면 어떻겠느냐는 말을 꺼냈다. 최신식으로 꾸며놓은 가게에서 음악과 음식을 함께 내놓는 것이 그때 그녀의 꿈이었다. 한 무리의 사람들이 저녁 시간 내내 원하는 것을 모두 해결할 수 있는 곳. 그들은 스테이크 프리트°와 속을 채운 아티초크를 먹은 뒤, 술을 마시고 춤을 추면서 밴드의 연주를 감상할 수 있을 것이다.

슬론은 커낼 거리 남쪽의 웨스트브로드웨이를 염두에 두고 있었다. 당시에는 주차장, 담배 가게, 진한 셰이크 가게, 롤러장 등이 있는 곳이었다. 지금은 도어맨과 옥상 정원이 있는 건물들과 수경재배한 양상추를 파는 고급 시장이 그곳에 서 있고, 레이밴 선글라스를 낀 청년들은 후크 앤 래더 8 앞에서 셀카를 찍는다. 슬론은 언제나 누구보다 빨리 가능성을 알아보는 눈이 있었다.

일하는 사이 아주 잠깐 비는 시간에 슬론은 옛 남자친구인 저드를 만나거나, 에리카라는 젊은 여자를 만났다. 창백한 피부에 검은 눈을 한 저드는 오토바이를 갖고 있었다. 슬론은 그와 밤을 보낸 뒤 아침에 머리카락이 더러워진 느낌이 드는 것이 좋았다. 하지만 그는 그녀의 연락에 잘 답하는 편이 아니었다. 에리카는 그래도 좀 나

° 얇게 저민 스테이크로 감자튀김 몇 개를 말아 고정한 핑거푸드.

왔다. 원래 여자들은 상대와 좋지 않은 일을 겪은 뒤에도, 기본적으로 변하지 않는 부분이 있다. 전화를 더 많이 하고, 상대의 전화도 더 빨리 받는다는 점. 슬론은 에리카 이전에도 여자와 사귄 적이 있었다. 햄프셔에서 만난 리아라는 아이였다. 그들은 대학에 다니는 동안 최대한 데이트를 했다. 그런데 어느 겨울 저녁에 리아가 음경이 필요하다고 말했다. 그래서 두 사람은 어느 청년을 불러냈다. 두 사람이 각자 시기는 다르지만 한때 만난 적이 있는 청년이었다. 세 사람은 다른 것보다도 웃느라고 대부분의 시간을 보냈다. 마음이 내키는 대로 무슨 짓을 했는지 기억이 흐릿할 정도였다. 슬론은 자신의 허벅지에 남은 여러 줄의 침 자국에 흥분했다. 뉴욕에서 에리카와 사귈 때는 이보다 진지한 분위기였다. 게다가 에리카는 남자에 전혀 관심이 없었다. 슬론은 두 여자가 사귈 때 때로 불균형이 발생할 수 있음을 깨달았다. 둘 중 한 명은 남자와 자는 것도 좋아하는데 다른 한 명은 그렇지 않을 때, 남자에 관심이 없는 쪽이 때로 상대방에게 배신감을 느낄 수 있다. 상대 여성이 단순히 음경 이상의 뭔가를 더 원하는 것이 아닌가 하는 걱정이 들 수도 있다. 딜도로는 만족시킬 수 없는 어떤 것뿐만 아니라 덩치가 큰 남자라는 존재를 원하거나 남성적 에너지에 정복당하는 데서 느끼는 황홀경을 원하는 것이 아닌가 하는 걱정.

슬론은 남자에게 그런 식의 욕망을 느끼지 않았지만, 단순히 한 사람과의 관계에서 얻을 수 있는 것보다 더 많은 것을 원했다. 그녀가 원하는 것은 더 큰 경험이었다. 데이트가 더 복합적인 어떤 것으로 변하기를 바라는 마음이 항상 있었다. 그녀는 에리카를 봉의 서빙 직원으로 데려왔다. 슬론은 항상 이런 식으로 자신이 속한 여러 세계를 하나로 섞었다. 두 세계가 서로를 오염시킬까봐 걱정하는 마음은 없었다. 오히려 두 세계가 섞이면서 혼돈이 빚어질 수도 있다는 가능성에 짜릿한 흥분을 느꼈다. 일을 마친 뒤 직원들은 다함께 모여서 술을 마시며 그날의 잘한 점과 실수를 되돌아보곤 했다. 그러다 보면 분위기에 휩쓸려서 내일 손님들을 위해 더 좋은 분위기를 조성하는 방법에 대해서도 의논하게 되었다. 여기에 성적인 활기가 끼어들었다. 테이블에 식기를 놓아 손님을 맞을 준비를 하는 것이 하나의 세상을 준비하는 일인 듯해서 슬론은 기운이 났다.

　때로는 식당이라는 세계가 좁고 숨 막히게 느껴질 때도 있었다. 에리카가 자꾸만 가까이 다가올 때. 그러면 슬론은 저드의 집으로 가서 며칠 동안 머물렀다. 저드와 함께 술을 진탕 마시고, 마약도 하고, 칠흑 같은 어둠 속에서 섹스도 했다. 저드는 황량하고 멋지다는 점에서 천장이 높은 스튜디오 아파트 같았다. 「시드와 낸시」° 같은 분위기가 매력적으로 느껴질 때가 많았지만 슬론은 저드가 자신의 남자친구인지, 그와 사귀고 싶은 건지 끝내 알 수 없었다. 하지만 그가 자신에게 전화를 할지 안 할지 기다리며 고민할 때의 기분은 마음에 들었다. 그를 만나기 위해 단장을 하고 나가는 것도 좋았다. 마스카라를 바르고, 투명한 액체를 빨대로 마시는 데이트. 몇 달 동안 회오리바람이 몰아치는 듯했다. 두 사람은 헤어졌다가 다시 만나 동거하다가 또 헤어졌다가 또 다시 만났다. 그는 제정신이 아니었

° 펑크록 밴드 섹스피스톨스의 베이스 연주자 시드 비셔스와 애인 낸시 스펑근의 파괴적인 관계를 그린 영화.

고, 그녀도 그와 함께 있을 때는 정신 나간 짓을 했다.

그러다 시간이 흘러 슬론에게 세 번째 연애가 찾아왔다. 요리사 리처드와의 관계. 하지만 처음에는 연애 같은 기분이 들지 않았다. 끝내주는 섹스도 없고, 스카치를 마시는 밤도 없고, 관계의 시작을 알리는 어색한 기분도 없었다. 리처드와 슬론 사이의 분위기는 뜨거웠지만, 동시에 투명했다. 그는 어린 아이가 아니었다. 집에 가면 생후 8개월 된 딸이 있고, 그 아이를 낳은 여성과는 아직도 가까운 사이였다. 비록 연애 감정은 사라졌다 해도. 슬론은 그를 아이를 키우는 아버지로 생각하지 않았다. 대개 그는 건강함의 상징처럼 보일 뿐이었다. 슬론은 철이 들어야겠다는 생각을 했다. 아니, 철이 들어야 한다는 사실을 확실히 깨달았다. 앞으로 어떤 사람이 되고 싶은지 아직 분명히 알 수는 없었지만, 자신이 어떤 기준에 도달해야 하는지는 처음부터 알고 있었다. 그것은 그녀의 가정 환경이 낳은 부산물이었다.

그녀가 저드에게 직접 관계가 끝났다고 말한 적은 없었다. 두 사람이 아주 조금씩 서로에게서 멀어졌을 뿐이었다. 절대 솔직해지지 않으면서 동시에 거짓말을 하지 않는 것이 그녀가 터득한 요령이었다. 그녀는 식당에 늦게까지 남아 바에서 술을 마시기 시작했다. 그러면 리처드가 실험적인 요리들을 슬론처럼 늦게까지 남은 직원들에게 내놓았다. 얼얼한 돼지고기를 크레페로 감싸서 골파로 묶은 베가스퍼스. 그렇게 시간을 보내다 보니 마침내 밤이 되어도 슬론이 결코 저드를 만나러 가지 않는 날이 왔다. 그는 몇 번이나 그녀에게 전화를 걸었다. 과거에 그녀가 그에게서 원했던 것보다 이때 걸려온 전화가 더 많았다. 그 다음 날 밤 슬론은 리처드와 함께 집으로 갔다.

다음 날 아침 슬론이 눈을 떴을 때, 리처드는 이미 깨어나 그녀를 바라보고 있었다. 아주 독특하고 차분한 분위기여서 그녀는 짐짓 농담처럼 이렇게 말했다. 나를 독점하고 싶어요?

책꽂이에 장난감 여러 개가 깔끔하게 정리되어 있었다. 부엌 수납장에는 쌀로 만든 시리얼이 있고, 선반에는 물기를 말리려고 엎어둔 젖병과 젖꼭지가 있었다.

리처드는 손바닥으로 머리를 괴고 있었다. 널찍한 기둥처럼 새어 들어온 햇빛이 바닥의 먼지를 비췄다.

난 이미 우리가 그런 관계인 줄 알았는데. 그가 말했다.

두 사람의 관계는 극적으로 시작되지 않았다. 슬론이 전에 사귀었던 사람들과의 관계가 거의 모두 그랬던 것처럼. 관계가 시작되자마자 슬론은 틀이 잡힌 느낌이 들었다. 저드 같은 남자들에게는 열쇠로 단단히 잠가둔 부분이 있는 것 같았는데, 리처드에게서는 그런 부분을 찾아내려고 애쓸 필요가 없었다. 그 부분은 사랑이 아니라 평형 상태였다. 상대방의 핵심에 있는 어떤 것. 그것이 차분한 상태였기 때문에 그녀는 자신의 그 부분을 그것과 조화시킬 수 있었다. 그는 자신감과 힘이 넘치는 사람이었다. 질투를 하거나 비열하게 굴지도 않았다. 재능과 자신을 믿고, 상냥하면서도 단호하게 직원들에게 지시를 내렸다. 게다가 그녀를 몹시 원했다. 항상 그녀를 원했다. 물론 그녀도 그를 원했지만, 어떻게 해도 충족되지 않는 사람처럼 맹렬히 그녀를 원하는 그를 보면 자신이 세상에서 가장 사랑받는 여자가 된 것 같았다.

두 사람은 서로의 인생 목표가 같다는 사실도 알게 되었다. 둘 다 식당을 열고 싶어 했다. 그는 주방을 맡고 그녀는 손님 응대를 맡을 수 있으니 금상첨화였다. 이것이 과연 현실인지 실감이 나지 않을 정도였다. 7개월 뒤인 7월에 슬론은 뉴포트에 있는 부모님의 여름 별장으로 리처드를 데려갔다. 리처드는 그곳에 처음 오는 다른 사람들과 마찬가지로 크게 감탄했다. 시내와 바닷가에서 북적이는 사람들을 뒤로 하고, 자갈이 깔린 진입로를 따라 차를 몰다보면 개인 소유의 해변에 눈부신 하얀색으로 지어진 주택들이 나타났다. 농민들이 세워둔 작은 무인 노점에서는 달걀과 청나래고사리를 살 수 있었다. 하지만 지나치게 인기가 많은 곳이 그렇듯이, 다소 당혹스러운 부분도 있었다. 휴가철이 한창일 때는 들어가서 식사를 할 만한 곳이 없다는 것. 바닷가의 맛집들에 관광객이 몰려들기 때문에 주방장이고 웨이터고 할 것 없이 모두 과로에 지쳐 있었다.

어쩌다 빈 자리를 찾아 앉더라도, 식탁보가 깨끗하지 않았다. 손님이 나간 뒤 식탁보를 새로 갈지 않은 탓이었다. 바닷물처럼 묽은 조개 소스에서 링귀니가 헤엄치는 요리를 앞에 두고 슬론과 리처드는 서로를 바라보았다. 그리고 그 자리에서 결정을 내렸다.

9월이 되기 전에 두 사람은 시내 중심부에서 식당이 딸린 멋진 주택을 구입했다. 슬론은 무모한 짓이라는 몇몇 친구들의 말을 인정하면서도, 어리석은 짓은 아니었다고 주장했다. 리처드보다 뛰어난 요리사는 없었다. 리처드의 식당에 들어간 첫날 그가 요리한 생선을 먹었을 때부터 알던 사실이었다. 리처드가 과연 최고의 파트너인지에 대해서는 아직 확신이 없었지만, 앞으로 기꺼이 확인해볼 생각이었다.

남편이 다른 여자와 함께 있는 모습을 지켜볼 때는 이렇게 해야 한다. 알딸딸해질 필요가 있지만 너무 취하면 안 된다. 술기운이 너무 강하면 비이성적인 질투심이 생길 것이다. 그래서 그 무엇도 이해할 수 없게 되고, 머리에서는 아니야, 저 사람은 너를 사랑해, 지금 저건 순전히 재미로 하는 거야, 하고 말해줄 부분이 사라져버릴 것이다.

남편은 반드시 아내에게 주의를 집중해야 한다. 그가 모종의 경험을 하고 있는 것은 사실이지만, 그것은 물리적인 감각일 뿐이다. 그는 그것을 느끼고, 경험하고, 즐길 필요가 있다. 그러나 머리는 아내의 위치에 대해 집중하고 있어야 한다. 이 방에서 아내의 위치, 아내의 머릿속 상태.

남편과 함께하는 여자는 무엇이든 원하는 대로 할 수 있다. 아내는 그 여자를 어떻게 할 수 없다. 그 여자는 무척 매력적이어야 하지만, 아내만큼 매력적이어서는 안 된다. 아내의 눈에도 남편의 눈에도.

이 경험을 포르노의 한 장면처럼 보면 안 된다. 이것은 아내와 남편이 함께 선택한 경험이며, 애정이 넘치는 두 사람의 관계에서 돌출된 한 부분이다. 남편과 아내는 서로를 확인하고, 인식해야 한다.

인식이라. 이 단어의 의미를 이해한다고 생각할지도 모르지만, 그것으로는 안 되고 이 단어를 흡수해야 한다. 남편은 마치 아내의 머릿속에 들어가 있는 것처럼 아내를 인식해야 한다. 이것은 남편과 함께 있는 그 여자가 아니라 아내를 흥분시키기 위한 일이다. 그러니 남편이 다른 여자와 섹스를 한다 해도, 머릿속에서는 아내와 섹스해야 한다. 한 번 몸을 움직일 때마다 그것이 여자를 통과해서 아내에게로 들어간다.

스와핑을 한 지 꽤 되었다. 이걸 스와핑이라고 불러도 될지 모르겠지만. 이건 사실 스와핑이 아니기 때문이다. 스와핑은 다른 시대에, 슬론이 아닌 다른 사람들에게 어울리는 단어다. 슬론이 세련된 만큼 그녀의 세계도 침대보도 머리도 세련돼 있다.

이것은 스와핑이라기보다는 한계가 없는 성性에 더 가깝다. 하지만 쾌락적이거나 최신 유행을 추구한다는 의미가 아니다. 그들의 성생활을 만찬 식탁에 비유한다면, 길고 두툼한 식탁에 사슴의 뿔과 여러 뼈와 꽃이 장식되어 있는 모양일 것이다. 마실 것으로는 포도주와 포트와인이 있고, 손님들은 디저트와 샐러드를 동시에 먹을 것이다. 벨벳 의자와 장식도 등받이도 없는 나무 의자가 함께 있겠지만 손님들은 식탁에 앉을 수도 있다. 알몸으로, 또는 바로크식 드레스 차림으로.

모든 일이 시작된 것은 슬론의 스물일곱 번째 생일이었다. 10여 년 전, 7월의 첫째 주. 식당을 운영한 지 2년이 되던 해. 벽 위쪽의 하얀 장식과 햇빛. 자신이 이만큼 이루어낸 것이 흡족했다. 그날 저녁 슬론은 그때까지 자신이 아주 잘 해왔다고 생각했다.

더운 날씨였다. 공휴일이 낀 주말이라 뉴포트에는 사람들이 바글거렸다. 독립기념일인 7월 4일은 휴가철에 손님이 몰려드는 첫 주말이다. 휴가철 관광객들은 농산물 시장에서 물이 뚝뚝 떨어지는 꽃을 사서, 에어컨이 돌아가는 자동차로 가져온다. 해변에서 타는 차, 초록색 스테이션왜건, 앤티크 디자인의 주홍색 컨버터블. 차대의 녹슨 자국은 하나의 선언이다. 20대 초반의 긴 머리 여자들은 비키니 상의에 부드러운 바지를 입었다. 매년 사람들이 저마다 신고 다니는 샌들이 꼭 있다.

아침에 슬론은 서류 작업을 위해 식당으로 갔다. 주방의 스테인리스 설비를 손으로 쓸어보고, 여름 채소들이 한가득 차갑게 보관된 냉장고를 살피면서 감탄했다. 주방에 갖춰진 온갖 기계들과 업소용 믹서기. 이 모든 것이 그녀의 소유였다. 이 설비들 덕분에 그녀는 하룻밤에 수백 명 분의 음식을 만들 수 있었다.

주방 한쪽 끝에서 들려온 소리에 슬론은 화들짝 놀랐다. 시선을 들어 보니 서빙 직원인 카린이 있었다. 식당의 예약 장부를 작성하는 일도 카린의 몫이었다. 슬론은 카린에 대해 자세히 알지 못했다. 대학을 졸업한 지 얼마 되지 않았다는 사실만 알 뿐이었다. 아직 자신이 무엇을 원하는지, 어디에 살고 싶은지 잘 알지 못하는 젊은 여자들이 대개 그렇듯이, 카린도 친구들의 부모님이 휴가를 즐기던 뉴포트로 일자리를 찾아 왔다. 열 살 남짓한 어린 시절에도 여러 차례 여기 온 적이 있기 때문에, 자신이 무엇에 욕심을 내야 하는지 이미 알고 있었다. 그녀의 머리카락은 아주 어둡고 진한 색이고, 입술도 어두웠다. 거의 뱀파이어처럼 보일 정도였다. 굳어서 엉긴 피가 잔뜩 들어 있는 것처럼.

언제나 날씬하고 섹시한 모습으로 유명한 슬론은 그날 주방에서 카린을 보자마자 즉시 자신이 더 나은 점과 카린이 더 나은 점을 꼽아보기 시작했다. 몸매는 슬론이 더 날씬했지만, 나이는 카린이 더 젊었다. 슬론은 이 식당의 주인이고 카린은 이곳의 직원일 뿐이지만, 이런 관계가 역전될 수도 있었다. 게다가 젊고 예쁜 카린이 지시에 복종하는 직원인 편이 더 나을 수도 있었다. 그런 것이 남자들의 꿈 아닌가. 하지만 슬론은 자신 있었다. 많은 파티에 참석했지만 일찍 집으로 돌아가 남은 사람들이 아쉬워하게 만들었다. 카린은 아직 어려서 재미있는 대화 상대가 되지 못할 가능성이 높았다. 연주회장이나 침실에서 처음 15분 동안은 즐겁겠지만, 상대는 곧 지치게 될 것이다. 카린은 이리저리 자주 돌아다니면서 웃는 얼굴로 자신의 패를 모두 드러내는 성격이니까. 남자들은 생각보다 더 빨리 그녀에게 질릴 것이다. 반면 요가로 몸을 가꾸고 머리를 길게 기른 슬론은 만만치 않은 성격이었으며, 매번 새로운 모습을 보여주었다. 그러니 결국 세상의 모든 남자가 슬론의 곁에 남을 터였다.

안녕하세요. 카린이 말했다. 따뜻하면서도 뾰족뾰족한 이상한 인사였다.

안녕. 슬론이 말했다. 그녀의 인사는 상대를 다그치고 멋대로 판단하는 것 같으면서도 살짝 관능적인 분위기를 풍겼다.

오늘 생일이세요?

슬론은 고개를 끄덕였다. 슬그머니 미소가 지어졌다. 이렇게 간단하다고? 슬론은 속으로 생각했다. 누군가에게서 오늘이 생일이냐는 말을 들은 것만으로 경계심을 풀다니. 물방울무늬 새 원피스를 입은 일곱 살짜리 아이 같잖아.

하지만 그때 슬론이 모르던 사실이 하나 있었다. 며칠 전 카린이 리처드에게 모종의 제안을 했다는 것. 카린은 이렇게 말했다. 제가 사장님 부부와 침실에서 함께 하면 어떨까요? 물론 실제로 이렇게 물어본 것은 아니다. 누가 그 순간을 녹화해두지 않은 이상, 카린이 정확히 어떤 질문을 했는지는 영원히 알 수 없을 것이다. 대답하기가 불가능하다. 이런 의미의 말을 정확히 어떻게 전달했는지 솔직히 털어놓을 수 없으니. 쓰리섬을 할 때는 완전한 정직성이 끼어들 자리가 없다는 사실을 슬론은 알고 있었다. 아니, 사실 생각해보면 모든 섹스가 똑같았다.

슬론은 리처드가 눈썹을 치뜨는 모습, 낯부끄러워하며 신경질을 내는 모습을 상상했다. 그 순간 아내는 옆에 없었지만, 그는 헌신적인 남편이었다. 그래서 이렇게 말했다. 원한다면 그 얘기는 슬론에게 해봐. 그러고 나서 그는 수백 명의 손님들을 위해 음식을 준비하는 일로 돌아갔다.

카린은 그날 하루 일을 쉬자고 제안했다. 이런 제안을 할 만큼 슬론과 잘 아는 사이는 아니었으나, 바로 그 이유 때문에 제안을 내놓을 수 있었다. 샴페인 한 병을 들고 바닷가로 나가요. 카린이 슬론의 손을 잡으며 말했다.

그들은 샴페인을 들고 내퍼트리 포인트까지 차를 몰았다. 슬론의 개도 함께 데려온 두 여자는 바닥에 수건을 깔았다. 발톱에는 색이 칠해져 있고, 다리와 발은 구릿빛이었다. 바다는 거칠지만 조용했다. 눈이 담요처럼 내려앉아 세상을 덮어버리듯이, 바다의 백색 소음도 같은 효과를 낼 수 있다. 두 여자는 작고 상처 난 휴대용 스테레오로 음악을 틀었다. 샴페인을 마시고, 포도를 먹었다. 슬론은 다시 어려진 기분이었다. 카린과 함께 있으니, 왠지 자신이 그냥 젊어진 정도가 아니라 아이가 된 것 같았다. 이 자리의 분위기를 주도하는 사람도 카린이었다. 아마 슬론이 허용한 탓이겠지만, 어쨌든 모처럼 다른 사람의 기가 자신을 압도하는 기분이 괜찮았다.

해가 질 무렵 두 사람은 슬론과 리처드가 함께 사는 집으로 갔다. 바닷가에서 술을 마시며 하루를 보내고, 낯선 사람과 함께 집으로 걸어 들어가는 기분이 낯설었다. 썩어가는 장미처럼 독한 냄새가 나는 것 같았다. 슬론의 혀에 분홍색 재의 맛이 느껴지는 듯했다. 모래와 햇볕에 익은 그녀의 살갗은 거칠면서 동시에 촉촉했고, 이 밤이 어디로 향할지는 알 수 없었다. 아니, 사실은 밤이 나아갈 방향을 잘 알고 있었다. 이제는 돌이킬 수 없는 길이었다.

처음에는 집 안에 두 여자뿐이었다. 슬론은 리처드가 돌아오기 전에 카린을 집으로 보낼까 생각해보았지만, 그러면 안 될 것 같았다. 아마 술기운 때문이었을 것이다. 거기에 가끔은 나쁜 짓을 하는 것이 동종 요법처럼 느껴진다는 점도 작용했다.

한 시간도 안 돼서 자동차 소리가 들렸다. 리처드가 베란다의 그들과 합류했다. 그는 케이크를 가져오지 않았다. 집에도 케이크가 없었다. 슬론의 생일은 7월 4일에서 며칠 뒤인데, 그녀가 운영하는 식당에서 7월 4일은 가장 중요한 공휴일이었다. 그래서 아주 오랫동안 생일 케이크를 먹은 기억이 없었다.

세 사람은 칵테일과 포도주를 마셨다. 이런 일에는 술이 중요하다는 것을 슬론은 알고 있었다. 이 일에 참여하는 사람보다 더 중요하다고 해도 될 정도였다. 슬론은 자신이 아주 완벽하게 취해야 한다고 확신했다. 포도주는 부드러운 맛이 일품이었다. 슬론은 술 외에도 한 가지 요소가 더 있어야 쓰리섬이 시작될 수 있다고 생각했다. 자연스럽게 일련의 흐름이 이어지는 것.

쓰리섬이 시작된 순간을 참가자들이 정확히 콕 집어서 말할 수 있는 경우는 드물다. 그것이 불가능한 일이기 때문이다. 그 순간을 집어내기 위해서는 자신이 불쾌하고 이질적인 느낌을 찾고 있었음을 인정해야 한다. 아내가 아닌 다른 사람의 몸 안으로 들어가고 싶어 하고, 아내의 것이 아닌 젖가슴을 만지고 싶어 하는 남편의 욕망. 남편이 다른 사람을 원하는 모습을 보면 자신도 남편을 실컷 원할 수 있게 될 것 같다는 아내의 소망. 그리고 세상에서 솔직하게 사랑받지 못하는 또 한 사람. 탱크톱 차림으로 방 안에 들어온 그 제삼자는 일종의 암호 같은 존재다. 남편이 가장 먼저 움직인다. 아내는 그 움직임에 눈을 감는다. 제삼자는 하루 종일 아무 것도 먹지 못했다. 누군가가 음악을 튼다. 누군가가 술잔에 술을 따른다. 누군가는 립스틱을 다시 바른다. 한 여자가 그 일에 맞게 자세를 잡는다. 남편은 생각보다 덜 상처받는다. 한 여자는 자신의 음탕함을 두려워한다. 누군가는 자신의 성욕이 충분히 강하지 않은 것 같아 걱정한다. 누군가가 양초에 불을 붙인다. 누군가가 베란다로 통하는 유리문을 닫는다. 누군가의 심장이 덜컹한다. 모든 것이 몸과 관련되어 있으면서 동시에 몸과는 전혀 관련되어 있지 않다.

자연스럽게 일련의 흐름이 이어져 슬론은 카린과 얽혀 있었다. '얽혀 있다'는 말은 서로의 몸을 어루만지다, 애무하다, 사귀는 사이가 아닌 누군가와 육체적인 행위를 하다, 라는 뜻이다. 천박한 행동이라는 의미도 함축되어 있다. 고결함과는 전혀 거리가 먼 표현이다. 엉성함이나 잘못된 생각이라는 분위기를 풍기는 표현이기도 하다. 이 표현이 슬론의 기억에 각인된 것은 어찌 보면 당연한 일이었다.

자연스럽게 일련의 흐름이 이어져 슬론이 카린과 얽혀 있을 때 리처드가 다가왔다. 카린이 슬론과 키스하는 동안 그는 슬론의 어깨에 입을 맞출 것이다.

슬론은 언제나 여자와 얽히고 싶다는 유혹을 느꼈다. 게다가 여자와 얽히는 일은 아주 쉽고 편안했다. 그녀는 '어머, 어떡해, 내가 여자와 키스를 하다니'라고 생각한 적이 없었다. 대학 시절 리아와 처음 어울릴 때도. 슬론이 보기에는, 남녀를 엄격히 구분하지 않고 한쪽에만 편향적인 애정을 보이지 않는 것이 성숙한 행동 같았다.

하지만 지금 그녀는 유부녀였다. 그냥 어떤 여자와 어울리는 것이 아니라, 남편과 다른 여자가 모두 여기에 관련되어 있었다.

슬론은 이 상황을 합리화하기 위해 혼자 중얼거렸다. 저 여자애가 날 먼저 찾아온 거야. 리처드가 저 여자애랑 한 번 해보라고 나한테 먼저 말한 게 아니야. 바닷가에서는 나랑 저 여자애뿐이었어. 리처드와 내가 먼저고, 저 여자애는 그냥 부가물일 뿐이야. 재미있는 여자애야.

2년 전 슬론은 뉴포트로 아예 이사하기로 결정했다. 자신이 사실상 엄마처럼 살지 않겠다는 결정을 내린 것도 그때였다. 당시 그녀는 근처 블록 섬까지 배를 타고 가면서 맨 위층 갑판으로 올라갔다. 배의 화물칸에는 그녀의 차가 세워져 있었다. 갑판에 서서 청회색 바다를 바라보는 그녀에게 소금 냄새가 나는 차가운 바람이 불어와

93

머리카락을 휘날렸다. 가끔 머리카락이 눈에 들어오기도 했다. 거기서 그녀는 앞으로 어떤 여자가 되고 싶은지 생각했다. 이것은 그녀가 평생 진지하게 고민한 주제였다. 「티파니에서 아침을」의 오드리 헵번. 「현기증」의 킴 노박. 이 여자들은 연기와 계략으로 이루어진 얇은 막 아래에서 움직였다. 그들이 스스로를 위해 변명하지 않는다는 점이 무엇보다 짜릿했다. 어지러울 정도로 흔들리는 홀리 골라이틀리°조차 아침마다 자신의 작은 욕실에서 세상에 맞서 대항하겠다고 결심을 다지는 것 같았다.

슬론은 그날 그 배에서 마음을 정했다. 자신은 어떤 일에도 흔들리지 않는 침착한 사람이 되고 싶다고. 주변에서 흔들리는 물결에 함께 흔들리지 않겠다고. 언제나 자신의 중심을 잃지 않겠다고. 그녀의 이런 결심을 시험하는 순간들이 찾아오겠지만, 그녀는 그것을 학습의 기회로 삼을 작정이었다. 지금이 바로 그런 순간 중 하나였다. 관능적인 젊은 여자가 슬론의 집에서 포도주 잔을 들고 있는 이 순간.

슬론은 아직 남편에 대해 모든 것을 완벽히 알지 못했다. 결혼한 지 몇 년밖에 되지 않은 데다가, 그 시간 중 절반은 남편의 딸에게, 나머지 절반은 식당 일에 쏟은 탓이었다. 그들은 식당을 세워 운영하고, 메뉴를 짜고, 직원을 고용하거나 해고했다. 계속 자신을 몰아붙이며 앞으로 나아가는 세월이었다. 남편이 오로지 그녀에게만 빠져 있는지, 그가 이 세상에서 원하는 사람이 그녀뿐인지 슬론은 확

° 「티파니에서 아침을」에서 오드리 헵번이 맡은 역할.

신하지 못했다. 하긴 다른 누군가에 대해 완벽히 안다고 자부할 수 있는 사람이 과연 세상에 있기나 할까.

그녀가 확신하는 한 가지는 리처드가 이런 일을 해본 적이 한 번도 없다는 점이었다. 처음에 그는 주저하며 망설이는 기색이었다. 심지어 화가 난 것 같기도 했다. 그러다 누군가가 멍청한 소리를 하자 모두 경계심이 풀려서 자연스럽게 일련의 흐름이 이어졌다.

그 흐름은 천천히 진행되었다. 두 여자가 먼저 키스하다가 함께 리처드의 허리띠를 풀고 바지를 내렸다. 그 다음에는 두 여자가 번갈아 그의 것을 빨면서 서로를 향해 예의바르게 미소를 지었다. 처음에는 모든 것이 쉽고 편안했다. 터무니없는 일을 하면서 느끼는 흥분에 모두의 눈이 반짝거렸다. 그러다 또 흐름이 자연스럽게 이어지면서 슬론의 남편이 갑자기 그 여자 뒤에서 허릿짓을 하고 있었다. 그때 슬론의 안에서 뭔가가 멈췄다. 심장이 멈춘 것은 아니지만, 어쨌든 그녀의 몸이 계속 움직이게 해주던 뭔가가 멈춘 것은 분명했다. 슬론은 그것을 느낄 수 있었다. 자신의 영혼이 녹아내려 이 방에서 후다닥 도망치는 것을. 그 다음에는 몸에서 실제로 힘이 빠지는 바람에 그녀는 뒤로 물러났다.

리처드가 즉시 그것을 알아차리고 그 여자에게서 몸을 빼낸 뒤 아내에게 다가오며 물었다. 왜 그래?

보고 있기가 정말 힘들어. 슬론이 말했다. 그녀는 남편을 보지 못하고, 그 뒤의 협탁에 놓인 촛불을 바라보았다. 방에서 무화과 냄새가 났다. 아직 마음의 준비가 안 됐나봐. 슬론이 말했다.

'준비'라는 말을 쓰다니, 멍청하기는. 슬론은 속으로 생각했다. 언제는 준비가 돼서 무슨 일을 하나? 인생은 사람이 반드시 준비해야만 하는 일의 연속이라고 생각하는 거야? 항상 완벽히 준비해야만 현재에 존재할 수 있어?

슬론은 그 여자가 그 순간 뭘 하고 있는지 알지 못했다. 뭘 하든 상관없었다. 이 텁텁한 방 안에서 느껴지는 것은 그녀와 남편의 존재뿐이었다. 카린이 젊다는 것, 슬론 자신보다 상당히 젊다는 것이 대단하다는 생각이 들었다. 그런데도 이런 일이 처음이 아니라니. 이건 완전히 어른들의 일인데. 침대에서 그 여자는 기다리고 있었다. 이런 일이 어떻게 흘러가는지 아마도 아는 것 같았다. 결국은 사그라든다는 것을.

슬론은 혼란스러웠다. 남편이 다른 여자와 섹스하는 모습을 지켜보는 것은 예전부터 그녀가 품어온 환상이었다. 소리 내서 말한 적은 없지만, 머리로는 아주 노골적으로 자주 상상해본 일. 그런데 갑자기 완전히 잘못된 일을 저지른 것 같은 기분이 들었다. 머지않아 그녀는 리처드가 이 여자가 섹스하는 모습을 다시 상상하면서 육체적인 흥분을 느끼게 되겠지만, 지금은 안에서부터 뭔가가 새어나오는 것 같았다. 세상에, 그녀를 위로하는 남편의 발기한 음경은 조금 전까지 다른 여자의 몸 안에 있었고 그 여자는 낮에 두 사람의 식당에서 일하는 직원이었다.

자연스럽게 일련의 흐름이 이어져 그들은 분위기를 되살렸다. 슬론은 계속할 수 있을 것 같았다. 어차피 이미 벌어진 일이 아닌가. 남편은 그녀의 눈앞에서 다른 여자의 몸 안에 들어갔다 나왔다. 그리고 그녀는 실룩거리는 그의 등뼈를 지켜보았다. 이제 와서 돌이킬 수는 없었다. 슬론이 아무리 복잡한 상상력을 발휘하더라도, 이 일이 일어나지 않았다고 그들을 확실하게 설득할 수 있는 타임머신은 상상할 수 없었다.

maggie
매기

고등학교 2학년 때 매기에게 에밀리라는 여자 조카가 생긴다. 아름답고 행복한 아기가 대견하다. 아기가 매기를 너무 좋아하는 것이 때로는 무서울 정도다. 매기가 몇 발짝이라도 떨어질 것 같으면 아기는 소리를 질러댄다.

매기는 축구팀 주전에서 후보군으로 강등되었다. 그해에 옛날 감독님이 물러나면서 신임 코치 두 명이 생겼다. 남자 한 명과 여자 한 명이다. 이 두 코치가 선수들을 시험해본 뒤 매기를 따로 불러낸다. 고등학교의 지저분한 코치 사무실에서 두 사람은 어깨를 나란히 하고 서서 이렇게 말한다. 넌 이제부터 후보군으로 내려갈 거다, 필드 전체를 보는 시야는 있지만 필요한 곳으로 공을 보내질 못해.

어떻게 해서 두 사람의 말이 성립하는지 매기는 이해할 수 없다. 다른 2학년 선수들과 새로 들어온 1학년 선수들은 주전으로 올라갔다. 분노와 굴욕감이 번갈아가며 매기를 덮친다.

매기는 팀을 그만둔다. 이것이 매기가 역경을 대하는 방식이다. 누군가가 그녀를 부당하게 비난하면서 그래도 아직 너는 가치 있는 사람이라는 말도 해주지 않는다면, 그녀는 더 나은 사람이 되려고 노력하지 않는다. 그냥 이렇게 말할 뿐이다. 그래, 너 잘났다, 시팔. 그러고는 자신이 좋아하는 일을 포기해버린다. 옆에서 그녀에게 잠시 뒤로 물러나서 차분하게 다시 생각해보라고 조언해주는 사람이 없다. 후보군에서 열심히 노력해서 코치들의 생각이 틀렸음을 증명하면 되는데. 매기의 아버지는 강한 사람이지만 주정뱅이다. 그는 평생 다니던 직장에서 해고된 뒤 새로운 일자리를 구하려고 애쓰는 중이지만, 단계를 제대로 밟지 않는다.

신임 코치 두 명이 매기를 건방진 아이로 본다는 것을 매기 자신도 안다. 코치들은 매기가 분수를 모른다고 생각한다. 이 팀은 제멋대로 구는 선수를 좋아하지 않는다. 미국은 국민들이 정직하게 세금을 내기를 바란다. 매기의 눈에는 모든 것이 부당하게만 보인다. 하지만 세상에는 노델 선생 같은 교사들이 있다. 매기에게 어떻게 말을 걸어야 하는지 아는 사람. 저 멀리서 달려가는 기차 같은 사람들도 있다. 전혀 흔들리지 않고 찬란하게 앞으로 나아가는 사람들이다. 매기도 그런 사람이 되고 싶다. 하지만 가끔 그녀 자신의 욕망이 칼이 되어 그녀를 친다. 그녀는 그렇게 쓰러져 뒤늦게 후회하지만, 후회의 방향이 너무 틀렸기 때문에 아무도 그녀를 구해주려고 하지 않는다.

당신은 1학년 때 노델 선생의 영어 수업을 듣고 그 다음에는 토론과 봉사학습° 수업에서 이런저런 일들을 배웠습니다. 그 뒤로도 고등학교 생활 내내 노델 선생에게 계속 속내를 털어놓았습니까?

너는 텁수룩한 콧수염을 기른 호이가 노인네 같다고 생각한다. 깡마른 노인들을 보면 너는 겁을 먹는다. 친할머니가 생각나기 때문이다. 네가 어렸을 때 할머니는 네가 잘못을 저지를 때마다 나타나는 것 같았다. 호이도 너를 자주 곤란하게 만든다는 점이 비슷하다. 그는 실력 없는 인간을 보듯이 너를 바라본다. 고등학교 시절 이후로 너는 살이 쪘다. 어쩌면 호이는 자신의 의뢰인이 유죄라는 사실을 알고 있을지도 모른다. 십중팔구 알 것이다. 어쨌든 그는 아론이 너 같은 애한테 관심을 보인 것이 놀랍다는 듯이 너를 본다. 가끔 너는 옛날 그 시절의 사진을 가져오고 싶다. 너의 미소와 가벼운 몸을 사람들에게 보여주고 싶다. 호이에게 추잡한 영감이라고 말해주고 싶다. 그의 아내는 욕망이 스르르 사라져버린 어떤 여자보다도 더 심하게 섹스 때의 두통에 시달리고 있을 것이다.

죄송합니다만 다시 말씀….

하와이에서 성인 남자와 경험한 일에 대해 노델 선생에게 계속 솔직히 말….

본 건과의 관련성 및 성폭행 피해자 보호를 들어 이의를 제기합니다. 존 바이어스 검사가 말한다.

원래 나를 보호하기로 되어 있는 사람이 이제야 비로소 제 역할

° Service Learning, 학습과 봉사를 결합한 교육 방식.

을 하기 시작한 것에 대해 고마움을 느끼는 기분은 비참하다. 성폭행 피해자 보호란 성폭행 피해를 주장하는 사람에게 다른 성경험에 대해 물을 수 없다는 원칙을 뜻한다. 피해자가 기본적으로 '헤픈 여자'라는 주장을 증명하려 하면 안 된다는 뜻이다.

비행기 표를 사준 사람은 그녀의 형부였다. 그녀가 넓은 바다 위를 날아가는 것은 처음이었다. 열다섯 시간의 비행. 그 긴 시간만으로도 이국적이었다.

데인과 멜리아는 오하우에 살았다. 데인은 스코필드 병영에서 살았고, 구릿빛 피부의 멜리아에게는 갓 태어난 딸이 있었다. 멜리아가 이제 데인과 하나로 묶여 있다는 사실이 가끔 매기의 신경을 건드렸다. 파고에서 자라던 어린 시절에 매기와 멜리아는 서로 떼려야 뗄 수 없는 사이였다. 겨울이 맹위를 떨치던 파고. 언니가 이제 매기만의 것이 아니라는 사실도 문제인데, 설상가상으로 언니는 열대의 유토피아에 살고 있었다.

멜리아는 여름에 파고로 돌아와 인근의 와일드 라이스에서 결혼식을 올렸다. 매기가 입은 신부 들러리 드레스는 복잡한 디자인이었다. 어깨 끈이 없고, 잔주름과 층이 많은 갈색 드레스. 그걸 보니 「미녀와 야수」에서 벨이 입은 드레스가 생각났다.

결혼식이 끝난 뒤 두 자매는 아기와 함께 비행기를 타고 하와이로 날아갔다. 데인은 두 사람보다 먼저 출발했다. 군대에서는 그런 일이 많이 있는 모양이었다. 남자가 먼저 어딘가로 떠나서 땅에 말뚝을 박거나, 고장 난 수도관을 고치는 일.

떠나기 전에 멜리아와 매기는 여행을 위한 쇼핑을 하러 나간다. 하와이에는 옷을 화려하게 차려입는 사람이 아무도 없다고 한다. 하이힐은 전혀 볼 수 없고, 모두들 좋은 샌들에 색이 화려하고 헐렁한 옷을 입는다는 것이다. 매기는 흐르는 듯한 상의와 치마를 산다. 특히 청록색 튜브탑은 가슴을 편안히 감싸면서도 옷자락이 길게 쏟아지듯 흘러내리는 모양이다. 이것을 원피스처럼 입을 수도 있고, 청바지와 함께 상의로 입을 수도 있다. 쇼핑을 마친 매기는 물건이 든 비닐봉지들을 엉덩이 어림에 뒤집힌 부케처럼 들고 있다. 감사한 마음으로 소중하게. 마치 이 봉지들 자체가 하나의 경험인 듯이. 아직 포장지를 풀지 않았지만 숙명적인 경험.

매기는 비행기가 하와이에 착륙한 순간부터 말문이 막힌다. 에메랄드 빛 나무와 화려한 꽃. 우선 공항부터 몹시 아름답다. 자신과 다르게 생긴 사람들이 가득한 곳에서 그녀는 처음으로 자신이 백인임을 의식한다. 파고는 진공 같은 곳이었다. 아니, 너무 추워서 그녀가 걸음을 멈추고 주위를 둘러볼 여유가 없었다.

매기 자매는 화창하고 따뜻한 낮에 바닷가로 나가 삶의 여러 음표들을 빨아들이는 아기를 지켜본다. 포동포동한 손가락으로 모래를 흘리는 모습, 짠 바닷물을 맛보는 모습. 매기도 갓난아기와 비슷하다. 모든 것이 낯설다. 새들이 지저귀는 소리는 화성에서 들려오는 것 같다. 이렇게 따뜻한 기온 또한 겪어본 적이 없다. 게다가 바다! 매기는 언제나 수영을 좋아했지만 이런 물속에서 수영해본 적은 한 번도 없다. 맑은 파란색 물과 그 속에서 형광색으로 반짝이며 꼬물거리는 물고기들. 매기는 납빛을 띤 노스다코타와 얼어붙을 듯이 차갑고 뿌연 그곳의 물을 떠올린다.

어느 날 매기는 비밀스러운 폭포의 중심부를 찾아 산길을 오른다. 초록색 산을 반으로 가르듯이 거칠게 쏟아져 내리는 검은 물이 활력 넘치는 트러플처럼 보인다. 하와이에서는 왠지 항상 수영복을 입어야 할 것 같다. 도로 한복판에서도 수영할 수 있는 기회가 생길 것만 같아서.

어떤 사람들은 삶을 한 번 더 살 수 있다고 확신하듯이 살아간다. 매기가 보기에는 그렇다. 멋지고 인기 있는 사람, 또는 똑똑하고 부유해서 섹스도 아주 많이 하는 사람이 될 수 있는 기회가 한 번 더 있는 것 같은 사람들. 그들은 이번 생에는 좀 뒤처져도 괜찮다는 듯이 굴면서 그냥 인생을 영화처럼 지켜보기만 한다. 매기는 독실한 가톨릭 신자라서 환생을 믿지 않는다. 이번 생을 최대한 열심히 살아볼 생각뿐이다. 모든 경험을 해보고 싶지만, 자신이 믿는 종교의 규율 또한 따르고 싶다. 예를 들어, 멜리아에게서 임신했다는 말을 처음 들었을 때 매기는 당황했다. 결혼하지 않고 섹스하는 것은 옳은 일이 아니니까. 하지만 어린 조카 에밀리는 아무 죄가 없는 별 같은 존재다. 이 아이가 죄에서 태어났다고는 도저히 생각할 수 없다. 게다가 이제는 데인과 멜리아가 같은 성을 쓰는 사이가 되지 않았는가. 두 사람 집에는 심지어 믹서기도 있다. 깨끗하고 하얀 믹서기만큼 가톨릭 신앙에 부합하는 것은 없다.

예전에 매기는 흑과 백이 분명히 결정되어 있다고 생각했다. 하지만 하와이에 와 보니 그렇게 단정하는 것이 똑똑하지 못한 행동 같다. 하와이에서 그녀는 자신의 모순을 인식한다. 따뜻한 밤에 한

잠도 자지 않고 자신을 성찰한다. 바닷가에서 한참 동안 산책을 하기도 한다. 자신의 발가락이 모래 속으로 파고드는 모습을 지켜보며, 고향에 있는 사람들을 생각한다. 그들은 그녀가 다른 사람이 되어 돌아온 것을 보고 모두 깜짝 놀랄 것이다.

두어 번 정도 멜리아가 집에서 에밀리를 보고, 데인과 그의 친구들이 매기와 함께 외출해 저녁 시간을 보낸다. 밤은 열여섯 살 소녀들이 새로운 부모의 집에 너무 오랫동안 머물렀다며 후회하기 쉬운 시간이다. 데인과 친구들은 키가 크고 건장하며 시끄럽게 떠들어댄다. 매기는 술도 잘 마시고 웃기도 잘한다. 저녁을 얻어먹는 대가로 분위기에 잘 어울리는 데에 이 두 가지가 필수적인 요소라는 사실을 매기는 알고 있다.

어느 날 저녁 매기는 데인을 통해 알게 된 사람의 집에서 열리는 파티에 가겠다고 말한다. 멜리아는 데인에게 매기를 따라가 보라고 말한다. 매기와 데인이 평범한 옷차림으로 도착해 보니, 모두들 토가를 입고 있다. 빨간색 컵들이 온통 하얀 토가들 사이에서 전구처럼 반짝인다.

이게 뭐예요? 매기가 형부에게 말한다. 이게 토가 파티인 줄 몰랐어요?

깜박했어. 데인이 말한다.

마테오라는 동료 군인이 다가와 데인의 어깨를 한 대 철썩 치고는 매기에게 자신을 소개한다. 원래 쿠바 출신으로, 어깨가 널찍하고 매력적인 남자다.

옷을 제대로 입지 않았잖아! 마테오가 말한다.

형부 잘못이에요. 매기가 데인을 가리킨다.

데인과 매기는 마테오를 따라 어둡고 황량한 그의 집 안으로 들어간다. 마테오는 작은 벽장에서 아주 하얀 침대보 두 장을 꺼내준다. 매기는 화장실로 들어가 침대보 자락을 맨 어깨에 걸치고 등에서 매듭을 짓는다. 욕실에 무좀약이나 탈모 방지제 같은 것은 보이지 않는다. 볼품없는 샤워실에 거대한 샴푸 통 하나가 있을 뿐이다. 깔끔한 냄새가 난다.

파티장으로 돌아온 매기는 말리부를 마신다. 술이 젤처럼 부드럽게 목구멍을 타고 내려간다. 매기는 많이 웃는다. 똑같은 열여섯 살이라도 더 만만찮은 사람이 된 것 같다.

마테오가 매기에게 재미있는 사람이라면서 그녀의 무모함이 마음에 든다고 말한다. 두 사람은 함께 많이 웃는다. 매기가 말할 때면 마테오가 그녀의 눈을 지그시 바라본다. 그는 아내와 헤어진 지 얼마 되지 않아서 지금도 마음이 아프다고 털어놓는다. '마음이 아프다'는 말을 쓴 사람이 마테오인지 매기의 언니 멜리아인지 확실치 않다. 마테오는 서른한 살이다. 열여섯 살인 매기에게는 쉰일곱 살처럼 보이는 나이다. 그가 한 번 결혼했다가 이혼까지 경험할 수 있었던 세월이니까. 매기는 때로 숙제할 때 말고 재미로 책을 읽는 건 말도 안 된다고 생각하는 사람이다.

술을 너무 마신 나머지 매기는 속을 게워낸다. 주차된 자동차 뒤에서 허리를 숙이고 머리카락이 흘러내리지 않게 붙잡았다. 형부가 친구 한 명과 밖으로 나와 그녀를 지켜보며 웃는다. 매기는 고개를 든다. 웃음거리가 되는 것은 괜찮다. 잘 넘기는 방법을 아니까. 자신이 토하는 모습을 본 형부의 친구가 마테오가 아니라서 다행이라는 생각이 든다. 마테오만 빼고 다른 사람들은 전부 오빠 같다.

이틀쯤 지난 뒤 밤에 마테오가 매기와 함께 저녁 식사를 하러 나가려고 평소보다 더 차려입은 모습으로 나타났을 때 멜리아와 데인은 별로 이상하다는 생각을 하지 않는다. 그는 정글의 초록색을 연상시키는 향수까지 뿌렸다.

매기는 감탄한다. 마테오가 둘도 없이 근사하게 보인다. 그의 자동차도 어른의 것이다. 방향제 냄새에 그의 향수 냄새가 많이 섞여 있다. 매기는 파고의 또래 남자아이들을 생각한다. 그 녀석들은 매기의 담배에 불을 붙여주는 법이 없다. 마테오가 자동차 문을 열어준다. 그 차를 타고 애플비즈에 도착한 그녀는 가장 좋아하는 음식인, 거뭇거뭇하게 구운 닭고기를 주문한다. 마테오는 매기가 배불리 잘 먹었는지 신경을 써준다. 그냥 배부른 척 하는 것이 아닌지 확인한다.

정말로 다 먹은 거야? 그가 묻는다. 괜히 공주처럼 굴 필요 없어. 난 원래 먹는 속도가 빠르니까 신경 쓰지 말고.

매기는 입에 음식이 가득해서 고개만 끄덕인다. 그리고 입을 벌릴 수 있게 되자마자 웃어 보인다.

마테오가 모든 비용을 지불한다. 매기는 차갑고 우중충한 집에 살면서 매기가 즐거운지 배가 고픈지 신경도 쓰지 않는 남자아이들과 어울리는 데 익숙하다. 그런데 여기 하와이에서는 어른 남자와 제대로 데이트를 하고 있다. 멀리서 천둥처럼 파도가 친다. 공기는 향기롭고, 모든 것에서 파인애플 향이 들어간 그녀의 립글로스와 같은 냄새가 난다.

식사를 마친 뒤 두 사람은 인근 바닷가로 산책을 간다. 발바닥에 닿는 모래가 서늘하고 부드럽다. 언젠가 그녀는 세상에 이런 남자가 많다는 사실을 알게 될 것이다. 걷는 동안 계속 그녀를 바라보는 남자. 하지만 매기는 아직 열여섯 살이다. 그녀에게 마테오 같은 남자는 처음이다. 럼주의 기운이 몸을 달군다. 팔다리가 멋대로 움직이는 것 같은데도, 그녀는 자신의 정신이 말짱하다고 생각한다.

마테오가 어딘가에 앉아서 바다를 바라보자고 제안한다. 두 사람은 무릎을 끌어안고 앉아서 쇠라의 그림에 나오는 사람들처럼 바다를 바라본다. 매기는 구르듯이 달려오는 검은 파도에 정신을 집중하려고 애쓴다. 마테오가 몸을 가까이 기울인다. 그의 미소가 아주 길게 이어지는데도 그의 입술은 닫혀 있다. 그 또래의 많은 소녀들이 그렇듯이, 매기는 겁도 없고 주민도 없는 세상 앞에서 눕혀진다. 남자들이 자신을 그녀에게 끼워넣으려고 다가와 그녀를 도시로 만든다. 그들이 떠나도 흔적은 남는다. 여러 날 동안 하루도 빠지지 않고 태양이 통과했던 지점의 나무가 변색된 흔적. 하지만 어느 날부터 태양은 오지 않는다.

왜 웃고 있어요? 매기가 묻는다.

그건…. 그가 말한다. 너한테 키스하고 싶어서.

햇빛이 반짝이는 하와이의 어느 날 아침에 마테오가 오토바이를 타고 매기를 데리러 온다. 그가 그녀를 데려간 오토바이 클럽 모임에서는 사람들이 우선 푸른 언덕에 앉아 각자 가져온 음식으로 아침식사를 한다. 매기 나이의 소녀는 한 명도 없다. 다른 여자들은 먼지 낀 검은 가죽옷 차림으로 오토바이를 타는 사람들이다. 매기는 어울리지 않는 곳에 온 것 같은 기분이지만, 그 때문에 오히려 자랑스러워진다.

매기는 그 청록색 튜브탑을 원피스로 입었다. 엔진의 진동 때문에 그녀의 구릿빛 다리가 그의 다리와 맞닿아 함께 진동한다. 처음 두어 번 커브를 돌 때는 무서웠지만, 결국 그녀는 위험할 것 같다는 생각을 그만두었다. 한 번 커브를 돌 때마다 몸을 반대쪽으로 기울이며 더욱 성장할 기회가 생긴다.

마테오는 근육질이고, 눈가에 부채꼴로 퍼져나간 잔주름도 별로 없다. 그의 등에 매달려가는 것이 좋다. 파고에 있는 부모님은 십중팔구 술을 마시고 있을 것이다. 집에 있을 때는 부모님의 움직임을 일일이 확인해야 할 것 같은 기분이 든다. 하지만 여기 하와이에서 그녀는 자유롭다. 두려움과 부당함에서 벗어나 휴가를 즐기는 중이다.

두 사람은 하루 종일 오토바이로 돌아다닌다. 중간에 심한 통증이 느껴져서 매기는 벌에 쏘인 모양이라고 생각한다. 하지만 알고 보니 길바닥에서 튀어오른 돌멩이가 그녀의 팔을 베고 지나간 것이다. 매기는 그래도 투정하지 않는다. 기분 나쁘게 보일 만한 일은 하고 싶지 않다.

마테오가 자기 집 진입로로 들어서는 동안 엔진이 푸르륵거리다가 잠잠해진다. 위에 차양이 있는 막다른 길의 끝부분이다. 이곳의 집들은 모두 서핑을 즐기는 히피들을 위한 동화 속 나무 집처럼 나무 기둥 위에 올라 앉아 있다.

마테오의 룸메이트는 집에 없다. 매기가 보니, 그가 이곳에 살기 시작한 지 얼마 되지 않았음이 분명하다. 방에 이렇다 할 물건이 없기 때문이다. 엎어놓은 쓰레기통이 협탁 구실을 한다. 그는 예전에 다른 곳에 살던 때의 흔적을 전혀 가져오지 않은 것 같다. 라이터 한 개와 좋은 바지 몇 벌을 가져왔을 뿐이다. 매기는 바로 얼마 전 언니의 결혼식을 보았다. 그러니 이 남자가 전에 어떤 여자와 결혼했으나 지금은 침대를 벽에 붙여놓은 작은 방에서 살고 있다는 사실이 버겁다. 냉장고 안의 오렌지소스 몇 봉지와 맥주, 모래가 묻은 브리타 정수기가 있을 뿐이다.

매기가 보기에는 자신이 그보다 더 그것을 원하는 것 같다. 그는 그녀가 처녀라는 사실을 모른다. 겨우 몇 달 전 그녀가 결혼하지 않고 임신한 언니를 몰아붙였다는 사실도 모른다.

매기가 먼저 침대에 눕는다. 그들의 섹스는 20분 동안 이어진다. 그녀의 기대와 대략 비슷하다. 우선 실질적이고 물리적인 측면이 식별 가능한 여러 부분으로 쪼개져서 이제 그녀도 알 수 있는 것이 되었다. 정사 때의 그 미끌미끌한 느낌은 그녀가 상상했던 것보다 더 음란하다. 하지만 이제는 그녀도 그것을 경험한 사람이 되었다. 침대 속으로 처박힐 만큼 쿵쿵 내리박는 움직임을 경험하고 축축한 흔적 위에 누워본 사람이 되었다.

그녀에게 가장 깊은 인상을 남긴 것은 손에 잡히지 않는 부분들이다. 매기에게 섹스는 그가 돌멩이에 베인 그녀의 팔을 알아차리는 것이다. 그녀가 소리를 지르지 않아서, 그녀가 아픈 기색을 드러내지 않아서 그가 속상해하는 것이다. 그가 사각팬티를 벗을 때의 모습. 특정 부위의 부드러운 피부가 닿는 이질적인 느낌. 앞으로도 오랫동안 그녀는 이런 것들을 기억할 것이다.

정사가 끝난 뒤 그는 곧바로 그녀를 집에 데려다주지 않는다. 두 사람은 침대에 누워 한참 동안 이야기를 나눈다. 그는 파고에 대해 이런저런 질문을 던지고, 쿠바에 대해 이야기해준다. 그녀는 그의 가슴에 한 손을 올린 채 그의 목소리에 귀를 기울인다. 그의 가슴이 동물의 것처럼 오르락내리락한다. 그녀는 자신의 손에 온 신경을 집중하고, 손에 너무 힘이 들어간 것이 아닌지 걱정한다. 손이 거슬리지나 않을지, 자기가 너무 아이처럼 구는 것이 아닌지. 처녀처럼 보이고 싶지 않다.

게다가 그녀는 처녀가 아니다. 이제.

바이어스가 하와이 이야기에 이의를 제기한다. 진술 전체가 성행위에 관한 것이다.

호이가 말한다. 제 의뢰인에게 그 이야기를 털어놓았느냐는 것이 제 질문입니다.

네. 네가 말한다.

어떤 식으로 털어놓았습니까?

편지를 썼어요.

그렇군요. 왜 노델 씨였습니까?

내가 극도로 당황한 상태였으니까요. 그때까지 선생님은 함부로 남을 판단하지 않는다는 사실을 나한테 분명히 보여주셨습니다.

그렇군요. 그럼 노델 씨에게 편지를 쓰면서 무엇을 바랐습니까?

너는 생각에 잠긴다. 질문 중에는 오빠 앞에서 대답하기에 당황스러운 것이 몇 개 있다. 오빠가 대체로 아는 사실이라 해도 그렇다. 증언을 하다보면 온몸의 털이 쭈뼛 선다. 네가 저지른 서투른 짓, 창피한 짓, 미친 짓을 모두 알게 되다니. 너는 집에서 그 편지를 쓴 것과 수업이 끝난 뒤 그에게 건넨 것을 기억한다. 네게 쓰레기 같은 말을 하지 않을 사람에게 속을 털어놓고 나니 기분이 무척 좋았던 것도 기억한다. 세상 사람들이 모두 너를 함부로 판단했지만 이 사람은 예외였다. 네 친구들은 자기들이 좋아하는 사람을 네가 마구 빼앗아가기라도 할 것처럼 너를 바라보았다. 네 엄마는 네 뱃속에 나이 많은 남자의 머리가 달린 따개비 같은 아기가 자라는 것처럼 너를 바라보았다. 네 아빠는 더 이상 너를 안아줄 수 없다는 듯이 너를 바라보았다.

하지만 노델 선생은 언제나 너를 가장 생각해주었다. 그는 오로지 교사로서 너를 생각할 뿐이었다. 다른 사람들이 네 말을 들어주기를 네가 얼마나 바랐던가! 너는 이렇게 말하고 싶었다. 그래, 하와이에서 내가 그 사람하고 섹스를 했는데 재미있었고 바다도 환상적이었고 나는 그 사람을 사랑하는 줄 알았지만 그 사람은 날 사랑해주지 않았고 그래도 사랑받는 기분이 들어서 섹시하고 예뻐진 것 같았고 날 좋아하게 됐어. 매기는 바로 이런 사람이다! 이 호이라는 자식이 뭔데 그 일의 의미를 물어? 저런 남자들은 자기가 어떤 포르노를 좋아하는지 아내한테 말하고 싶어 하지 않나? 누군가 자신을 완전히 알아주면 기분이 좋지 않아?

하지만 너는 이런 말을 할 수 없다. 호이를 비롯한 모두가 사실을 부정하며 살고 있기 때문이다. 그들은 법정은 고사하고 자신의 마음속에서도 솔직해지지 않을 것이다. 여기 법정에서는 네가 하는 말이 모두 네게 불리하게 사용될 수 있다. 인간들에게는 인간적인 면이 없다. 너는 가늘게 떨리는 팔의 털을 손바닥으로 쓸어내린다. 자기혐오라는 산들바람이 그 털을 건드리고 있다.

네가 말한다. 이번 학기가 내게는 힘든 시기가 될 것이라는 사실을 선생님에게 알리고 싶었어요. 그리고…. 그래요, 그러니까, 힘든 학기가 될 것 같다는 말만 하고 싶었던 것 같네요.

그 다음으로 그들은 지금 어떤 약을 먹고 있느냐고 묻는다. 너는 가방을 열고 외국어 같은 말을 쏟아낸다.

비반스 50밀리그램, ADHD 약.

온단세트론 HCI, 4밀리그램, 메스꺼움 약.

둘록세틴 HCI, 60밀리그램, 불안증과 우울증 약인 심발타의 복제약.

아빌리파이, 2밀리그램, 불안증과 우울증을 완화하는 둘록세틴의 보조제.

클로노핀, 1밀리그램, 불안증과 우울증 약으로 필요할 때 복용.

동물학자들이 메모를 한다. 너는 그들의 펜을 지켜보며 네 몸을 꼭 끌어안는다.

학교로 돌아온 매기는 감당할 수 없을 만큼 외롭다. 한 번 잘못된 발을 내디딘 뒤로 따돌림을 받는 처지가 되었다. 그동안 가족과 멀어지면서 친구를 가족 대신으로 생각해왔기 때문에 상황이 더 안 좋다. 앞으로 그녀는 고등학교 시절을 마지막 종소리 외에는 그 무엇에도 관심이 없는 사람들에게 경솔하게 힘을 실어주었던 시기로 기억할 것이다.

헤더 S. 이렇다 할 특징이 없고, 안경을 썼으며, 춤을 잘 추고, 의리 없는 아이. 그녀가 매기의 하와이 여행에 대해 사람들에게 떠들어댄다. 사람들이 뒤에서 쑥덕거릴 때 흔히 하는 말을 헤더도 입에 담는다. 멍청한 년, 걸레, 소아성애자. 만약 사람들이 뒤에서 쑥덕거린 고약한 말들을 매기가 모두 들을 수 있었다면, 그런 장면을 모두 녹화해서 화면으로 볼 수 있었다면, 자살해버렸을지도 모른다. 헤더가 마테오에 대해 리즈에게 말한다. 리즈는 아장아장 걸어다닐 때부터 매기와 가장 친했던 아이다. 헤더의 이야기 자체는 끔찍한 내용이 아니지만, 그래도 비밀을 깬 것이다. 그 다음에는 조라는 여자애한테도 이야기한다. 한 살 위인 조는 입이 엄청 싼 아이다. 헤더는 매기가 조를 보고 더러운 멕시코인이라고 했다는 말도 조에게 전한다. 하지만 매기는 그런 말을 한 적이 없다.

베이지색 복도를 따라, 고무처럼 탄성 있는 소재가 사용된 체육관에, 갖가지 냄새가 풍기는 학생 식당에 불이 지펴졌다. 남자 아이들은 40년 전 사람들처럼 매기에게 다가와 이렇게 말한다. 너 스페인 놈이랑 한 판 놀았다며! 여자 아이들은 더 심하다. 그들은 매기의 면전에서는 아무 말도 하지 않는다. 자기들끼리 은밀한 시선을 주고받을 뿐이다. 그리고 위협적인 에너지를 쏘아 보내며, 매기에게 아직도 자기들처럼 평범한 여자애인 척 할 테면 한 번 해보라고 을러댄다. 그들로 인해 매기는 더러운 여자가 된 것 같은 기분이 든다. 그들은 그녀가 걸레이고 번드르하고 음흉한 놈한테 그걸 잃었으며 그놈은 마약 중독자보다 나을 것이 없다고 말한다. 그러니 그녀가 얼마나 걸레인지 알 만하지 않느냐고.

매기는 선배 여학생들 앞에서 한마디도 하지 못한다. 그녀보다 더 예쁘고 더 현명한 얼굴을 한 여학생들. 2학년이 시작된 그해 가을 첫 주에 한 번은 매기가 화장실 칸 안에 들어가 있는데 3학년생 몇 명이 거울 앞에 서서 마테오에 대해 떠들어댄다. 매기 같은 애랑 어울린 걸 보면 그 남자 진짜 변태일 거야. 그녀의 안에 들어왔던 그 남자에 대해 그들은 아주 잘 아는 사람처럼 쓰레기라고 말하고 있다. 그들이 나간 뒤 매기는 바지를 올리고 변기에 앉아 그 시간 수업이 끝날 때까지 내내 운다.

더러운 여자가 되었다는 기분뿐만 아니라, 자신의 처녀성을 가져간 남자를 보고 싶다는 갈망도 있다. 그녀는 자신과 섹스를 했던 그 남자와 이야기를 나눌 수 없는 처지다. 그에게 이메일을 보낼 수도 없고, 페이스북으로 메시지를 보낼 수도 없고, 스카이프로 얼굴을 마주보며 둘만의 농담을 던질 수도 없다. 이 일에 대해 부모에게 말할 수도 없다. 말하고 싶지도 않다. 부모는 존재만으로 그녀에게 매춘부가 된 것 같은 기분을 안긴다. 학교에서는 병균 같은 취급을 받는다. 세상에 그녀의 편이 하나도 없다.

집에서 그녀는 웃지도 않고 먹지도 않는다. 하지만 이것만 빼면 어떻게든 평범하게 행동하려고 애쓴다. 그래야 자신이 강간범을 그리워한다고 식구들이 생각하지 않을 테니까. 그녀는 접시 위의 음식을 이리저리 옮겨 음식이 줄어든 것처럼 보이게 만든다.

어느 날 밤 잠자리에 들기 전에 그녀는 그 어느 때보다 외로운 기분으로 자기 방 책상에 앉아 있다가 문득 어떤 생각을 떠올린다. 그녀의 뇌가 모처럼 보내온 현명한 생각. 어쩌면 그녀의 구세주가 될 수 있을지도 모르는 인물의 모습이 언뜻 눈앞을 스친다.

그녀는 손편지를 쓰기 시작한다. 이렇게 직접 편지를 쓰는 것이 좋다. 생각을 정리하는 데 더 도움이 되기 때문이다. 예전에는 아빠 때문에 화가 났을 때에도 이렇게 아빠에게 편지를 썼다. 이메일을 보낸다면 가시 돋친 말이 나올지도 모르지만, 손편지를 쓰면 말투가 조금 부드러워진다.

'노델.' 그녀는 이렇게 쓴다. 이제는 노델 선생님이 아니라 노델이나 AK라고 그를 부르기 때문이다. 그는 지금도 교사이지만, 또한 그녀의 친구이기도 하다. '말할 것이 있어요. 이번 학기가….'

그녀는 마테오와 섹스한 일을 종이 위에 털어놓고, 그것이 자신의 첫 경험이었다고 노델에게 말한다. 그것이 아주 큰 일일 수는 있으나 지금 중요한 것은 그 점이 아니에요. 비록 그 뒤로 내가 부정해진 것 같은 느낌이 드는 건 확실하지만. 하느님의 자녀가 아닌 것 같아요. 순수성이 뽑혀나가고 새로운 감정이 그 자리를 차지했어요. 그가 함께 닭고기를 먹으면서 정말로 배불리 잘 먹었는지 확인하던 것. 아직 그녀와 잘 아는 사이가 아닐 때 토가 대신 몸에 두르라고 침대보를 내어주었던 것. 돌멩이에 팔을 다쳤는데도 왜 말하지 않았느냐며 슬퍼하던 것. 그녀의 농담에 웃음을 터뜨리던 것. 그가 갓 잡은 물고기를 자랑스럽게 높이 들어올리고 바라볼 때처럼 그녀를 응시하던 것. 고등학생과는 달리 그가 자신의 욕망을 부끄러워하지 않던 것. 그 밖에도 그녀는 그의 눈을 통해 비로소 제대로 볼 수 있게 된 자신의 모습들을 모두 편지에 쓴다. 제멋대로 흩날리는 긴 머리. 튼튼한 허벅지와 부드러운 젖가슴.

그녀는 노델에게 많은 이야기를 한다. 섹스에서 우러나온 감정, 말로만 들을 때는 진부하다고 생각했지만 실제로 경험하고 나니 그렇지 않더라는 것. 그녀는 그와 자고 난 직후 감정이 어떻게 강렬해졌는지 설명한다.

그리고 그것이 어떻게 끝났는지도 말한다.

그 일이 있고 며칠 뒤 멜리아가 마테오의 집으로 매기를 데려다준다. 그곳에서 모닥불을 피우고 놀 예정이다. 밤의 어둠 속에서 나무 기둥 위에 올라앉은 나무 집들이 불빛을 받아 빛난다. 멜리아가 묻는다. 몇 시에 널 데리러 오면 돼? 매기는 이곳에서 밤을 보내고 싶다고 말한다. 내가 소파에서 잘게요. 마테오가 멜리아에게 말한다. 나중에 침대에서 결코 의도하지 않았던 말이 매기의 입에서 튀어나간다.

당신을 사랑하는 것 같아요.

그러고는 곧바로 알아차린다. 부끄러워서 얼굴이 뜨겁게 달아오른다. 그는 이 말에 화답해주지 않을 것이다. 그녀는 울음을 터뜨린다.

매기. 그가 말한다.

그녀는 그를 보고 싶지 않다. 십중팔구 20초 전보다, 그러니까 그녀가 그에게서 아직 흠을 찾아낼 수 있었던 그때보다 더 잘생겨 보일 것이다.

그가 양손으로 그녀의 얼굴을 감싼다. 그리고 그녀가 자신에게 아주 의미 있는 사람이지만 아직은 그녀를 사랑할 수 없다고 말한다.

마음의 상처가 사라지지는 않지만, 형태가 바뀐다. 멍은 들었어도 감당할 만하다.

그녀는 교사에게 쓴 편지에서 그 뒤로 몇 주 동안 평범한 나날이 이어졌다고 말한다. 그녀는 마테오의 친구를 많이 만난다. 그와 사귀는 사이는 아니지만, 그렇다고 절대 여자친구는 아니라고 딱 잘라 말할 사이도 아니다. 그와 데이트를 하러 나갈 때마다 그녀가 반드시 하는 일이 있다. 머리를 만지고, 로션을 바르는 일. 오하우는 거대한 조개와 같다. 그녀는 지금껏 조개껍데기 안에 살면서 그 틈새로 넓고 푸른 세상의 일부만 볼 수 있었다.

어느 화창한 날 결말이 찾아온다. 두 사람은 데인과 멜리아의 집에서 열린 바비큐 파티 도중 남몰래 키스를 나눈다. 그것을 누군가가 본다. 여동생이 이혼한 군인인 마테오와 얼굴을 부비며 물고 빨고 있다는 말을 멜리아가 듣는다. 멜리아가 데인에게 그 말을 하자 데인은 마테오를 찾아 나선다. 하지만 마테오는 이미 도망친 뒤다. 데인이 매기에게 말한다. 그동안 무슨 일이 있었는지 전부 털어놔. 거짓말을 하면 두 번 다시 너랑은 말 안 할 거야.

사실 그녀는 데인이 너무한다는 생각이 들지 않는다. 자기는 이런 일을 당해도 싼 것 같다. 대개 그녀는 어떤 감정을 느껴야 하는지 잘 알지 못한다. 데인이 마테오를 찾아오겠다며 나간 뒤 매기는 혹시 마테오가 잘못한 일인지 생각해본다. 하지만 잘못은 자신이 저질렀다는 결론을 내렸다가, 아니, 이게 누구의 잘못을 따질 일인지 다시 생각해본다. 누가 무엇을 잘못한 건가. 그녀가 생각하기에는 누구도 잘못하지 않은 것 같다. 하와이에서 섹스에 동의할 수 있는 나이는 열여섯 살이다. 군대에서도 그 나이는 열여섯 살이다. 그리고 매기는 열여섯 살이다. 법적으로 따져도 두 사람은 잘못한 것이 없다. 다만 노스다코타에서 그 나이가 열여덟 살로 정해져 있을 뿐. 침대에 있을 때는 이런 숫자들이 전혀 떠오르지 않았다. 그녀가 울음을 터뜨린 것도 숫자와는 아무 상관이 없는 일이었다.

데인은 마테오의 집에서 그를 만나지 못한다. 멜리아가 부모에게 전화를 건다. 동쪽에서부터 더러운 폭풍이 점점 만들어진다. 다코타의 바람을 타고 오하우의 조개 안으로 불어 들어온다. 매기에게 임신 검사와 철저한 성병 검사를 받게 하라고 어머니가 언니에게 지시한다. 사방에서 수치심이 몰아친다. 멜리아는 데인에게 고함을 지른다. 그러게 정상이 아니라고 내가 말했잖아! 어린 여자애가 나이 많은 남자와 어떻게 친구가 돼!

데인은 얼굴이 벌겋게 달아오른 채로 저녁 식사를 한다. 자기들이 각자 저지른 잘못을 인정하고 싶지 않아서 모두 남에게 발길질을 하고 싶어 한다. 매기는 구석에서 웅크리고 있다. 심지어 하느님에게도 의지할 수 없다. 전화기 속에서 아버지는 어머니처럼 구체적인 지시를 내리지 않는다. 하지만 군대에 문제를 제기하겠다고 말한다. 모두들 군대에 처리를 맡기고 싶어 한다.

달력상으로는 하와이에서 보낼 시간이 2주 더 남아 있다. 하루가 너무 길다. 바다는 끔찍하게 좋다. 새들은 지나치게 익살스럽다. 먹구름이 몰려와야 할 때에도 항상 해가 쨍쨍하다.

하지만 고향집도 엉망이 되었다. 그녀의 친구들조차 그녀와 통화하면서 못되게 군다. 서른한 살? 새미가 말한다. 너 미쳤어? 그거, 완전히, 늙은이잖아.

매기는 곡기를 끊는다. 당장 그녀를 집으로 돌려보내야 한다고 모두 의견을 모은다. 하지만 그녀는 남은 2주가 끝나기를 기다리고 있다. 비행기표를 바꾸는 수수료가 비싸기 때문에. 매기의 어머니는 상냥하다. 사랑으로 자녀들을 돌보지만, 형편상 표현하지 못할 뿐이다. 자식에게 문제가 생겼는데 그것을 처리할 길이 없는 것만큼 참담한 일은 없다. 그러다 보면 어떤 엄마들은 자식을 일찍 집으로 데려오는 비용을 내지 않으려고 한다.

마침내 작별할 때가 오자 다들 긴장된 분위기로 인사를 나눈다. 아기는 여전히 아름답지만, 예전처럼 아기의 눈에서 마법을 느낄 수는 없다. 확실한 변화가 느껴진다.

파고로 돌아온 매기는 방학이 끝날 때까지 심리학자와 정신과 의사에게 상담을 받는다. 그들이 다양한 약을 처방한다. 그녀는 마테오와 이야기를 나누면 도움이 될 것 같지만 모두들 이렇게 말한다. 마테오의 운명은 군대가 결정하게 될 거야. 모두들 그녀가 처녀성을 잃은 것에만 너무 신경 쓰느라, 그녀가 잃은 것은 처녀성뿐이라는 사실을 잊어버린 듯이 군다.

그녀는 노델 선생에게 쓴 편지에 서명한다.

매기.

그리고 편지를 접어 배낭에 넣는다. 자신의 속내가 아주 많이 그 안에 들어 있는 것 같다.

노델의 토론 수업을 듣는 학생은 서른 명쯤 된다. 인기가 많아서 상급생들만 들을 수 있기 때문에 마치 특권을 누리는 것 같은 분위기가 있다. 가끔은 스키장에서 주말을 보내는 것 같은 기분이다.

노델이 앞에 서서 몇 분 동안 열변을 토하고 나면, 학생들이 여러 그룹으로 갈라져 각자 정한 주제를 조사하고 토론한다.

매기는 수업 내내 불안한 마음으로 앉아 있지만, 노델이 몇 번 그녀에게 미소를 보내준 덕분에 자신이 속내를 털어놓을 수 있는 사람은 노델뿐이라는 생각이 따스한 담요처럼 자리를 잡는다. 그에게 편지를 건네는 것은 기본적으로 그를 신뢰하고 있음을 보여주는 행동이 될 것이다. 지금 그녀가 믿을 수 있는 사람은 사실 노델 한 명뿐이다. 그에게 편지를 건네 자신의 속내를 알리면, 천민이 된 것 같은 기분도 사라질 것이다.

수업이 끝난 뒤 그녀는 일부러 천천히 가방을 정리한다. 다른 아이들이 노델의 교실에서 다 나갈 때까지 기다리는 일은 언제나 까다롭다. 늦게까지 남아서 미적거리는 아이들이 많기 때문이다. 모두 노델과 이야기하고 싶어 한다. 그는 모든 아이들의 중요한 일을 기억하고 있다. 그가 콕 집어서 그런 이야기를 해줄 때마다 아이들은 기분이 좋아진다. 앞으로 몇 년 뒤에 그가 노스다코타에서 그해의 교사로 선정될 만도 하다. 노델은 체육관에서 학생, 교직원, 귀빈 등의 기립 박수를 받으며 연단으로 올라갈 것이다. 주지사는 그와 악수를 하며 환하게 웃을 것이고, 체육관에서는 땀 냄새 대신 객석에서 박수치는 어머니들의 향수 냄새가 날 것이다. 노스다코타 주립대학의 스웨터를 입은 그는 이런 찬사에 당황한 표정을 지을 것이다.

학생이 몇 명밖에 남지 않았을 때 매기가 일어선다. 그리고 문으로 걸어가며 자신이 가장 좋아하는 교사에게 편지를 건넨다. 이거요. 그녀가 말한다. 자신이 미친 짓을 저질렀음을 알기 때문에 얼굴이 붉게 달아오른다. 자신이 처녀성을 잃었다고 고백하는 편지를 남자 교사에게 주다니. 그는 미소를 지으면서도 어리둥절한 표정이지만, 매기는 그 미소를 보고 확신을 얻어 마주 미소 짓는다.

다음 날 수업에서 노델이 말한다. 네 편지를 읽었다. 되는 대로 빨리 나랑 이야기 좀 하자.

수많은 학생들이 솜털처럼 앉아 있는 곳에서 노델은 딱 한 명만 들을 수 있게 말을 건네는 요령이 있다.

이번에 매기는 학생들이 모두 나갈 때까지 기다리며 양손을 마주 비빈다. 고등학생들이 학교에서 친구들에게 어떤 취급을 받을지 그 가능성은 무궁무진하다. 공부벌레 취급, 운동선수 취급, 섹시한 여자애 취급, 못된 년 취급. 지금 그녀는 색골 취급을 받는다. 앞으로 얼마나 많은 실크 스카프를 사야 할지, 자동차 안에 흩어진 쓰레기들을 얼마나 많이 치워야 할지 모르겠다. 그녀는 손바닥에 대고 입김을 불어 냄새를 확인하지만, 어차피 껌이 수중에 없다는 사실을 깨닫는다.

매기. 마지막 학생이 나가자 그가 그녀를 부르며 손짓한다. 그도 마지막 학생이 나가기를 기다렸음이 분명하다. 사소한 것이라 해도 나와 같은 목표를 지닌 사람이 또 있다는 것을 알게 되면 기분이 좋다. 이런 작은 일들이 매일 마음을 살려준다.

네 편지를 읽었다. 그가 말한다. 아까 이미 한 말인데. 매기는 고개를 끄덕인다.

어떻게 지내니? 그가 묻는다. 그는 책상에 앉아 있고 그녀는 서 있다. 집에서는 부모님이 혼자서 또는 둘이서 곧 술을 마시기 시작할 것이다. 지금으로부터 한 시간 안에. 하와이의 마테오는 십중팔구 기지에서 점심을 먹을 시간이다. 아마 알루미늄 통에 담긴 다양한 음식을 아무렇게나 포크로 집어서 마분지 색깔의 쟁반에 올려놓았을 것이다. 매기의 조카인 에밀리는 낮잠을 자기 직전이다. 매기는 지구에 사는 수십억의 사람들 중 한 명이다. 이러니 하느님이 그녀와 그녀가 사랑하는 사람들을 어떻게 내내 지켜볼 수 있겠는가? 그래서 이렇게 교실에 자신과 함께 있는 교사가 하느님에게서 조금만 더 신경 써서 그녀를 돌봐주라고 위임받은 대리인 같다.

그는 먼저 그녀에게 아무런 잘못이 없다고 말한다. 그리고 부모님이 경찰에 고발을 하지 않은 이유가 무엇인지, 요즘 부모님과의 관계가 어떤지 묻는다. 매기는 청바지와 셔츠 차림이다. 이 옷을 입으면 자신이 귀여워 보이는 것 같다. 집에는 미니애폴리스나 세인트폴 같은 대도시의 좋은 옷을 살 돈이 없다. 잡지에 나오는 옷도 마찬가지다. 그래서 그녀는 옷을 오래 입는 법을 알고 있다. 두 사람은 과거 어느 때보다도 긴 대화를 나눈다. 그는 그녀에게 아무런 조언도 하지 않는다. 그래도 그녀는 다시 정상으로 돌아온 기분이 든다. 가끔은 누군가가 별 일 아니라는 듯이, 그런 건 매일 있는 일이라는 듯이, 나쁜 짓도 아니고 네가 색골이나 매춘부도 아니라는 듯이 굴면서 고개를 끄덕여주는 것만으로도 충분할 때가 있다. 고양이를 스무 마리쯤 동원할 일이 아니다. 대단한 일이 아니니까. 누가 가볍게 안아주기만 하면 된다.

매기의 언니 니콜이 얼마 전 남편과 함께 덴버로 이주했다. 그래서 돌아오는 크리스마스에 온 가족이 콜로라도에서 모이기로 결정한다. 그들은 도시에서 두 시간쯤 떨어진 산 속에 있는 전원풍 오두막에 묵는다. 2008년이 거의 끝나가고, 세상은 긍정적인 방향으로 나아간다. 매기는 이제 3학년이 되었다. 이 새로운 시기에 대해 책임감이 느껴진다. 친구도 있고, 계획한 것도 있고, 기대도 높다.

떠나기 전날 밤 매기는 이미 짐을 너무 많이 넣은 여행 가방 귀퉁이에 옷가지를 쑤셔넣는다. 방한 바지와 양말과 비니와 마지막 남은 속옷. 다른 것은 모두 깔끔하게 접혀 있다. 마지막에 쑤셔넣은 이 옷가지들만 빼고. 그녀의 휴대폰이 문자의 도착을 알리며 작은 소리로 행복하게 울린다.

학생 의회 멤버들이 서로 문자를 주고받는 것은 활동의 일부로서 평범한 일이다. 고문인 노델 선생과 문자를 주고받는 것도 마찬가지다. 하지만 이날 저녁 매기는 선생님이 보낸 문자를 보고 깜짝 놀란다. 뚜렷한 목적이 있어서 보낸 문자가 아니기 때문이다.

매기, 잘 지내니?

매기는 답장을 보낸다. 네, 잘 있어요. 선생님은요?

그는 짐을 다 쌌느냐고 묻는다. 그녀는 네, 막판에 몇 가지만 정신

없이 쑤셔넣었어요, 하고 답한다.

이런 대화들이 테트리스 블록처럼 차곡차곡 쌓인다. 대부분의 문자는 상대방이 기분 좋게 대답할 수 있는 여지를 준다. 매기의 문자 중에는 그렇지 않은 것도 있지만, 그래도 노델이 가닥을 하나 잡아서 새로운 대화를 이어갈 수 있을 정도는 된다.

저녁 늦게까지 대화가 이어진다. 매기는 내일 비행을 대비해 일찍 자서 아침에 개운하게 일어날 계획이었다. 11시쯤 노델이 이제 잠자리에 들어야겠다고 말한다. 매기는 빙긋 웃으면서 문자를 친다. 선생님 늙었어요!

노델의 답은 조금 신경에 거슬리지만, 동시에 그녀의 호기심도 자극한다.

잠자리에 든다고 해서 꼭 잠을 자겠다는 뜻은 아닐 수 있어.

콜로라도에 도착한 매기는 자신의 삶에 다시 몰두하기로 한다. 지난해의 상처에 앉은 딱지들은 주로 세월의 힘 덕분에 모두 떨어져나갔다.

하얗게 눈 덮인 산속 깊이 비포장도로 끝에 아늑하게 서 있는 오두막은 교과서적이다. 현대적인 생활용품들이 갖춰져 있지만 나무의 느낌이 물씬 풍긴다는 점에서. 온 가족이 다 들어갈 수 있을 만큼 널찍하기도 하다. 윌큰 씨 부부와 매기, 두 언니와 두 오빠, 그리고 어린 아이들까지 모두. 온 가족이 이렇게 모인 것은 몇 년 만에 처음이다. 매기는 혼자 침대를 쓰지만, 보통 에밀리나 마코가 그녀의 침대 안으로 슬그머니 들어와 함께 잔다.

식구들은 벽난로 앞에서 그동안 서로 어떻게 살았는지 안부를 주고받는다. 요리는 윌큰 씨가 한다. 그는 맛있다고 소문이 자자한 자기만의 스파게티 소스를 엄청나게 많이 만든다. 모두들 소스를 더 달라고 한다. 어떤 재료가 얼마나 들어가는지 전부 아는데도, 다른 사람들은 마크 윌큰과 같은 맛을 절대 내지 못한다. 매기가 어렸을 때는 집이 경제적으로 더 쪼들렸기 때문에 마크 윌큰은 값비싼 페퍼로니를 몇 조각밖에 넣지 못했다. 그래서 매기와 형제자매들은 얇게 저민 페퍼로니 조각들을 '왕건이'라고 부르며 각자 몇 개나 받을지를 놓고 다투곤 했다.

오후에 매기는 아이들과 썰매를 타러 간다. 눈 덮인 둥근 산에 황금빛 햇빛이 비친다. 슬픔이나 두려움이 전혀 느껴지지 않는다. 이 날의 이 아름다움과 편안함. 매기는 나중에 세월이 흘러 갈등과 죽음을 경험한 뒤에도 이 날의 풍경을 떠올리며 갈등과 죽음이 콜로라도까지는 가지 못한다고 생각하게 된다. 콜로라도에서는 종일 스키를 타고 밤새 웃을 수 있다. 아침마다 무적의 존재가 된 기분으로 눈을 뜨면 캠핑용 잔에 담긴 커피와 아이들이 쿵쿵거리며 노는 소리가 우리를 맞이한다. 저녁에 아이들이 잠자리에 들고 조용해진 뒤, 매기의 오빠들과 데인은 텔레비전을 켜고 「플라이트 오브 더 콘코즈」˚의 어디에 유머가 있는지 다른 식구들에게 가르쳐준다. 하와이의 끔찍한 기억은 서핑보드처럼 9개월 동안 사용할 계획이 없는 온갖 물건들과 함께 지하실에 넣어두었다. 매기는 기운을 회복해서

˚ HBO에서 방영된 미국 드라마.

다시 모두의 가장 좋은 친구가 되었다. 그녀는 다른 여자애들과는 완전히 다른 방식으로 남자아이들과 잘 지낸다. 유튜브 영상과 인터넷 짤을 보며 웃음을 터뜨린다.

콜로라도에 온 첫날 밤에 매기의 휴대폰이 울린다. 또 그의 문자다. 매기의 마음속에 불이 하나 켜진 것 같다. 하와이에서 그 일이 있은 뒤 매기는 이 사람 덕분에 다시 평범해진 기분이 들었다. 2학년 때 두 사람은 친해졌다. 그는 좋은 교사를 넘어 진정한 동맹이 되었다. 그러니 이렇게 전에 없던 관심을 보이는 것이 딱히 이상하지는 않았다. 다만 예전과 달랐을 뿐이다.

노엘은 어떤 선물을 받았는지, 스노보드는 재미있었는지, 날씨가 어떤지, 조카들이 몇 명인지 묻는다. 문자와 문자 사이에는 상대의 반응을 기다리며 적절한 간격을 둔다. 그것이 꼭 필요한 일이기 때문이다. 매기는 휴대폰을 탁자 위에 엎어두고 식구들의 대화에 합류한다. 다시 휴대폰을 들어보니 문자가 와 있다. 머리가 띵해질 정도로 기분이 좋다. 그가 보낸 문자들을 저장해두지는 않을 것이다. 미래에 그가 모두 지우라고 요구할 테니까. 그래도 그녀는 그가 보낸 문자 하나하나를 아플 정도로 선명히 기억할 것이다. 특히 맨 처음에 받은 문자들을.

그는 그녀에게 만나는 사람이 있느냐고 묻는다. 그녀는 같이 일하는 남자를 만나고 있다고 말한다. 진지한 관계가 아니었는데, 갑자기 이게 장난이 아니라는 생각이 든다. 하지만 말도 안 된다. 휘둥그레진 매기의 눈이 밤새 원래대로 돌아올 줄을 모른다. 그와 주고받는 문자 내용을 도저히 믿을 수가 없다. 지금 그녀에게 문자를 보내는 남자가 브래드 피트라면, 산에서 방금 곰 한 마리를 쓰러뜨렸다며 그녀의 침대를 하룻밤 빌릴 수 있겠느냐고 물었다면, 솔직히 덜 놀랐을 것이다.

그녀가 이렇게 믿을 수 없다는 심정을 표현하자 분위기가 무너진다.

너랑 이렇게 얘길 하면 안 되는 거지, 원래는. 그가 문자를 보낸다.

밖에서는 오빠들이 웃고 있다. 부엌에서 누군가가 후추 분쇄기가 있느냐고 묻는다.

매기는 대충 네, 라고 문자를 보낸다.

노델은 술기운이 좀 있어서 하면 안 되는 말을 할 것 같다고 말한다. 매기는 또 대충 네, 라고 대답한다.

그의 문자가 날아온다. 나는 교사고 넌 학생이야. 그러니 우리가 이런 대화를 하면 안 돼. 매기는 또 대충 네, 라고 대답한다.

하지만 그가 왜 그녀와 이야기를 하면 안 된다고 생각하는지 잘 모르겠다. 그녀의 많은 친구들 중에는 남자 아이들도 많은데, 그녀는 그 애들과 자주 이야기를 나누지만 거기에 딱히 어떤 의미가 있는 것은 아니다. 그녀는 여자애들과 어울릴 때와는 다른 방식으로 남자 아이들과 잘 지낸다. 하지만 노델의 말이 무슨 뜻인지 알 것 같다. 날 이렇게 만들지 마, 우리가 왜 이러고 있는 거지, 이러면 안 돼, 나는 아내와 아이들을 사랑해. 하지만 그녀는 이미 그의 손이 자신의 바지 속에 들어와 있는 기분이다.

그녀가 네라고 답한 것은 그가 윗사람이기 때문이다. 그는 그녀보다 나이도 많고 머리도 더 좋다. 그가 이런 대화를 나누면 안 된다고 말한다면 자기가 먼저 대화를 시작했으면서, 십중팔구 그 말이 옳을 것이다. 매기도 선이 있다는 것은 알고 있다. 비록 그 선이 명확하지는 않다 해도, 자기가 먼저 그 선을 넘고 싶지는 않다. 아니, 아예 그 선을 넘겠다는 생각을 한 적이 없다. 그녀는 아직 어려서 그와 동등하지 않다. 그러니까 그가 매기, 우리가 이런 이야기를 나누면 안 돼, 라고 말하는 것을 보고 매기는 야단을 맞은 기분이 되었다. 뭐가 뭔지 잘은 모르겠지만 자신이 뭔가 잘못을 저지른 것 같다. 단지 그의 질문에 대답했을 뿐인데.

하지만 동시에 상당히 오랫동안 뭔가가 차곡차곡 쌓이고 있었음이 분명해진다. 1학년 때부터 그것이 꾸준히 쌓이고 있었다. 그의 책상에서 그와 나눈 모든 대화. 그가 잘했다고 칭찬했던 것. 그녀가 귀여운 셔츠를 입고 그는 새 넥타이를 맸던 것. 그가 해준 모든 조언. 그와 주고받은 모든 말장난. 토론 수업에 대해 주고받은 모든 문자. 다른 아이가 던진 멍청한 말에 그녀가 비웃는 표정을 짓자 그가 빙긋 웃어주었던 것. 엄마가 술에 취했다, 아빠가 술에 취했다, 아내가 잔소리를 한다고 주고받은 모든 말. 뭔가가 계속 자라고 있었다.

다음 날 매기는 스노보드를 타러 간다. 아이들과 함께 놀아준다. 휴대폰은 오두막에 그냥 두었다. 그녀는 아직 어리기 때문에 휴대폰이 눈에 보이지 않으면 그 안에 들어 있는 모든 것이 머리에서 사라진다.

오두막에 돌아와 보니 문자 열다섯 통이 들어와 있다. 모두 노델이 보낸 것이다. 괴상한 시 같다. 모든 문자에 같은 내용이 되풀이된다. 매기, 무슨 일 있니? 화났어? 지금 무슨 생각을 하는지 궁금하다.

여보세요?

혹시 그녀가 어젯밤의 대화 때문에 화가 났을까봐, 아니면 겁을 먹었을까봐 그가 무서워하는 것 같다. 설마 그럴 리는 없겠지만, 그녀가 살그머니 도망쳤을까봐 걱정하는 것 같기도 하다.

그녀는 답장을 보낸다. 화나지 않았어요. 종일 스노보드를 탔어요.

그가 말한다. 그래, 잘했네.

그녀는 답장하지 않는다.

그가 말한다. 네가 돌아오면 또 이야기하자.

●

매기는 멜라니의 집에서 열린 신년 파티에 참석한다. 거의 모두 파트너를 데려왔고, 술은 없다. 멜라니의 부모님이 자정 지나서 집에 돌아올 예정이기 때문이다. 이런 시기에는 남자친구가 있는 것이 좋다. 자주 섹스를 하는 것도, 남자친구가 있는 다른 여자애들과 섹스에 대한 이야기를 나누는 것도. 매기가 만나던 남자는 지금 다른 곳에 가 있다. 그와 정식으로 사귀는 사이는 아니다. 그는 하키를 한다는 점만 빼면, 데이비드 오빠와 닮았다. 아직 그와 섹스는 하지 않았다.

그날 밤 매기는 정신을 차리고 보면 혼자 서서 방 안을 둘러보고 있을 때가 많다. 오늘 이곳에 파트너와 함께 온 사람들이 영원히 헤어지지 않을지도 모른다고 생각하니 불안해진다. 자신도 파고의 소년과 잠자리에 들었다가 눈을 떠보면 그새 5년의 세월이 흘러 이미 아이 둘을 낳고 또 임신한 채 다 낡은 어그 부츠를 신고 텔레비전을 보는 신세가 되어 있을지 모른다.

자정이 지나고 얼마 뒤 그녀의 휴대폰이 울린다. 남자친구는 아니지만 만나는 사이인 그 남자가 아니다. 아론 노델이다. 이제 그는 그녀의 휴대폰에 AK라는 새 이름으로 저장되어 있다. 처음에는 연락처에 노델이라고 저장되어 있었으나, 콜로라도에 있는 동안 AK로 바꿨다. 그때 처음으로 뭔가를 숨길 필요가 있다는 생각이 들었기 때문이다. 그녀의 심장이 두근거린다. 그녀는 새를 품에 안듯이 휴대폰을 가슴에 끌어안는다. 그리고 주위를 둘러보지만, 아무도 그녀에게 주의를 기울이지 않는다.

이미 하루 종일 문자를 주고받았는데도, 이렇게 깊은 밤에 또 문자를 하게 되니 그녀는 신기해서 손에 땀이 찬다. 그녀가 콜로라도에 있을 때 그는 자기가 하면 안 되는 말을 할까봐 걱정스러우니 그녀와 이렇게 대화를 나누면 안 된다고 말했다. 매기는 하루 종일 그에게 물었다. 하면 안 된다는 말이 뭐예요?

AK는 하루 종일 이렇게 대답했다. 아무 것도 아냐, 그만, 아무 것도 아냐, 그냥 잊어버려.

그러면 매기는 대략 이런 답장을 보냈다. 어머, 선생님, 안 돼요!

그는 언젠가 그녀에게 말해줄 수 있을지도 모른다고 말했다. 그리고 오늘 신년이 되었다. 매기는 조용한 어른들의 모임에 참석한 그를 상상한다. 아내는 자신과 비슷하게 사는 누군가의 아내와 포도주를 마시고, 매기의 선생님은 구석에 조용히 물러나 있을 것이다.

그는 매기에게 만나면 얘기하겠다고, 지금은 그냥 잊어버리라고 말한다. 그는 도수가 높은 술을 마시고 있다. 새해 복 많이 받아라. 그는 이렇게 말하고 나서 그녀에게 신년 키스를 받았느냐고 묻는다. 그녀는 네, 멜라니와 새미한테서 받았어요, 라고 대답한다.

문자가 잠시 잠잠하다. 그녀는 그 침묵을 느끼고 문자를 하나 더 보낸다. 재미로요!

그가 답한다. 그런 건 신년 키스가 아니지.

이 문장이 이상하게 보여서 매기는 뭔가 잘못을 저지른 것 같은 기분이 든다. 그는 그녀를 순식간에 바보로 만들어버리는 초능력을 갖고 있다. 단순히 그녀보다 나이가 많고 선생님이라서 그런 것이 아니다. 다른 이유가 있다. 아니, 다른 이유 '도' 있다.

선생님은요? 매기가 묻는다.

난 유부남이야, 매기.

이게 무슨 뜻인가. 수만 가지 뜻으로 해석할 수 있다. 그 중 하나는, 난 유부남이니까 우린 항상 섹스를 하지 물론 새해를 맞이하는 순간에는 아이들이 우리 발목에 매달려 있더라도 내가 선택한 아내의 목구멍 깊이 내 혀를 밀어 넣어, 라는 뜻일 것이다. 또는 나는 유부남이니까 우리 사이의 성적인 감정은 완전히 죽어버렸어, 라는 뜻일 수도 있다. 네가 일하는 식당의 햄버거 고기와 같아. 네가 졸업 무도회 옷차림으로 우리 열정의 꼬리를 밟아버린다면, 우리 열정은 다시 살아나지 못할 거야. 우리는 함께 살림을 꾸리고 가끔 그럴 분위기가 되면 심야 토크쇼를 같이 봐.

아. 그녀는 이렇게 답장을 보낸 뒤 주위를 둘러본다. 딱히 뭔가가 달라져 있기를 바라는 마음이 없는데도.

나이 차이가 꽤 많이 나는 남자를 좋아하게 된 소녀들이 그렇듯이, 그녀도 자신이 무엇을 원하는지 모른다. 섹스를 원하는지, 섹스가 없는 관계를 원하는지, 그가 길에 서서 지켜보는 가운데 자기 방에서 옷을 벗고 싶은지. 주로 그녀는 조금 마음을 들뜨게 해주는 일을 바랄 뿐이다. 문 앞에 익명으로 놓인 꽃다발 같은 것.

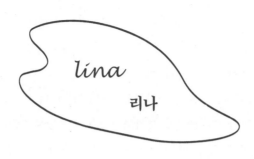

lina

리나

리나를 담당한 의사의 방에서 여자들의 토론 모임이 열린다. 여러 개의 진찰실 뒤에 크고 멋진 방이 하나 있다. 긴 타원형의 마호가니 탁자가 있는 방이다. 11월 말의 이날 저녁에 여덟 명의 여자들이 플라스틱 컵으로 샤르도네 포도주를 마시고, 캐슈넛을 먹는다. 구운 홍고추가 들어간 후무스 소스를 크래커에 발라 먹기도 한다. 그들의 나이는 30대 초반에서 60대 초반까지 다양하다. 그들 중 에이프릴은 미모가 뛰어난 교사로 트리스탄이라는 다섯 살짜리 아이를 키우고 있다. 결혼 경력이 몇 번 있는 캐시는 돌리 파튼처럼 팡팡 튀는 분위기다. 세상 그 무엇도 그녀를 진정시킬 수 없을 것 같다.

이 여자들은 호르몬과 체중 문제 때문에 이 시골 의사에게 진료를 받고 있다. 최근에는 모두들 몸이 달라진 것을 경험하는 중이다. 그들은 입을 수 없던 바지가 몸에 맞는 것, 골반에서 옷이 헐렁하게 남는 것에 대해 이야기한다. 살이 빠지면 그들과 세상 사이에 공간이 만들어지고, 그곳에 호르몬이 채워지면서 다른 방향으로 향했던 오랜 욕구와 새로운 욕구가 생겨난다.

에이프릴은 아주 잘 생긴 남자와 사귀고 있다. 이곳에 모인 사람들에게 그녀가 그의 사진을 보여주자 모두 이구동성으로 미남이라고 말한다. 그러고는 달라진 시선으로 그녀를 바라본다. 그녀를 위아래로 훑어본다. 그녀는 이 남자와 사귄 지 벌써 몇 년이 됐는데 모두 행복하다고 말한다.

과거에 다른 사람을 사귄 적이 있어요. 그녀가 빙긋 웃으면서 말한다. 내 남자친구의 어머니도 그 사실을 알죠. 그래서 자기가 그걸 안다는 사실을 항상 나한테 일깨워줘요. 좁은 동네니까요.

과거에는 가끔 성적인 소강상태가 찾아왔다. 하지만 남자친구와 동거를 시작한 뒤로는 오히려 묘하게도 분위기가 더 뜨거워졌다. 그녀의 남자친구는 오쟁이 진 남자가 되는 환상을 갖고 있다고 한다. 에이프릴이 모임에서 직접 말해준 것이다. 처음에는 수줍은 표정이었지만, 다른 사람들이 이해한다는 듯 고개를 끄덕여주자 자신감을 얻어 더 대담해졌다. 에이프릴은 사랑을 나눌 때 남자친구가 그녀에게 지금까지 겪어본 큰 음경들에 대해 말해보라고 한다고 털어놓는다.

에이프릴은 절대 넘으면 안 되는 선이 있다는 것을 안다고 말한다. 그 음경들 중에 그의 것보다 더 큰 것이 있었다는 기색을 보이면 안 된다. 남자들의 이름을 소리 내어 말해도 안 된다. 자칫하면 남자친구가 페이스북을 뒤져 그녀가 그들과 아직도 연락하는 사이인지 확인하려 할 것이다. 그녀는 과거에 산세바스티안에서 아름다운 몇 주를 함께 보냈던 마시라는 이탈리아 남자에 대해 이야기하지 않는다. 그가 뒤에서 들어오는 동안 회색 돌로 된 창문 밖을 빤히 바라보는 기분이 어땠는지 말하지 않는다. 그녀가 이런 이야기를 하지 않는 것은 그때가 그립기 때문이다. 지금도.

서른두 살인 리나는 이 자리에 모인 사람들 중에 가장 젊고 유일한 가톨릭 신자다. 처음에 그녀는 다른 여자들이 하는 이야기를 듣다가 가끔 불편해한다. 하지만 포도주를 한 잔 더 마시고 나니 느낌이 다르다.

자기는 어때? 어미 닭 같은 캐시가 묻는다. 요즘 어떻게 지내고 있어? 뭔가 할 말이 있는 것 같은데.

그게요…. 리나가 말한다. 대단하시네요. 정말로 요즘 큰 변화를 겪고 있거든요.

어떤 변화인데?

리나는 느리지만 단호하게 자신의 남편 에드에 대한 이야기를 사람들에게 들려준다. 부부 침대에서 그녀가 그의 손길을 석 달 동안 기다렸지만 그는 전혀 손을 대지 않았다. 보통 리나는 절망의 무게가 온전히 자신을 짓누를 때 말투가 아주 자신 있고 꿋꿋하게 변한다.

부부를 무엇보다도 더 하나로 만들어주는 단 한 가지를 아내한테 주지 않으면서 어떻게 남편 행세를 할 수 있어요? 그녀가 말한다.

캐시가 쿡쿡 웃으며 고개를 절레절레 젓는다.

에이프릴이 말한다. 그게 당신한테 얼마나 중요한 일인지 남편에게 말했어요?

거의 매일 했죠. 한동안. 리나가 말한다. 내가 뭐라고 했냐면…. 이때부터 그녀가 울기 시작한다. 내가 뭐라고 했냐면, 키스를 받고 싶다고 했어요. 세상 무엇보다 그걸 원한다고요!

여자들은 각자 플라스틱 잔을 내려다보고, 불편한 얼굴로 포도주를 마신다. 포도주 맛이 서늘한 재채기 같다. 여자들은 별볼일없는 조언들을 내놓기 시작한다. 다시 불을 붙이는 방법에 대해서. 리나는 자기도 모든 방법을 써보았다고 말한다. 야한 팬티도 입어보고, 아이들을 외갓집에 보내기도 하고, 며칠 동안 남편에게 잘해주면서 그의 감정을 고조시키기도 하고, 말조심을 하기도 하고, 튕겨보기도 했다. 얼음처럼 차가운 물을 마신 뒤 혀끝으로 윗입술을 핥는 방법도 써보았다.

전부 남편의 잘못이라고 다른 사람들에게 속 시원히 말할 수 없기 때문에 갑갑하다. 사람들은 모두 그녀가 상황을 바꿀 수 있는 방법에 대해 조언해주려고 한다. 최근 이혼한 어떤 여자는 자기를 별로 사랑하지 않는 남자라도 옆에 있는 편이 나은지 아예 남자가 없는 편이 나은지 판단이 잘 서지 않을 때가 있다고 말한다. 돈이 있으면 그나마 좀 편하다는 말도 한다. 남편과 헤어지거나 혼자 힘으로 아이들을 키우면서 남자와의 관계에 대해 '웃기지도 않는 헛소리'라고 자신 있게 말할 수 있기 때문이다.

리나의 울음소리가 커진다. 난 돈이 없어요. 그녀가 울부짖는다.

자, 자. 캐시가 말한다. 남편의 돈 절반이 당신 거예요. 알잖아요. 게다가 인디애나 주에서는….

리나가 삼각형으로 접힌 화장지를 눈에서 떼고 시선을 든다. 네, 그거야 그렇죠. 하지만.

하지만? 캐시는 리나의 옆으로 자리를 옮겨 그녀의 손을 잡고 손바닥에 화장지를 쥐여주고 있다.

내가 별거를 요구했어요.

어머, 세상에! 절반까지는 갔네요!

그건 그렇지만요. 이혼이 아니라 별거라면 남편이 계속 내 건강 보험료를 낼 거예요….

그건 당연하죠! 캐시가 말한다. 내일 당장 그 남자랑 이혼해도 건강 보험은 계속 유지할 수 있어요! 집과 그 안에 있는 모든 물건에 대해서도 절반의 권리가 있고요!

하지만 애가 둘이라….

남편의 아이들이기도 하잖아요!

그건 그렇지만…. 리나는 방 안을 둘러보며 믿을 만한 사람이 누구인지 가늠해보려 하지만 이미 늦었다. 이야기가 이미 여기까지 와버렸으니. 모든 일에는 옳은 방법과 틀린 방법이 있다. 인디애나에서는 남편과 헤어질 때 특히 틀린 방법이 하나 있다. 리나는 축축한 화장지를 한쪽 주먹에 모아 쥐고 캐시를 바라본다.

내가 만나는 사람이 있어요.

골퍼가 공을 치기 직전처럼 단단한 침묵이 흐른다. 그 침묵 속에서 모든 여자들의 머리 위에 생각의 말풍선이 떠 있는 모습이 눈에 보이는 듯하다.

아유, 헤픈 여자네.

내가 저런 여자를 안쓰럽게 생각했다니.

질투가 나는걸.

어떤 남자일까.

저 여자는 자기가 뭐라도 되는 줄 아나.

별로 예쁘지도 않은데.

남자가 어떻게 생겼는지 궁금하네.

저 여자 가톨릭 신자 아니었어.

설마 내 남편은 아니겠지.

바람은 나도 피운 적 있어.

지금 내 남편이 바람을 피우는 중인데.

난 내 물리 치료사를 사랑하고 있지.

캐시가 가장 먼저 침묵을 깨뜨린다. 컨트리 음악의 첫머리처럼 그녀가 말한다. 그렇군요. 우리한테 말해봐요. 전부 털어놔요.

리나는 놀란 표정이다. 자신이 사랑하는 남자에 대해 말하고 싶다는 욕망이 그 얘기를 했다가는 그와의 관계가 비틀릴 수도 있다는 생각보다 더 강하다. 그 얘기를 하고 나면 자신이 그 행동의 잠재적 힘을 더 이해하게 될 것이라는 깨달음이 마음 한 구석에 자리 잡는다. 그녀는 포도주를 한 모금 마신다.

그러고는 그의 이름을 소리 내어 말한다.

에이던. 그녀가 말한다. 그 사람 이름은 에이던이고, 옛날부터 줄곧 내 평생의 사랑이었어요.

그녀는 원래 고등학교 때부터 그와 사귀는 사이였다고 사람들에게 말한다. 그냥 단순히 데이트나 하는 사이가 아니었다. 고등학교 때부터 그들은 연인이었다. 고등학교 때부터 그들은 진실한 사랑을 했다. 언젠가 한 번 그가 그녀에게 편지를 보낸 적이 있다. 그것은 모든 편지에 종지부를 찍어버리는 편지였다. 그녀는 그것을 몇 년 동안 간직하고 있었으나, 어느 날 어머니가 그것을 발견하고 없애버렸다. 그들의 사랑은 한이 없었다. 하지만 그들은 또한 불행한 연인이기도 했다. 로미오와 줄리엣 이야기와 같았다. 그들의 이야기가 끔찍하면서도 아름다운 것은 그들이 맞은 종말 때문이다. 헤어진 뒤로도 그녀는 줄곧 그를 생각했다.

방 안에 모인 여자들의 손에서 손으로 포도주 병이 한 바퀴 돈다. 그들은 포도주를 천천히 마신다. 저녁 식사를 준비해야 하는 시간에 맞춰 돌아가지 못할 것 같지만 전혀 걱정하지 않는다. 리나의 이야기가 지닌 배덕한 매력에 그들은 앞으로 몸을 기울인다.

전부 이야기할게요. 그 사람에 대해서. 리나가 말한다.

에이던은 키가 크고, 턱선이 강인하다. 눈은 코발트블루. 전쟁에 다녀온 사람처럼 얼굴에는 흑백의 명암이 있다. 리나는 그가 자신과 함께 있지 않을 때에도 항상 자신을 생각한다고 말한다. 그는 리나와 함께 있지 않을 때에는 쇠톱을 들고 자신의 집을 수리한다. 집의 가치를 높여 팔아서, 자신에게 맞지 않는 삶과 작별하기 위해서다. 그와 결혼한 여자는 그를 사랑하지 않는다. 반쯤 부정을 저지르다시피 한다. 다른 남자들과 어울려 놀고, 전 애인에게 문자를 보낸다. 그런데도 에이던을 묶어둔다. 그가 건설 현장에서 벌어오는 돈으로 다운타운브라운 매니큐어, 포에버 21 옷 등을 살 수 있기 때문이다. 그녀는 그렇게 산 옷을 입고 친구들과 인근 술집에서 시간을 보내며 그 가게 이름이 포에버 34라고 우스갯소리를 던진다. 술집에서 낯선 사람들에게 슬금슬금 다가가, 고동색을 띠는 인디애나의 한겨울에 파란 섬의 술을 마신다.

때로 그는 현장의 넓은 이동식 주택에서 지낸다. 가장 가까운 컨트리 음악 전문 방송국에서 흘러나오는 음악에 잡음이 좀 섞여 있겠지만, 사랑에 빠졌거나 곧 사랑에 빠질 사람에게는 아주 재미있는 일이 일어난다. 모든 노래가 자기 이야기처럼 들리는 것이다. 정말 재미있는 일이다.

그는 좋은 사람이라고 리나가 말한다. 몇 가지 실수를 저지르긴 했지만, 그건 다른 좋은 사람들도 모두 마찬가지다. 좋은 사람에게도 결점은 있다. 미국에는 진짜 남자가 부족하다. 콧수염을 기르고 버거에 들어갈 날고기를 두드려대는 말보로맨을 말하는 게 아니다. 진짜 남자, 꼿꼿이 서서 여자에게 문을 열어주고 몇 시간 동안 일해서 돈을 벌어오는 사람을 말하는 거다. 정직한 돈이든 아니든 그들은 그 돈을 어떻게 벌었는지 정직하게 말한다. 그들은 또한 흥미로운 사람이다. 직업이나 사는 곳과 상관없이 그냥 흥미롭다. 몇 달 동안 알고 지내다 보면 그들에 대해 몇 가지를 알게 되겠지만, 설사 형제자매라 해도 그들에 대해 끝내 알 수 없는 것들 또한 존재한다. 에이던 같은 남자가 어떤 이야기를 들려줄 때는 멋지게 보이고 싶어서가 아니라 그 이야기가 스스로 남에게 알려지기를 원하기 때문이다. 사람들이 그런 이야기를 들으려면 대개 그 남자를 살살 꾀어야 한다. 아니면 그 자리에 있는 여자가 조금 조를 수도 있다. 좋은 남자와 그렇지 않은 사람을 정말 구분해주는 요소가 바로 이것이니까. 좋은 남자, 메인 주의 오지나 필라델피아의 거친 지역이나 인디애나 남부의 고집스러운 동네에서 온 남자들은 정말로 여자를 좋아하고 섹스를 좋아한다. 아주 강한 남자들이지만 여자의 보지가 지닌 힘에 1~2센티미터쯤 흔들리기도 한다. 리나는 보지라는 단어를 별로 좋아하지 않는다. 단순히 그것만이 아니니까. 하지만 그 단어는 아무 생각 없이 들을 때보다 훨씬 더 큰 의미를 지니고 있다. 어쨌든 다른 종류의 남자들, 세상의 대부분을 차지하는 남자들은 일단 침실에 여자를 데려오는 데 성공하고 나면 더러워진다. 요구하면 안 되는 것을 요구하고, 아침에도 추레한 모습으로 집을 나선다. 하지만 술집이나 만찬에서는 흔들리는 모습을 보이지 않는다. 여자를 위해 내키지 않는 일을 하는 법도 없다. 에이던 하트 같은 남자에게 선천적으로 풍부히 존재하는 남자다운 사랑이 그들에게는 없기 때문이다.

에이던.

방 안의 여자들은 지진 때의 수프 그릇처럼 앞으로 확 기울어진다. 손바닥으로 턱을 괴고, 불편한 표정으로 견과류를 먹고 있다.

아이고, 이런. 캐시가 말한다. 그 남자 만만찮은 것 같은데. 진짜 연애잖아.

그래서 어떻게 끝났어요? 누군가가 묻는다. 여자들은 시작보다 끝을 더 잘 다룰 때가 많다. 리나는 자기 어머니나 언니들처럼 다른 여자가 고통스러워할 때에만, 특히 자신이 이미 겪어보고 극복한 고통에만 진심으로 관심을 보이는 여자들이 있다는 사실을 안다.

어떻게 끝났냐고요. 리나가 부드럽게 질문을 되풀이한다. 아주 나쁘게 끝났어요.

몇 명이 놀란 소리를 낸다. 캐시가 리나의 손을 자기 손으로 덮는다.

그게, 에이던이 소문을 들었대요. 리나가 말한다. 내가 하룻밤에 세 남자랑 잤다는 소문이었는데, 사실은 그놈들이 내 음료수에 약을 탄 뒤 차례대로 날 강간한 거였거든요. 그런데 나는 에이던한테 사실대로 말하려고 별로 애쓰지 않았어요. 솔직히 나도 몇 년 뒤에야 진실을 알았던 것도 있고요. 그러니까 우리 둘이 고집을 부렸다는 게 이유예요. 우리 사이의 감정이 워낙 강렬했기 때문에, 아무리 사소한 거라도 안 좋은 일이 생기면 감당하기 어려웠어요. 설사 그게 거짓이었다 해도. 힘에 부쳤죠. 우리 둘 다 어렸으니까. 둘 다 고집스러웠고요.

에이프릴이 말한다. 그런 일은⋯. 진짜 상처를 남기는데요.

상처는요, 개뿔. 리나가 말한다.

여자들은 이 거친 말에 놀라서 모두 조금 몸이 굳는다.

게다가 난 그 뒤로 두 번 다시 데이트 신청을 받지 못했어요. 리나가 말한다. 졸업 무도회에 가자는 사람도 없었고요. 데이트든 영화든 볼링이든 누구도 나한테 청하지 않았어요. 에이던이고 뭐고, 아무도 나랑 상관하지 않으려고 했어요.

리나는 다들 어렸을 때니까 이해한다면서, 그들도 지금은 아마 달라졌을 것이라고 말한다. 그렇게 많이 신경이 쓰이지는 않아요, 이제는. 그 일로 성병에 걸리지도 않았고 임신하지도 않았어요. 지금은 모두 어떻게든 어른이 됐죠. 다른 사람이 됐어요.

리나는 잠시 입을 다물었다가 다시 말한다.

솔직히 말하자면, 그 일이 나의 감정적인 고독을 만들어낸 일이라고 하겠어요. 나를 걸레로 불러도 된다고 스탬프를 찍어준 일이었으니까요. 난 아무 짓도 안 했는데. 뭐가 어떻게 된 건지 알지도 못했는데. 나는 알지도 못하고 기억도 거의 못하는 일이 내 빌어먹을 인생을 죄다 바꿔버릴 힘을 갖고 있었어요.

아유, 세상에, 아유, 어쩜. 캐시가 말한다. 양손을 쥐어짜고 있다.

괜찮아요. 리나가 말한다. 괜찮아요. 이제 그 사람을 다시 만나고 나니까 그런 일은 상관없다는 생각이 들어요. 기회가 생겼다 싶기도 하고요.

흠. 아까 어떻게 끝났느냐고 물은 사람이 말한다. 그 사람을 어떻게 다시 찾아낸 거예요?

사실 그 사람이 날 찾았어요. 페이스북에서.

에이프릴이 소리친다. 페이스북! 페이스북이 없었으면 나도 아들이 없었을 거예요!

에이프릴은 페이스북을 통해 고등학교 시절의 남자친구와 다시 연락이 닿았고, 하룻밤 만남으로 트리스탄을 임신했다. 재회는 그것으로 끝이었다.

진짜예요? 리나가 묻는다. 마치, 아직 내 얘기를 하는 중이라고요, 하고 말하는 것 같다.

그럼 그 사람은 어떻게 살고 있어요? 캐시가 말한다.

에이던은 결혼했고, 부인이 데려온 딸과 자기 딸이 한 명씩 있다. 사는 곳은 클로버랜드인데, 테르호트 외곽에 있는 곳이다. 그들은 벽돌로 지은 농가 주택에 살고 있다. 던컨스 마켓이라는 주유소에서 길을 따라가다 보면 나오는 그 집에 리나는 한 번도 들어가본 적이 없다. 길고 평탄한 대로변에서 조금 벗어난 집으로, 리나가 사는 집에 비해 5분의 1 크기다. 눈보라가 지나간 지 한참 되었는데도 차고 벽에는 여전히 삽 여러 개가 세워져 있다.

하지만 유부남이잖아요. 어떤 여자가 말한다. 당신도 남편이 있고요.

곧 별거할 거예요. 리나가 차분하게 말한다. 그리고 여자들의 얼굴을 한 명씩 모두 둘러보며 눈을 마주치고 턱에 힘을 준다.

그 사람이 유부남인 건 나도 알아요. 그녀가 말한다.

석 달이 되면 헤어지는 거야. 그녀는 속으로 말한다.

11년 동안 불행하게 살았다. 프렌치 키스도, 진짜 키스도 받아보지 못하고. 어떤 여자들은 사랑만큼, 또는 사랑보다 더 일을 원하지만, 리나는 펭귄처럼 온 마음을 다해 사랑하는 사람과 영원히 함께 있고 싶을 뿐이다.

리나는 아이 둘을 낳았는데도 고등학교 때와 별로 달라진 것이 없는 듯하다. 아이처럼 기운이 넘치고, 잘 웃는다. 과학자처럼 보이지만 우편물을 수송하는 일을 하는 에드와 결혼한 지 10년이 넘었다. 에드는 호리호리해도 큰 집을 관리하는 데 필요한 일들을 잘한다. 이 집은 농경 지대지만 큰 농장이 전혀 없는 인디애나 남쪽 소도시의 신개발 지구에 있다. 동네의 집 앞 잔디밭에는 고장 난 트랙터들이 있고, 하얗게 마른 옥수수나 마녀의 머리카락 같은 포도덩굴이 간간이 자라는 곳은 마치 습진 자국처럼 보인다.

에드가 우편물을 옆 도시로 수송할 때, 리나는 일곱 살인 델라와 두 살인 대니를 집에서 돌본다. 아침 일찍 눈을 뜨면 집 안이 어둡다. 인디애나에서 겨울 태양은 슈퍼마켓에서 파는 달걀노른자만큼 창백하다. 그녀는 집 안을 돌아다니며 세탁기를 정리하고, 식기세척기를 비운다. 델라를 깨워 학교에 보낸 뒤에는 대니를 놀이방에 놓아두고 청소를 시작한다. 밖에 볼일이 있을 때는 대니를 고동색 서버번의 카시트에 앉히고 25분 동안 달리면 가장 먼저 나오는 대도시 블루밍턴으로 들어간다. 대학이 여기에 있고, 섹스를 연구하는 킨제이 연구소도 여기에 있다. 하지만 이 연구소에서 리나를 살펴볼 이유는 없을 것이다. 리나 본인의 말이다. 그녀는 세계 최대 규모인 크로거스 슈퍼마켓에서 장을 보고, 월마트에서 전구를 산다. 지압 요법사를 찾아가 관절 통증 치료도 받는다. 대니는 다른 사람들 앞에서는 조용하고 예쁘게 굴지만, 엄마와 단 둘이 있을 때는 정신을 빼놓는다.

집으로 돌아온 리나는 아이에게 점심을 차려준다. 신혼집 가전제품처럼 보이는 크고 깨끗한 오븐에 공룡 치킨 너겟을 구워줄 때가 많다. 대니는 오븐 문에 얼굴을 바짝 대고, 너겟이 노란색에서 갈색으로 변해가는 모습을 지켜본다. 리나는 아이의 작은 몸 뒤에 무릎을 꿇고 앉아 순면 옷을 입힌 아이의 어깨를 양손으로 짚고 말한다. 봐라, 너겟이 익어가네!

너겟이 갈색으로 변하면, 리나는 사각형 플라스틱 통에서 마카로니 샐러드를 숟가락으로 퍼서 자신과 대니의 접시에 소복하게 담는다. 그녀가 조리대에서 음식을 준비하는 동안, 대니는 높은 의자에 앉아 있다. 그녀는 십 대 소녀처럼 조리대에 팔꿈치를 괴고 엉덩이를 높이 든 자세로 서 있다. 생김새만 보면 아르바이트로 아이를 돌봐주는 소녀 같지만, 아이를 바라보는 눈길은 어머니 같다.

델라가 태어난 뒤로 줄곧 이것이 그녀의 일상이다. 그리고 델라가 태어나기도 전부터 이 커다란 집은 그녀의 기지였다. 처음 결혼했을 때, 그녀보다 일곱 살 위인 에드가 부모의 도움과 우체국의 지원으로 이 집을 샀다. 리나는 집을 꾸미는 데 필요한 모든 물건을 직접 골랐다. 크래프츠맨 브랜드의 문과 초원 풍경이 있는 창문과 스테인드글라스 느낌의 천장 선풍기. 가정부를 쓴 적이 없기 때문에 리나가 항상 걸레와 창문 세정제를 들고 돌아다니며 얼룩을 지우고, 변기 가장자리에 흘러내린 밝은 노란색 오줌 자국을 닦아낸다.

집안일은 한없이 이어지고, 허망하게 느껴질 때가 많다. 화요일에는 부엌 바닥이 깨끗하지만 목요일에는 더럽다. 예전에는 요일을 정해 바닥 청소를 했으나, 요즘은 그냥 매일 청소를 하는 것 같다. 어떨 때는 하루에 두 번씩 하기도 한다. 그런데 그렇게 시간을 들여도 티가 나지 않는다.

물론 아이들을 보면 사명감이 생긴다. 그래도 집이 목적지 없는 편지처럼 느껴진다. 이 크고 텅 빈 집에서 리나는 가끔 자기 몸속에 깊은 구렁이 있다고 상상한다. 장기와 장기 사이의 어두운 공간. 자신이 생각도 특징도 없이 누구의 눈에도 띄지 않은 채 그 공간에 존재하는 것 같다.

그녀가 이런 기분을 느끼는 가장 큰 이유는 낭만적인 사랑의 부재다. 리나는 이곳에서 룸메이트와 함께 살고 있는 것 같다. 결혼 기간 중 대부분이 그렇게 흘러갔지만, 특히 몇 년 전부터 에드는 먼저 섹스를 요구한 적이 없다. 하기야 그 전에도 섹스를 요구할 때 별로 매력 없이 굴기는 했다. 손끝으로 그녀의 팔을 두드리며 이렇게 말할 뿐이었다. 할 생각 있어?

그녀는 인디애나 대학교 2학년 마지막 주에 언니의 집에서 열린 바비큐 파티에 갔다가 에드를 처음 만났다. 막 조깅을 하고 돌아온 그녀는 분홍색 스무디를 티셔츠에 쏟는 바람에 거실로 들어갔다. 거기서 에드가 친구 텍스와 함께 리나의 언니, 언니의 남자친구와 이야기를 하고 있었다. 리나는 텍스가 더 마음에 들었다. 그가 더 잘생기고 더 매력적이었다. 하지만 그는 그녀에게 별로 관심이 없었고, 에드가 주위를 맴돌았다.

그날 밤 늦게 파티가 끝난 뒤 리나와 에드는 거실 바닥에 누워 이야기를 나눴다. 다른 사람들은 모두 집 안이나 마당의 텐트에서 자고 있었다. 얼마 뒤 그녀는 잠든 척했다. 더 이상 그를 상대하고 싶지 않아서였다. 그가 그녀를 향해 몸을 기울이고 잘 자요, 라고 말하더니 이마에 입을 맞췄다. 그는 그녀에 대해 아무 것도 몰랐다. 다음 날 아침 그녀가 일어나 집으로 돌아가려고 차에 올랐더니 앞 유리창에 포스트잇이 붙어 있었다. 에드의 전화번호와 함께, 마음이 내키면 전화하라는 말이 적혀 있었다.

대학 시절 그녀는 딱 두 번 데이트 신청을 받았다. 두 번 다 그녀가 좋아하는 사람은 아니었다. 고등학교 때 그녀에게 무슨 일이 있었는지 아는 사람이 인디애나 대학에는 한 명도 없었지만, 아무래도 그녀에게서 무슨 악취 같은 것이 나는 모양이었다. 확실히 그녀 자신도 그 냄새를 맡을 수 있었다. 그날은 맑고 화창한 날이었다. 학기가 다 끝나서, 그녀는 지금 사는 집에서 친구의 집으로 옮겨 여름을 보낼 예정이었다. 그래서 마음이 한결 자유로웠는데, 데이트 약속도 생길 것 같아 기분이 좋았다. 그녀는 에드의 쪽지를 주머니에 넣고 집으로 차를 몰았다.

에드와의 관계는 화려한 나팔 소리 같은 것 없이 쉽게, 쉽게 진척되었다. 남자친구조차 거의 없던 리나는 어느새 남편이 있는 여자가 되었다.

그리고 아이들이 태어났다. 개들도 생겼다. 아니, 개를 먼저 키우게 되었는데 그 개들이 죽었다. 낡은 가구 대신 새 가구도 들여놓았다. 에드와의 관계에는 연애 소설 같은 면이 전혀 없었다. 그가 그녀를 침대에 열정적으로 밀어붙인 적도 없고, 디너파티에서 그녀에게 귓속말을 한 적도 없었다. 그에게는 그런 종류의 매력이 없었다.

리나는 아무리 애를 써도 에드와 진짜 키스를 한 기억이 나지 않았다. 개들이 침을 흘리는 것처럼 굶주린 듯이 타액이 오가는 키스. 그녀는 남자의 혀가 자신의 입속에 들어와 있을 때의 느낌도 좋아하고, 기계들이 서로 맞물릴 때처럼 입술과 입술이 맞닿아 서로 빨아대는 것도 좋아한다. 남자들이 여성 파트너를 평가하는 사이트에서 리나는 '진한 프렌치 키스'라는 항목이 따로 있는 것을 보았다. 약자로 DFK. 그것은 동화의 영역이었다. 그래서 리나는 그런 것을 원하는 사람이 자신만은 아니라는 사실을 알고 있다. 하지만 자신이 원하는 것은 키스뿐이라고, 남자의 입과 자신의 입이 맞닿은 채로 사랑을 나누고 싶다고 친구에게 말할 때마다 친구는 웃음을 터뜨리며 리나의 어머니 목소리를 흉내낸다. 아이고, 리나! 마치 키스야말로 어리석기 짝이 없는 짓이라는 듯이. 마치 환상에 빠진 어린애를 보듯이.

어쩌면 자신이 고등학교 때 그것을 충분히 경험해보지 못한 탓인지도 모른다는 생각이 든다. 정말로 충분하지 않았다. 리나는 온 밤 내내, 12시간 동안 키스를 하고 싶었다. 하지만 실제로는 여기저기서 고작 몇 분 동안 키스한 것이 전부였다. 다른 여자애들은 항상 사물함 옆에서 남자애들과 노닥거렸다. 같은 키의 남자애와 손을 잡고, 세상 무슨 일이 있어도 멈추지 않을 것처럼 서로를 더듬어댔다. 그들의 입술과 입술 사이에, 자신의 것이 아닌 그 입술들 사이에 리나의 심장이 있었다.

그녀가 눈을 감으면 그가 보인다. 그의 입술, 광포한 턱. 예전에는 식구들이 모두 잠들어 있을 때 방에서만, 또는 7분 동안 온전한 자유를 누릴 수 있는 샤워실에서만 이런 생각을 했다. 하지만 지금은 언뜻 정신을 차려보면 차 안에서도 그런 상상을 하고 있다. 대니가 뒷좌석에 잠들어 있거나, 그녀를 부르고 있는데도. 엄마, 엄마. 그러면 리나는 건성으로 왜, 라고 대답한다. 대니는 눈만 깜박일 뿐이다. 딱히 할 말이 있어서 엄마를 부른 것이 아니니까.

에드가 키스를 싫어하는 것이 리나에게는 결코 즐겁지 않다. 우연한 일 같지도 않다. 그가 정말로 키스를 하지 않으려 한다는 것이.

리나는 어느 운동장에서 친구에게 말했다. 있잖아, 네가 누군가한테 키스를 졸랐더니 그 사람이 억지로 해줬어. 너는 키스하는 내내 그 사람이 억지로 한다는 걸 느낄 수 있었고. 그런 기분 알지?

알지. 친구가 말했다. 그녀는 양손으로 머리를 쓸어넘기며 자기 아이에게 온 신경을 쏟고 있었다. 아이는 정글짐을 오르는 중이었다.

그러면 정말로 기가 죽어버리잖아. 리나가 말했다.

그럴지도 모르지. 친구가 말했다. 상담을 한 번 받아봐. 제삼자한테 털어놓는 게 정말로 효과가 있을 때가 있잖아.

리나는 웃음을 터뜨렸다. 그 방법은 이미 시도해보았기 때문에. 리나의 경우 그 방법은 상황을 오히려 악화시켰다. 그녀는 부부 상담사에게, 자신보다 겨우 몇 살 위인 그 상담사를 보며 저 여자가 가장 최근에 섹스를 한 게 언제일지 모르겠다는 생각을 떨치지 못한 채로, 하여튼 공평한 태도를 유지할 의무가 있는 그 여자에게 이렇게 말했다. 11년 동안 남편은 나한테 프렌치 키스를 한 적이 없어요. 내가 원하는 건 그것뿐인데.

상담사는 양손을 포갰다. 단정하게. 그리고 아이에게 하듯이 리나에게 싱긋 웃어 보이며 아주 천천히 말을 시작했다.

음, 그건 괜찮아요. 정상적인 일이에요.

잠깐만요. 리나가 말했다. 사랑하는 사람한테 별 것도 아닌 일을 안 해주는 게 정상이라고요? 종종 진한 키스를 안 해주는 게? 사랑하는 사람이 울면서 애원하는데도? 지금 장난해요?

있잖아요, 리나, 에드가 소파에 놓아둔 까끌까끌한 담요가 싫죠? 담요 때문에 몸이 가려워지니까 싫어하는 거잖아요. 에드는 그냥 당신과 키스하기가 싫은 거예요. 어떤 사람들은 남의 혀가 자기 입에 들어오는 느낌을 싫어하기도 해요. 그 느낌이 그들에게는 불쾌하거든요.

그 느낌이 그들에게는 불쾌하다. 리나는 자기 집 넓은 마당에 서서 넓은 하늘을 올려다보며 이 말을 되풀이한다. 그 느낌이 그들에게는 '불쾌'하다.

그 상담 이후 꼬박 일주일 동안 에드는 능글맞게 싱글거리며 집 안을 돌아다녔다. 어느 날 그녀는 그를 보며 이렇게 말했다. 우리가 상담 시간에 이야기한 거 전부 생각해봤어? 그가 말했다. 응. 내가 하기 싫은 일은 이제 할 필요 없어. 그래도 괜찮다고 상담사도 말했잖아.

가을에 리나는 블루밍턴에 마호가니로 꾸민 아름다운 병원을 갖고 있는 호르몬 전문의를 찾아갔다. 빨간 머리의 그 남자 의사가 미소를 지으면 시골 사람처럼 보였다. 리나가 그 의사를 찾아간 것은 섬유근육통 때문이었지만, 병원 직원이 검사 결과 그녀의 프로게스테론 수치가 낮다고 말해주어서 그녀는 보조제를 먹기 시작했다.

같은 병원에서 20대 중반의 개인 트레이너도 일하고 있는데, 그는 자기보다 스무 살쯤 많은 여자와 사귀는 중이다. 그는 리나의 영양 섭취에 대해, 약국에서 구할 수 있는 동종 요법 약인 검은색 알약에 대해 조언해주었다. 그 약이 뇌와 신체의 균형에 도움이 될 것이라고 했다.

몸무게가 16킬로그램 넘게 빠져서 예전에 입던 카코 바지의 허리가 헐렁해졌다. 살이 워낙 많이 빠진 덕분에 완전히 새로운 사람이 된 기분이었다. 트레이너에게서 전에도 이런 경우를 보았다는 말을 듣고 기대감이 더욱 높아졌다.

다들 살을 빼면 섹스를 엄청 많이 하게 될 거라고 생각한다. 트레이너는 이렇게 말했다. 맞아요. 성욕이 확 치솟죠. 하지만 기본적으로 이것과는 반대되는 일 또한 벌어진다. 거의 유행병 수준이다.

트레이너는 리나에게도 그 일이 닥쳐올 것 같다고 말했다. 특히 여자들의 경우가 그랬다. 기껏 살을 뺐는데 남편이 질투심을 드러내거나 당황하는 것. 여자는 남편에게서 힘들게 데이트 약속을 얻어낸 하룻밤을 위해 화려하게 차려입는다. 하지만 남자는 그녀에게 아름답다는 말을 깜박 잊고 해주지 않는다. 월요일에 그녀가 체육관에 나오자 남자 다섯 명이 대략 이렇게 말한다. 엄청 근사해 보여요! 아이고, 세상에. 어맨다. 운동을 열심히 하네요.

이 모든 과정을 거의 숫자로 정확히 표현할 수 있을 정도다. 살을 9킬로그램 빼면 일주일에 열 번 칭찬을 듣는다. 남편이 한 달 동안 해준 칭찬보다 아홉 번 많다. 다른 사람들에게서는 하이파이브를 받는 순간들이 오히려 남편과의 관계를 깨뜨린다. 트레이너는 자신이 체크리스트를 만들어서 아내가 남편과 헤어지기로 결심하는 날을 예언할 수도 있다고 말한다.

살을 빼고 다시 섹시해졌다는 기분이 들면서 리나는 전에 없이 섹스를 갈망하게 되었다. 그녀는 에드에 대한 분노를 그냥 흘려보내려고 애쓰면서 그의 허리띠 고리에 손을 올리고 그에게 웃어 보였다. 에드는 이렇게 말했다. 무슨 짓이야? 백주 대낮에. 당신은 할 일도 없어?

리나는 오래 전부터 자신이 억지로 보상을 추구해왔음을 깨달았다. 남편이 침대에서 자신을 무시하면 그녀는 아침에 남편에게 집 안의 어떤 부분을 가리키며 수리를 부탁했다. 옛날에 어머니가 아버지에게 하던 행동과 똑같았다. 그것은 충분히 사랑받지 못하는 사람이 보상을 받는 방법이었다.

운동장에서 리나는 친구에게 이런 이야기를 하지만 친구는 잘 이해하지 못한다. 에드가 그래도 집 안 여기저기를 직접 수리해주지는 않느냐는 것이다. 리나가 왜 남편과 섹스를 하고 싶어 하는지 친구는 혼란스러워한다. 리나의 문제가 무엇인지도 잘 모르겠다고 한다.

네가 잔소리꾼이 된 것 같아서 그래? 친구가 묻는다.

응. 하지만 그것만 있는 건 아니야. 내가 남편한테 이러이러한 것을 수리해달라고 말하는 이유를 깨닫고 나면, 잔소리꾼이 된 것 같다는 자기혐오가 좀 누그러지기는 하지. 하지만 곧 내가 더 불쌍해져. 그것도 힘들다고. 아니, 사실 더 힘들어.

아이고. 친구가 고개를 끄덕이며 말한다. 그녀는 리나와 점심까지 같이 먹을 시간은 없다고 말한다. 볼 일이 있다고. 리나는 언제나 볼 일을 다 끝내놓고 운동장에 나온다. 그래서 남은 시간이 모두 한가하다.

그녀는 아이를 뒷좌석에 태우고 혼자 그 자리를 떠난다. 하지만 3킬로미터도 채 가기 전에 욕구가 부글부글 솟아오른다. 여자이자 아이 엄마인 그녀는 남자가 자신의 몸 안으로 들어와 절정을 맞는 그 기분을 느끼고 싶다. 아직 소녀 같은 그녀는 담요 밑에서 남자의 키스를 받고 싶어 하고, 대학생인 그녀는 서투르게 페인트가 칠해진 지하실에서 열린 남학생회 파티에 참가해 지하실 기둥과 저칼로리 맥주통 사이에서 남자에게 젖가슴을 평가받고 싶어 한다.

그러던 어느 날 밤 에드가 과학자 같은 얼굴로 그녀에게 1백 번째

퇴짜를 놓자 그녀는 달력을 확인한다. 자신들의 마지막 섹스가 약한 달 반 전이었다. 40일 동안 아무 일도 없었다. 키스도, 서로의 몸이 닿는 일도. 사순절이 가까운 때였다면 그리스도처럼 조용히 희생을 하느라 그랬다는 희망을 품을 수도 있었을 것이다. 하지만 지금은 10월이었다. 그는 10월 내내, 그리고 9월에도 대부분의 기간동안 그녀에게 손을 대지 않았다. 그래도 집안일은 그럭저럭 굴러가고, 의사의 진료도 계속되었다. 모든 일이 계속 굴러갔다. 리나는 삶이 자신에게서 스르르 빠져나가는 것 같은 기분이 들었다. 자신의 몸이 덧없이 시들어가고, 심장은 도마 위에 놓인 스테이크처럼 얌전하기만 한 것 같았다. 그때 공황 발작이 시작되었다. 하루에 대략 두번씩 발작이 일어났다. 아침에 일어나자마자 한 번 발작이 일어나숨을 쉬지 못하고, 점심 때 오후를 또 살아내야 한다는 생각에 두 번째 발작이 일어났다. 그녀는 자신의 얼굴을 쥐어뜯기 시작했다. 불안해지면 욕실로 들어가 값비싼 세면대 위로 상체를 바싹 기울여거울 가까이 얼굴을 갖다댔다. 그리고 예쁜 얼굴의 부드러운 살갗에 달 표면의 충돌 구덩이 같은 자그마한 흔적들을 만들어놓았다.

그녀는 열쇠를 잘 잊어버린다. 오븐을 끄는 것도 잊는다. 자동차지붕에 커피 잔을 잠시 놓아둔 것도 잊는다. 식당에 들어가면 장갑을 벗어야 한다는 것도 잊는다. 자기가 주문을 했는지도 기억나지않는다. 약을 깜박한다. 글루텐을 먹으면 안 된다는 것도 잊는다.

여러 가지 나쁜 일들이 계속 겹치고 겹치는 것 같다. 호르몬 문제와 11년의 세월과 지나치게 잦은 부엌 청소와 밤마다 에드가 등을 돌리고 돌아눕는 것과 공황 발작과 큰 집에서 느끼는 외로움과 이

크고 외로운 집에서 다시 예뻐졌다는 기분. 매일 느끼는 절망의 몽타주다. 눈을 감으면 밤에 그가 등을 돌리고 돌아눕는 모습이 보인다. 등을 돌리고 또 돌리는 그를 보다가 그녀는 그의 뒷모습 전체를 증오하게 된다. 그의 몸 뒷부분이 차가운 동물이나 외계인처럼 보인다. 여기저기 뗏장이 사라진 잔디밭처럼 살이 없는 몸에 난 주근깨와 가끔 보이는 여드름. 그녀는 생각한다. 당신 등에 아주 크고 고약한 여드름이 있는데도 난 여전히 당신과 사랑을 나누고 싶어하는데 당신은 여전히 나를 거절해. 이게 사는 건가. 영혼이 있는 사람이라면 어떻게 11년 동안 이런 끔찍한 삶을 견딜 수 있을까. 날씬해진 그녀의 몸이 시계 안에서 똑딱거리는 긴 시계추가 된다. 그래서 어느 날 그녀는 이렇게 말한다. 석 달이 되면 그걸로 끝이야. 헤어질 거야.

석 달이 왔다가 지나갔다. 처음에는 시간이 천천히 흐르더니 점점 빨라졌다. 리나는 평생 착한 가톨릭 신자였으므로, 간통은 몹시 이기적인 사람들이나 저지르는 일인 줄 알았다. 그녀에게는 두 아이가 무엇보다도 중요했다. 부모가 모두 있는 가정에서 아이를 키워야 한다는 것이 그녀의 생각이었지만, 그것이 행복을 보장해주지는 못한다는 점 역시 알고 있었다. 예를 들어 그녀의 어린 시절이 그랬다. 그녀의 아버지와 어머니는 끝내 이혼하지 않았지만, 아버지는 언제나 어항 속의 물고기 같았다. 매일 눈으로 볼 수는 있지만 그녀가 만질 수도 없고 이해할 수도 없는 존재. 어머니는 항상 화가 난 얼굴로 집 안을 돌아다니며 세정제로 사방을 쓸고 닦았다.

그래도 결손 가정은 아니었다. 온전한 가정이었다. 리나는 자신의 자녀들도 같은 환경에서 자랄 수 있을 것이라고 기대했다.

하지만 석 달이 흐른 뒤에도 에드가 자신에게 손을 대지 않으면 그와 헤어지겠다고 그녀는 자신과 약속했다. 이제 와 그 약속을 깰 수는 없었다.

결행 날짜를 정하기 전에 그녀는 인디애나폴리스에서 열린 친구의 처녀파티에 초대받는다. 친구를 위해 신난 표정을 짓는 것은 어렵지 않다. 모두들 반짝이는 모습으로 결혼을 향해 걸어 들어간다. 리나는 친구의 푸르른 희망을 시기하지 않는다. 혹시 자신이 그동안 페이스북으로 '그'와 대화를 나누고 있기 때문에 이런 생각이 드는 건지 궁금하다.

에이던.

뭔가 선을 넘는 짓을 한 적은 없다. 그냥 가끔 가볍게 서로 작업을 거는 정도다. 아니, 작업이라고 부를 수도 없다. 그냥 어떻게 살고 있는지 서로 사실대로 이야기할 뿐이다. 애들은 몇 명이며 지금 몇 살인지. 사는 곳은 어디인지. 에이던은 지금도 어렸을 때 살던 곳 근처에서 살고 있다. 강에서 멀지 않고 인디° 쪽으로 조금 더 다가간 곳이다.

친구의 처녀파티가 열린 밤에 리나는 오랜만에 처음으로 옷차림

° 인디애나폴리스의 별명.

과 화장에 공을 들인다. 그리고 에드에게 거기서 술을 마실 생각이니 아마 자고 오게 될 거라고 말한다.

그녀는 에이던 앞으로 된 문자에 자신이 그의 동네로 향할 예정이라고 쓴다. 거기에 호텔 방을 잡아두었다는 말도 한다. 하지만 이것을 보낼 생각은 없다. 그냥 휴대폰 화면에서 이 문자가 어떻게 보이는지 보고 싶었을 뿐이다. 이런 터무니없는 내용이.

그런데 그녀의 마음속에서 뭔가가 움직인다. 친정 부모님이 아이들을 봐주는 동안 에드는 리모컨을 손에 쥐고 집에 있을 것이라고 생각하니….

그래서 그녀는 문자를 보낸다. 머리가 어지러운 것 같다. 그녀는 차에 오른다.

몇 분 뒤 그의 이름이 휴대폰 화면에 뜨자 심장이 그대로 멈출 것 같다. 하지만 그런 느낌조차 근사하다. 새로운 경험이다.

안녕, 꼬맹이. 그야 만나면 좋지. 할 일이 좀 있기는 한데…. 그래도 어떻게 해볼게.

그 순간 리나에게서 모든 통증이 사라진다. 섬유근육통 때문에 약을 먹는데도 전혀 소용이 없고, 자신의 삶이 덧없이 흘러간다는 생각에 불안감이 슬금슬금 고개를 들 때면 뼈까지 다 아파오곤 한다. 리나의 부모 같은 사람들은 전부 헛소리라고 말한다. 어딜 다치거나 병에 걸렸을 때의 통증이 더 힘들다는 것이다. 그들은 리나가 실제로 몸이 아파서 통증을 느끼는 것이 아니라, 어디까지나 심리적인 문제라고 생각한다.

그녀는 P. F. 챙스에서 열린 처녀파티가 저녁 만찬에 이르렀을 때 그곳에 도착한다. 그 자리에 모인 여자들은 양상추로 싸먹는 닭고기 요리를 주문해놓았다. 술은 달콤한 백포도주다. 그들이 리나에게 예·의를 갖춰 인사하고, 예비 신부는 그녀를 끌어안는다. 그리고 그들은 새로 생긴 슈퍼마켓과 「더 배츨러」°에 대한 이야기로 돌아간다.

식사를 마친 뒤 그들은 술집으로 가서 음경 모양의 모자를 쓰고, 카디건을 벗는다. 어깨가 한쪽만 있는 셔츠가 드러난다. 그들은 크게 웃으며 독한 술을 주문하고, 리나는 그들과 함께 웃는다. 하지만 그녀는 속으로 딴 세상에 빠져서 혼자 빙긋 웃고 있다. 이따가 비밀 손님이 자신의 방으로 찾아오면 어떤 일이 벌어질지 상상하는 중이다. 이렇게 오랜 세월이 흐른 뒤에 그녀가 그의 아름다운 얼굴을 만질 수 있게 된다면 그 다음에는 어떻게 될까.

문을 두드리는 소리가 들린다. 그녀는 영화 속 등장인물이 된 기분이다.

그녀는 텔레비전을 켜놓고 그 노크 소리를 기다리며, 무심한 척 텔레비전을 보려고 애썼다. 산들바람처럼 가벼운 기분이 되려고, 뺨을 우아하게 붉히고 눈은 총명하게 반짝이려고 노력했다. 하지만 노크 소리가 들리자마자 준비한 것이 모두 허사가 된다. 에이던이 노크하는 순간 그녀가 준비해온 모든 게임에서 그녀는 진다. 그녀 자신의 불그레한 심장 때문에.

그녀는 문을 연다. 15년여 만에 처음 보는 그가 있다. 페이스북에

° 미국의 리얼리티쇼.

서 아내와 함께 커다란 파란색 결혼 기념일 케이크를 자르며 아이들을 안고 있는 그의 모습을 본 것을 제외한다면.

지금은 그가 직접 문 앞에 서 있다. 에이던이.

몸집이 예전보다 커졌다. 전에는 복근이 있던 곳에 상당히 살이 붙었지만, 그녀의 눈에는 예전과 똑같이 멋지기만 하다.

에드는 리나보다도 키가 작지만, 에이던은 훨씬 덩치가 크다. 정말 건장한 남자다. 그는 후드 티셔츠와 작업복 바지 차림이며, 머리는 아주 짧다. 계부의 장례식에 참석한 뒤 술집에 잠깐 들렀다 오는 길이라 조금 불콰한 상태다. 맥주를 여러 캔씩 마시기 때문에 그가 숨을 쉴 때마다 항상 그 냄새가 난다. 하지만 리나는 그 냄새에서 순수한 열정을 떠올리게 되었다. 지난 세월 동안 미켈롭 라이트 맥주 냄새를 맡을 때마다, 캔에 든 그 맥주의 톡 쏘는 듯한 냄새를 맡을 때마다 리나는 다리 사이가 찌릿찌릿해졌다.

안녕, 꼬맹이. 그가 말한다.

응.

두 사람은 침대에 앉는다. 그는 말이 많지 않다. 옛날에도 그랬다. 그녀는 사소한 것들을 물어보며 그를 빤히 바라본다. 그의 아름다운 얼굴에 고개를 절레절레 젓는다. 그가 지금 자신과 같은 방에 있다는 사실을 믿을 수 없다는 듯이.

첫 키스에 도달하는 데 몇 년이 걸린다. 어쩌면 겨우 몇 분일 수도 있지만 리나에게는 몇 년 같다. 그녀는 그의 턱을 부드럽게 잡고 그의 얼굴을 끌어당긴다. 알싸한 그의 숨결을 들이마신다. 처음에는 자신이 없는 듯 느릿하고 부드러웠으나, 곧 폭발적으로 변한다.

절벽 위에서 툭 떨어진 것 같다. 두 사람의 입술과 입술 사이에 전부 담아둘 수 없는 어떤 것을 향해서.

그녀는 나중에 토론 그룹에 나가 이렇게 말할 것이다. 그 사람이랑 프렌치 키스를 하다보니, 마치 그가 내 몸 안에 들어와 커다란 스위치를 건드린 것 같았어요. 나는 불이란 불이 모두 켜져서 그냥 흥분했지요. 그녀는 그의 단단한 혀의 무게감을 다시 떠올리면서 몸을 부르르 떨 것이다.

에이던과의 첫 키스와 지금 에이던과 나누는 이 키스 사이에 리나의 일생이 있다. 그동안 그녀는 결혼해서 아이 둘을 낳았고, 키우던 골든레트리버의 죽음을 한 번 이상 보았으며, 마늘 4천 개를 깠다. 그러나 그동안 내내 이 두 번의 키스 사이에서 잠들어 있는 미녀처럼 살았다.

그녀는 토론 그룹에서 이렇게 말할 것이다. 그 사람의 프렌치 키스는 전 세계 최고의 키스예요. 그녀가 이 말을 몇 번이나 반복할 테니 토론 그룹의 다른 여자들은 그녀의 말을 그대로 믿는 수밖에 없을 것이다.

그녀가 좋아하는 영화 중에 「프린세스 브라이드」가 있다. 이 영화에서 피터 포크는 시대를 통틀어 가장 진실한 사랑의 키스 셋에 관한 이야기를 들려준다. 리나에게는 에이던과 처음으로 나누는 이 어른의 키스와 그 뒤에 이어질 모든 키스야말로 현실 속의 '프린세스 브라이드' 이야기다. 토론 그룹의 다른 여자들이 진실한 사랑에 대한 그녀의 생각을 놓고 이러쿵저러쿵 말할지도 모르지만, 리나의 머리와 마음속에서 중요한 것은 그녀 자신이 생각하는 진실뿐이다.

그녀는 자신을 보호하기 위해, 자신에게는 키스가 세상 무엇보다, 집안일을 도와주는 손길이나 돈보다도 더 중요하다고 말할 것이다. 그녀는 에드가 키스를 해주지 않기 때문에 그를 미워한다. 그런데 지금 에이던은 그녀를 자기 입 속으로 깊숙이 빨아들이려는 것처럼 굴고 있다.

그날 밤 리나는 생리 중이다. 자궁내막증을 앓고 있어서 탐폰 대신 패드를 사용한다. 탐폰이 증상을 악화시키기 때문이다. 아이를 낳은 경험이 있고 성적인 자아실현의 순간에 도달한 리나는 생리에 대해 거리낌 없이 말한다. 화장실에서 일어나는 다른 일에 대해서도 마찬가지다. 이렇게 경계를 내리는 것이 멋진 일이라서가 아니다. 리나의 솔직함은 유기적이다. 그녀는 우툴두툴하고 보기 싫은 부분들을 아름다운 부분처럼 이야기한다.

그래서 에이던에게 자신이 생리 중임을 알린다.

처음에 그는 그녀의 말을 못 들은 척 그녀의 셔츠와 브래지어를 벗긴다. 그녀가 그의 바지 허리띠를 풀자 그는 스르르 흘러내리는 바지를 내버려둔다. 그녀는 그를 벽 쪽으로 밀어보지만, 그는 나무줄기 같아서 꿈쩍도 하지 않는다. 이 때문에 그녀는 무척 흥분한다. 남편이라면 그녀가 계단통에서 저 위로 던져 올릴 수도 있다. 그녀는 에이던 앞에 무릎을 꿇고 앉아서 자신은 정말 운이 좋다고, 진짜 행복하다고 생각한다. 이렇게 생생히 드러난 욕구를 받아주는 사람이 있다니. 이 생생한 남자가 지금 이 순간에는 자기 것이라니.

몇 분 뒤 그가 그녀를 침대에 눕힌다. 그리고 그녀의 몸 위로 올라와 얼굴을 가까이 대고 이렇게 말한다. 그러니까, 기저귀를 찼다고?

그녀는 토론 그룹에서 이 이야기를 들려주며 웃음을 터뜨린다. 그러게 촌사람이라니까요.

리나는 어렸을 때 경험한 친정 가족들의 분위기에서 벗어났지만, 태어난 곳의 분위기에 그대로 고정되기가 얼마나 쉬운지 잘 알고 있다. 그녀의 고향인 샌피에르는 미국에서 인종 차별이 가장 심한 곳 중 하나라고 그녀는 말한다. 에이던이 한 말 중에도 그녀가 변명해야 하는 것이 많다. 하지만 그녀는 기저귀라는 말을 듣고도 흥분이 식지 않는다. 그렇다고 그 말에 흥분한 것도 아니다. 그냥 받아들일 뿐이다.

웅. 그녀는 숨을 몰아쉬며 말한다. 누군가를 사랑한다면 그의 모든 것을 받아들일 수 있어야 한다. 그녀는 주위를 둘러보며, 미처 기대하지 않았던 이날 밤의 모든 것을 눈에 담으려고 한다. 여기는 고속도로변의 힐턴가든인에 있는 큰 방이다. 저 아래 길가에는 서브웨이 체인점 하나가 외로이 서서 어둠 속에서 노랗게 빛나고 있다.

널 내 안에서 느끼고 싶어. 그녀가 말한다.

어.

내가 가서 수건 가져올까? 가서 가져올게.

그녀는 수건을 가지고 돌아와 불을 끈다. 그동안 얼굴을 많이 쥐어뜯었다. 불안하고 우울해서. 젖꼭지 주위에 안으로 파고든 털이 자라는 것도 걱정스럽다. 그녀가 어둠 속에서 수건을 깔고 눕자 그가 그녀의 위로 올라온다. 몸을 짓누르는 그의 무게가 근사하다. 그녀는 술에 취한 그가 정신을 차리지 않았으면 좋겠다고 생각한다. 정신을 차리더라도 그녀의 얼굴에 난 흉터와 젖꼭지 주위의 염증을 보고 질색하지 않으면 좋을 텐데. 하지만 그는 피를 흘리는 그녀와 사랑을 나누기 직전이다. 그래서 그녀에게 진짜 남자처럼 느껴진다. 옛날부터 알던 사실이긴 하지만. 그녀와 에드는 11년의 결혼 생활 동안 생리 중 그것을 한 적이 아마 열한 번쯤 된다. 에이던과 함께 있는 지금은 생리가 위험 요소가 아니라 그냥 삶의 일부이며 이 저녁의 일부이다. 그는 그녀의 몸 위에서 그녀에게 프렌치 키스를 하고 있으며, 그의 음경이 안으로 들어오기 직전이다. 그때 그녀가 말한다. 잠깐. 그녀는 한 손을 그의 가슴에 댄다.

잠깐만 기다려. 내가 다른 남자랑 자는 게 오랜만이란 말이야. 11년 반이니까.

그가 알겠다고 중얼거린다.

그녀는 그의 엉덩이를 움켜쥐고 그의 그것이 자신에게 살짝 닿을 만큼 그의 몸을 가까이 끌어당긴 뒤 이렇게 말한다. 혹시 좀 좁을지도 몰라. 미안해.

목이 졸린 것 같은 목소리로 한 말이다. 그가 그 엄청난 무게로 그녀에게서 숨을 앗아가고 있다. 자신이 그녀를 얼마나 찍어누르고 있는지 그는 모르는 듯하다. 그녀는 이렇게 죽어도 상관없겠다 싶다. 그녀는 그와 자신의 몸 사이로 손을 뻗어 그의 음경을 잡는다. 마치 루비 같다. 그녀는 그것을 자신의 그곳에 문질러 안으로 들어가기 쉽게 주위를 적신다. 그러고는 그를 깊이 끌어당긴다. 그러자마자 그의 속도가 느려진다. 아주 빠르게 움직일 줄 알았는데. 이 느릿한 리듬이 몹시 즐겁다. 한참 동안 이 리듬이 지속되자 그녀의 자의식이 사라진다. 완전히 사라진 것은 아니고, 사실상 처음으로 섹스를 즐길 수 있을 정도다. 믿을 수 없을 정도로 기분이 좋다. 점점 무아지경에 빠지는 와중에도 자신의 영혼이 살살이 깨어나 하느님을 향해 미소 짓는 것을 느낄 수 있다니. 생전 처음으로 살아 있어서 다행이라는 생각이 든다.

그녀는 그가 자신의 몸 안에서 절정을 맞기를 원한다. 그러면 훨씬 더 친밀한 느낌이 들 것 같다. 그를 아주 오랜만에 처음 만난 날이 아닌가. 그래서 이런 식으로 그와 다시 이어지고 싶다. 그의 그것으로 흠뻑 젖고 싶다. 그녀는 그에게 이런 생각을 말한다.

그는 몸을 빼내서 그녀의 배에 사정한다.

하지만 사정이 끝난 뒤에도 그는 그녀를 안은 채 천천히 진하게 키스한다.

그녀는 기분 좋게 보호받는 느낌이다.

섬유근육통 때문에 평소에는 온몸이 욱신거리지만, 이날 밤 이 호텔 방에서 그녀는 행복에 싸여 통증을 느끼지 못한다. 통증이 전혀 없다는 사실을 믿을 수가 없다. 혹시 내가 죽었나?

섬유근육통과 자궁내막증 외에 다낭성난소증후군과 관절 질환도 앓고 있을 가능성이 있다는 말을 리나는 의사에게서 들었다. 의사들은 이 각각의 질환에 대해 약을 잔뜩 처방해주며, 절대 탐폰을 쓰면 안 된다고 말한다. 하지만 즐거운 일을 찾아서 하라고 한다. 만약 그 방법도 효과가 없으면 항경련제를 먹어야 한다. 리나의 여러 질병들을 치료하는 방법으로는 요가나 뜨개질처럼 공격적이지 않은 방법과 리리카처럼 상당히 강한 처방약을 먹는 방법이 있다. 리리카는 발진, 체중 증가, 자살 충동, 특정한 암 등을 유발할 수 있다.

164

호르몬 전문의는 자신의 견해를 리나에게 말해주었다. 리나, 여자들이 남을 위해 무엇을 해줄 수 있는지를 기준으로 가치를 평가받는 곳에서 어린 시절을 보냈지요? 자신을 위해 적극적으로 살아간다면 통증이 덜할 겁니다. 그는 그녀와 눈 높이를 맞추기 위해 의자에 앉아 말을 잇는다. 리나, 이게 엄밀한 의학적 조언은 아닐 수도 있지만, 내 환자들 중에 오르가슴을 제대로 경험한 뒤 섬유근육통이 사라진 사람이 많아요.

델라와 놀아주기로 약속한 날, 가을의 야외에서 리나는 아픈 팔과 다리를 주무르며 서 있을 것이다. 아니면 대니를 차에 태우고 카시트의 쬠쇠를 잠그다가 갑자기 엄청난 통증이 엄습할 것이다. 이런 일이 벌어지면 그녀는 의자든 땅바닥이든 아이를 내려놓고 숨을 고르며 통증을 견뎌야 한다.

어렸을 때부터 리나는 감정에 대해 말하면 안 된다고 배웠다. 부모는 '그래, 리나, 잘한다'는 종류의 말을 아주 잘 구사했다. 됐어, 리나. 극복해야지, 리나. 그만하면 잘하는 거야, 리나. 나중에 아이를 낳고 엄마가 된 뒤에는 조금 존중받을 수 있었다. 그녀는 매일 하루에 열 시간씩 집에서 아이들을 돌봤다. 그래서 엄마에게 조금 도와줄 수 있겠느냐고 물었다. 리나가 다시 나가서 운동 강사 일을 할 수 있게 엄마가 애들을 봐주면 어떨까. 그녀는 이런 말을 할 때 과외 수입을 강조해야 했다. 무슨 일을 하든 돈이 이유라면 괜찮으니까. 식탁에 고기를 올릴 돈이 필요하다는 식으로. 하지만 자신의 머리와 영혼을 위해 밖으로 나가겠다고 하는 것은 이기적인 일이고, 이 동네 사람들과는 상관없는 신세대의 일이었다. 어쨌든 그렇게 해서 친정 엄마가 아이들을 봐주러 오게 되었지만 항상 3분씩 지각했다. 리나는 엄마가 의도적으로 그런다는 것을 알고 있었다. 엄마 때문에 리나도 항상 수업에 3분씩 지각했다. 당황스러웠다.

몸이 아프기 시작하자 그녀는 이것이 과거의 상심에서 온 통증이라고 믿는다. 11년 동안 외롭게 살았기 때문에, 강간당했기 때문에, 평생 외로웠기 때문에 몸이 아픈 것이라고. 세상에는 섹스나 프렌치 키스를 원하지 않는 남편과 사는 여자들이 분명히 존재한다. 그들이라면 그녀를 이해해줄 것이다. 하지만 많은 사람들은 그냥 입 닥치고 아이들과 좋은 집에 사는 것을 행복하게 생각하라고 말할 것이다. 집에는 심지어 폭풍을 대비한 발전기까지 갖춰져 있지 않느냐면서.

이날 밤 호텔에서 리나는 통증이 없어 황홀할 지경이다. 나중에 토론 그룹에서 그녀는 잃을 것이 하나도 없는 사람에게서 볼 수 있는 단호한 태도로 이렇게 말할 것이다. 그 사람과 같이 있을 때는 전혀 안 아파요. 기분이 근사해요. 그러니까 내가 에이던을 만난다고 비난하려면 하세요. 여러분 모두 그래도 돼요. 하지만 난 고통을 없애는 방법을 찾았어요. 여러분이 그 고통을 직접 느껴보기 전에는 날 함부로 비난하면 안 돼요. 여자들이 서로의 삶을 함부로 비난하면 안 돼요. 상대의 시련을 직접 겪어본 게 아니라면.

에이던은 그녀가 욕실에서 가져온 수건으로 그녀의 배에 묻은 정액을 닦아내고 일어서서 그녀의 청바지를 입으려 하다가 이렇게 말한다. 세상에, 이 바지가 거의 나한테 맞잖아! 그가 목을 울리며 웃자 그녀는 침을 삼킨다. 심장이 어찌나 빨리 뛰는지 어디로 달아나려는 것 같다. 리나는 속으로 생각한다. 안 돼, 제발 가지 마.

그는 샤워도 하지 않고 자기 바지를 찾아 입기 시작한다. 그녀의 피와 그의 정액으로 그의 사타구니가 끈적거린다.

저기, 있잖아. 그녀가 말한다. 집에 가기 전에 씻고 싶지 않아?

하지만 에이던은 그럴 필요 없다고 말한다. 며칠 전부터 개들과 함께 자고 있다고. 리나는 그가 거실이나 지하실에서 쓰러지듯이 잠든다는 뜻으로 추측한다. 그의 몸에 묻은 다른 여자의 피 냄새를 그의 아내가 맡는 일은 없을 것이다. 개들만이 그 냄새를 맡을 것이다.

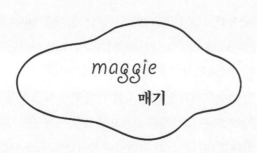

maggie
매기

매기는 덜덜 떨며 노델의 토론 수업 교실로 들어간다. 방학이 끝난 뒤 학기 첫날인 이날 매기는 이 수업만 제외하고 모든 수업에 들어가지 못했다. 전날 밤에 사촌이 갑작스레 세상을 떠났다는 사실을 아침 일찍 알게 되었기 때문이다. 충격으로 마음을 가눌 수 없었으나 이 수업만은 빼먹을 수 없었다. 그를 보지 않고는 견딜 수 없었다. 그를 보아야만 마음이 좀 가라앉을 것 같았다. 매기는 죽은 사촌이 옛날에 입던 노란색 축구 유니폼 셔츠와 미네소타 대학 마크가 찍힌 고동색 운동복 바지를 입었다. 그 학교에 정말로 가고 싶기 때문이다.

매기가 노델을 만나는 것은 몇 주 만인데, 그동안 두 사람 사이의 모든 것이 바뀌었다. 매기는 혹시 모두 자신의 상상이 아닌가 싶다. 하지만 자신의 휴대폰 안에 기록이 있다. 매기는 노델이 자신을 어떻게 대할지, 거리를 두고 냉담하게 대할지 걱정스럽다. 그런 생각을 하니 벌써 마음이 아프다. 매기는 자기 자리를 찾아 앉은 다음 그를 본다. 완벽하다.

그녀를 바라보는 그의 시선이 절대적으로 완벽하다.

그는 불꽃을 인정하면서도 이 상황을 평범한 것처럼 만들어버릴 줄 안다. 정확히 어떤 방법인지는 콕 집어 말하기 힘들지만 어쨌든 그는 그렇게 한다. 매기는 그런 그에게 사로잡힌다. 다른 학생을 대할 때와 똑같이 그녀에게 웃어 보이는 그의 얼굴. 하지만 다른 학생을 대할 때와 달리 고개를 한쪽으로 살짝 기울인 모습은 이렇게 말하는 듯하다. 드디어 만났구나.

그가 DVD를 플레이어에 넣는다. 지난 해에 매기가 그에게 추천한 영화 「그레이트 디베이터스」다.

매기는 화면에 잘 집중하지 못한다. 내내 자신을 지켜보는 그의 시선이 느껴진다. 눈이 마주치면 그가 씩 웃는다. 그는 지극히 편안하다. 최고의 남자라는 생각이 든다. 신묘할 정도로 양식 있고, 건전한 욕망을 갖고 있으며, 잡화점에서 파는 향수를 쓰면서도 영화배우처럼 걷는 남자. 그는 책상에 엉덩이를 기대고 다리 양편을 손으로 짚은 자세로 그녀를 지켜본다. 젊은 남자 교사들이 자주 취하는 자세다. 아, 젠장. 매기는 생각한다. 어둠 속에서 나를 바라보며 생각을 나누려고 오늘 영화를 튼 거야?

그의 눈이 그녀의 몸을 훑고, 그녀의 머리카락과 쇄골에 감탄하는 것이 느껴진다. 아직은 어린 여학생의 몸이지만 그래도 그녀의 몸이다. 영화가 돌아가는 동안 내내 매기의 얼굴은 뚜껑을 열어둔 오븐 속에 들어가 있는 것처럼 뜨끈뜨끈하다. 그녀도 빙긋 미소를 짓는다. 곤혹스러우면서도 집요한 미소다. 마치 그녀의 귀가 양쪽에서 입꼬리를 잡아당기고 있는 것 같다. 매기는 몇 번 미소를 지우기 위해 입을 꾹 다물고는 눈을 깜박거린다.

기분 좋은 순간이 가장 먼저 찾아온 때는 일요일이다. 앞으로도 이런 순간이 많이 찾아올 것이다. 시간이 흐른 뒤 매기는 이 날을 첫 데이트로 생각하게 된다.

매기는 멜라니의 집에 있다. 사랑에 푹 빠졌다는 얘기는 한마디도 하지 않는다. 이렇게 입을 다무는 것이 십 대 소녀에게는 사실상 견딜 수 없는 일이다. 또한 그 때문에 두 사람의 우정이 모두 거짓으로 변한다. 흠뻑 빠진 사랑의 그림자가 얼마나 크고, 그 앞에서 다른 모든 것이 얼마나 작아지는가. 그래서 매기는 파티와 수업과 옷과 텔레비전에 대해 멜라니와 수다를 떨면서도 자신이 거짓투성이라는 생각을 한다.

매기는 아침에 부모와 함께 성당에 가지 못했기 때문에 저녁에 혼자서라도 성당에 가야 했다. 그래서 미사를 위해 멜라니의 집을 나서려는데 휴대폰이 울린다. 그다.

지금 뭐해?

매기는 사랑의 정점에 있으면서도 동시에 그의 입장, 위치, 일정에 대해 잘 모르기 때문에 이 질문에 솔직히 대답할 수 없다. 그랜드 캐니언만큼 커다란 여지가 있는 답을 해야 한다.

멜라니 집에 그냥 있어요.

그는 『괴짜 경제학』을 사러 가야 한다면서, 반즈앤노블 서점에서 만나겠느냐고 묻는다. 사람들 눈에 이상해 보이지 않게 우연히 만나는 것처럼 만나기에 아주 좋은 장소다.

마치 그가 버뮤다에 가서 느긋하게 주말을 보내고 오자고 초대하는 것 같다. 소금기 섞인 바닷물 냄새와 선탠 오일의 냄새가 나는 듯하다.

매기는 42번가의 주차장으로 차를 몰고 들어가 작고 아름다운 손으로 립글로스를 덧바른다. 어딘가에는 그녀가 지금 성당에 가 있는 평행 우주가 있을 것이다. 친구와 부모님 모두 그녀가 성당에 있는 줄 안다. 하면 안 되는 일을 하고 있다고 생각하니 매기는 중요한 인물이 된 것 같다. 이건 파티에 가려고 집을 몰래 빠져나오는 것이나 쿠어스 냄새가 나는 남자친구와 야한 장난을 치는 것과는 다른 일이다. 비밀요원이 된 것 같은 기분이다.

매기는 서점 안으로 들어간다. 가장 잘 나가는 아동 도서를 전시해둔 매대 앞에 서 있는데 몸이 떨린다. 매기는 글자에 정신을 집중하려고 애쓴다.

그가 뒤에서 다가오자 그녀는 화들짝 놀란다. 학교가 아닌 곳에서 그와 만나는 것이 처음이다. 기분이 이상하다. 그는 어른 남자이고, 돈도 있다.

학교에서 수업을 할 때보다 더 근사한 모습이다. 향수도 평소보다 더 뿌린 것 같다. 그가 환상적인 미소를 지어 보인 뒤, 지나가는 서점 직원에게 『괴짜 경제학』이 어디 있느냐고 묻는다. 매기는 두 사람을 뒤따라간다. 자신이 아이인 동시에 여자가 되어야 한다는 것을 알기 때문에, 이 두 가지 역할을 모두 만족스럽게 해내는 데 모든 기운을 쏟는다. 이 만남의 끝이 어떻게 될지 벌써 걱정스럽다. 그는 책을 구한 뒤 그녀와 함께 밖으로 나갈 것이다. 그 다음에는 지루함만 남아 다시는 그녀와 어울릴 생각을 하지 않을 것이다.

그는 책을 찾아 뒤표지를 읽어본다. 그런 행동이 부럽다. 사랑에 푹 빠져서 무조건 감탄사를 발하는 감정 이외에 다른 정보를 머리에 저장할 수 있다는 사실은 그가 이미, 그리고 앞으로도 영원히 두 사람의 관계에서 알파 역할이라는 뜻이다. 그녀가 작은 손으로 아무리 그를 유혹해도 그의 머리에는 독서를 하고 자식들을 키우고 대형 창고형 할인점에서 직원들과 대화를 주고받을 수 있는 공간이 항상 남아 있다. 그녀는 그것이 바로 힘이라는 결론을 내린다.

그가 책값을 지불하려고 계산대에 줄을 서자 매기는 딸처럼 가까운 자리에 선다. 계산대 근처에는 미끼 상품들이 잔뜩 진열되어 있다. 초콜릿, 잡지, 가벼운 책과 미니북. 매기는 모든 것에 대해 그와 이야기를 나누고 싶다. 그가 보는 것만 보고 싶다. 그가 보지 않는 것은 존재하지 않는다.

계산대 직원이 카드를 기계에 긁는 순간, 매기는 자신의 심장이 고기 슬라이서에 들어간 것 같은 기분이 든다. 오늘 그에게 재미있는 사람이 되지 못했다! 똑똑하게 굴지도 못했다! 새끼 사슴처럼 조용히 그의 뒤를 따라 진열대 사이를 돌아다니기만 했다. 심지어 옷도 가장 좋은 것으로 차려입고 나오지 못했다. 그가 다시는 이렇게 만나고 싶어 하지 않을 것이다!

그가 책이 담긴 봉투를 들고 매기는 그의 뒤를 따라간다. 덥고 사람이 없는 로비에서 그가 드라이브를 하겠느냐고 그녀에게 묻는다. 강렬한 사랑의 감정이 그녀의 혈관 속에서 쉭쉭거린다. 이 마약 같은 감정을 계속 유지할 수만 있다면 로또 당첨이나 유명 연예인이 되는 것도 포기할 수 있을 것 같다.

두 사람은 그의 자동차가 있는 곳으로 걸어간다. 암청색 크로스오버인데, 사실은 그의 아내 차다. 그는 매기를 위해 자동차 문을 열어주지 않는다. 어차피 그녀에게는 익숙하지 않은 일이다. 마테오가 문을 열어주기는 했지만, 어쩌면 노델이 그러지 않기 때문에 그녀의 심장이 더 두근거리는 건지도 모른다. 그가 문을 열어주지 않기 때문에, 그에게 못된 자식 같은 면이 조금 있기 때문에, 그가 한 발을 빼는 듯하면서 덜 너그러운 태도를 보이기 때문에. 그가 차를 출발시킨다. 매기는 그의 운전 솜씨가 좋다는 것을 알아차린다. 그에게는 훌륭하지 않은 부분이 없는 것 같다. 그녀는 차 안의 향기를 들이마시며, 자신이 향수를 뿌리지 않아 다행이라고 생각한다. 그녀는 분홍색 병에 든 럭키 향수를 쓰다가 바로 올해부터 그만두었다. 그 냄새가 유치한 것 같아서였다. 그의 아내가 낌새를 눈치 챌 만한 흔적을 남겨서 그를 두렵게 만들고 싶지 않다.

차 안에서 그는 평소보다 우쭐거린다. 매기는 교사일 때의 그가 훨씬 더 친절하다는 결론을 내린다. 물론 그가 완전히 부드럽기만 한 적은 없었다. 가장 따뜻할 때조차 그의 다정함은 캐슈넛처럼 창백하다. 하지만 지금은 아예 서늘하게 무장을 한 것 같다. 차에 올라타는 순간 이 급격한 변화에 시동이 걸렸다. 그렇지 않아도 반은 여자고 반은 아이인 것 같은 기분이던 매기는 이제 아장아장 걷는 아기가 된 것 같다. 이야기하는 동안 그는 음악을 틀지 않는다. 파고의 도로가 어디 외국의 활주로처럼 앞에 펼쳐져 있다. 매기는 불행을 또렷이 예감한다. 이렇게 넋을 잃기 직전일 때 그 대상을 잃어버릴까봐 걱정하는 것은 정상이다. 그녀가 마테오에게 느꼈던 감정과는 완전히 다르다. 노델의 경우에는 그동안 차츰 쌓이던 감정이다. 혹시 1학년 때부터 이런 감정이 쌓이고 있었던 걸까? 어쨌든 이렇게 쌓인 역사가 있기 때문에 이 감정이 훨씬 더 중요하다. 노델이라는 사람의 특징도 여기에 한 몫을 한다. 그는 최고다. 그와 함께 있으면 그녀의 가치도 덩달아 오르는 것 같다. 매기는 실제로 돈이 쌓이는 상상을 한다. 하지만 그와 동시에 자신이 그에게 어울리지 않는 사람이라는 생각도 든다.

새로 생긴 유기농 슈퍼마켓 앞을 지날 때 그가 말로 그녀를 한 방 먹인다. 이렇게 서로 말장난을 주고받는 것은 두 사람 사이에 항상 있는 일이다. 매기는 손을 뻗어 그의 손을 잡는다. 선생님, 못됐어요! 라고 말하듯이. 하지만 그가 불에 덴 사람처럼 손을 홱 거둔다. 차가운 태도가 아니다. 그보다는 그녀 때문에 엄청 겁을 먹은 것 같다. 이렇게 당황스러워서 얼굴이 화끈거리는 상황을 진정시키려면 시간과 거리를 두는 방법밖에 없다. 문제는 매기가 이 차에서 내리고 싶지 않다는 것이다.

두 사람은 30분 정도 드라이브를 한다. 차가 그녀의 동네에 가까워지자 그녀는 그 사실을 알린다. 그가 말한다. 아, 네가 어디 사는지 한 번 보고 싶은걸. 그는 매기가 알려주는 방향을 따라 차를 몬다. 그녀는 자신이 주도권을 쥔 것 같은 이 드문 상황의 평화로움을 즐긴다. 거의 도착했을 때 그가 말한다. 아냐, 안 되겠다. 네가 어디 사는지 내가 알면 안 되겠어. 차를 몰고 이 근처로 와서 네가 잘 있는지 한 번 확인해보고 싶다는 충동이 생길지도 모르니까.

매기는 몸에서 힘이 빠진다. 아니 실제로 몸이 그렇게 된 것이 아니라, 마음이 무너진 것인지도 모른다. 그의 손을 잡을 수만 있다면 그녀는 바퀴벌레를 먹으라고 해도 먹을 것이다. 거리를 두는 그의 태도가 마음을 홀리면서도 또한 끔찍하다. 그는 성공적으로 자신을 억제하고 있다. 매기는 사랑하는 사람의 자제력이 상대방에게는 무척 잔인할 수 있음을 날카롭게 느낀다.

그녀의 인생을 통틀어 최고의 순간이 곧 이어 찾아온다. 그가 조용한 거리에 천천히 차를 세운다. 불이 하나도 켜지지 않은 어느 집 앞이다. 그는 자기 아내의 차를 거기에 세운 뒤 그냥 그녀를 지그시 바라본다. 10초쯤. 어쩌면 그보다 더 짧았을 수도 있다. 그 몇 초 동안 그녀가 자신에 대해 가졌던 모든 나쁜 생각들이 지워지고, 슈퍼모델이 된 것 같은 기분이 든다.

하지만 그뿐이다. 그는 그냥 바라보기만 한다. 그리고 곧 차를 다시 출발시킨다. 그가 반즈앤노블 서점 입구 앞에서 방향 신호를 켜자 매기는 울고 싶어진다. 그들의 첫 번째 데이트 시간은 자동차의 시험 운전 시간 정도였다. 그가 그녀에게 차를 어디에 세워두었느냐고 묻는다. 그녀가 위치를 말해주자 그는 근처에 차를 세운다. 지나치게 가까운 거리는 아니다. 매기는 차에서 내릴 순간을 기다리며 똑바로 앞만 바라본다. 그가 키스하기를 바라고 있다. 원하는 것은 그것뿐이다. 지금만큼 뭘 원한 적이 있었는지 기억도 나지 않는다. 그는 세상을 잘 아는 사람이다. 그녀의 아버지가 할 수 있는 일이라면 그도 얼마든지 할 수 있다. 아버지와 다른 점이라면 술을 마시지 않는다는 것, 그리고 하는 말이 모두 진심이며 항상 약속을 지킨다는 것뿐이다. 그가 없으면 그녀는 어찌할 바를 모를 것이다. 파고의 버펄로 와일드윙즈에서 평생 일하게 될 것이다. 버지니아슬림 담배를 피울 것이고, 집의 부엌은 형편없는 몰골일 것이다. 제발요, 하느님. 그녀는 속으로 간청한다. 제발, 제발, 선생님이 제게 키스하게 해주세요!

그가 그녀를 똑바로 바라보며 말한다. 난 너한테 키스하지 않을 거야. 네가 그걸 기다리는 건지는 모르겠다만.

그가 능글맞게 웃는다. 그런 것 같다. 하지만 그는 진지하다. 그녀는 어색하게 웃는다. 무슨 피부병 환자라도 된 것 같다. 그녀는 그의 아내의 차에서 내려 자신의 차로 걸어가면서 뒤돌아보지 않는다.

집에 돌아오니 부모가 성당에 대해 묻는다. 매기는 저녁을 거의 먹지 않는다. 그와 있었던 일 외에 다른 것은 전혀 생각나지 않는다. 그녀는 모든 순간을 순서대로 샅샅이 되짚어보며 자신이 어디에서 일을 망쳤는지 고민한다. 그날 저녁 늦게 휴대폰이 울렸을 때, 그녀는 고마운 마음을 이루 말할 수 없다. 그의 연락을 받아야만 잠들 수 있을 것 같으니까.

내리기 전에 내가 차 안을 확인했다. 네가 두고 간 것이 있는지 확실히 하려고. 그는 문자에 이렇게 썼다.

적어도 한 달 동안 그는 그녀에게 키스하지 않을 것이다. 그의 입술이 달 같은 존재가 된다. 언제나 그녀가 눈으로 볼 수는 있지만, 빛과 그림자로 이루어진 미지의 존재일 뿐이다. 그녀는 그 입술에 키스할 수 있는 그의 아내를 생각한다. 아직은 그것이 거슬리지 않는다. 그녀는 마리에 대해 여러 가지를 알고 있다. 마리는 가석방 담당관으로, 엄격한 분위기의 갈색 머리 여성이다. 아마 그녀는 아이의 점심 도시락을 깜빡 잊은 적이 한 번도 없을 것이다. 아론이 드러내놓고 말하지는 않지만, 모든 유부남에게서 풍기는 분위기가 있다. 집에 있는 아내, 세련되지 않은 마리 같은 아내는 개인적인 꿈이나 희망이 없을 것이라고 생각하는 분위기. 그 아내들은 착하지만 보잘 것 없는 사람이며, 뛰어난 음악적 취향을 지닌 이 멋진 남자들을 결혼 생활과 자녀 양육에 끌어들였다. 그런데 이제 이 남자들이 목에 햇볕을 좀 쬘 수 있는 기회가 생겼다. 매기는 태양이고 아론은 달이며 마리는 토성이다. 항상 집에서 궤도를 돌며 지켜보는 사람. 가장 중요한 것은 그가 이제 그녀를 사랑하지 않는다는 사실이다. 그는 그녀도 그를 사랑하지 않는 것 같다고 생각한다. 몇 년 전 그녀의 이메일 화면이 열려 있는 것을 본 적이 있는데, 그녀는 직장 동료와 부적절한 수다를 떨고 있었다. 그래도 아론은 개의치 않았다. 마리가 알아서 할 일이니까. 하지만 마리는 경계를 늦추지 않는다. 매기는 마리 같은 여자들이 그렇다는 것을 알고 있다. 그들은 맞벌이 부부가 함께 두 아이를 키우는 환경과 코스트코의 플래티넘 회원권 등 자신의 일상을 지키려고 한다.

어쨌든 그가 이 관계를 육체적인 단계로 끌고 가지 않으려는 것은 마리 때문이라기보다 자식들 때문이다. 매기의 나이도 문제다.

하지만 누가 매기에게 물어보면 그녀는 자기들이 공식적으로 사귀는 사이라고 말할 것이다. 서로에게 감정을 느낀다고 말한 그 밤부터 사귀는 사이가 됐다고. 만나서 그냥 이야기만 나누는 사이라 해도, 그들은 공식적으로 사귀는 사이라고 할 것이다. 이건 마치 전 애인이 새로운 사람과 '이야기'를 나누는 사이라고 말하는 것과 같다. 이 말은 그가 그 새로운 사람과 아직 자지 않았다는 뜻임을 여자는 알고 있다. 하지만 현명한 여자라면 이야기의 의미가 더 깊다는 것을 알 것이다. '이야기를 나눈다'는 말은 앞으로 둘이 사귀게 될 것이라는 뜻이다. 그녀는 그의 부모를 만나게 될 것이고, 크리스마스 이브에는 그들에게 스카프를 선물할 것이다.

매기와 아론은 항상 이야기를 나눈다. 하루 종일 문자가 오간다. 마리와 아이들이 잠자리에 든 늦은 저녁에는 직접 통화를 한다. 그들은 친구처럼, 연인처럼 서로의 일상에 대해 이야기한다. 어젯밤에 텔레비전에서 무슨 프로그램을 봤는지. 어느 수업에서 누가 무슨 말을 했는지. 자기처럼 상대도 비행기를 타면 불안해지는지.

물론 정해진 선은 있다. 아론은 현재 아이 둘의 아빠다. 매기는 아이들을 상대한 경험이 아주 많다. 조카들에게 워낙 인기가 좋기 때문이다. 하지만 매기는 마리와 아이들이 접근 불가 구역임을 안다. 교사다운 그의 깨끗한 자동차가 깔끔하고 밝은 집의 차고 안으로 들어간 뒤에 일어나는 일들은 기본적으로 그녀에게 접근 금지 구역이다.

반면 웨스트파고 고등학교는 그들에게 놀이동산과 같다. 그의 교실은 마스터블래스터 에픽 플런지 워터슬라이드고, 발표실은 베어 너클 화이트워터 야호다. 육체적인 일은 전혀 일어나지 않지만, 친밀한 대화와 비밀스러운 시선이 둘만의 이야기를 만들어간다. 그녀 주변의 다른 사람들은 모두 그 때문에 보잘것없는 존재가 된다. 새미는 매기의 절친한 친구지만, 이런 호칭이 정말로 의미를 지니려면 매기가 그녀에게 모든 이야기를 털어놓아야 한다. 하지만 매기는 이제 그럴 수 없다. 그녀는 말할 수 없는 일이 있다는 사실을 배운다. 예를 들어, 선생님과 사귀는 사이라는 이야기 같은 것.

아이들은 규칙을 좋아한다. 아론도 매기에게 몇 가지 규칙을 정해준다. 그 중에 가장 중요한 것은 그녀가 먼저 문자를 보내면 안 된다는 것이다. 어떤 상황에서도 그녀가 먼저 움직이면 안 된다. 두 사람의 관계를 유지하려면 이 규칙을 반드시 지켜야 한다.

매기는 이 관계를 지키기 위해 할 수 있는 모든 일을 하고 싶다. 이것이 자신에게 달린 일이라는 생각이 든다. 그녀는 그를 유혹하지 않으려고 애쓴다. 그가 못되게 굴고 있다는 사실이나 매기 자신이 미성년자라는 사실도 일깨우지 않으려고 한다. 재미있고, 상냥하고, 행복한 사람처럼 구는 것이 그녀가 할 일이다. 하지만 동시에 부모의 알코올 중독 때문에 고민하는 역할도 해야 한다. 그래야 그가 그날그날 상황에 따라 문자로든 목소리로든 그녀의 구세주 역할을 할 수 있다.

매기가 직면한 가장 큰 문제, 부모의 음주보다 더 큰 문제는 아론이 그녀를 계속 롤러코스터캐니언 부메랑 블래스터에 태우고 있다는 점이다. 가끔 그는 겁을 먹고 이렇게 대화를 나누면 안 된다고 말한다. 하지만 몇 시간도 안 돼서 생각을 바꾼다. 어찌나 다행스러운지. 매기는 정확히 무엇 때문에 이런 생각이 드는지 알지 못한다. 자신의 마음속 깊은 곳에 눈으로는 볼 수 없는 요정 같은 다정함이 있는 것 같다.

아론의 롤러코스터는 그녀가 콜로라도에 있을 때 그가 한 행동의 연장선상에 있다. 그는 그녀를 밀어냈다가 다시 끌어당긴다. 그녀를 안아 올렸다가 지옥으로 떨어뜨린다. 그녀는 공이 된 것 같은 기분이다. 계속 이리저리 튀느라 영영 숨을 고를 수 없을 것 같다. 매일 날이 밝을 때마다 어떤 하루가 펼쳐질지 알 수 없다. 하지만 동시에 이런 감정이 정상임을 알고 있다. 그것은 이렇게 금지된 사랑의 특징이다. 그녀는 『트와일라잇』의 뱀파이어를 떠올린다. 이것은 그녀가 가장 좋아하는 소설이다. 그는 그녀를 사랑하고 싶어 하거나, 죽이고 싶어 한다. 둘 중 어떤 본능이 우세해질지 그녀는 매 순간 확신하지 못한다.

1월이 깊어졌을 때 그녀를 놀라게 한 아주 미세한 변화가 일어난다. 처음에는 거의 알아차리지 못한다. 아론과 사귀기 시작한 뒤 처음 몇 주 동안 지루하고 유치해 보이던 친구들이 다시 신나게 사는 것처럼 보인다. 파티와 모임과 술, 그리고 페이스북에 올라온 셀카와 댓글과 자기들만 아는 농담. 집착이 살짝 느슨해지는 것은 슬픈 일이다. 열정을 위해 죽음도 불사하는 마음이 자신에게는 없다는 깨달음과 비슷하다.

실제로 변화가 일어나는 순간이 온다. 그녀는 그가 자신에게 아주 열중하는 것처럼 보였던 수업을 마치고 막 교실을 나섰다. 그의 시선은 그녀를 꿰뚫어버릴 듯했고, 그의 셔츠는 그녀 주위의 사람들은 알지 못하는 백화점의 물건 같았다. 다른 학생들은 그날 많이 웃었지만 매기는 제자리를 벗어나 뒤집힌 것 같은 기분이었다. 마치 교환 학생으로 그 자리에 앉아 있는 것 같았다.

그녀는 밖으로 걸어 나가다가 학교 정문 앞에 선다. 학생들이 여러 명씩 짝을 지어 웃으며 지나간다. 세상에 아무 걱정이 없는 듯 찬란한 모습이다. 매기는 자신이 세상에서 가장 은밀한 삶을 살고 있는 것 같다고 생각한다. 어쩌면 저 학생들의 집에서 근친상간 비슷한 일이 벌어지고 있는지도 모른다. 어금니가 썩어가는 삼촌이 조카를 손으로 슬금슬금 더듬는 일 같은 것. 일부러 개를 죽인 사람이 집에 있을 수도 있다. 하지만 매기는 자신의 비밀이 얼마나 중대한 것인지, 자신의 가톨릭 신앙이나 친구들의 신앙과 얼마나 어긋나는지 잘 알고 있다. 친구들이 이 비밀을 안다면, 쓰레기통에 버려진 망가진 인형을 보듯 그녀를 바라볼 것이다. 모두가 좋아하는 선생님과 그녀가 섹스만 없을 뿐 다른 면에서는 제대로 '사귀는' 사이인 것을 그들은 멋지다고 생각해주지 않을 것이다. 친구들이 어떤 표정으로 어떤 말을 할지 매기는 알고 있다. 하지만 그녀가 가장 잘 아는 것은 친구들이 그녀의 등 뒤에서 쑥덕거릴 말이다. 하와이에 다녀온 뒤 경험했으니까.

매기는 그 자리에 서서 자신이 그를 진심으로 사랑하는지, 아니면 순전히 그가 자신을 원하기 때문에 그 반응으로 감정을 갖게 된 건지 생각해본다. 그에게 화가 난 것은 아니다. 오히려 반대다. 자신이 그를 생각하는 마음보다 그가 자신을 생각하는 마음이 크다는 생각이 문득 들면서 그녀는 겁에 질린다. 그가 안쓰럽다. 그 감정에 보답해야 한다는 압박감에 숨이 막힐 것 같다. 그리고 이 압박감 때문에 그를 좋아하는 마음이 줄어든다. 이 과정이 계속 되풀이된다.

그녀가 마지막으로 내린 결론은 시간을 거슬러 돌아갈 수 없다는 것이다. 다른 학교에 다니는 남자애라면 볼링장에서 만나 이렇게 말하기가 쉬울 것이다. 우리 너무 빠른 것 같지 않아? 좀 천천히 가자. 그러고는 그 애가 문자를 보내면 몇 시간쯤 시간을 끌다가 답장을 보낼 것이다. 그러다 어느 날 아예 답장을 하지 않게 되는 것이다. 하지만 아론에게는 그럴 수 없다. 그가 선생님이기도 하고, 지금은 이미 늦었다.

매기의 부모는 고등학교 때 처음 만났다. 엄마 알린이 2학년 때 어느 파티에 갔다가 연기 자욱한 파티장 맞은편에 날카로운 눈빛의 잘생긴 남자애가 있는 것을 보았다. 그도 그녀를 똑바로 바라보았다. 하지만 엄마는 수줍음이 많았고, 같은 반 남자애와 데이트를 하는 사이였다. 매기의 아빠 마크는 그녀보다 한 살 위라서, 그녀는 내내 자신이 어리다는 사실을 의식했다.

엄마는 3학년으로 올라가기 전 늦여름에 열린 언니의 결혼식에서 아빠를 다시 만났다. 가드너 호텔에서 열린 결혼 피로연에 초대도 받지 않은 마크가 친구 몇 명과 함께 나타난 것이다. 그는 춤을 좋아하는 편이 아니니, 알린을 만나러 왔음이 분명했다. 아빠는 엄마의 팔을 붙잡고 밖으로 나갔다. 기분 좋은 9월 저녁이었고, 알린은 긴 드레스 차림이었다. 마크는 공중전화 부스 안에서 알린에게 키스했다. 키스가 끝난 순간 그녀는 지금 데이트 중인 남자애가 그

182

냥 친구일 뿐이라는 사실을 깨달았다. 이런 감정이 무엇인지 그녀
는 알고 있었다. 욕망. 알린의 남자친구와 마크는 근처 공원에서 만
나 알린을 놓고 담판을 짓기로 했지만, 알린은 누구와 데이트할지
결정하는 것은 자신의 몫이라고 말했다. 그녀의 마음은 이미 정해
져 있었다.

알린과 마크가 결합한 지 40년이었다. 대마초, 술, 우울증 등 상당
히 문제가 많았지만, 형편이 좋아서 마크의 마음이 편할 때는 그도
그녀에게 시선을 주며 그녀의 말을 들어주었다. 그녀에게 세상 최
고의 여자가 된 것 같은 기분을 안겨주었다. 그는 알린에게 이런 말
을 하곤 했다. 린, 당신은 이 세상 최고의 여자야. 마크가 이렇게 관
심을 보일 때는 태양 같았다. 일이 생각대로 풀리지 않을 때에도 그
는 가장 기운이 나는 포옹을 해주었다. 알린이 직장에서 힘든 하루
를 보냈을 때, 마크는 손을 내밀며 이렇게 말했다. 이리 와. 그녀가
녹듯이 그 손에 몸을 맡기면 지옥이 사라졌다.

매기는 자신과 아론의 사랑이 부모의 사랑 이야기에 미치지 못한
다는 생각이 들었다. 이 이상한 관계에는 아무런 진전이 없었다. 아
론은 그녀에게 키스하려 하지 않았고, 그녀는 친구들에게 비밀을
털어놓을 수 없었다. 그래서 뭔가 아주 갑갑한 일의 반쪽이 된 것 같
았다.

하지만 세상은 언제 반전을 주어야 하는지 잘 알고 있다. 혼자 맥
주를 마시며 솜씨를 다듬는, 게으르지만 경험 많은 각본가 같다.

그날 밤 아론의 문자가 날아온다. 널 점점 사랑하게 되는 것 같아.
점점 흐려져가던 그녀의 집착을 이것이 인공호흡으로 살려내서

새로운 생기를 불어넣는다. 갑자기 그녀의 감정이 처음처럼 새로워진다. 그녀는 문자로 더 자세한 이야기를 하지 못하게 그를 제지하고 이렇게 말한다. 직접 만나서 제 마음을 말하고 싶어요.

마침 운이 좋다. 마리가 다른 지방에 갈 예정이니까. 아론은 매기에게 시간을 많이 주지 않는다. 마리가 토요일에 집을 나설 것이라고 그가 매기에게 말해준 날이 목요일이다. 이틀 동안 매기는 무엇에도 집중하지 못한다.

그날 그는 그녀에게 몇 시간 뒤에 오라고 문자를 보낸다. 자기 아들들이 잠자리에 든 뒤에 오라고. 매기는 자기 방에서 옷을 차려입는다. 청바지와 루엘에서 나온 파란색의 가벼운 후드 티셔츠. 그녀가 나중에 진술서에서도 이 브랜드를 언급한 것을 보면, 이 옷을 자랑스러워했음을 알 수 있다. 이 후드 티셔츠는 테사가 그녀에게 빌려준 것이다. 파고 인근에서는 루엘의 옷을 구할 수가 없었기 때문에 테사는 도시에서 이 옷을 사왔다. 옷을 선택해서 차려입으면서 매기는 너무나 떨리는 나머지 약속을 취소할 뻔한다. 가진 옷이 많지 않기 때문에 옷을 고르는 데에도 시간이 오래 걸리지 않는다. 티셔츠를 입은 자신의 모습이 마음에 든다. 그 은은한 색상이.

노델의 집 진입로에 도착하고 나니 기분이 묘하다. 그가 매일 저녁 이 집으로 돌아가는 모습을 그녀는 줄곧 상상했다. 그리고 여기 이 지점을 넘어선 다음의 그는 그녀가 알 수 없는 대상이었다. 예상했던 대로 깔끔하고 튼튼한 집처럼 보인다. 하지만 그의 집이라는 점에서 남다른 곳이기도 하다.

차에서 내려 노크를 하기 전에…. 그런데 노크를 해야 하나? 자기가 밖에 와 있다고 문자로 알려야 할까? 하지만 선생님이 나더러 먼저 문자를 보내면 안 된다고 했는데…. 어쨌든 그녀는 주위를 먼저 둘러보며, 떨리는 와중에도 최대한 풍경을 눈에 담는다. 길가에 서 있는 그녀의 차가 부담스럽게 보인다. 이 집 주인의 초대를 받고 온 건데도. 결국 그녀는 그에게 전화를 걸어 자신이 도착했음을 알린다. 그러자 차고 문이 열리면서 불이 환하게 켜진다. 그의 가정생활을 이렇게 일부나마 가까이에서 보는 것이 우주의 법칙을 거스르는 범죄 같다.

그가 그녀에게 차고 안으로 들어오라고 전화로 말한다. 그녀는 덜덜 떨면서 지시대로 한다. 차고 벽에 차가 부딪히거나 자신이 뭔가 일을 망칠까봐 걱정스럽다.

갑자기 그가 문을 연다. 늦은 밤에 선생님이 자기 집 차고 문 앞에 서 있다. 파란색 스팸어랏° 티셔츠와 청바지 차림이다. 그녀가 보기에 멋진 옷차림은 아니다. 자신이 무엇을 기대했는지 알 수 없다. 학교에 있을 때처럼 양복바지와 와이셔츠 차림을 바란 것은 아니었지만 이건 좀 이상하다. 깔끔해 보이지 않는다. 그는 약이나 술에 취한 상태가 아니므로, 늘어진 티셔츠가 어색한 고통에 시달리는 것 같다. 그도 매기 자신처럼 옷을 고르느라 장시간 고민한 건지 궁금하다. 그녀는 차에서 내린다.

왔구나. 그가 말한다. 떨리는 기색이 없다.

매기는 입을 열기도 힘든 지경이다. 자신이 지금 느끼는 감정이

° 아서 왕의 전설을 패러디한 뮤지컬 코미디.

185

무엇인지 모르겠다. 기쁨은 아니다. 추락하고 있는 것 같다.

그가 앞장서서 공사가 끝난 지하로 그녀를 데려간다. 여가를 즐기는 공간과 침실이 있다. 그는 두 아이가 위층에서 자고 있다면서 집을 구경하고 싶으냐고 그녀에게 묻는다.

위층에는 다른 여자의 제모 크림과 확대 거울이 있을 것이다.

매기는 이렇게 말한다. 아뇨, 괜찮아요.

지하는 엄청나게 춥다. 그는 영화를 같이 보자고 제안한다. 매기는 그보다 이야기를 하고 싶다. 지금 이 순간을 실감하려면 시간이 좀 필요할 것 같다. 여기에 깔린 카펫은 그의 카펫, 이 가족의 카펫이다. 그의 아이들이 여기서 놀면서 부모와 함께 「아이스 에이지」를 볼 것이다. 하지만 그보다는 추위가 먼저라서 매기는 담요를 하나 줄 수 있느냐고 묻는다.

그가 벽장에서 하나를 꺼내준다. 모든 것이 깔끔하게 정리되어 있다. 매기는 자기 집보다 잘사는 친구 집에 와 있는 것 같은 기분이 든다.

그녀가 소파에 앉자 그가 옆에 나란히 앉는다. 벌써 영화를 골라 두었다. 「댄 인 러브」다. 아론은 이 영화를 보면 매기가 생각난다고 말한다. 자신이 그녀에게 느끼는 감정, 그녀와 함께 있고 싶어 하는 마음이 생각난다는 것이다. 매기는 그가 이 영화를 아내와 함께 보았을지, 두 사람이 이 영화를 놓고 의견을 나눴을지, 아니면 함께 웃으며 로키로드 아이스크림을 먹었을지 궁금하다. 영화의 주인공은 신문에 상담 칼럼을 쓰는 댄이라는 남자다. 아내와 사별한 그는 마리라는 낯선 여자에게 홀딱 반하지만, 나중에 가족 모임에 갔다가 그녀가 동생과 사귀는 사이임을 알게 된다. 두 사람은 금지된 사랑에 빠진다. 매기는 주인공의 이름이 마리라는 게 이상하다는 생각이 든다. 하지만 아론은 개의치 않는 것 같다.

영화가 시작하고 30분쯤 지났을 때, 아론이 매기의 손을 잡고 말한다. 네가 말한 것처럼 나한테 키스해봐.

전에 불쑥 자신감이 치솟았을 때 그녀가 자기 입술로 그의 얼굴 전체를 기억하고 싶다는 문자를 보낸 적이 있다. 그가 거기에 제대로 답장을 보내지 않았기 때문에 그걸 마음에 담아두고 있을 줄은 몰랐다. 그때 그는 그냥 화제를 돌려버렸다. 그래서 그녀는 그가 놀란 모양이라고 생각하고 말았다. 그런데 지금 저녁 식사의 여운이 남은 입냄새를 풍기며 그녀에게 몸을 기울이는 그에게는 놀란 기색이 전혀 보이지 않는다.

마침내 선생님의 입술이! 그녀는 이 현실을 믿을 수 없다. 심장이 벌렁거리고 손이 떨린다. 선생님의 입술! 그리고 순식간에 그녀의 혀가 그의 입 안에 있다.

마테오를 제외하면, 매기가 지금까지 키스한 대상은 또래 남자애들뿐이다. 그녀는 그들의 깡마른 어깨를 붙잡고, 윈스턴 담배 냄새가 풍기는 숨결을 맛보았다. 고등학교 남자애들은 키스할 때 성급하게 군다. 바지를 벗을 순간만 기다리는 것 같다.

이 남자와의 키스는 산만하다. 매기는 홈디포에 500번쯤 다녀온 것 같다. 또한 그의 욕망에서 그의 진면목이 느껴진다. 그의 혀가 소리 없이 선언하는 듯하다. '봤지? 난 홈디포에 다녀왔다. 거기서 마당의 통로에 딱 맞는 포장재를 골랐다고. 식탁의 칠을 다 벗겨내고,

살짝 더 어두운 색깔을 입혔어.'

사랑해요. 그녀가 말한다.

그가 미소를 지으며 말한다. 나도 사랑해.

그날 밤 내내 두 사람은 서로의 눈을 강렬하게 바라보면서 이 말을 몇 번이나 반복한다.

처음 몇 번 키스할 때는 혀를 아주 조금만 움직이지만, 세 번째로 사랑한다는 말이 오간 뒤에는 그의 혀가 지나치게 밀고 들어온다. 징그럽지는 않다. 그녀의 분홍색 입천장을 혀로 훑는 그는 그녀를 아무리 맛보아도 부족한 사람 같다.

그러다 그가 그녀의 몸 위로 올라온다. 두 사람이 있는 곳은 조립식 소파다. 그가 앞뒤로 오락가락하며 밀어올리는 동작을 시작한다. 나중에 진술서에서 그녀는 그가 자신의 골반을 그녀의 골반에 치댔다고 말한다. 옷을 입은 채로 그 행동을 흉내 냈다는 뜻이다. 그녀도 그것을 좋아한다. 불안하거나 겁을 먹을 필요 없이 쾌감을 느낄 수 있다. 그래서 몇 시간 동안 계속 이렇게 하고 싶다.

매기는 알몸으로 성기를 삽입하는 일이 일상인 결혼 생활을 한동안 하던 남자들이 고등학교 때처럼 돌아가고 싶어 하는 것이 이상한 일은 아니라고 생각한다. 남학생들은 포르노 배우처럼 옷을 벗고 쿵쿵 거세게 섹스하는 것을 갈망한다.

얼마 뒤 아론은 지하의 침실로 가자고 제안한다. 그리고 침실에서 스팸어랏 티셔츠를 벗고, 그녀의 청바지와 속옷을 따로따로 아래로 내린다.

그녀는 그의 바지 허리띠를 풀려고 하지만 그가 말한다. 안 돼.

그녀가 무슨 잘못을 저지른 것 같다. 그가 부드럽게 말한다. 난 네가 열여덟 살이 될 때까지 기다리고 싶어.

그가 섹스를 말하는 건지 아니면 그녀에게 자기 성기를 보여줄 때를 말하는 건지 불분명하다.

그녀는 빙긋 웃는다. 그녀의 손이 그의 청바지에 달린 황금색 단추 근처에서 어른거린다. 그가 으르렁거린다. 남자가 정말로 그런 소리를 내는 광경은 처음 보았다.

아아, 네가 날 유혹하고 있어. 그가 말한다. 그러니 내가 이럴 수밖에 없잖아.

그가 손가락 두 개를 그녀의 몸속으로 넣는다. 키스를 계속하면서 그는 다른 건 다 상관없다는 듯이 군다.

그가 그녀의 몸을 타고 아래로 내려가 그녀의 다리 사이에 입술을 붙인다.

그녀가 처음으로 크게 소리 내어 그의 이름을 부른다. 그동안 내내 그녀가 피하던 일이다. 친구들의 부모님을 이름으로 부르지 않으려고 애쓰다 보니 아예 한 번도 그들에게 직접 말을 걸지 않게 되는 것과 비슷하다. 지난 몇 달 동안 아론에게도 그런 식으로 행동했다.

아, 아론! 그녀가 말한다. 위층에 아이들이 있다는 걸 알기 때문에 신음 소리를 너무 크게 내지는 않는다.

그가 그녀를 오르가슴으로 이끈다. 그는 그녀에게 이렇게 해준 첫 남자다. 두 명 하고도 절반의 남자를 그녀가 이미 경험한 뒤인데도. 그는 자랑스레 미소지으며 그녀의 다리 사이에서 고개를 든다.

방금 담배 여러 개비를 연달아 피운 사람 같은 목소리로 그가 말한다. 너의 맛이 마음에 들어.

매기가 거세게 숨을 몰아쉬며 말한다. 거기 맛은 다 똑같지 않아요?

그가 웃으며 말한다. 아니. 전혀전혀전혀.

그는 자신이 여자들의 몸에 대해 많이 알기 때문에 어떻게 만져야 하는지도 안다고 말한다. 그녀는 이제 행위가 끝난 모양이라고 짐작한다. 그가 누워 있는 모습도 그렇게 보인다. 실제로 운 것은 아니지만, 그녀는 울 것 같은 기분이 든다. 두 사람은 함께 천장을 바라본다. 어색한 기분이다. 완전히 마법 같은 기분만 있는 것은 아니다. 그래도 그녀는 지금 여기 있는 것이 행운이라는 생각이 든다. 하지만 오르가슴 때문에 왠지 몸이 차갑게 식은 것 같다. 자신이 뭔가를 빼앗긴 것 같다. 과거에 그녀가 스스로 오르가슴에 도달할 때는 이런 기분을 느낀 적이 없었다.

엄밀히 말해서 그가 전통적인 의미의 삽입을 하지는 않았는데도, 그녀는 그런 것 같은 기분이 든다. 이렇게 여운 속에서 그녀는 죽음처럼 뭔가가 끝났음을 느낀다. 자신의 몸에서 병원 냄새가 나는 것 같다. 이것은 원나잇 섹스가 아님을 깨닫는다. 그런 단순한 것이 아니다. 엄청나고 따뜻하고 차가운 어떤 것이다. 앞으로 영원히 섹스를 즐기지 못하게 될까 두렵다. 섹스가 아무렇게나 끝날까봐 영원히 걱정하게 될까 두렵다. 그녀와 그의 오르가슴은 그녀에게 일주일, 한 달, 또는 평생 동안 죽음의 종소리가 될 것이다. 비록 그것이 그녀를 죽이는 일이긴 해도, 그것의 시작보다 끝이 더 황홀하다. 가슴이 아프다. 그가 다시 옷차림을 정돈하느라 움직일 때마다 아픔이 느껴진다. 하지만 이렇게 찌르는 듯한 아픔과 함께, 짜릿한 전율과 멍한 기분도 느껴진다. 남자가 그녀에게 이토록 섹시한 행동을 해준 것은 처음이다.

두 사람은 서로에게 사랑한다는 말을 몇 번 더 한다. 자신을 바라보는 그의 눈빛을 보면서 그녀는 그가 자신과 결혼하고 싶어 한다고 확신한다. 남자들이 하루는 이렇게 굴다가 일주일 동안 얼굴도 보지 않으려 할 때가 있다는 것을 알기엔 그녀는 아직 너무 어리다.

그녀는 이제 가야 한다고 말한다. 벌써 부모님이 정한 귀가 시간에 늦었다. 그가 그녀를 차고까지 바래다주고 작별 키스를 한다. 그녀는 아직 이 상황을 제대로 소화하지 못해 몹시 떨린다. 목공 수업 때 사용하는 발사나무처럼 다리가 후들거린다.

집에 돌아온 그녀는 자신이 집에 돌아온 시각을 알리기 위해 부모를 깨운다. 부모님이 정한 규칙이다. 그녀가 귀가 시간을 어겼기 때문에 외출 금지 처벌이 내려진다. 엄마는 사랑과 분노가 섞인 시선으로 매기를 바라보며 대충 이런 말을 한다. 야단은 아침에 맞을 줄 알아. 매기는 몹시 기묘한 기분이다. 귀가 시간을 어기는 것보다 훨씬 더 나쁜 짓을 하고 왔기 때문에. 솔직히 말할 수 있다면 좋을 텐데. 그녀는 침대 옆에 있는 엄마의 수첩을 보고 가슴이 찔린다.

자기 방으로 돌아온 뒤 휴대폰이 반짝인다. 아론이다. 강렬한 사랑의 감정이 되돌아와 오르가슴이 총알처럼 지나가며 만들어놓은 차가운 구멍들을 모두 메운다.

아론은 그녀가 집에 무사히 돌아갔는지 확인한다. 무사히 돌아갔으니 됐어.

네. 그녀가 대답한다.

다시 그의 문자가 날아온다. 난 방금 그 방으로 돌아왔어. 그 침실 말이야. 그러길 잘했지. 이불에 네 피가 묻었더라.

매기는 살짝 놀란다. 지금 생리 중이 아니기 때문이다. 그녀는 피를 묻혀서 미안하다고 사과한다. 그가 그것을 원하는 것 같기 때문이다.

그가 문자를 보낸다. 네가 곧바로 내 바지 단추를 풀었다면 일이 그렇게 됐겠지. 내 말은, 네가 열여덟 살이 될 때까지 기다리겠다는 건 진심이야. 정말로 그래. 하지만 네가 그랬다면.

그는 이런 말도 한다. 위층 침실에 담요를 펼쳐두고 장미꽃도 한 송이 준비했기 때문에 그녀에게 집을 구경시켜주고 싶었다고. 파블로 네루다의 소네트 17을 소리 내어 읽어준 뒤 그녀에게 장미를 주고 싶었다고. 직접 만났을 때보다 문자나 전화로 감정을 전달하기가 더 쉽기 때문에 이런 말을 하는 것이다. 소네트 17은 그가 그녀에게 자주 보내던 글이다.

그녀는 이 문자를 보고 기분이 잔뜩 들뜨면서도 동시에 혼란스럽다. 아들들이 위층에서 자고 있다고 하지 않았나.

그가 문자를 보낸다. 만약 네가 나를 노델 선생님이라고 불렀다면 십중팔구 나는 그 순간에 바로 모든 걸 중단했을 거야.

그녀는 생각한다. 내가 노델 선생님이라고 부르지 않은 게 천만다행이야.

마지막으로 그는 그녀에게 잊지 말라는 듯이 이렇게 말한다. 소량의 피가 묻은 그 이불을 빨아야 했다고. 얼룩 제거제로 먼저 핏자국을 지웠는지는 말하지 않는다. 표백제를 사용했는지도 말하지 않는다.

1월과 2월 내내 그녀의 뺨은 사랑의 감정으로 발갛다. 그녀는 자기 방에서 많은 시간을 보낸다. 혼자 있어야만 언제든 그에게 응답할 수 있기 때문이다. 그는 그녀가 버펄로 와일드윙즈에서 근무하는 시간을 피해, 학교에서 퇴근하는 길에 그녀에게 전화한다. 그녀는 일을 마치고 집에 돌아와 깨끗하게 샤워한 뒤 침대에서 그의 전화를 기다린다. 샤워는 그의 전화를 위한 것이다. 그를 기다리며 아름다워진 기분을 느끼고 싶다. 부모님은 그녀에게 신경 쓰지 않는다. 그녀가 라푼첼과 비슷하다는 사실을 부모님도 아는 것 같다. 그녀가 두 사람을 상대할 수 있는 상태가 아니라는 것을 느낄 수 있는 모양이다.

밤에는 그의 문자가 날아온다. 밤 10시가 넘으면 전화를 걸 때가 많다. 주말은 이렇게 자유롭지 않다. 두 사람은 주말에 마리가 장을 보러 가거나 그가 일부러 집에서 나왔을 때만 전화로 이야기를 나눈다.

어느 주말 오후에 마리가 큰아들을 데리고 쇼핑몰에 가고 아론은 작은아들과 함께 집에 남는다. 낮잠 시간인데 아이는 졸린 기색이 없다. 아론이 매기와 통화하는 것을 보고 아이가 묻는다. 누구랑 얘기하는 거예요? 아론이 말한다. 아빠 친구. 너도 얘기할래?

전화기 속에서 어린 목소리가 들린다. 여보세요?

안녕! 매기가 밝게 말한다.

기분이 묘하면서도 아론과 더 가까워진 것 같다.

아론이 다시 전화기를 돌려받아 잠시 기다려달라고 말한다. 그는 잠시보다 더 오랫동안 자리를 비웠다가 돌아와 자신이 아이를 재우느라 「유 아 마이 선샤인」을 부르는 소리를 그녀에게 들려주고 싶지 않았다고 말한다.

그의 아내가 다른 지방에 가서 자고 오는 여행 계획이 다시 잡히지 않았기 때문에, 이제 막 싹을 틔운 두 사람의 육체관계는 자동차와 교실에서만 이루어진다.

매기는 4교시에 아론의 영어 수업을 듣는다. 어느 날 수업이 끝난 뒤 그가 점심시간에 교실에서 만나자고 조용히 말한다.

그녀가 교실에 나타나자 두 사람은 수납장 옆 탁자에서 키스를 시작한다. 그가 그녀의 운동복 바지 차림을 좋아하기 때문에 그녀는 지금도 그 바지를 입었다. 운동복 바지는 '접근하기 쉽다'고 그가 말한 적이 있다. 그가 그녀의 한 손을 잡아 자신의 가슴에 대고는 이렇게 말한다. 내 심장이 얼마나 빨리 뛰는지 봐. 그러고는 그녀의 다른 손을 잡아 자기 양복바지가 불룩하게 부푼 곳에 갖다 댄다. 너 때문에 내가 이렇게 단단해졌어.

전에 영화에서 이런 대화가 나올 때마다 매기는 항상 남자들이 왜 이런 말을 하는지 궁금했다. 아론은 자기 성기의 묵직함에 그녀가 넋을 잃기를 바라는 걸까? 아니면 그녀 때문에 그의 혈관 한 부대가 움직여 그 살덩이를 이렇게 길고 단단하게 만들었다는 사실에 그녀가 내 실력 정말 끝내준다! 하고 자랑스러워하기를 바란 건가?

어떤 날은 아무 것도 하지 않고 이야기와 키스만 한다. 학부모 면담이 있던 날도 그렇다. 아론은 오후 내내 학부모들과 면담을 해야 하기 때문에 정장을 입고 왔다. 매기의 아버지 마크와도 만날 것이다. 그는 매기에게 면담에 같이 참가하면 좋겠다고 말한다. 그때 매기는 그가 그녀를 최대한 많이 보고 싶어 하기 때문에 그런 말을 한 거라고 생각한다. 하지만 나중에 이때를 되돌아보며, 혹시 아론이 아무 것도 모르는 매기의 아버지 앞에서 매기와 이야기하면 몸이 후끈 달아오르기 때문이 아니었을까 하는 생각이 든다. 면담에서 아론은 매기가 학교에서 아주 잘하고 있다면서, 가고 싶은 대학을 아직 정하지 못한 걸 알지만 때가 되면 일이 잘 풀릴 것이라고 말한다.

점심시간 데이트 때 매기는 아무 것도 먹지 않지만, 아론은 남은 음식으로 싸온 스파게티를 조금 먹는다. 매기는 스파게티 몰골이 정말 고약하다면서 그를 놀린다. 그가 식사를 마친 뒤 두 사람은 키스한다. 매기는 이렇게 말한다. 우리가 오늘 점심을 나누게 될 줄은 몰랐어요. 그의 숨결과 교실 전체에서 그가 먹은 음식 냄새가 진하게 풍긴다는 뜻이다. 스파게티를 담았던 플라스틱 그릇이 소스 때문에 오렌지색으로 물들어 있다.

수업이 시작되기 전에 그의 교실에서 만날 때도 있다. 그는 먼저 키스를 하다가 그녀의 바지를 손으로 훑는다. 그녀의 얼굴과 몸을 돌려세워 그녀의 등에 자신의 몸을 밀착한다. 그러고는 그녀의 목덜미에 얼굴을 대고 움직인다. 그가 목덜미에 가볍게 키스하자, 그 감각에 그녀의 무릎이 후들거린다. 이어서 그는 손가락을 놀리기 시작하며 동시에 그녀의 엉덩이에 자신의 몸을 강하게 문질러댄다. 그녀는 고개를 뒤로 젖히고 신음한다. 이런 일이 7분 동안 이어진 뒤 그녀는 금방이라도 절정에 오를 것 같은 상태가 된다. 그때 누군가가 문고리를 흔든다. 아론이 불에 덴 듯 펄쩍 뛰어 물러나며 솜씨 좋게 손을 거둬들인다. 그리고 손재주를 선보이는 마술사처럼 그녀에게 시험지를 건넨다. 갑자기 손에 시험지를 쥔 그녀는 숨을 몰아쉬며 자리에 앉아 시험을 치르는 척한다. 하지만 사실 그가 그렇게까지 조심할 필요는 없었다. 잊지 않고 문을 확실히 잠갔기 때문이다. 나중에 확인한 사실이다.

매기의 친구들 몇 명이 누군가의 집에 모였다. 별로 특별할 것이 없는 모임이다. 매기, 로라, 니콜이 사진을 찍는다는 점만 빼면. 이곳에 모인 사람들 중 이 셋만이 금발이고 다른 친구들은 모두 갈색 머리기 때문이다. 이 점이 재미있어서 그들은 사진을 찍는다.

그날 저녁 내내 매기는 휴대폰을 자주 들여다본다. 아무도 그것을 눈치 채지 못하는 것 같다. 다들 자기 휴대폰을 자주 들여다보는 편이니까. 그녀와 아론은 각각 다른 사람들을 만나 시간을 보내면서 평범한 애인들처럼 자주 문자를 주고받는 중이다. 아론은 지금 웨스트에이커스 몰 근처 TGI 프라이데이즈에 크링크 선생님과 함께 있다.

날 데리러 올래?

이 문자를 보자 매기의 가슴이 두근거린다. 그녀는 방 안에 가득한 갈색 머리 친구들과 두 금발 친구에게 적당히 핑계를 대고 밖으로 나와 음악을 들으며 아론이 있는 곳으로 차를 몬다. 백미러로 자신의 얼굴이 보인다.

차를 몰고 가는 동안 그녀는 그가 자신을 기다리며 무엇을 하고 있을지 궁금해진다. 마리와 문자를 주고받을까? 스포츠 경기 결과를 찾아볼까? 크링크에게는 집으로 돌아갈 방법을 어떻게 둘러댔을까? 그녀가 그에 대해 이렇게 궁금해하듯이, 그도 그녀에 대해 많이 궁금해하는지 모르겠다. 이미 두 사람의 관계가 육체적인 단계로 접어들었으므로, 다시 육체적이지 않은 단계로 돌아갈 일은 절대 없을 것 같다.

매기는 TGI 프라이데이즈에 도착해서 그에게 문자를 보내고 주차장에서 기다린다. 그녀가 몰고 온 차는 엄마의 빨간색 토러스다. 그가 다가와 차에 오른다. 처음에는 누구한테 들킬세라 재빨리 차에 올라타지만, 일단 차가 출발하자 푹 빠진 사랑의 감정이 폭발하듯 터져나와 따뜻한 기체처럼 차 안을 가득 채운다.

그녀에게 키스하는 그의 입에서 술 맛이 난다. 어떤 종류의 술인지는 알 수 없지만, 맥주가 아닌 것은 확실하다. 그의 목소리에 평소보다 애정이 넘친다. 발음이 뭉개지지는 않지만, 평소보다 말에 조리가 없고 조심성도 덜하다. 차가 13번 애버뉴를 달린다. 이 도시의 중심 도로 중 한 곳이다. 차 안에서 엄마의 체취를 느낀 매기는 아론이 이 냄새를 알아차리지 못하기를 바란다.

갑자기 그가 화들짝 놀란다. 옆 차선의 자동차에서 누가 그를 알아본 것 같다고 한다. 매기가 말한다. 누군데요?

나도 몰라. 어쨌든 그 사람은 웨스트파고로 가는 길인 것 같아. 그가 말한다.

네?

방금 다른 도로로 빠져나갔어.

매기는 뭔가 잘못을 저지르고 있는 것 같다는 느낌을 또 받는다. 차가 주택가에 이르자 그가 차분해진다. 두 사람은 한동안 그 일대를 드라이브하며 자신들의 관계에 대해 이야기한다.

곧 그의 손이 그녀의 바지로 올라오고 그녀는 그의 손이 더 쉽게 닿을 수 있게 운전석에서 엉덩이를 들어올린다. 그 바람에 하마터면 주차된 차를 들이받을 뻔한다. 그가 놀라서 난리를 피울 줄 알았는데, 그는 그냥 웃음을 터뜨리며 그녀에게 몸을 더욱 기울여 목에 키스한다. 그녀는 몹시 행복해진다. 자칫 차를 박을 뻔했던 그 일이 자신들의 열정을 입증해주는 것 같다.

하지만 마침내 술기운이 사라지기 시작하면서 그가 달라지는 것이 느껴진다. 그녀는 속으로 생각한다. 에이 씨, 에이 씨, 에이 씨, 에이 씨.

그는 자신의 차를 친구 집에 세워두었다. 그가 그곳까지 가는 길을 알려준다. 그녀가 말한다. 선생님 술 드셨잖아요. 그는 주택가에서 자기 집까지 잠깐만 차를 몰면 된다고 말한다. 술을 몇 잔 마신 뒤 대로에서 차를 모는 일은 절대 하지 않는다는 말도 한다. 그는 굳이 위험을 무릅쓰는 사람이 아니다. 그녀가 차를 세우는 동안 그는 그녀의 바지 속에서 손을 빼낸다. 친구 집 앞에서 무엇이든 문제가 될 만한 행동을 하는 데 불안을 느끼면서도 몇 분 동안 그녀에게 키스한다.

남에게 들킬까봐 겁을 내는 마음이 다시 돌아와 마구 쏟아져 나온다. 매기에게는 무척 싫은 일이다. 그가 술에 취했으니 그의 집까지 따라가 그가 무사히 도착하는지 확인하고 싶다. 이제 그녀의 인생에는 오로지 그뿐이다. 그는 그러면 안 될 것 같다고 말한다. 자기는 괜찮을 거라고. 그러고는 윙크하면서 차에서 내린다. 마지막으로 '사랑해'라는 말도 해주지 않은 채.

그 뒤로 한 달 동안 그는 아내와 헤어지고 싶다는 뜻을 분명히 밝힌다. 아직은 아니지만 곧 헤어질 거야.

5년만 날 기다려주겠니? 어느 날 밤 아주 늦게 그의 문자가 날아온다. 아이들이 지금보다 좀 더 크면 아내와 헤어지기가 더 쉬울 것이라는 내용이다. 소변을 보다가 이 문자를 받은 매기는 휴대폰을 벽에 내던지고 싶다. 너무 잔혹하다. 둘이서 사랑하는 사이인데, 모든 것이 그의 일정을 따른다. 모든 것이 그의 지시로 움직인다. 그녀가 그에게 먼저 전화를 하거나 문자를 보내면 안 된다는 것. 문자를 주고받은 뒤에는 즉시 모든 문자를 지워야 한다는 것. 그가 정한 이런 규칙이 이미 수천 가지나 되었다. 그녀가 삭제 버튼을 누른 적이 아주 많다는 뜻이다. 아론은 그녀에게 마리의 전화번호를 가르쳐주며, 혹시 그 번호가 화면에 뜨거든 무슨 일이 있어도 절대 전화를 받는 일이 없게 설정해두라고 말했다.

다른 규칙들도 있다. 정확히 말해서 규칙이라고 할 수는 없지만, 그녀와 사귀고 있는 유부남 교사가 겁에 질리지 않고 계속 그녀에게 빠져 있게 하기 위해 해야 하는 일들이다. 예를 들어, 운동복 바지를 입고 향수를 뿌리지 않는다는 규칙 같은 것.

그는 자신이 지하에서 잔다고 말한다. 자신이 그녀에게 전화를 거는 곳도 그곳이라고 한다. 그녀는 그가 비밀스럽게 저항하듯이 사랑을 품고, 높은 곳이 아니라 낮은 곳에 갇힌 라푼첼 같다고 생각한다.

밸런타인데이에 매기는 그의 지시대로 일찍 학교에 간다. 그는 그녀가 좋아하는 피넛버터 M&M 초콜릿과 타자로 작성한 연애편지를 준다. 자신이 왜 그녀를 사랑하는지를 구체적으로 밝힌 편지다. 그녀의 체취와 그녀가 교실로 들어올 때의 걸음걸이가 그 이유 중에 포함되어 있다. 편지에는 미래에 대한 이야기도 있다. 그녀와 떳떳이 함께 있게 될 날이 빨리 왔으면 좋겠다고 한다. 이 편지는 그녀에게 생전 처음 느끼는 기분을 안겨준다. 그녀가 지금껏 원했던 모든 것이 이 한 사람 안에 구현되어 있다. 현실이라고 믿기가 힘들 정도다.

그는 얼마 전부터 그녀를 '자기'라고 부른다. 그녀가 사람들을 부르는 호칭이기도 하다. 그는 그녀의 열여덟 번째 생일에 학교를 빼먹고 사랑을 나누자고 말한다. 하루 종일 한 몸으로 얽혀 있자고.

이즈음 그녀가 그에게 『트와일라잇』을 준다. 시리즈 중 첫째 권이다. 그녀는 인간 소녀와 뱀파이어 사이의 사랑 이야기가 자신과 아론의 이야기와 비슷하다는 생각에 집착하고 있다. 두 커플 모두 열정적이고 시간을 초월한 금지된 사랑을 하고 있다는 점이 같다. 그가 『트와일라잇』에 메모를 하고 있다고 말하자 그녀는 너무 행복하고 들떠서 그 책을 빨리 읽으라고 재촉한다. 그가 그 책을 어떻게 해석했는지 하루라도 빨리 보고 싶기 때문이다. 그가 어디서 그 책을 읽는지 궁금하다. 혹시 아이들 방에 그 책을 꽂아두었을까. 아이들 그림책인『그루팔로』와 함께 책꽂이에 꽂아두었다가 매일 밤 자기가 아이들을 재우겠다고 자청하는 게 아닐까. 그래야 아이들이 잠든 뒤 스탠드 불빛 아래에서 그 책을 읽을 수 있으니까.

그가 약 일주일 뒤 그녀에게 책을 돌려준다. 수많은 노란색 포스트잇 종이들이 작은 깃털처럼 책장 사이에 붙어 있다.

한 메모지에 그는 그녀를 끌어안은 채로 깨어나는 날이 빨리 왔으면 좋겠다고 썼다.

또 다른 메모지에 적힌 말은 이렇다. "내가 언제 난방 온도를 내렸는지 기억나?" 그녀가 그의 집에 와서 지하실에서 수백 번 사랑한다는 말을 주고받던 그 날을 뜻하는 말이다. 그때 그는 손가락으로 그녀를 먹어치웠고, 두 사람은 키스를 했고, 그녀는 이불에 핏자국을 묻혔다. 그가 온도를 낮춘 것은 그녀에게서 담요가 필요하다는 말을 이끌어내기 위해서였다.

"나의 영원한 구세주와 단 둘이 있고 싶었어." 인간 소녀 벨라는 자신의 뱀파이어 연인에 대해 이렇게 말한다. 이 문장 옆에 붙은 포스트잇의 내용은 이렇다. "너도 나를 이렇게 생각해?"

밑줄이 그어진 또 다른 구절 옆에는 이런 메모가 붙어 있다. "조건 없는 사랑, 우리 사랑처럼!"

그때까지 있었던 일 중에 그녀가 강제로 당한 일은 하나도 없다고 누군가는 말할 것이다. 당시 그녀는 열일곱 살이었으니, 몇 달만 지나 열여덟 살이 되면 더 이상 미성년자 강간이 성립할 수 없는 상황이었다고. 하지만 동화 같은 사랑 이야기를 이상으로 품고 있던 소녀가 이런 메모들을 읽는 모습을 상상해보라. 이 메모들은 사실상 이런 이야기를 하고 있었다. '그래, 그래, 내가 너의 뱀파이어 연인이고, 너는 내게 금단의 열매야. 네가 좋아하는 사랑 이야기가 바로 우리 이야기라고. 평생 이런 걸 다시 맛볼 수는 없을 거야.'

상상이 가는가.

그녀는 그를 '어른 친구manfriend'라고 부른다. 두 사람 모두 '남자친구boyfriend'라는 말은 어울리지 않는다고 생각한다. 그는 결혼까지 한 어른 남자가 아닌가. 새미와 멜라니가 각각 남자친구와 하고 있는 사랑과 그들의 사랑은 다르다. 그는 '소년'이 아닌데 어떻게 '소년' 친구가 될 수 있겠는가.

그녀 주위의 아이들은 모두 졸업 무도회 계획을 짜기 시작한다. 친구들은 밝은 색 레이온으로 만든 드레스를 사러 간다.

매기의 눈에는 졸업 무도회가 갑자기 별볼일없는 일처럼 보인다. 아주 하찮고 유치해서 잊어버려도 되는 일. 그녀는 아론과 사귀기 전에 두 번 남자친구를 사귀었다. 아론이 없었다면 십중팔구 그 둘 중 한 명과 졸업 무도회 파트너가 되었을 것이다. 한 명은 같이 아르바이트를 하는 동료였는데, 아론은 그녀에게 남다른 눈길을 보내기 전에도 이미 그를 탐탁지않게 생각했다. 다른 한 명은 다른 학교 학생이었지만, 아론은 학생의회 일로 그를 알고 있었다. 그가 매기에게 키스 마크를 남긴 것을 아론이 알아보고, 그 녀석이 별로 마음에 들지 않는다고 말했다. 그때 그의 무심한 말투가 무슨 의미였는지 매기는 나중에 깨닫는다. 누군가를 통제하려고 하는 똑똑한 사람들이 그런 말투로 누구누구가 마음에 들지 않는다고 말한다. 통제 대상이 자신과 똑같은 생각을 하게 조종하기 위해서이다.

매기는 어느 날 밤 전화로 졸업 무도회에 가지 않겠다고 말한다. 그건 아주 이상한 행사인 것 같다면서. 아론은 그녀의 말을 듣기만 하고 아무 말도 하지 않는다.

그날 저녁 두 사람은 각각 성적인 관계를 맺은 상대가 몇 명인지 이야기를 나눈다. 매기는 세 명이었고, 아론은 두 명뿐이었다고 말한다. 고등학교 때 사귀던 연인과 마리. 마리는 대학 때 사귄 연인이었다. 매기는 연인이던 상대가 어느 시점부터 다른 존재로 변하는지 궁금하다. 그는 그녀에게 사귄 남자들에 대해 묻는다. 마테오와 다른 두 명에 대해. 그는 그들에 대해 알고 싶어 하면서도, 동시에 생각도 하기 싫다고 말한다. 그 남자들에 대한 생각이 머리에서 떠나지 않는다고 말한다. 그녀가 사귄 사람이 자기가 사귄 사람보다 더 많다는 사실을 그는 무척 싫어한다. 그런 말을 듣다보니 매기는 헤픈 여자가 된 기분이다. 반면 그녀는 그가 두 명만 사귀었다는 사실이 완벽하다고 생각한다. 게다가 둘 중 한 명은 그의 아내다. 매기는 아직 열여덟 살도 되지 않았는데, 사귄 사람이 세 명이다. 그 중 한 명은 원나잇 상대였고, 또 다른 한 명은 기본적으로 그녀에게 미성년자 강간을 저질렀다. 자신과 아론이 이렇게 삶을 가득 채우는 사랑에 빠질 줄 알았다면 그를 위해 자신의 몸을 소중히 아껴두었을 것이다. 매기는 그에게 할 말을 애써 찾는다.

두 사람의 감정이 최고조에 이르렀을 때, 그녀의 부모가 그녀를 성당의 주말 수련회에 보낸다. 거기서는 미술 작품을 하나 완성해야 하고, 자신이 어떤 일에 헌신하고 싶은지 약속하는 글도 써야 한다. 수녀들은 아무도 그 글을 보지 않을 것이라고 말한다. 오로지 그녀만 볼 수 있으며, 평가는 하느님의 몫이라는 것이다. 색이 들어간 바탕에 기도용 양초를 든 손의 모양이 대략적으로 그려진 판지 몇 장 위에 매기는 무조건적인 사랑에 자신을 바치고 싶다고 쓴다. 아론을 사랑하는 것이 나쁜 일인 줄은 알지만, 어떻게 사랑이 나쁜 일이 될 수 있는지 잘 모르겠다고 쓴다. 그에게 자신을 바치고 싶으며, 그가 고치라는 나쁜 버릇들을 모두 고치고 싶다고 말한다. 예를 들어 그는 그녀가 담배를 피우는 것 같다고 의심하지만 그녀는 고집스럽게 부정하고 있다. 담배를 피우는 사람과는 그가 사귀지 않을 것을 알기 때문이다. 언젠가 그녀에게서 담배 냄새가 난다고 그가 말했을 때, 그녀는 부모님의 담배 냄새라면서 자신은 담배를 피우지 않는다고 강력하게 주장했다.

성당에서는 몰약 냄새가 난다. 그녀는 혼자 신도석에 무릎을 꿇는다. 그에게 거짓말을 한 것이 마음에 걸려서, 그를 위해 담배를 끊을 수 있게 해달라고 하나님에게 기도한다. 일주일에 한 번씩 묵주 기도를 하고, 일주일에 한 번씩 아론에게 편지를 써서 자신의 감정을 알리겠다고 약속한다. 그녀는 무슨 일이 있어도 흔들리지 않는 자신의 사랑을 표현할 여러 방법을 찾아볼 생각이다.

사실 그녀는 그를 생각하는 자신의 감정을 말하고, 그에게서 그녀를 어떻게 생각하는지 직접 듣고 싶을 뿐이다. 그가 사랑하는 자신의 모습이 그녀에게는 몹시 흥미롭다. 그녀의 머리로는 그것이 너무 멀게만 느껴져서 잘 이해하기 힘들기 때문이다. 예를 들어 그는 편지에서 그녀가 자기 교실의 탁자 위에 걸터앉아 아이처럼 다리를 앞뒤로 흔드는 모습을 사랑한다고 썼다.

아론의 서른 번째 생일이 다가오자 매기는 잔뜩 흥분한다. 그의 생일을 축하하는 여러 행사에 그녀는 참여할 수 없는데도. 첫 번째 생일 축하 행사는 실제 생일을 이틀 앞둔 토요일 7일에 있다. 최고급 갈비와 사우어크림을 뿌린 구운 감자 요리가 베이지색 접시에 나오는 스핏파이어 바앤드그릴에서 열린 깜짝파티다.

이 자리에서 그가 얼마나 깜짝 놀랐는지는 알 수 없다. 매기는 그의 가장 은밀한 부분들을 알고 있지만, 그 파티에는 초대되지 못했다. 심지어 그런 파티가 열릴 예정이라는 사실도 몰랐다.

그는 그녀가 너무 보고 싶어서 자주 화장실에 가는 척하며 그녀에게 문자를 보낸다. 그는 자기가 아는 사람이 모두 이 파티에 있는데 자기가 사랑하는 여자만 없어서 참담하다고 쓴다. 자신이 파티를 원하지 않는다고 마리에게 미리 말했는데도 일이 이렇게 돼서 마리에게 화가 난다고 말한다. 동료 교사인 조이스 부인이 이 자리에 참석해서 내내 그를 노려보며 이상하게 구는 통에 짜증이 난다는 말도 한다.

그날 저녁의 파티는 조용히 끝난다. 아론과 마리는 아이들에게 주려고 풍선 몇 개를 차에 싣는다. 아이들은 베이비시터와 함께 있다. 아론은 집에 도착한 뒤 매기에게 문자를 보낸다. 집에 들어오니 그녀가 더 가까이 느껴진다고.

아론의 실제 생일인 월요일에 엄청난 폭설이 내린다. 파고가 온통 하얀색으로 아름답게 뒤덮이고, 도로와 나무도 깨끗하게 보인다.

아침 7시쯤 매기는 그에게 문자를 보낸다. 그를 만나 선물을 줄 생각에 말도 못하게 들떠 있다. 자기가 일찍 학교에 가서 그의 교실에서 그를 만나도 되는 건지 모르겠다. 그녀는 생일 축하해요!!!라고 쓴 뒤, 학교에 일찍 갈까요? 하고 묻는다.

그러나 매기는 스핏파이어에서 열린 파티에 대해 미리 알지 못했던 것처럼, 이 순간 아론이 샤워 중이라는 사실을 모른다. 생일은 특별한 날이니까 그녀는 그가 정한 규칙을 생각하지 않았다. 평생의 사랑이 될 그 사람이 생일에 보내주는 문자를 한 시라도 빨리 받고 싶다. 가끔은 아이들도 규칙을 어기고 제멋대로 굴 필요가 있는 법이다.

8시가 되기 전, 남편이 샤워 중인데 남편의 휴대폰이 울린다.

매기가 죽음의 전화를 받은 것은 한 시간쯤 뒤다. 밖에는 아름답기 그지없는 눈이 펑펑 내리고 있다. 그녀는 창밖을 바라보며 자신이 콜로라도에 있을 때 사랑이 시작된 것을 떠올리다가 휴대폰에 뜬 그의 이름을 본다. 이제부터 평생 그녀는 벨이 울리는 전화기를 겁내게 될 것이다.

여보세요! 생일 축하해요!

끝이야. 그는 이렇게 답한다. 모두 끝났어. 아내가 네 문자를 봤어. 다 끝났어.

그는 자기 차 안에 있다. 그의 갈라진 목소리가 겁을 먹은 것처럼 들리지만, 그 말의 내용을 비난할 수는 없다. 이제 와서 상황을 바꿀 수도 없고 시간을 되돌릴 수도 없다. 이 계절을 장식해주던 것들이 모두 떨어져 내렸다. 남은 것은 마지막까지 오래도록 미적거리는 서리뿐이다.

SLOANE
슬론

남편과 함께 제삼자를 처음 침실에 끌어들인 그날 이후로 슬론은 자신이 기꺼이 그 일에 참여했다는 사실이 무슨 의미인지 생각해보았다. 성적인 흥분뿐만 아니라, 그녀는 남편에 대해, 제삼자인 그 여자에 대해 순간순간 다정함과 사랑을 느꼈다. 심지어 남편이 다른 여자와 함께 있는 모습을 보면서도 마음이 따뜻해졌다. 물론 죽을 것 같은 순간도 여러 번 있기는 했지만.

그런 상황에서 그런 감정을 느끼는 것이 정상인가? 여러 사람에게 터놓고 이야기할 수 있는 주제는 아니었다. 어쩌면 자신이 터놓고 이야기할 수 없는 그 사람들이 스스로를 억압하고 있는 것이고 자신이야말로 건강한 것인지도 모른다는 생각이 들었지만, 그녀가 즐겨보는 책이나 텔레비전 드라마나 영화 중에 이런 생각이 반영된 작품은 하나도 없었다. 그녀에게 비정상적인 면이 있는 것이 분명했다. 어느 순간, 어느 시점에 그녀가 틀림없이 못되게 굴었거나 못된 손에게 괴롭힘을 당했을 것이다. 그녀는 자신의 어린 시절과 부모의 행동을 생각해보았다.

슬론은 아버지 피터를 간단히 앤도버,° 프린스턴, 하버드, 이 세 단어로 설명한다. 이 세 단어만 들으면 무슨 뜻인지 아시죠? 그녀는 이렇게 말한다. 학벌이나 부유함을 자랑할 생각은 없다. 자신의 출신에 대한 감정은 이미 오래 전에 소화가 끝나서, 차가운 옷장 속에 걸어둔 샤넬 정장 같은 것이 되었다.

슬론은 어머니 다이앤도 단어 몇 개로 간단히 정의할 수 있지만, 아버지를 설명할 때만큼 쉽지는 않다. 금발 숙녀인 다이앤 포드는 거의 성직자처럼 예의를 지킨다. 어머니가 아주 오랜만에 만나는 딸을 어떤 태도로 맞이할지 슬론은 보지 않아도 알 수 있다. 다이앤은 딸을 보자마자 끌어안는 사람이 아니다. 먼저 자동차 또는 비행기를 타고 오는 길이 어땠는지 묻고, 날씨에 대해 가볍게 한마디 한 뒤에야 안으로 들어가자고 권유할 것이다. 집 안의 부엌 조리대에는 오이 샌드위치와 찻주전자에 담긴 얼그레이가 그녀를 기다리고 있을지도 모른다.

다이앤은 테네시 주 멤피스에서 형제자매 세 명과 함께 어린 시절을 보냈다. 아버지는 자가용 비행기를 직접 모는 사람이고, 어머니는 따뜻한 성격의 주부였다. 어머니와 아주 친한 사이이던 다이앤은 열일곱 살 때 어머니와 함께 차를 타고 어딘가로 향했다. 재앙

° 미국 매사추세츠 주의 도시 이름.

이 일어나기 직전에 자신이 무엇을 느꼈는지 사람들은 대체로 잘 기억하는 편이다. 다이앤도 그때 어쩌면 신의 섭리 같은 것을 느꼈는지 모르겠다. 구릿빛으로 잘 그을린 내 긴 다리를 보세요. 부드러운 금발 머리도. 다듬어지지 않았던 부분이 마침내 피와 살로 온전히 채워진 내 몸도.

갑자기 비명 소리가 들렸다. 뭔가에 한 대 맞은 듯한 느낌과 함께 금속이 기분 나쁘게 긁히는 소리가 났다. 몇 시간 뒤 정신을 차렸을 때, 다이앤은 병원 침대에 누워 있었다. 어머니를 큰 소리로 부르며 울자 간호사가 와서 어머니는 돌아가셨다고 말해주었다. 다이앤은 몇 초쯤, 아니 어쩌면 꼬박 1분쯤 지난 뒤에야 그날 아침에 본 자동차 내부를 머릿속에 그려볼 수 있었다. 운전석에 앉은 사람이 자신이었음을 기억해낼 수 있었다.

장례식이 끝나고 얼마 뒤, 아버지가 그녀를 친구의 집으로 보내 그곳에 살게 했다. 다이앤은 굳이 듣지 않아도 이유를 알 수 있었다. 아버지는 아내를 죽인 딸을 제대로 바라볼 수 없었을 것이다. 게다가 이제 그는 아내가 남기고 간 다른 세 아이를 온전히 혼자서 책임져야 하는 처지였다.

다이앤이 옮겨간 곳은 집에서 그리 멀지 않았지만, 기분 상으로는 다른 우주 같았다. 주방에서 쓰는 행주도, 욕실에 놓인 비누도 모두 달랐다. 암묵적인 규칙들도 있었다. 또한 어느 누구도 복도에서 그녀와 지나칠 때 이마는 물론이고 팔조차 전혀 건드리지 않았다. 어머니를 잃으면서 그녀는 마음 한 구석이 텅 비었을 뿐만 아니라, 식구들을 모두 빼앗기고 친숙한 세계와도 단절된 느낌이었다. 자신이 식구들과 거리를 두어야 한다는 사실은 그녀도 은연중에 알고 있었다. 식구들은 그녀를 보면 그녀가 저지른 일을 떠올렸다. 그녀 자신도 식구들을 보면 자신이 저지른 일을 떠올렸다. 그녀는 이제 아이가 아니라 거의 어른이 된 나이였다. 밤에 침대에 누워 우울하기 짝이 없는 생각에 잠길 때면 그녀는 속으로 이런 말을 되뇌었다. 자신의 머리카락을 만지며 그것이 어머니의 머리카락이라고, 어머니가 지금 옆에서 자고 있다고 상상했다.

이 과거가 다이앤의 머릿속 다락방에 보관되어 있었다. 나머지는 대리석처럼 단단하게 굳어버렸다. 그녀가 슬론의 아버지를 만난 것은 그가 출세의 길을 한창 치고 올라오던 때였다. 겉으로 보기에 다이앤은 사랑에 설레는 약혼녀였다. 나중에는 정숙한 아내, 충실한 엄마가 되었다. 예를 들어, 그녀는 슬론을 노스세일럼으로 데려가 승마를 시키고 스케이트장에서 스케이트를 타게 해주는 데 헌신적이었다. 요리 솜씨도 뛰어났다. 그녀의 주방에서는 항상 파이 굽는 냄새와 화려하게 장식된 구운 새고기 요리 냄새가 났다.

슬론이 4학년 때 다이앤이 딸을 위아래로 훑어보았다. 그녀의 외동딸인 슬론은 엉덩이도 가슴도 잘 발달한 몸매를 갖고 있었다. 분홍색 뺨은 통통했다. 아이의 몸매가 나이와 상당히 어울리지 않았다. 슬론은 나중에 자신의 사진을 보며, 살이 쪘다기보다는 몸이 일찍 성숙한 것 같다고 생각했다. 하지만 어린 시절의 그날 그녀의 눈에는 자신을 이상하게 바라보는 어머니밖에 보이지 않았다.

어머니는 그 다음 주로 다이어트 센터 예약을 잡았다. 소규모 쇼핑몰 안에 있는 이 다이어트 센터의 전면은 벽돌과 유쾌한 빨간색 글자로 장식돼 있고, 고객의 사생활 보호를 위해 창문은 블라인드로 가려져 있었다. 대기실에서 다이앤이 말했다. 이건 너를 위한 거야. 너도 살을 좀 빼면 몸이 지금보다 편해질 거야.

슬론은 의자 아래에서 다리를 흔들며 자신의 허벅지가 좌우로 벌어지는 모습을 바라보았다.

학교에서 슬론은 화장실에 들어가 다이어트약을 먹었다. 어쩔 수 없을 때는 물 없이 그냥 삼키기도 했다. 의사가 처방한 약이었지만, 고작 열 살밖에 안 된 그녀가 남들 앞에서 이런 약을 먹으면 이상해 보일 것 같았다. 아니, 어머니가 그럴 것이라고 말해주었는지도 모른다. 슬론의 기억이 분명하지 않았다. 어쨌든 이건 어머니가 자신을 위해 해주는 일이며, 몸이 날씬해지면 자신감도 늘어날 것이라고 어머니가 생각한다는 사실만은 아주 잘 알고 있었다. 어머니는 언제나 스스로 가장 좋다고 생각하는 일만 했다. 다른 어머니들도 모두 그랬다. 그들은 자신의 갈망을 누르고 그림자 속에 숨어서 눈에 보이지 않는 봉사를 하는 사람들이었다.

슬론은 스케이트장이나 승마 학교나 여름 캠프 등으로 바빴지만, 어쩌다 집에 있을 때에는 어머니의 과거에 대해 한두 마디씩 들을 수 있었다. 어머니와 대화가 끝날 때마다 그녀는 어머니가 어떤 사람인지 더 많이 알고 싶다는 생각을 했다. 특히 아주 소박한 것들에 대해 알고 싶었다. 다이앤이 자기 어머니를 따라다니며 가장 먼저 배운 요리가 무엇인지. 어떤 인형과 어떤 게임을 좋아했는지. 어렸을 때 가장 무서워하던 것이 무엇이며, 남자애한테 좋아하는 마음을 처음으로 품은 것이 언제인지. 하지만 다이앤은 슬론의 아버지와 결혼하기 전의 일들에 대해서는 대체로 입을 다물었다. 슬론의 질문에 대답할 수 없다고 드러내놓고 말한 적은 없지만, 언제나 노련하게 말을 돌렸다. 예를 들어, 요리를 오븐에 넣는 것을 깜빡했다고 일어나는 식이었다.

그래도 캐물으면 다이앤은 아련한 애정 같은 것이 깃든 표정으로, 아버지가 2인승 비행기를 가지고 있었다고 자주 말했다. 자신이 어렸을 때 날씨가 좋으면 아버지의 비행기가 구름 속에서 휙 튀어나와 가족 농장으로 내려앉았다고 했다. 비행기의 무게와 풍압 때문에 금방이라도 지붕이 날아갈 것 같고, 딸들과 아내의 머리카락과 마당의 잔디가 사방으로 휘날렸다고 했다.

슬론은 9학년 때 같은 동네에 사는 소년에게 처녀성을 잃었다. 거창한 일은 아니었다.

열다섯 살 때 그녀는 동급생들보다 나이가 많았기 때문에 여러 면에서 이미 때가 지났다는 느낌이 들었다. 열여덟 살인 루크는 나쁜 남자 타입이었다. 아주 엄청나게 나쁜 사람은 아니고, 영화 「브랙퍼스트 클럽」에서 에밀리오 에스테베즈와 저드 넬슨이 각각 맡은 인물들이 하나로 합쳐져서 착하면서 나쁜 사람으로 태어난 것 같았다. 그는 학교 미식축구 팀 주전 선수였고, 대마초를 피웠으며, 여러 번 체포된 적이 있었다.

슬론과 루크는 엄밀히 말해서 사귀는 사이가 아니었다. 다른 사람들의 집에서 함께 어울리며 맥주도 마시고 야한 장난도 하는 사이였다. 그 일이 있던 날, 슬론은 밤에 자기 방 창문으로 몰래 빠져

나와서 배수관을 타고 아래로 내려왔다.

그가 문을 열어주었을 때도 그녀는 그에게 엄청난 사랑을 느끼지 않았다. 심지어 욕망도 없었다. 그는 부모님이 자고 있기 때문에 자기들이 내는 소리를 듣지 못할 거라고 말했다. 복도를 걸을 때 조용히 하라는 주의도 주지 않았다. 부엌과 거실은 지저분했다. 그걸 보고 슬론은 왠지 슬퍼졌다. 집을 말끔히 치우지도 않고 잠자리에 드는 사람들이 있다니. 하지만 그의 방은 사내아이의 방다웠고, 깨끗한 냄새가 났다.

그녀는 그에게 미리 알려야 할 것 같아서 자신이 처녀라고 밝혔다. 영화에서 여자애들이 그걸 하기 전에 항상 남자한테 그 말을 하는 것을 보았기 때문에, 상대가 처녀라면 남자애가 그걸 좀 다른 방식으로 하는 줄 알았다. 이를테면 안으로 들어갈 때 좀 편안한 방식을 쓴다든가 하는 식으로.

루크는 고개를 끄덕이고는 그녀를 침대에 눕혔다. 침대보는 연한 갈색이었다. 이불도 마찬가지였다.

조용하고 규칙적으로 쿵쿵 움직이는 행동이 뒤를 이었다. 그녀는 천장을 보고, 그의 머리카락을 보았다. 집중하고 있는 그를 지켜보았다. 어떤 때는 그에게 미안했다가, 또 어떤 때는 그에게 화가 났다가, 또 어떤 때는 아무 기분도 들지 않았다.

그것이 끝난 뒤 루크는 연한 갈색 이불보에 피가 엄청나게 많이 묻어 있는 것을 보고 입을 쩍 벌렸다. 이걸 어떻게 해야 할지 모르는 기색이었다.

그러게 내가 처녀라고 했잖아. 슬론이 말했다.

아, 진심인 줄은 몰랐지. 그가 말했다.

슬론은 그냥 미소를 지으며 윙크한 뒤 침대에서 나와 옷을 입었다. 차분하고 아무렇지 않은 기분으로 어두운 밤길을 따라 크림색으로 보이는 장엄한 떡갈나무들 옆을 걸어 집으로 돌아갔다. 그때 그녀가 주로 한 생각은 이런 것이었다. 뭐, 잘 됐어, 그걸 해치웠으니까.

그러나 다음 날 아침에는 기분이 달라졌다. 그동안 닫혀 있던 것이 열린 듯했다. 자기 방이 왠지 벌써 추억처럼 느껴졌다. 벽에 붙여 둔 폴라로이드 사진, 말 모형, 긴 거울. 새로운 슬론의 것은 침대보밖에 없었다. 어젯밤 무감동한 섹스의 여파로 축축하게 젖은 몸이 샤워도 하지 않은 채 그 침대보 위에 누웠으니까. 그 순간 그녀는 그 소년이 자신에게 유일한 존재가 된 것이 아니라 자신이 이렇게 새로 진화한 것이 독특하다고 생각했다. 하지만 그 뒤로 오랫동안 이런 생각을 다시 하지도, 기억하지도 못했다. 그 소년은 그녀를 발전시키는 역할을 했을 뿐이었다. 그의 성기가 그녀의 몸속에서 화학 반응을 일으키기는 했으나, 그것이 꼭 그의 성기일 필요는 없었다.

그녀는 자신의 몸에 대해 새로운 주도권을 쥔 사람처럼 집 안을 돌아다녔다. 그녀의 부모는 항상 자식 주위에 어른거리는 사람들이 아니기 때문에, 그녀는 별로 미안하거나 부끄럽지 않았다. 식구들 중에 그녀가 조금 어색해진 사람은 오빠인 게이브뿐이었다. 게이브가 그녀보다 겨우 두 살 위고 그녀와 워낙 친하기 때문에, 그녀는 자신이 한 짓을 오빠가 알아차릴지도 모른다고 생각했다.

하지만 그는 오랫동안 알아차리지 못했다. 슬론도 그에게 말하지 않았다. 그냥 여자 형제가 있거나 게이브가 여자였으면 좋겠다는 생각을 살짝 했을 뿐이다.

처녀성을 잃은 뒤로 그녀는 부모의 관계를 새로운 눈으로 바라보게 되었다. 부모는 사이가 좋지 않았다. 서로 진심으로 마음이 맞는 부분이 전혀 없었다. 두 사람이 그랬던 적이 있었는지 갑자기 전혀 상상이 가지 않았다. 부모가 자신을 키운 방식을 봐도 그랬다. 마치 따로 떨어진 두 개의 선이 한 번도 만나는 일 없이 그녀에게 흘러 들어오는 것 같았다. 그래서 그녀는 섞이지 않은 두 사람이 공존하는 존재가 되었다. 이런 깨달음을 게이브에게 말했더니 그는 열심히 귀를 기울인 뒤 자기도 그걸 느꼈다고 말했다. 하지만 동생에게 이렇다 할 조언을 해주지는 않았다. 오빠의 방에서 그렇게 대화를 나누던 시간이 좋았다. 오빠 방 창문으로 들어온 햇빛이 오빠의 책상과 침대를 노랗게 물들이던 모습.

게이브의 반에 인기 많고 상냥한 팀이라는 소년이 있었다. 그는 언제나 산이나 스키장에 가는 사람처럼 옷을 입었다. 슬론은 그가 오빠와 어울리는 모습이나 축구를 할 때의 모습을 보며 멀리서 그를 좋아했다. 1학년이 끝난 여름에 슬론은 어느 파티에서 팀과 우연히 마주쳤다. 그때 그녀는 자신이 어떤 사람이 되어야 하는지 잘 알 수 없어 헤매던 중이었다. 그녀보다 한 학년쯤 위인 친구들은 아무하고나 자고 돌아다녔다. 그걸 보면서 그녀는 자기도 그래야 하는지 궁금했다. 그런 사람으로 딱 찍히고 나면 자신을 규정할 수 있을까? 그런 시기에 파티에서 마주친 팀은 그녀에게 옛날부터 항상 그녀가 예쁘다고 생각했다고 말했다. 그는 마치 섬세하게 그어진 선 같은 느낌이었다. 그를 보면 오빠가 떠오르기 때문에 그녀는 그 안

온한 느낌이 반가웠다.

그는 순식간에 그녀의 남자친구가 되었다. 그는 심지어 게이브에게 허락을 구하기까지 했다. 이상한 일은 아니었다. 2학년생이 졸업반 학생과 사귀는 것은 흔한 일이었다. 인기 많은 학생들은 새로운 트렌드를 만든다. 하급생 여자아이들의 신선한 모습과 긴 머리는 매력적이었다. 그 애들을 보고 있으면 같은 졸업반 여학생들은 케케묵은 것처럼 보였다.

슬론은 모든 상급생 파티에 참석하기 시작했다. 자신이 팀과 팔짱을 끼고 한쪽 옆으로 물러나 있는데도 모두의 시선이 자신에게 쏠리는 것이 좋았다. 다른 남자들은 슬론에게 잘 보이려고 슬론 앞에서 팀에게 뭐라고 말을 걸곤 했다. 그녀는 무엇이든 그 자리에서 다 좋다는 반응을 보이면 안 된다는 것을 깨달았다. 쌀쌀맞게 구는 것이 더 이로웠다.

어느 날 이런 파티에 참가했다가 그녀는 게이브와 마주쳤다. 몇 달 전부터 두 사람 사이는 예전 같지 않았다. 슬론은 여름 방학 동안 서로 바빠서 그런 것이려니 했지만, 이날 파티에서 멀찍이 그녀를 바라보는 오빠의 표정이 이상했다. 처음에 그녀가 본 것은 충격받은 표정이었다. 그 다음에는 턱에 힘을 주고 텅 빈 시선으로 고개를 돌리는 모습에서 혐오감과 아주 흡사한 표정이 언뜻 보였다.

그날 밤 두 사람은 대화를 나누지 않았다. 게이브가 먼저 파티장을 떠났고, 그 뒤로 주말이 그냥 흘러갔다. 하지만 예전과 달리 차가운 오빠의 태도는 이제 완전히 굳어졌다. 집에 여동생과 둘만 있을 때 그는 자기 방문을 닫고 음악을 크게 틀었다. 마치 슬론에게 가까이 오지 말라고 경고하는 듯했다. 예전에는 저녁 식탁에서 언제나 조용한 편이었으나 이제는 시끄럽게 떠들면서 연어를 먹고 물을 마셨다. 슬론에게는 말을 걸지 않았다. 슬론은 나름대로 그 변화를 받아들여 그냥 무시하기로 했다. 게이브는 고민이 많았다. 부모에 대해 잠재적인 분노도 품고 있었다. 아버지가 원하는 학교에 지원하려고 노력하는 중이기도 했다. 슬론은 그가 파티장에서 동급생 남자애와 같이 있는 여동생을 본 기분이 얼마나 이상했을지 깨달았다. 어쩌면 그녀가 야한 장난을 치는 모습, 술을 마시는 모습, 제멋대로 구는 모습을 다 봤을 수도 있었다. 그건 정말 당황스러운 광경이었을 것이다. 게이브는 부모에게 착한 아들이 되려고 있는 힘껏 최선을 다하고 있는데, 슬론은 내키는 대로 행동하면서 반항하고 있다니. 오빠가 얼마나 분노했을지 상상이 갔다.

그녀는 그 뒤로 2년 동안 팀과 사귀었다. 그동안 오빠와의 관계가 점점 더 차갑게 변해간다는 사실은 알아차리지 못했다. 게이브는 대학에 들어갔다. 그래서 오빠를 자주 볼 수 없게 되었으므로, 관계의 변화를 쉽사리 간과해버렸다. 슬론은 점차 성숙한 여자로 자랐다. 날이 갈수록 더 당당해지고, 상대를 감질나게 하는 기술이 더욱 다듬어졌다. 같은 파티에 워낙 자주 참석했기 때문에 그녀는 여러 사람 앞에 내보이는 자신의 모습을 완벽하게 다듬을 수 있었다. 똑같은 파티라는 이유로 싫증이 나지는 않았다. 승마와 스케이트를 배울 때의 경험으로 같은 일을 반복하는 데에 나름대로 가치가 있음을 알기 때문이었다. 매일 밤 똑같은 광경이 펼쳐진다면 그녀가 파티장에서 최고의 여자가 되는 데에 더 이득이 될 터였다.

슬론의 부모가 밤 외출을 나간 상쾌한 봄날 저녁에 그녀는 밖에 나가 노는 대신 친구를 집으로 불렀다. 루카스는 아직 사람들에게 사실을 밝히지 않은 동성애자였다. 두 사람은 그녀의 집 옥상에서 보드카 앱솔루트 시트론을 병째 마시며 다른 집들의 굴뚝과 서늘한 밤공기를 닮은 별들을 바라보았다. 슬론은 루카스의 비밀을 아는 소수의 사람들 중 한 명이었고, 그가 자신에게 속내를 털어놓은 뒤 후련한 기분을 느낀 것을 이해했다. 옥상에 올라오니 안온했다. 저 아래 지상에서 그는 조각상 같았다. 걸어다니는 석상. 하지만 안에서는 끔찍하고 수치스러운 불길이 타오르고 있었다. 그는 자신의 욕망을 수치스럽게 여기지는 않았지만, 그 욕망에 어떻게 대처해야 할지 아직 알지 못했다.

그건 자신감의 문제인 것 같은데. 슬론은 이렇게 말하고 나서 그의 무릎에 한 손을 올려놓았다. 언제든 자기 자신에 대해 그냥 그 잘난 자신감을 갖는 게 세상의 전부인 것 같아.

루카스는 빙긋 웃고 보드카를 잔뜩 마셨다. 담배도 다 떨어졌고 밤도 깊었다. 집에 돌아온 부모가 술 취한 루카스를 보면 안 될 것 같아서 슬론은 이렇게 말했다. 우리 담배나 사러 가자.

두 사람은 오빠 게이브의 빨간색 사브를 몰고 파운드리지로 향했다. 슬론은 술을 조금 마셨기 때문에 도로에 정신을 집중하고 있었다. 루카스는 자기가 좋아하는 척하는 사람들 중에 진짜 싫은 사람이 많기 때문에 어딘가 이글거리는 태양과 야자수가 있는 곳에서 완전히 새로운 인생을 시작하고 싶다고 말했다. 관광객들이 많이 찾는 곳에 살면서 차체가 길고 낮은 컨버터블을 몰고 싶다는 말도 했다. 옥상에 있을 때 조금 흥분했던 루카스는 이제 술에 취한 기색이 역력했다. 바로 옆에 그녀가 앉아 있다는 사실을 모르는 사람처럼 목소리가 점점 높아지는 것이 증거였다.

야! 그가 소리쳤다.

뭐! 슬론이 말했다.

우리 롤러코스터 게임 하자! 그가 운전석 쪽으로 몸을 기울여 운전대를 자기 쪽으로 휙 꺾었다.

그녀는 운전대를 다시 움켜쥐고 그에게 그만두라고 소리를 질렀다. 그가 한바탕 웃음을 터뜨린 뒤 침묵이 내려앉았다. 슬론은 숨을 골랐다.

너 이게 무슨 짓이야? 그녀가 말했다.

그는 대답 대신 또 웃음을 터뜨리며 같은 짓을 되풀이했다. 슬론도 또 고함을 지르며 운전대를 휙 돌리다가 그만 지나치게 돌려버렸다. 차는 풀이 자라는 중앙 분리대를 향해 휙 방향을 꺾어 돌진하다가 노면이 움푹 파인 곳을 만나 붕 떠올랐다. 차가 공중에 있다는 사실을 그녀가 미처 깨닫기도 전에 와장창 하는 소리가 들렸다.

자신들이 아직 살아 있다는 사실을 깨닫는 데 조금 시간이 걸렸다. 한 순간일 뿐이지만 초현실적인 느낌이었다. 겨우 몇 초 사이에 두 사람의 인생이 평범한 것에서 하찮은 것으로, 하찮은 것에서 소중한 것으로 바뀌었기 때문이다. 그 몇 초 동안 차는 공중에서 한 바퀴 돌면서 3개 차선을 가로질렀다. 원래 왼쪽 차선에 있던 차가 지금은 인도 위에서 운전석 쪽을 아래로 한 채 비스듬히 기울어져 있었다. 차가 제멋대로 엉킨 뼈 더미로 변한 것 같았다. 두 사람은 안

전벨트가 자신들의 목숨을 구했음을 나중에 알게 되었다.

당장 내려. 슬론이 말했다.

루카스는 덜덜 떨고 있었다. 우리 살아 있어?

그래. 입 닥치고 당장 내리라고, 당장.

뭐?

네 가방 챙기고 당장 내려.

루카스는 시키는 대로 했다. 차가 흔들거렸다. 슬론은 루카스를 재촉해 빠르게 인도를 걸었다. 다리가 덜덜 떨렸다. 한 블록을 간 뒤 그녀는 루카스에게 가방을 열어 그 안에 있는 보드카 병을 어디 덤불 같은 곳에 던져버리라고 시켰다. 두 사람은 쿵 하는 소리를 듣고 차가 있는 곳으로 돌아갔다. 이미 경찰이 와 있었다. 경찰이 슬론의 진술을 듣는 동안 루카스는 무릎을 끌어안고 도로 턱에 앉아 있었다. 슬론은 경찰관들에게 물었다. 제가 차를 어떻게 하면 돼요? 어디로 가져갈까요?

학생, 차는 완파됐어. 경찰관 한 명이 말했다.

목구멍이 콱 막히는 것 같았다. 다른 경찰관이 웃음을 터뜨렸다. 그들이 그녀의 질문에 아직 대답하지 않았다는 생각이 들었다.

슬론도 루카스도 긁힌 상처 하나 없었다. 기적이었다. 경찰관들이 모두 그렇게 말했다. 슬론은 차를 빤히 바라보며 소리 내어 말했다. 완파.

두 사람은 병원에 가지 않았다. 부모들이 경찰서로 두 사람을 데리러 왔다. 아마도 상황 탓인지, 다이앤과 피터는 안도감을 느낄 수 없었다. 예를 들어, 슬론이 목에 깁스를 하고 병원으로 실려갔다면 안도감을 느꼈을지도 모르는데.

사고 그 자체보다 더 충격적인 것은 슬론의 가족 중 누구도 네가 살아서 다행이라는 말을 하지 않는다는 점이었다. 부모는 조용히 상황을 파악하려 했다. 아침에 어떤 일들을 처리해야 하는지 자기들끼리 작게 이야기했다. 정확히 말해서 두 사람이 화가 난 것은 아니었다. 슬론의 어머니는 비슷한 과거가 있는 사람답지 않게 침착했다. 그녀가 슬론을 가슴에 끌어안고 흐느끼는 일은 없었다.

하지만 슬론에게 가장 놀라움을 안긴 것은 게이브의 반응이었다. 게이브는 자기 차가 부서졌다고 화를 내며, 쓰레기를 보듯이 그녀를 바라보았다.

세월이 흐른 뒤 그녀는 바로 이 순간 자신의 인생에서 중요한 자리를 차지하고 있던 남자에게서 사랑받지 못한다는 느낌을 처음으로 받았음을 깨달았으나, 그 당시에는 이런 것을 미처 생각하지 못했다. 여러 면에서 자신이 행운아라는 생각이 먼저였다. 자신이 살아 있다는 것. 자신의 실수로 인해 가정 파탄이 일어나지는 않으리라는 것. 이 일을 재빨리 처리하고 치워버릴 수 있다는 것. 하지만 사고에도 놀라지 않았던 그녀가 오빠의 눈빛을 본 뒤에는 꼼짝도 할 수 없었다. 어쩌면 자신이 다치지 않았기 때문인지도 모른다는 생각이 들었다. 식구들은 만의 하나 그녀가 어떻게 됐을지 생각하고 싶어 하지 않는 거라고.

어느 시점부터 슬론은 '인기 많은 슬론', '파티를 좋아하는 슬론'이라는 새로운 이미지를 완전히 받아들이고 있었다. 이렇게 새로운 슬론이 된다는 것은 곧 그녀가 예쁘다는 뜻이었다. 실제로도 그녀는 예뻤다. 술을 마다하지 않고 사람들과 잘 어울리고 파티를 직접 열기도 하고 파티에 올 때는 그날 분위기에 딱 맞는 옷차림으로 딱 맞는 시간에 등장하는 여자. 남자들에게 작업을 걸기는 하지만 아무한테나 몸을 굴리는 걸레는 아닌 여자. 그건 곧 그녀가 멋지다는 뜻이었다. 하지만 멋진 여자, 섹시한 여자, 작업을 잘 거는 여자는 슬론 외에도 더 있었다. 그날의 사고, 오빠의 태도, 부모의 태도, 슬론 자신의 과거, 어떤 일에서도 최고가 되어본 적이 없다는 사실 등이 한데 어우러져 그녀에게 최고가 되고 싶다는 욕망을 불어넣었다. 남의 눈에 띄기 위해서는 한 분야에서 놀라운 존재가 되는 방법밖에는 없는 것 같았다.

그래서 그녀는 자신의 이미지를 '깡마르고 파티를 좋아하는 여자'로 맞춰 놓았다. 가장 예쁘거나 가장 작업을 잘 거는 여자는 아니더라도, 가장 깡마른 여자는 될 수 있을 것 같았다. 어머니도 틀림없이 좋아하실 터였다.

이 목표를 달성하기 위해 그녀는 스스로 식이장애를 일으켰다. 처음에는 거식증이었다. 그것이 가장 깔끔한 방법이라고 생각했기 때문에. 한동안은 효과가 있었다. 그녀는 아주 조금만 먹고, 운동을 많이 했다. 하지만 집에서 열린 추수 감사절 만찬이 문제였다. 하얀 식탁보 위에 차려진 최고급 요리들. 검게 구운 칠면조 날개와 그레이비소스와 고구마, 추수 감사절이면 식탁에 오르는 갈색과 크림색과 적갈색 요리들. 그때 처음으로 욕망이 그녀를 강타했다. 배가 터질 듯이 빵빵해진 것 같았다. 아, 어떡해, 이걸 빨리 빼내야겠어!

그녀는 화장실에 가서 목에 손가락을 넣었다. 그것이 화려한 명절 색깔의 폭포처럼 쏟아져나왔다. 물살이 점점 더 거세졌다. 그레이비소스. 크랜베리소스, 칠면조 고기 덩어리. 하얀 감자. 오렌지색 감자. 그녀가 잔뜩 처넣은 이것들이 나오고 있다는 사실이 짜릿했다. 가장 마음에 든 것은 고삐를 쥔 사람이 자신이라는 점이었다. 나중에 세월이 흐른 뒤 슬론은 가수 에이미 와인하우스가 폭식증에 대해 최고의 다이어트 방법이라고 말하는 것을 들었다. 왜 다들 그 방법을 쓰지 않죠? 이 말이 슬론의 생각과 공명했다. 내 인생에서 이것만큼 효과가 있었던 게 없어. 쉬울 뿐만 아니라 심지어 자연스러운 일인 것 같았어. 그녀는 이렇게 생각했다.

그때부터 식이장애는 그녀의 비밀 친구가 되었다. 거식증과 폭식증을 한꺼번에 앓는 데서 그치지 않고, 그런 사람들 중 단연 최고가 되었다. 그녀는 전략적이고 깔끔했으며 아는 것이 많았다. 예를 들어, 제대로 씹지 않고 삼킨 음식을 토할 때가 최악이라는 사실을 그녀는 알고 있었다. 스테이크 덩어리가 나무토막처럼 목구멍을 타고 올라오는 느낌. 아이스크림도 문제였다. 너무 부드러워서 액체처럼 올라오기 때문에 뭔가를 몸에서 빼낸다는 느낌이 들지 않았다. 위벽에 그것이 조금도 달라붙어 있지 않다고 확신할 수 없었다.

물론 타이밍도 중요했다. 인생의 모든 것은 타이밍인데, 토하는 일도 예외가 아니었다. 음식을 먹은 직후에는 아무 것도 올라오지 않는다. 억지로 토하려고 해봤자 목구멍만 상할 뿐이다. 너무 늦게 토하면 먹은 음식의 꼬리만 올라온다. 연한 황갈색 액체로 손가락이 미끌미끌해져도 성과는 하나도 없다. 너무 일찍 토하면 몸이 아직 준비되지 않아서 지나치게 시끄러운 소리가 난다. 토할 때는 자신의 몸과 협력해야 한다. 몸을 거스르면 안 된다. 토하는 과정을 존중해야 한다.

매일 아침 그녀는 거의 음식을 먹지 않기를 소망했다. 팬에 구운 닭가슴살, 오렌지 하나, 레몬수 정도만 먹기를. 하지만 계획이 실패해서 땅콩 M&M이나 누군가의 생일 케이크를 한 조각 먹으면, 그녀는 실패를 받아들이는 동시에 받아들이지 않았다. 화장실에 가서 물을 두 번 내려 토한 흔적을 깨끗이 지우고 다시 돌아와 대화에 참여했다.

효과적인 방법이었다. 대체로. 필드하키 성적은 떨어졌지만. 9학년 때 그녀는 상당히 진지한 자세로 운동장에서 뛰어다녔지만, 10학년 봄에는 너무 말라서 간신히 주전 선수에 들었다. 학교 성적도 전체적으로 영향을 받았다. 그녀는 숙제도 하지 않고 수업 시간에 집중하지도 않았다.

식구들은 그녀의 달라진 몸매와 새로운 습관에 대해 질문을 던지지 않았다. 어머니가 '왜 스스로를 죽이려고 드는 거니?'라는 말 대신 그나마 비슷하게 한 말이라고는 '왜 화장실 물을 그렇게 여러 번 내리는 거니?'가 고작이었다.

하지만 그것은 그 자체로서 잔혹한 질문이었다. 슬론에게는 자신의 더러운 비밀이 탄로나는 것만큼 끔찍한 일이 없었다. 그때도 그 이후에도 그녀 주위에는 스스로 비밀을 밝힌 사람이 몇 명 있었다. 나는 음식을 마구 먹어댄 다음에 전부 빼냈어, ㅎㅎ. 이런 식으로. 하지만 슬론에게 그 비밀은 더러운 것이었다. 그것을 밝힌다면 다른 사람들이 그녀의 머릿속을 들여다보고, 그 안에 들어 있는 욕구와 두려움을 알아차릴 것이다. 그녀는 두 번 물을 내렸다. 세 번 내렸다. 항상 껌을 가지고 다녔다. 언제 어디서 그걸 할 건지 주의를 기울였다.

그녀는 화장실 변기보다 세면대를 더 좋아하게 되었다. 변기에서 토하다보면 진짜 폭식증 환자가 된 것 같았다. 토하는 데 능숙해져서 기술이 좋아졌다 해도, 슬론은 아직 스스로 폭식증 환자임을 부정하는 단계였다. 게다가 세면대 옆에는 쓰레기 처리기가 있을 때가 많았다. 그녀가 가장 좋아하는 것은 텔레비전 방 근처의 반신욕실에 있는 처리기였다. 식구들이 텔레비전을 보고 있을 때는 다른 곳으로 가야 했지만, 그렇지 않을 때는 저녁 식사를 마치자마자 그곳 세면대로 갔다. 다른 식구들이 상을 치우거나 아직 이야기를 하고 있을 때. 식구들은「제퍼디!」처럼 진통제 역할을 하는 게임 프로그램이나 슬랩스틱 코미디를 좋아했다. 영화「에어플레인!」을 보는 것이 아버지에게는 어렸을 때의 가정 교육을 최대한 거스르는 행동이었다. 슬론은 화면에서 흘러나오는 웃음소리가 들리면 자신이 가장 좋아하는 세면대를 슬픈 눈으로 바라보며 그 앞을 지나 2층 욕실로 갔다.

아주 오랫동안 누구도 슬론에게 무릎이 후들거릴 만큼 예리한 질문을 던지지 않았다. 그녀에게 굴욕을 주지 않았다. 사실 그녀는 항상 껌과 칫솔을 가지고 다녔으며, 그 일을 마친 뒤 물기로 번들거리는 눈을 보송보송하게 만드는 법도 알고 있었다.

하지만 그녀는 비밀이 들통나지 않은 것을 다행이라고 생각하면서도, 왜 아무도 자신에게 사실을 들이대지 않는지 이해할 수 없었다. 주위의 수많은 사람들 중 뭐라도 한마디 한 사람은 두 명뿐이었다. 친구 잉그리드와 잉그리드의 어머니. 슬론과 잉그리드가 열여섯 살일 때, 햇빛이 화창한 어느 봄날 오후에 잉그리드 모녀와 슬론은 잉그리드의 집 거실에 함께 있었다. 그때 잉그리드의 어머니가 말했다. 슬론, 너 무슨 일 있니? 몸이 아주 빼빼 말랐어. 슬론은 평소 남들에게 대던 핑계를 댔다. 음식을 많이 먹는데도 살이 찌지 않는다, 어떻게 된 건지 모르겠다, 아마 신진대사율이 높은 것 같다. 그녀는 항상 뭔가를 먹는 척했다. 그런 흉내를 위한 믿을 만한 요령도 여러 가지 알고 있었다. 누군가의 집에 갔을 때는 방금 햄버거와 감자튀김을 먹어서 배가 꽉 찼다고 말했다. 그러면 아무도 그녀에게 뭘 좀 먹겠느냐고 묻지 않았다. 음식을 피할 수 없을 때는 접시 위의 음식을 이리저리 옮기며 칼로리가 높은 소스를 접시 사방에 묻힌 뒤, 가장자리에 두었던 빵으로 소스를 닦아냈다. 음식을 아주 작게 자른 뒤 포크를 허공에 들고 있기도 했다. 그러면 열심히 음식을 먹는 것처럼 보였다. 그러면서 끊임없이 음료수를 마셨다. 생수, 다이어트 콜라, 차, 커피. 그녀는 항상 손에 마실 것을 들고 있었다. 잉그리드는 자주 이렇게 물었다. 왜 그렇게 항상 뭘 마셔? 왜 항상 커피, 주스, 물을 마시는 거야? 음료수를 그렇게 많이 마시는 이유가 뭐야, 슬론?

슬론이 가장 친한 친구에게도 해줄 수 없는 말, 그녀가 던진 질문의 답은 배가 고파 죽겠다는 거였다.

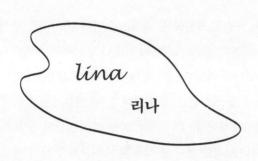

lina

리나

무어스빌 144번 도로변의 주유소는 대개 밤이면 문을 닫지만, 신용 카드가 있으면 주유기를 사용할 수 있다. 그가 호텔을 떠난 뒤 그녀는 두 번 다시 그를 만날 수 없을 것이라고 생각했다. 그를 만날 때마다 그녀는 이번이 마지막이라고 확신하기 때문에 내내 고통스럽다. 원래 그 순간을 즐겨야 마땅한데도, 자신이 천천히 조용하게 죽어가고 있다는 느낌이 모든 것을 압도한다.

두 사람은 그녀의 차 안에 앉아 있다. 이 차가 더 크고 새것이기 때문이다. 그가 워낙 미남이라서 그녀는 앞으로 영원히 누가 또 저 잘생긴 얼굴을 보게 될지 걱정하며 살게 될 것 같다. 그녀는 용기를 내서, 페이스북에서 사진으로 본 적이 있는 그의 아내에 대해 몇 가지 질문을 던진다. 리나는 그의 아내가 자신보다 더 예쁘다고 믿고 있다. 최소한 딸을 낳기 전에는 틀림없이 리나보다 예뻤을 것이다.

228

아이를 낳은 뒤 그녀는 살이 좀 쪘지만 여전히 섹시하다.

주유기의 초록색 불빛을 받으며 리나는 에이던에게 에드에 대해 이야기한다. 자신이 그 집을 나오거나 에드를 내보내려고 준비 중이라고. 만약 에이던이 자신을 받아준다면 내일이라도 그렇게 할 것이라고 분명히 말한다. 자신이 에드를 얼마나 싫어하는지 말한다면 에이던도 자신의 아내에 대해 말해줄 것이라는 소망이 있다.

리나는 또 생리 중이라서 그의 시선을 받으며 그의 바지 지퍼를 내려 입으로 해주기 시작한다. 입으로 끝까지 해주는 것은 처음이다. 에드는 그녀가 조금 빨아주고 나면, 그녀의 입이 자신의 그 부위에 닿아 있는 것이 불편한지 그녀를 위로 끌어올려 그대로 성관계를 시작한다.

그러나 에이던과 함께 있는 지금 그녀는 멈추고 싶지 않다. 그를 기분 좋게 해주고 싶다. 누군가를 입으로 사랑해주는 것이 무엇인지 그녀는 처음으로 이해한다.

이렇게 좋은 건 처음이야. 그녀가 그에게 말한다. 세상에.

게다가 그가 너무나 좋아한다. 세상에. 그가 정말로 좋아한다는 것을 그녀는 확실히 알 수 있다.

아, 젠장, 이 여자야. 그가 속삭인다. 젠장, 너 때매 미치겠어. 젠장, 리나. 씹, 리나. 더 해줘, 젠장.

'씹'이라는 말은 괜찮지만, '젠장'은 그녀의 귀에 거슬린다. 그래도 그녀는 그 말을 잊어버리기로 하고, 이 순간의 모든 것을 좋아하기로 한다. 자신의 입에 들어와 있는 그의 성기, 자신의 모든 것인 이 남자를 기분 좋게 해주고 있다는 이 찬란한 기분을 생생하게 느끼기로 한다.

그가 곧 절정에 이른다. 그의 것은 정말 굉장한 맛이다. 그녀가 맛본 다른 남자는 두 명뿐이지만, 누구도 이 맛을 내지 못했다. 둘 다 시큼할 뿐이었다. 둘 중 한 명은 오래된 양상추 맛이었다. 그래서 다시는 해주고 싶지 않다는 생각이 들었다.

그가 절정에 도달한 직후, 그녀에게 심한 통증이 찾아온다. 에이던은 알아차리지 못했는지 곧장 지퍼를 올리기 시작한다.

그래, 가려면 가. 그녀가 거칠게 말한다.

그가 멈칫하더니 양손으로 그녀의 얼굴을 감싼다. 그리고 이건 단순한 섹스 이상이었다고 그녀를 달랜다. 자신은 바람둥이가 아니라는 말도 한다. 이런 놀라운 말로 그녀의 귀를 가득 채워준다. 두 사람이 처음으로 나눈 진짜 어른의 대화다. 그는 술에 취하지 않았다. 그가 직접 말하고 있다! 그녀의 통증이 다시 사라진다. 전에 호텔에서 그랬던 것처럼. 그때 이후 처음으로 심한 통증이 사라졌어. 그녀는 나중에 친구에게 이렇게 말한다.

이런 손길과 애정을 그녀가 얼마나 갈망했는지. 그녀는 커다란 성기가 그리웠다! 그런 성기를 많이 만나보지는 못했다. 어렸을 때부터 가톨릭 신자였고 지금도 가톨릭 신자인 그녀는 신앙을 되찾는 중이라느니 하는 말을 우스갯소리로 던질 수 있는 성격이 아니지만, 자신의 욕망에 대해서도 잘 알고 있다.

그가 항상 일만 하느라 미치겠다고 말한다. 모두 딸들을 위해 하는 일인데, 딸 하나는 한 살이고 다른 하나는 네 살이라고 한다.

리나는 그에게 뭐라고 대답해야 할지 몰라 애를 먹는다. 보통 말이 거의 없던 그가 지금 이야기를 하고 있다. 조용하던 사람들이 입을 열면 온 세상이 귀를 기울이는 법이다.

마침내 그가 말한다. 패리시 부인, 우리가 만나서 이런 짓을 하는 걸 이제는 그만둬야 돼.

리나는 그를 죽이고 싶어진다. 그의 속을 짓이겨버리고 싶다. 그녀를 패리시 부인이라고 부르다니. 자신이 아무 것도 아닌 것 같은 기분이 들게 하다니. 아니, 그가 아닌 다른 사람에게만 의미 있는 존재인 것 같은 기분이 들게 하다니.

에이던, 난 우리가 하는 일을 '이런 짓'이라고 말하지 않을 거야.

그가 빙긋 웃는다. 그래, 그 말이 옳은 것 같다, 꼬맹이.

에이던?

응? 있지, 내 말은, 난 너한테 상처를 주고 싶지 않아.

'너한테 상처를 주고 싶지 않다'는 이 말을 문자 그대로 해석하면 '너랑 섹스를 하고 싶기는 한데 너를 사랑하지는 않는다'는 뜻임을 리나는 알고 있다. 마음 한 구석에서는 이 뜻을 이해하면서도, 이 말을 온전히 믿을 수가 없다. 너무나 오랫동안 죽어 있던, 또는 서서히 죽어가던 그녀가 이제야 생기를 되찾았으니까.

그는 담배를 찾으려고 그녀의 가방을 뒤지다가 클로나제팜°을 발견한다. 그는 담배를 피우지만 그녀는 피우지 않는다. 그가 약병을 들고 그녀에게 이것이 무엇이냐고 묻는다. 술은 마시지만 약은 하지 않는 사람 같은 말투다.

° 간질약.

내가 먹는 진정제야. 그녀가 수줍어하며 말한다.

너 때문에 그 약을 먹는다는 말은 하지 않는다.

나중에 그녀는 그를 잃어버리지 않기 위해 자신이 반드시 해야 하는 일들을 다른 여자들에게 말한다.

그 사람을 너무 보고 싶어요. 그녀가 말한다. 하지만 앞으로도 항상 아무렇지 않은 척, 그 사람을 만나든 안 만나든 상관없는 척 할 거예요. 그날 밤 그 주유소에서 그 사람이 나한테 아주 많은 걸 물었어요. 내가 무엇을 원하는지, 왜 자기를 만나고 싶어 하는지. 내가 속을 털어놓았더니 그 사람은 몇 번이나 이렇게 말했어요. 난 너한테 상처를 주고 싶지 않아. 그러니까 여기서 그만두는 게 맞는 것 같아. 그래서 이제 나는 우리가 만나든 안 만나든 상처받지 않는 척 행동해야 한다는 걸 알게 됐죠. 그게 그 사람이 날 계속 만나는 이유 중 하나예요. 내가 반드시 그 사람을 만날 필요는 없다는 것. 내가 가짜로 그런 척 한다는 걸 그 사람이 안다 해도 마찬가지예요. 진실을 말하자면, 나는 그 사람을 다시 못 만나게 되는 걸 참을 수가 없어요. 일요일에 그 사람을 만나면 천국에 있는 것 같은 기분이고, 월요일에도 상당히 기분이 좋아요. 하지만 수요일쯤에는 아프기 시작하죠. 목요일에는 나의 일부가 이미 죽은 뒤예요.

그날 밤 차 안에서 리나는 세차게 고개를 흔든다. 아냐, 아냐, 너 때문에 상처받은 건 없어. 그녀는 용감하게 미소 짓는다. 네가 나한테 상처를 줄 리가 없잖아, 바보야!

그래도….

쉿. 그녀가 손가락을 그의 입술에 대며 말한다. 이건 아주 오래 전부터 하고 싶던 행동이다.

에이던이 일 때문에 세인트루이스에 가 있던 어느 날 밤. 리나는 에드와 함께 거실에 있다. 그녀는 델라, 대니, 옆집 아이들과 함께 그 날 하루를 기분 좋게 보냈다. 또한 섹스를 긍정적으로 생각하고 싶어서 인근 성당에서 '가톨릭은 섹스를 좋아해'라는 제목으로 열리는 세미나에도 나가고 있다. 세미나 장소인 성당 지하에서는 영성체 때 쓰이는 성체와 오래된 물 냄새가 난다. 이 세미나에 참가한 사람들은 모두 대학생이고, 성인 여자는 리나뿐이다. 세미나를 진행하는 신부의 나이도 리나보다 어리고, 사회자는 십 대 소녀다. 구석에 앉아 있던 키 큰 여학생이 매일 악마가 섹스로 사람들을 유혹한다고 말하자 사회자가 묻는다. 오늘날 우리는 어떻게 해서 섹스에 대해 알게 되죠? 리나가 손을 들고 말한다. 가족을 통해서요. 대학생 아이들 전원이 완전히 틀린 답이라는 듯이 앉은 채로 발을 움직인다. 사회자가 말한다. 네, 좋은 대답이네요. 또 다른 분? 그러자 거의 모든 참석자가 말한다. 대중 매체. 대중 매체를 통해서 배워요.
리나는 파르르 화를 낸다. 자신만 동떨어져 있는 것 같다. 그녀는 에이던의 힘센 손을 떠올리고는 자리에서 일어나 중간쯤 진행된 세미나실을 나와서 집으로 돌아간다. 여기에 갇혀 있다는 느낌이 들 때조차 이곳은 그녀에게 집이다. 거실에서 그는 페이스북에 접속한다. 에드는 60센티미터쯤 떨어진 곳에서 텔레비전을 보며 뭔가를 마시고 있다. 그녀가 집을 나설 때 그가 마시던 것과 같은 맥주인 것 같다. 알 게 뭔가. 대학생처럼 파란 화면의 페이스북이 열린다. 숨이 목구멍에서 막힌다. 에이던이 접속해 있다!

안녕, 덩치. 그녀가 화면에 이렇게 입력한다. 그리고 화면이 가려지게 자세를 바꾼다. 에드를 한 번 보았다가 다시 시선을 돌린다.

안녕, 꼬맹이.

어쩌다 보니 두 사람의 관계가 여기까지 왔다. 그가 손가락 하나 까딱하지 않아도 그녀는 알아서 장문의 메시지 세 통을 보내, 지금 자신이 그와 함께 있다면 어떻게 사랑을 나눌 건지 묘사한다. 자신이 그의 이성을 완전히 날려버릴 것이라고 말한다.

내가 나타나면 네가 나를 가까이 끌어당기지. 둘 다 아무 말도 안 해. 네가 내게 키스하면서 혀를 내 입 속으로 미끄러뜨리고, 우리는 그렇게 한참 동안 서로의 맛을 보다가, 네가 내 셔츠를 머리 위로 천천히 벗겨내. 바지도 벗기고 일어선 너는 내 젖가슴에서 움직임을 멈추고 입으로 빨아대지. 그러면 나는 네게 날 안아서 눕히라고 해. 넌 아주 힘이 세니까. 너는 나와 눈을 마주친 채로 너의 그것을 천천히 내게 문질러 그곳을 촉촉하게 만들어.

그렇게 계속 나와 눈을 마주한 채로 너는 내 안으로 들어와서, 우리의 첫날밤에 그랬던 것처럼 그 놀라운 리듬으로 움직이기 시작해. 얕게 세 번 깊게 한 번, 얕게 세 번 깊게 한 번. 네가 깊이 들어올 때마다 나는 헉 하고 숨을 삼키면서 네 귓가에 속삭여. 멈추지 말고 계속하라고. 너는 양팔로 나를 감싸서 더욱 더 꼭 끌어안으며, 점점 빨리 움직이기 시작해. 나는 네게서 내 팔다리를 떼고 몸을 뒤집어 너와 자리를 바꾸지. 그동안 내내 너는 내 안에 깊숙이 들어와 있는

234

상태야. 이제는 내가 네 위에 올라가 있고, 너는 여전히 나를 꼭 끌어안은 채 너의 그 멋진 입으로 내게 열정적인 키스를 해. ;)

나는 허리를 세우고 네 몸 위에 앉아서 위아래로 왔다갔다 해. 나의 그곳이 워낙 젖어 있거든. 네가 어찌나 기분 좋은 얼굴인지 몰라. 이제 너도 일어나 앉았기 때문에, 나는 네 무릎 위에 있어. 너는 내 입술을 끌어당겨 키스한 뒤, 다시 내 젖가슴을 빨아. 내가 점차 지친 기색을 보이니까 너는 여전히 내 안에 들어와 있는 채로 나를 돌려 눕히고 쿵쿵 움직이기 시작해. 얼마나 멋진지 나는 몇 번이나 네 이름을 큰 소리로 불러. 아니면 내가 소리를 지르고 싶은 것을 참고 조용히 하려고 노력할 수도 있을 거야. 난 네가 원하는 거라면 무엇이든 하니까. 네가 속삭이듯 내 이름을 부르는 것도, 나와 함께 절정에 오르며 네가 낮게 신음하는 것도 정말 좋아. 우리의 오르가슴이 어찌나 격렬하고 강렬한지. 네가 내 안에 사정한 것이 나를 가득 채우고, 너는 다른 누구와 할 때보다도 더 좋아해. 기운이 다 빠졌지만 행복한 기분으로 나와 함께 늘어진 너는 계속 내 눈을 들여다보면서 거부감이 없는 열정적인 키스를 여러 번 해. 우리가 처음으로 함께했던 그날 밤처럼.

에이던은 몹시 좋아한다. 그는 그녀에게 절정에 올랐느냐고 묻는다. 그리고 사진을 보내달라고 요구한다. 하지만 60센티미터 떨어진 의자에 에드가 앉아서 리모컨을 누르고 있다. 그녀는 사진을 찍을 수도 보낼 수도 없다고 에이던에게 말하지만 그는 계속 요구한다. 그녀는 계속 안 된다고 한다.

그래, 너한테 하기 싫은 일을 강요하고 싶지는 않아.

그리고 짜증스러운 메시지가 뒤를 잇는다. 나를 절정에 도달하게 해주겠다고 네가 먼저 나섰어!!! 사진이 있으면 도움이 되겠지.

리나는 그가 기분이 내킬 때만 자신을 이용하는 것 같다는 생각이 들기 시작한다. 자신이 몸 파는 여자가 아니라는 사실을 그에게 말해두어야 할 것 같아서 그녀는 이렇게 쓴다. 에이던, 난 아무하고나 자는 사람이 아니야. 특별히 너니까 그러는 거야. 반드시 감정적으로 끌리는 사람이어야지. 내가 널 어떻게 생각하는지 알잖아. 너는 나한테 같은 감정을 품고 있지 않겠지만.

K.

그의 답장은 이것이 전부였다. 그녀는 가슴이 덜컹 내려앉았다.

토론 그룹에서 에이던과의 이야기를 본격적으로 시작하기 전에, 리나는 남편의 행동 때문에 자신이 무너졌음을 사람들에게 일깨운다.

말이 돼요? 그녀는 사람들을 한 명씩 바라보며 묻는다. 날 좀 만져달라고 애원하는 게? 더구나 날 영원히 사랑하겠다고 서약한 남자한테?

그녀는 그날 밤에 대해 이야기한다. 에드가 그녀에게 손을 대지 않은 지 꼬박 석 달이 되던 날이었다. 두 사람은 킹사이즈 침대에 나란히 누워 있다. 미닫이문 밖에는 깨끗한 마당이 어둠 속에 잠들어 있다. 위층에서는 아이들이 자고 있다. 그는 그녀가 오늘밤까지 날짜를 헤아린 것을 모른다. 만약 지금이 마법의 시대라면, 자정을 알리는 시계 소리와 함께 운명의 순간이 되어 자주색 마당의 모든 나뭇가지에 앉아 있던 올빼미와 쏙독새가 모두 두 사람을 주시하며 지켜볼 것이다. 침대 옆의 디지털시계에서 자정을 알리는 숫자가 유령 같은 네온 검으로 허공을 가르는 순간 리나의 커다란 회청색 눈이 천천히 떠지는 것을 그들이 볼 것이다.

남편이 그녀에게는 전혀 닿지 않은 채로 뒤척이는 것이 느껴진다. 그의 손이 그녀의 창백한 어깨를 스치지도 않고, 그녀의 부드러운 금발과 쇄골 사이에 그의 입술이 닿지도 않고, 예전과 달리 날씬해진 허리 아래의 둔덕과 탄탄한 곡선을 그리는 골반뼈에 그의 손바닥이 닿지도 않는다. 몸에 아무 것도 닿지 않는 그 서늘함이 온몸의 피부에서 살살이 느껴진다. 그가 그녀와 사랑을 나누지 않은 석 달 동안, 아니 심지어 옆구리를 한 번 찔러보지도 않은 그 석 달 동안 그녀는 매일 밤낮으로 이런 기분을 느꼈다. 에드가 돌아눕는다. 리나는 천장을 물끄러미 바라보다가 눈을 감는다. 속이 부글부글 끓는다. 오늘밤까지는 속이 부글부글 끓는다는 말을 정확하게 이해하지 못했다. 모든 것을 집어삼키는 분노와 통증이 아주 흡사하게 느껴질 수 있다는 것을 이해하지 못했다.

그는 감각을 불쾌하게 여긴다.

그녀와 침대를 함께 쓰는 남자는 11년 동안 그녀에게 프렌치 키스를 한 적이 없다. 그녀가 요구한 것이 몇 가지 되지도 않는데. 그녀는 자신감이 넘치던 상담사의 밝은 눈과 말을 떠올린다. 음, 그건 괜찮아요. 정상적인 일이에요.

리나는 두 사람 다 싫다.

그녀는 눈을 꼭 감고, 그의 얼굴을 주먹으로 때려 망가뜨리는 상상을 한다. 마당에 있는 모든 올빼미와 벌레 축복을 받아 완전히 묵사발로 만들 것이다. 그래서 그의 하얀 베개를 뒤돌아보면, 잠들어 있는 그의 머리 대신 분홍색 뼈로 이루어진 스톤헨지가 보이게.

다음 날 아침 억수 같은 비가 창문을 비스듬히 두드려댄다. 리나가 살고 있는 이 신개발 단지가 저 멀리 흠뻑 젖은 잔디밭과 회색 풍경 속으로 영원히 이어져 있는 것 같다.

리나가 말한다. 내가 오븐을 켰던가?

그녀는 오븐을 눈으로 확인하고 말한다. 켰네. 됐어.

남편이 아내에게 거의 손을 대지 않는다면. 아내에게 지나치게 치근덕거리는 남편이 골든레트리버를 위한 전기 울타리에 대한 글을 읽으려고 애쓰는 아내의 손을 잡아 자기 사타구니에 갖다 댄다면. 남편이 아내의 팔을 만지는 시간보다 게임을 하는 시간이 더 많다면. 아내가 아직 식사를 끝내지 않았는데도 아내의 접시에 남은 빵을 먹어버리는 사람이 남편이라면. 아예 남편이 없다면. 남편이 죽었다면. 아내가 죽었다면. 아내가 남편의 성기를 먹기는 싫지만 그렇다고 버리기도 그런, 먹다 남은 고깃조각처럼 바라본다면. 아내가 임신 말기에 유산한 뒤 예전과 다른 사람이 돼서 남편에게 등을 돌리거나, 다른 사람과 이메일을 주고받는다면. 리나와 함께 있으면 사람들은 반드시 자신의 삶에 없는 것들을 모두 떠올리게 된다. 자기 혼자로는 온전하지 않은 듯한 기분이 들기 때문이다.

리나가 말한다. 대니, 너겟이 익는 모습을 보고 싶어? 그녀가 오븐의 불을 켜주자 대니가 달려와 구경한다. 리나는 웃음을 지으며 큰소리로 말한다. 아이들은 사소한 일에도 주의를 빼앗기지. 그런 사소한 일들을 하루에도 천 개쯤 찾아낼 수 있어.

대니가 탁자 위의 초대장을 집어 든다. 셀로판으로 포장해서 파란 리본을 묶은 쿠키다. 쿠키 위에 파란색으로 다음과 같은 글자가 매끈하게 장식되어 있다. '원더랩에서 열리는 콜의 생일 파티에 와 주세요!'

어머, 멋지구나. 리나가 비꼬듯이 말한다. 콜의 엄마는 너어어어무 부지런하네.

그녀는 쿠키 초대장을 작은 탁자 위에 놓는다.『아내가 하면 안 되는 일과 남편이 하면 안 되는 일』이라는 작은 책이 바로 옆에 있다. 1950년대에 가정에서 아내와 남편이 지켜야 할 규칙들을 이야기한 유머 책이다.

너겟이 다 익어서 밖으로 나온 뒤, 대니는 연인의 구애를 거절하는 프랑스 여자처럼 접시를 밀어버린다.

그럼 먹지 마! 리나가 말한다. 너 그 너겟 먹지 마!

리나의 어머니가 이런 방식으로 대니에게 음식 먹는 법을 가르쳤다. 리나는 이 방법을 좋아하지 않지만, 오로지 이 방법만 통할 때가 가끔 있다.

대니, 아가야, 우유 마셔. 리나가 말한다. 대니가 알아들을 수 없는 말을 몇 마디 중얼거린다. 대니의 언어는 레고 블록처럼 단위 별로 끊어져 있고 발음이 뭉개진다. 하지만 리나는 이 언어를 아주 잘 알고 있다.

쿠키가 먹고 싶구나. 안 돼, 너겟부터 먹어야지.

밖에서는 천둥처럼 큰 소리를 내며 비가 내린다. 이곳 광활한 인디애나에서는 땅과 건축 자재가 그리 비싼 편이 아니기 때문에, 주택들이 큼직큼직하다. 생생한 잔디밭과 아이들 놀이방과 나무 위의 집과 그네도 있다.

음식은 꼭 다섯 번씩 꼭꼭 씹어서 먹어야 돼. 너도 알지?

디저트로 리나는 딸기를 얇게 썰어서 내놓는다. 마침 크리스마스 즈음이라 그녀는 캐롤 「더 뉴본 킹」을 부른다. 집 안에는 리나의 목소리뿐이다. 높은 의자에 앉은 대니가 몸을 움직이자 커다랗게 삐걱거리는 소리가 이 순간을 가른다.

리나는 하루 종일 집에만 있다보면 갑갑하기 짝이 없어서 드라이브를 많이 한다. 대니가 음식을 실컷 먹고 나면, 리나는 겨울 재킷도 입지 않고 밖으로 나가 아이를 뒷좌석에 태운 뒤 자신도 차에 오른다. 혹시 차가 고장 나서 집까지 걸어와야 하거나 세상의 종말이 찾아올 때를 대비해서 간단한 먹을거리와 두툼한 옷도 챙긴다. 차고에서 커다란 차에 시동을 걸면 차 아래의 땅바닥이 진동한다. 이 주택 단지가 엄청나게 조용하기 때문에, 마치 거대 괴물이 깨어나는 것 같은 느낌이 든다.

뒷좌석에 잠든 대니를 태우고 리나는 황량한 겨울 벌판을 몇 에이커나 달린다. 빽빽한 숲속으로 구불구불 뻗어 있는 적갈색 도로들도 지나간다. 리나는 대개 중심 도로를 벗어나지 않지만, 가끔 뒷길로 들어가 빗속에서 어두운 색 수프처럼 보이는 자연 보호 구역을 통과한다. 한편에는 진흙탕 물이 흐르는 강이 있고, 반대편에는 사람들의 발길이 많이 닿은 농경지와 쓰러진 나무들이 있다. 버터색 줄기들이 바람 속에서 고장 난 풍차처럼 돌아간다. 인디애나에서도 오지에 속하는 곳인데, 멀리 전깃줄들이 보인다.

로라 박사의 목소리가 라디오에서 나온다. 리나는 바로 조금 전 친구에게 너무 힘들다고 말한 참이다. 내장들이 몸속에 얌전히 있으려고 하지 않는 것 같은 기분이라고. 로라 박사는 어떤 여자에게 마음을 추스르고 더 이상 이기적으로 굴지 말라고 말한다. "구애하던 관계가 점점 스러진 것이 완전한 재앙이었습니다. 우리는 영원히 어른이 되기를 피하거나, 자신의 안녕에 대한 감각이 없는 사람들이에요. 누군가 다른 사람을 위해 살지 않으면 우리 삶에 아무 의미가 없습니다. 게다가 우리 아이들도 힘들어합니다. 옛날에 우리는 모성이 사과 파이처럼 미국적인 것이라고 생각했지만, 이제는 그렇지 않습니다. 여성들이 어머니로서의 책임감을 벗어버리고…."

리나처럼 소도시에 사는 사람들은 바람을 피우지만 않으면, 가족을 버리고 집을 나가지만 않으면 착한 사람이라고 생각한다. 리나의 정신이 무너진 것은 아무도 그녀에게 관심이 없기 때문이다. 아무도 죽지 않았으니 사람들은 그녀에게 관심을 보여주지 않는다. 리나는 숨이 막히는 것 같다. 매일매일 두 아이를 돌봐야 한다. 만약 아이들에게 무슨 일이 생긴다면 그녀는 죽을 것이다. 하지만 그와 동시에 아이들은 무거운 부담이기도 하다. 아이들을 돌보며 그녀는 외로움을 느낀다. 스스로 자신을 돌보며 외로움을 느낀다. 이렇게 오만가지 것들에 신경을 쓰는 생활을 그만두고만 싶다. 이 집을 싹불에 태워버릴 수 있다면 좋겠다. 남편이 자신을 만져줘서 다시 살아 있다는 기분을 느낄 수 있다면 좋겠다. 그녀는 친구에게 이런 이야기를 해보려고 했다. 도움을 청해보려고 했다. 어머, 리나! 친구는 웃음을 터뜨리며 이렇게 말했다. 기분이 엉망인 게 당연하지. 유부녀인데!

리나는 대부분의 일을 잘 기억하지 못하지만, 그녀가 정한 석 달이 되던 날 밤만은 기억한다.

그녀는 그 전까지 매일 밤 잠자리에 들면서 이런 생각을 했다. 오늘밤에 당신이 날 만져야 할 거야. 뭐든 시도해봐야 할 거야.

당신 아내를 만져줘야지.

텔레비전 시트콤에서 그녀는 여자들이 머리가 아프다며 남편을 밀어내는 모습을 본다. 하지만 리나는 그 여자들과는 반대로 에드에게 가까이 다가가 그의 하반신과 자신의 하반신 사이에 열기를 피워보려고 애쓴다.

리나는 자동차 창문 밖을 바라보며, 매일 46번 도로를 달릴 때 지나치는 커다란 농경지가 누구의 것인지 궁금해한다. 아주 오래 전부터 그 땅이 놀고 있기 때문에, 보이는 것이라고는 간혹 눈에 띄는 호박색 옥수숫대뿐이다. 차가운 땅에 '사유지 출입 금지'라는 팻말이 꽂혀 있다.

옥수숫대는 점차 상업 시설에 자리를 내준다. 파란색 마라톤 주유소가 담배를 판다. 중심 거리에서 리나는 시청 앞을 지난다. 신문 판매대보다 작지만 석회석으로 튼튼하게 지은 건물이다. 지붕이 평평한 이런 건물들은 모두 석회석으로 지어져 있다. 인디애나가 석회석의 세계 수도이기 때문이다. 리나의 집으로 이어지는 도로변의 석회석 회사가 돌을 재단해서 9·11 이후 국방부 건물의 재건을 도왔다. 지금은 한겨울이라 모든 것이 앤초비와 거름 색깔이고, 저 멀

242

리 솟아 있는 나무들은 해골처럼 앙상하다. 인근 교회는 다음 주에 칠리 요리 콘테스트를 열 예정이다. 차가운 계단에 분홍색 드레스 차림의 여자 하나가 서 있다. 여자의 하얀 모자에는 파스텔색 천으로 만든 꽃들이 리본처럼 빙 둘러져 있다. 석회석으로 지은 우체국, 석회석으로 지은 꽃가게, 석회석으로 지은 화폐 전문점. 이 석회석 화폐 전문점과 작고 납작한 석회석 시청 사이에 샌드위치처럼 끼어 있는 컴퓨터 수리점은 석회석이 아니라 나무로 지어져 있다.

그녀는 이동식 주택 앞을 지나간다. 고장난 콜베어 한 대가 바퀴를 위로 한 채 그 집 포치에 쓰러져 있다. 내리막길 아래쪽에 양철로 허름하게 지어진 주택에는 '오바마를 저지하라'라는 말이 자주색으로 휘갈겨져 있다. 갈기갈기 찢어진 소파들이 차창 옆으로 지나간다. 소파에 달린 컵홀더가 허공을 바라보고 있다. '예수 재림'과 '천국으로 가는 유일한 길'이라고 적힌 팻말들이 지나가고, 그녀는 또 다른 내리막길을 내려가 어느 마을의 중심부로 들어간다. 리나는 세월이 그 마을을 잊어버렸다고 표현한다. 널찍하고 평탄한 농경지가 초록색으로 펼쳐져 있고, 군데군데 둥글게 쌓인 거름 더미가 보인다. 그녀는 자신의 아들딸이 다니는 석회석 학교와 우체국 겸 상점을 지나간다. 이 상점에서는 먼지 앉은 코카콜라와 프라이드치킨 몇 점을 2달러에 살 수 있다. 땅이 아주 널찍한데도, 오두막들과 주택들은 모두 서로 나란히 붙어 있다. 교회는 버려진 건물처럼 보이지만 사실은 그렇지 않다. 리나는 여기 주민들이 세금을 잘 안 내기 때문에 수리가 필요한 부분에 아무도 신경 쓰지 않는다는 점이 이 마을의 문제라고 말한다. 여기 사람들은 대체로 집에서 쓰던 물건이 낡아서 더 못 쓰게 되면 그냥 마당에 던져버리면 된다고 생각한다.

리나의 부모는 리나를 자유롭게 놓아준 적이 없다. 지금도 그들은 딸들을 혼자서 생각하고 행동할 수 있는 어른으로 대우하지 않는다. 막내인 리나가 마지막까지 혼자 남아서 저항하고 있다. 그녀 자신의 표현이다. 자신은 굴복한 적이 없다는 뜻. 또는 한때 굴복한 적은 있지만 지금은 독립적인 존재라는 뜻. 참견 많은 그녀의 언니들은 각각 서른네 살과 서른여덟 살이지만, 그보다 수십 년 더 산 사람들처럼 굴면서 자기들이 하지 않는 일을 그녀가 할 때마다 죄책감을 느끼게 만든다. 옛날에 리나는 엄마가 아빠한테 집 안의 이런저런 일들을 부탁할 때의 태도를 보면서, 아직 나이가 어릴 때인데도 엄마가 사랑받지 못하는 보상을 저렇게 받으려 한다는 사실을 깨달았다. 지금 리나도 에드에게 똑같은 행동을 한다. 그가 꼬박 한 달 동안 그녀와 사랑을 나눌 시도조차 하지 않으면, 그녀는 그에게 차고 청소를 부탁한다.

리나의 호르몬 문제를 치료하는 의사는 사람들이 어렸을 때 받아야 하는 관심과 애정을 받지 못하면 어른이 된 뒤에라도 그것을 받으려고 애쓴다고 그녀에게 말했다. 엄마가 아빠를 쥐고 흔드는 집에서는 아이들이 때로 섹스가 상품처럼 이용되는 것을 깨닫게 될 수 있다. 그리고 그로 인해 많은 수치심을 느끼게 된다. 리나도 섹스에 대해 강한 수치심을 느낀다. 금기가 진짜인지 아닌지 알아보려고 자신이 생각해낼 수 있는 모든 금기 속으로 뛰어들 때의 징조가 자신에게 있음을 그녀는 알고 있다. 의사는 아버지와의 관계가 가깝지 않아서 그녀가 그렇게 된 것 같다고 말했다.

마침내 그녀는 차를 몰고 다시 집으로 향한다. 달리 갈 곳이 없다. 그녀는 이런 식으로 기름을 낭비하고 있다. 허름한 집들이 사라지고, 기하학적으로 구성된 신개발단지가 나온다. 리나의 집이 있는 거리 입구에는 '자유의 교차로'라고 적힌 플래카드가 걸려 있는데, 마치 영화 「백투더퓨처」에 나오는 물건 같다. 1980년대에나 현대적이었던 물건 같다는 뜻이다. 오후 3시다. 스쿨버스들이 아이들을 내려놓고 있다. 남자아이 하나가 자기 집 문으로 이어진 진입로로 초록색 쓰레기통을 잡아당긴다.

모든 것이 에드의 잘못만은 아니라는 것을 리나도 안다. 토론 그룹에서 그녀는 이런 말을 한 적이 있다. 애들을 낳은 뒤 내가 제정신이 아니었어요. 게다가 내 몸이 원래대로 돌아오는 데 시간이 꽤 걸렸고요. 그러니까 그런 이유 때문에 남편이 몇 년에 걸쳐 나한테 흥미를 잃어버렸을 거예요. 내가 간혹 집에서 기르는 너구리보다 더 황당하게 굴었거든요. 이 자리에서 내가 줄곧 내 입장의 이야기를 하고 있으니, 남편의 잘못을 과장해서 나를 피해자처럼 만들고 있을 거예요. 틀림없이. 하지만 내가 어느 날 한계점에 도달했어요. 우리 집 마당에 서서 아이들의 놀이 도구를 바라보다가 그동안 내가 제대로 누리지 못한 것들을 생각했죠. 항상 불행하다는 생각도 들었고요. 만약 남편이 딱 내가 원하는 만큼만 해준다면, 딱 충분한 만큼만 나를 사랑해준다면, 내가 행복해질 거라는 생각이 들었어요. 나는 왜 이렇게 살고 있나? 매일 밤 그 침대에 눕는 일에 무슨 의미가 있나? 그러다가 그 말을 한 거예요. 석 달이 되면 남편과 헤어지겠다고.

그러다 석 달이 되자 리나는 남들이 쉽게 잊어버릴 수 없는 여자가 되었다. 이미 오래 전부터 변화가 일어나고 있었으니 하루아침에 그렇게 된 것은 아니지만, 그 변화가 깊은 곳에서부터 표면으로 솟아오른 것은 하루아침의 일이었다. 그녀는 언니들처럼 칙칙한 초록색과 갈색을 띤 인디애나의 겨울 풍경 속으로 흐릿하게 사라지고 싶지 않았다. 아이를 낳아 기르고 살림을 하면서 취미랍시고 하는 일이 도자기 만들기밖에 없는 다른 여자들처럼 되고 싶지 않았다.

그래서 동화 속 이야기처럼 어느 날 잠에서 깬 그녀는 자신의 피부색이 달라져 있음을 깨달았다. 깨끗한 오븐 속에서 구워지는 닭고기 스테고사우루스처럼 그녀의 색깔도 노란색에서 갈색으로 변해 있었다. 그녀는 자신에게 집착했다. 어렸을 때 느낀 고통, 너는 제대로 하는 일이 없다는 말을 들을 때의 고통, 그리고 지혜나 영감을 점점 쌓는 일 없이 그냥 인생을 흘려보내는 통나무 같은 남자와 결혼한 탓에 느끼는 고통. 남편이 친구들과 함께 맥주를 마시며 하나마나 한 이야기를 나누는 모습을 지켜보고, 자신에게는 손도 대지 않는 현실을 감내하던 그 모든 시간. 그런 쓸모없는 남자들을 위해 그들이 먹은 맥주 깡통을 쓰레기통에 대신 버려주는 일에 무슨 의미가 있나. 의미 있는 일이 있기는 한가. 남편의 속옷을 빨아주는 일에 무슨 의미가 있나. 아무런 결정도 내리지 못하는 남자인데. 심지어 자신의 하루를 어떻게 보낼지도 결정하지 못하는 남자인데. 이 모든 것이 그녀가 뺀 몸무게처럼 그녀에게서 떨어져나갔다. 몇 킬로그램의 세월. 몇 킬로그램의 절망.

더는 안 돼. 그녀가 말한다.

그날 밤 리나는 평소처럼 저녁 식사를 준비하고, 평소처럼 아이
들을 재운 뒤, 에드에게 뜨거운 목욕을 하러 가자고 말한다. 그는 흔
쾌히 좋다고 대답한다. 어쩌면 그녀의 태도가 단호한 탓인지도 모
른다.

그동안 내내 리나는 생각한다. 이제 끝이야. 용기를 내, 리나. 너
자신을 위해 필요한 일을 하는 거야. 외롭고 불행한 생활은 그만둬.

새로이 날씬해진 그녀가 먼저 욕조에 들어가고, 에드가 뒤를 따
른다. 그녀는 머릿속이 흐릿하지 않다. 아주 오랜만에 맑은 머리로
생각하고 있다. 넌 지금 서른두 살이야. 리나는 속으로 말한다. 인생
은 쏜살같이 지나가. 아이들이 다 자랄 때까지 기다리다가 쉰두 살
이 되면, 네가 사람을 만날 가능성은 더 적어져.

즐거워질 수 있는 기회를 끊임없이 놓치는 인생에는 이제 신물이
난다. 그녀는 농사에도 때가 있다는 생각을 한다. 겨자를 심어야 하
는 3월을 놓치면, 꼬박 1년을 기다려야 한다. 그러면 겨잣잎을 식품
점에서 사야 한다. 아니, 어차피 인디애나에서는 겨잣잎을 쉽게 구
할 수 없다. 동네 사람들은 초록색 채소를 별로 좋아하지 않는다. 옥
수수와 패스트푸드와 튀김을 더 높게 친다. 혹시 채소를 요리하더
라도 아주 죽도록 익힌다.

네가 알몸으로 돌아다녀도 남편은 그놈의 잡지에서 눈도 떼지 않
던 걸 생각해봐. 넌 그때 남편의 얼굴을 한 대 때리고 싶었지. 마음
속 깊은 곳에서부터 분노가 끌어올라 입에서 그 맛이 느껴지는 것

247

같지 않았어? 어떻게 당신이 나한테 키스를 안 할 수가 있어? 리나, 이젠 조치를 취해야 돼. 꼭 그래야 돼. 너무 늦기 전에.

리나는 자신의 목을 조르는 공기를 깊이 빨아들인 뒤 이렇게 말한다. 에드. 이 순간 그녀는 이것이 평소의 자신과는 다른 행동임을 깨닫는다. 여기 '자유의 교차로'에서, 옛날에 그녀가 살던 동네에서, 지금의 이 가정에서, 그녀의 친정에서 모두. 이것은 세상이 그녀에게 골라준 길이 아니지만, 까짓것 알 게 뭐야. 그래서 그녀는 말한다. 에드.

에드, 별거하고 싶어.

maggie
매기

며칠 동안 칠흑 같은 어둠이다. 매기는 누구와도 말을 하지 않는다. 사실, 누구와도 말을 할 수 없다. 그녀는 모든 고통을 받아들여 속에 품고만 있다. 그녀의 몸 전체가 길고 서늘한 흑요석 같다. 자신에게 허락된 자유는 죽음밖에 없다는 생각이 든다.

설사 친구에게 이야기를 털어놓을 수 있다 해도, 어느 친구도 이해해주지 않을 것임을 그녀는 알고 있다. 이렇게 엄청난 충격과 함께 누군가와 헤어졌다면, 사람들은 그녀가 여기서 약간의 해방감을 느꼈을 거라고 짐작할지도 모른다. 상대에게 너무 집착한 나머지 아무 생각 없이 빨래에 몰두하는 하루조차 제대로 즐기지 못하던 감옥 같은 생활에서 탈출했을 거라고. 하지만 현실은 정반대다. 온 세상이 매기의 감옥이 되었다. 세상에서 가장 큰 감옥이라, 그녀는 어디든 마음대로 갈 수 있다. 비행기를 타고 멕시코로 날아가 모래사장에서 잘 수도 있고, 그러다 다가오는 사람과 섹스를 할 수도 있다. 복권에 당첨될 수도 있고, 임신할 수도 있다. 하지만 이건 모두 그녀가 원하지 않는 일이라는 점이 얄궂다. 그녀는 자신에게 허락되지 않은 그곳에만 있고 싶을 뿐이다.

왜 결정권이 그의 손에만 있는지 그녀는 의문을 품지 않는다. 이제 자신은 목소리를 낼 수 없음을 이해한다.

전화 통화가 끝난 뒤 그녀는 변기로 가서 심하게 속을 게워낸다. 주로 쓴 물만 올라올 뿐이다. 그녀가 무릎 꿇고 앉아 있는 타일 바닥은 차갑고, 창밖에 내리는 눈은 이제 아름답지 않다. 그녀는 엄마에게 몸이 아프다고 말하고는 하루 종일 방에서 나가지 않는다.

그녀가 모든 이야기를 털어놓던 대상이 바로 그 사람이라는 점이 문제다. 이제 그녀는 그동안 신경 쓰지 않은 사람들 중 한 명을 골라야 할 것이다. 새미? 그녀는 매기의 위태로운 상황을 알지 못한다. 부모님? 그들은 자기 문제만으로도 힘든 사람들이다. 게다가 부모님에게도 한계가 있음을 이해하라며 그녀를 돕던 사람이 바로 그였다. 부모님에게 의존하던 그녀를 성장하도록 돕던 사람이 바로 그였다. 그녀의 오빠들과 언니들? 모두 자기 자식들을 키우느라 바쁘고, 자기들만의 두려움과 불만을 품고 있다. 사는 곳도 멀어서 전화로 이야기해야 하는데, 통화할 때마다 그들은 발치에서 노는 아이 때문에 정신이 팔리거나 아이를 데리러 가야 한다고 말했다. 노스다코타에 누구 다른 사람이 있나? 친절하게 굴지만 속을 들여다보면 근시안적이고 파괴적인 지인들. 그들은 그녀를 도울 수 없다. 그들은 그녀를 사랑하지 않는다.

죽음의 전화에 이어 엄청난 홍수가 바짝 뒤를 따른다. 규모나 타이밍이 모두 성경 속 대홍수 급이다. 학교 수업이 취소되어 매기는 며칠 동안 방에 틀어박혀 아무 것도 먹지 않는다. 격렬한 공황 발작이 일어난다. 대부분 고통 속에 잠을 청해야만 그 발작을 멈출 수 있다. 잠이 달콤하다는 말에는 악몽이 포함되어 있지 않다. 꿈을 꾸지 않을 때에도 사람들은 고통에서 잠시 해방되었음을 원칙적으로 깨닫지 못한다. 잠은 달콤한 것이 아니라 둔한 것이다. 시간과 고통에 잠시 공백이 생겼을 뿐이다.

잠을 통해 그녀가 얻을 수 있는 것은 리셋뿐이다. 그래서 매번 깨어날 때마다 매기는 상황을 다시 꿰어 맞춰, 평생의 사랑에게서 방금 우리는 끝났다는 말을 들었다는 사실을 새로이 이해해야 한다. 네가 손에 쥐었다고 생각한 모든 것이 끝났어. 세상 어디든 가도 좋지만, 내 품에는 오지 마.

매기는 이런 이야기를 누구에게도 할 수 없었다. 그가 그녀의 교사이기도 했기 때문에.

이렇게 늘어져서 다시 불이 붙기를 기다리느니 영원히 끝이라는 말을 듣는 편이 더 나은지에 대해서는 논란의 여지가 있다. 어떤 사람은 '영원'이라는 것은 존재하지 않는다면서, 설사 영원처럼 보이는 때에도 상대의 말은 그저 우리가 대기 명단에 들어 있다는 의미일 뿐이라고 주장할지도 모른다. 즉, 세상 사람이 모두 죽으면 그가 그녀를 다시 찾을지도 모른다는 뜻이다.

매기는 이렇게 기다리며 시간을 보내는 것이 당당한 행동이 아님을 안다. 하지만 그와 동시에 만약 그를 되찾지 못한다면 자신만 상처를 입으리라는 것도 알고 있다.

그 전화 통화 이후 그를 처음 만난 날은 커다란 눈 더미가 다 치워지고, 담뱃불이 떨어진 것처럼 구멍이 숭숭 난 진창만 남아 있다. 그녀는 수업이 끝난 뒤에 남아서 그에게 애원한다. 제발 예전으로 돌아가자고. 자신이 그 문자를 보내지만 않았다면 모든 것이 정상이었을 것이라고 생각하면 참을 수가 없다. 자신이 스스로 행복을 끝내버렸다는 것을 참을 수 없다. 아론과 함께 보낸 겨울은 그녀에게 자신의 평생보다 더 소중했다.

그는 집에서 무슨 일이 있었는지 그녀에게 말한다. 마리가 그 문자를 본 뒤 자신이 어떤 거짓말을 했는지. 그는 W가 콜로라도 출신인 보조 교사라고 말했다. 불륜 사실은 인정했지만 연인의 정체에 대해서는 거짓말을 한 것이다. W는 윌큰이 아니라 여자를 뜻한다고.

그는 아이들 때문에 반드시 가정을 지켜야 한다고 말한다.

부인이 선생님을 미워해요? 매기가 묻는다.

가끔 날 미워하는 것 같을 때가 있기는 해. 그는 이렇게 말하고 나서 차갑게 변한다. 마치 그녀가 선을 넘었다는 듯이 그가 말한다. 난 생각을 바꾸지 않을 거야, 매기.

그녀는 눈물을 닦고 밖으로 나가, 그해를 신장 결석처럼 보낸다. 그녀가 원하는 것은 졸업이 아니라 죽음이다. 그녀는 창백한 안색으로 쉽사리 화를 낸다. 계속 그의 수업을 들어야 한다는 사실이 최악이다.

그녀는 심지어 악독하고 헤픈 여자라는 역할조차 마음껏 할 수가 없다. 아론은 마리에게 자신이 불륜을 저지른 상대는 아무 것도 아닌 여자라고 말했다. 그냥 순간적인 일탈이었을 뿐이라고. 매기는 누군가의 미움을 받을 만한 상대도 되지 못한다. 누구도 알지 못하는, 아무 것도 아닌 존재다.

아론의 수업에서 그녀는 숙제로 3학년 1년을 기록한 영상을 하나 만들어야 한다. 헤어지기 전이었다면, 그녀는 이 영상에 둘만 아는 농담을 잔뜩 넣고, 사랑한다는 말을 암호처럼 심어두었을 것이다. 하지만 지금 그녀가 만든 영상은 우울하고, 그를 생각나게 하는 노래들로 가득하다. 그녀의 가족들과 친구들이 영상 속에 크게 그려져 있다. 그들은 매기를 아직도 예전처럼 대하지만, 그녀는 예전의 매기가 아니다. 세상 모든 것이 그녀에게 얼마나 무의미한지 그들이 전혀 알지 못하는 것이 무섭다. 그녀가 죽음에 얼마나 가까이 가 있는지 그들은 모른다.

아론 수업의 그룹 과제에 매기가 잘 참여하지 않는다고 한 남학생이 소리 내어 말한다. 매기는 모든 학생들 앞에서 이성을 잃고 그 남학생을 향해 큰 소리로 욕설을 퍼붓는다. 아론이 자신을 교장실로 보내지 않을 것이라고 자신하기 때문이다. 그는 그녀에게 상처가 될 행동을 더 이상 하지 않을 것이다. 아니면 그가 그녀를 무서워할 수도 있다. 어느 쪽이든 상관없다.

수업 시간을 제외하면 매기가 아론을 만날 수 있는 기회가 그리 많지 않지만, 그가 그녀에게 수업이 끝난 뒤 남으라고 하고는 요즘 어떻게 지내느냐고 물을 때가 가끔 있다. 그러면 그녀는 못된 얼굴로 이렇게 대답한다. 어떨 것 같으세요? 아니면 간단히 선생님을 그리워한다고 대답할 때도 있다. 그는 언제나 처연한 얼굴로 그녀를 마주보지만, 결정을 돌이킬 수 없다는 단호함은 변하지 않는다. 어쩌면 그가 이런 상황을 즐기는 것 같다는 생각도 든다. 그녀가 여전히 죽을 만큼 그를 사랑한다는 사실을 그가 확인하려는 건지도 모른다. 몇 주 동안 그녀는 그와 철저히 거리를 둔다. 자신의 상처에 붕대를 감으려고 한다. 어느 날 그의 수업이 끝난 뒤, 그가 매기에게 남으라고 지시한다.

중요한 얘기가 있어. 그가 말한다. 머피 이야기야.

아론은 그날 밤 아론이 TGI 프라이데이즈를 나서는 모습을 숀 크링크가 봤다고 그녀에게 말한다. 크링크 선생이 정확히 무엇을 보았는지는 모르지만, 뭔가를 본 것만은 확실하다. 크링크 선생은 머피 선생에게 그 이야기를 했고, 머피 선생은 그렇지 않아도 의심을 품고 있었다. 매기가 신문반 수업 도중 미술반이나 화장실에 간다며 자리를 비우곤 했기 때문이다. 사실 그때마다 그녀는 아론의 교실로 갔다.

매기는 자신이 차를 몰고 그를 데리러 갔던 그날 밤을 다시 생각해본다. 어두운 밤이었지만 식당 안에 있던 크링크가 매기의 얼굴을 알아보지 못했을 거라고 자신할 수는 없다. 그것이 자신의 잘못 같아서 해결도 자신의 몫인 것 같은 생각이 든다.

그럼 머피 선생님과 크링크 선생님 모두 우리가 사귄다고 생각하는 거예요? 매기가 묻는다.

글쎄, 우리가 사귀는 건….

사귀었다고?

잘은 모르지만, 그럴지도.

개같은 소리 말라고 해요.

매기는 슬픔보다는 분노에 가까운 자신의 고통을 분출할 곳이 생긴 것이 문득 반가워진다. 그녀는 자신이 머피에게 직접 물어보겠다고 아론에게 말한다.

그건 좋은 생각이 아니야. 아론이 말한다. 그녀의 미성숙한 태도가 갑갑하고 불안한 기색이다. 때로 그는 고통스러운 표정을 짓는다. 자식들을 너무 사랑해서 거지같은 결혼 생활을 지속하는 영웅 같다. 고통스러운 표정이 아닐 때는 지금처럼 갑갑하고 불안한 표정이다.

매기는 시계를 본다. 다음 수업에 늦을 것 같아서 그녀는 나중에 다시 와서 이야기를 마저 듣고 대책을 마련해보겠다고 말한다. 마지막으로 함께 완수해야 할 임무가 생긴 것이 조금 위안이 된다.

매기는 머피 선생의 신문반 수업을 듣다가 중간에 일어나 아론의 교실로 다시 간다. 머피 선생의 수업은 다른 수업과 많이 다르다. 처음 15분 동안 그간의 진행 상황을 점검한 뒤, 학생들이 각자 자신의 기사를 자유로이 마무리할 수 있게 해주기 때문이다. 인터뷰를 하거나 도서관에서 자료를 찾아보기 위해 교실을 나가도 된다.

하지만 매기는 이제 교실을 나설 때 머피 선생에게 사유를 말하지 않는다. 그냥 밖으로 나간다.

아론은 책상에 앉아서 과제물을 채점하고 있다. 아름답고 아주 멀리 있는 사람 같다.

선생님. 매기가 말한다.

바로 그때 그녀의 뒤에서 누군가의 목소리가 들린다. 제레미 머피다.

어머, 잘 됐어요! 매기가 뻔뻔하게 말한다. 마침 잘 오셨어요. 저와 노델 선생님 사이에 무슨 일이 있는 것 같다고 생각하시는 이유에 대해 묻고 싶었거든요.

머피는 뭔가 말하려고 하지만 말을 더듬을 뿐이다.

선생님이 저한테 먼저 얘기해주셨으면 좋았을 텐데요. 그런 걱정을 하고 계셨다면 말이에요. 매기가 말한다.

이때 매기의 뒤에서 아론의 목소리가 들린다.

나는 이해해. 아론의 말투가 이상할 정도로 딱딱하다. 머피 선생님은 아마 우리… 우정의 본질에 대해 조금 불편하셨던 거겠지. 그리고 어쩌면….

그렇습니다. 머피가 말한다. 노델 선생님 말씀 그대로예요….

매기는 숨이 막히는 기분이다. 두 사람은 과거에 서로를 부를 때 '선생님'이라는 호칭을 사용한 적이 없다. 언제나 간단히 성만 불렀다.

좋아요, 그럼, 더 들을 것도 없네요. 매기가 말한다. 나는 다시 수업으로 돌아갈게요.

그녀는 머피와 함께 그의 교실까지 걸어간다. 극도로 어색한 분위기 속에 두 사람 모두 한마디도 하지 않는다.

이것이 끝을 알리는 새로운 종류의 신호임을 그녀는 깨닫는다.

매기는 버펄로 와일드윙즈에서 함께 일하는 남자 동료와 어울리기 시작한다. 그와 대마초도 함께 피운다. 그럴 때면 아론이 자신을 지켜보는 상상을 하며, 반항적으로 연기를 내뿜는다. 그녀는 아론이 결코 알지 못할 행동들을 한다. 자신이 나쁜 아이가 됐음을 이 우주가 그에게 전해주면 좋겠다.

어느 날 밤 교사와 학생의 농구 경기가 벌어지고, 매기의 친구 테사가 경기에 출전한다. 아론도 선수로 뛸 예정이다. 그는 자기 아들들이 경기를 보러 올 것이라고 매기에게 미리 경고한다. 매기는 그의 아내도 올 것이라는 뜻임을 알아차린다. 그녀는 경기장에 가고 싶지 않다고, 꼭 필요한 때를 제외하고는 이제 그를 만나고 싶지 않다고 말한다. 그는 고개를 끄덕인다. 그녀가 오지 않는다는 말이 기쁜 기색이다.

테사는 친구들이 모두 와주기를 바란다. 매기는 기분이 내키지 않는다며 미안하다고 말한다. 아론이 경기장을, 학교 전체를 자신의 영역으로 선포했다는 이야기를 친구들에게 할 수 없다. 어차피 그녀보다는 그가 더 중요한 인물이다.

결국 친구들이 그녀를 억지로 끌고 간다. 그녀는 얼굴을 숨기려고 애쓰면서, 관중을 향해 미소 짓는 그를 미워한다. 그가 자기보다 더 젊어 보이는 것도 싫다. 그의 농구 실력이 그녀가 생각했던 것보다 더 훌륭하다. 그렇지 않아도 이미 완벽하던 그의 모든 것이 왠지 더 나아진 듯하다. 경기가 끝난 뒤 그의 아내와 아들들이 열렬히 그를 끌어안는다. 그날 밤 내내 매기는 입에 분필을 문 것 같은 기분이다.

괴로운 일들이 더 많이 쌓인다. 웨스트파고는 장기 자랑 대회를 열겠다고 발표한다. 친구들은 그녀가 왜 먹구름처럼 어두워졌는지 몰라 혼란스러워하면서 그녀를 이 대회에 억지로 참가시킨다. 그들

은 몇 주 동안 함께 「스릴러」 노래에 맞춰 춤을 연습한다. 재활용품
점에서 구한, 갈기갈기 찢어진 옷이 그들의 의상이다. 분장은 영리
하고 섹시하면서도 무섭다. 아주 좋은 공연을 할 것 같다는 확신이
든 그녀는 아론을 초대한다. 그는 생각해보는 시늉도 하지 않고 힘
들 것 같다고 말한다. 매기의 팀이 대회에서 우승하지만, 그녀가 생
각보다 가치 있는 사람임을 알아봐줄 그는 그 자리에 없다.

그가 고의는 아니지만 그녀에게 하는 행동들이 있다. 고의가 아
니라서 더 나쁘다. 마치 그녀가 존재하지 않는 것처럼 이 우주가 돌
아가고 있다는 뜻이니까. 그가 수업에 초청한 작가가 파블로 네루
다의 시를 읽기로 한다. 아론과 매기가 사귈 때 함께 읽던 바로 그
시다. 소네트 17. 매기는 독을 삼키고 죽어버리고 싶은 심정이지만
그래도 자리를 지킨다. 아론을 바라보자 그가 입술만 움직여서 미
안하다고 말한다. 그리고 그 작가가 이 시를 읽을 줄은 자기도 전혀
몰랐다고 나중에 그녀에게 말한다. 옛날에 아론은 이 시를 예쁘게
프린트해서 그녀에게 주곤 했다. 아니면 시의 일부를 문자로 보낼
때도 있었다. '너를 사랑해 어떤 어두운 것들이 비밀스레, 그림자와
영혼 사이에서, 사랑받아야 하듯이.'

그녀가 참고 견뎌야 하는 고통의 기억들도 있다. 모든 일이 처음
시작되었을 때 그녀는 그의 체취를 얼마나 사랑하는지 그에게 말한
적이 있다. 그래서 그는 그녀의 책 『트와일라잇』에 그 향수를 뿌려
주었다. 밤이면 그녀는 그 책에 코를 묻고 그 향기를 맡으며 잠을 청
한다.

주위의 친구들은 모두 졸업을 준비하고 있다. 맥주를 마시고, 야

한 장난을 치고, 졸업 앨범을 준비하고, 대학 이야기를 한다. 언제나 소심하고 신경질적인 아이들조차 새로운 사람이 되는 상상을 한다. 자신이 어느 도시에 가서 살게 될지 알려면 아직 몇 달이나 남았는데도 그들은 면으로 된 침구를 벌써 구입한다.

매기의 열여덟 번째 생일 저녁에 집에서 한 시간 남짓 떨어진 마노멘의 슈팅스타 카지노에서 함께 논 뒤에 새미가 매기에게 질문을 던진다. 멜라니도 함께 있지만 아직 도박을 하고 있다. 새미와 매기는 뜨거운 목욕을 하며 술을 마시는 중이다. 새미는 뭔가 의심스럽다는 생각을 한 지 조금 되었다며, 매기의 통화 목록에서 노델의 이름을 본 적이 있고 두 사람이 서로를 대하는 태도도 이상했다고 말한다. 그가 새미를 학교 창고로 보내고 매기가 항상 뒤에 남는 것이 이상했다고. 두 사람 모두 고주망태가 된 뒤 매기가 마침내 사실을 인정한다. 아, 진짜. 새미가 말한다. 아, 진짜.

한 시간쯤 이 정보를 소화한 뒤 술을 더 마시다가 또 질문이 쏟아진다. 세세한 부분들에 대해서, 그리고 그 일을 어떻게 감췄는지에 대해서. 새미는 가장 친한 친구가 자신을 완전히 배제하고 그렇게 이중생활을 했다니 믿을 수 없다고 말한다. 새미의 행동을 보면 매기가 엄청나게 불량하고 이상한 행동을 한 것 같다. 매기는 자신의 슬픔을 친구가 알아주기를 바라지만, 새미는 관심이 없다. 대신 매기에게 쓸데없는 생각 하지 말고 정신이나 똑바로 차리라고 말한다. 인생을 허비하지 말라고. 매기는 새미가 아직 너무 어려서 그녀에게 충고를 해줄 수 있는 처지가 아님을 깨닫는다. 새미는 나이에 맞는 행동을 하고 있고, 매기는 뱀파이어 연인을 잃었다.

한편 졸업 무도회는…. 그녀의 인생이 끝난 3월에는 이미 늦었다. 3월이면 모두 파트너를 구한 뒤다.

학기의 마지막 날은 대부분의 졸업반 학생에게 마무리를 하는 때다. 공부벌레들은 완벽한 개근을 기록하기 위해 학교에 온다. 하지만 매기에게 이 날은 평생의 사랑을 확실히 볼 수 있는 마지막 날이다.

그녀는 마지막 수업이 끝난 뒤 곧장 그의 교실로 간다. 그녀는 덜덜 떨고 있는데, 그는 여느 교사처럼 책상에 앉아 다른 학생과 이야기하고 있다. 매기가 모르는 여학생이다. 그가 시선을 든다. 눈이 마주치는 순간 그녀는 견딜 수가 없어서 울음을 터뜨린다. 그는 계속 앉아 있고 여학생이 일어난다. 매기가 한쪽 옆으로 움직이자 여학생은 그녀를 무시하고 문으로 향한다. 그 여학생이 작별 인사를 할 때 아론이 몹시 이상한 표정으로 매기를 바라본다. 그녀의 존재와 눈물에 짜증이 난 것 같다. 심지어 화를 내고 있는 것 같기도 하다.

여학생이 사라지자 그의 표정이 누그러지지만, 완전히 부드러워지지는 않는다. 그의 얼굴은 그녀가 이미 몇 번이나 가본 나라와 같은데도 지금은 거기에 '출입 금지' 팻말이 서 있다. 그녀가 한 번도 보지 못한, 숲이 무성한 산악 지대도 있다.

작별 인사는 빨리 끝내는 게 좋겠다. 아론이 말한다. 질질 끌어봤자 좋을 게 없으니까.

이 말에 그녀는 숨이 막히지만, 곧 그가 다가온다. 남자가 여자를 완전히 지옥에 빠뜨리지 않는다는 점이 문제라는 사실을 그녀는 점

260

차 깨닫는다. 남자는 지옥까지 마지막 몇 센티미터가 남았을 때 여자를 건져 올린다. 그래야 왜 자기를 지옥으로 보냈느냐고 여자가 남자를 비난할 수 없게 되기 때문이다. 남자는 간이식당 같은 연옥에 여자를 계속 붙들어둔다. 그녀가 계속 희망을 품고 그를 기다리며 주문을 받게.

그가 그녀를 단단히 끌어안는다. 그녀는 그에게 키스할까 생각해보지만 거부당할까봐 두렵다. 대신 그녀는 그의 품에서 울면서 몸을 떤다. 그의 몸에서 두려움이 느껴진다. 굶주림이 있던 자리에 과묵함이 들어섰다. 그의 체취와 셔츠와 인생으로 이루어진 이 고치 안에 그녀가 얼마나 더 머무를 수 있을지 모르겠다. 그녀는 동물 같은 고통을 느끼면서도, 3월 이후 처음으로 생기를 얻는다. 이렇게 그의 품에 안기다니. 그의 얼굴이 그녀의 어깨 위에서 문을 지켜보고 있다. 그녀는 그의 가슴에 얼굴을 묻고, 십중팔구 그의 아내가 사줬을 이 셔츠 섬유에 숨통이 막히기를 바란다.

얼마쯤 시간이 흐른 뒤 이만하면 됐다고, 또는 너무 오래 끌었다고 생각했는지 그의 팔에서 힘이 빠진다. 그는 자신의 인생으로 돌아가고 싶어 한다. 학생들의 숙제, 경기 결과, 미트볼, 페인트 견본으로 이루어진 삶. 그녀는 그의 몸에서 생쥐처럼 후다닥 떨어진다. 그리고 자신의 상처받은 얼굴을 그에게 보여준다. 그는 그것을 받아들인다. 그녀 때문에 가슴이 아플까? 틀림없이 그럴 것이다.

화장실에 가서 얼굴을 씻어야겠다. 그가 말한다.

무심하고 무자비한 말투다. 자연재해처럼.

그녀는 다시는 올 수 없는 그의 교실에서 나와 복도를 걷는다. 여자 화장실에 들어가서 거울을 보니, 검은색 아이라이너가 눈 아래까지 번져 있다. 그녀가 성난 손짓으로 그것을 마구 문지르자 뺨이 어두운 색으로 변한다.

집에 도착할 때쯤 그녀는 이미 죽은 것 같은 기분이다. 겉으로도 그런 기색이 드러났는지 아버지가 말한다. 매기, 너 괜찮니?

네. 친구가 이사를 간다고 해서 놀랐어요. 그녀가 말한다.

어떤 친구? 아버지가 말한다.

매기는 자기 방으로 올라가서 침대에 앉는다. 아론만 생각하고 싶지만, 이 일을 무사히 이겨내려면 그를 아예 생각하지 않는 방법뿐임을 알고 있다. 그녀는 그와의 관계를 되짚어본다. 뜨거웠던 순간과 부드러웠던 순간, 자신을 바라보는 그의 시선에 자신이 점점 자라 여자가 되는 듯한 기분을 느꼈던 것, 그의 쪽지와 시, 그녀의 허벅지 사이에 그의 입술이 닿던 느낌. 웃음소리, 스치듯 바라보던 시선, 그녀를 위해 그가 자신의 인생을 걸었던 것.

그리고 오늘.

그 차가운 모습이 머리에서 떠나지 않는다. 그의 몸짓, 그의 말. 얼음 위에 진열된 물고기의 눈처럼 죽어 있던 눈. 어떻게 그녀에게 이럴 수 있을까? 그녀에게 입을 맞추고 몇 번이나 사랑한다고 말했으면서 이제는 아무 것도 아닌 사람을 볼 때처럼 굴다니. 그때 끔찍하기 짝이 없는 생각이 든다. 어쩌면 그가 겉으로만 그렇게 구는 게 아닐 수도 있다는 생각.

그가 졸업식에 온다. 매기는 그가 자신을 보러 온 것이 아닐까 희망을 품는다. 두 사람은 잔디밭에서 마주친다. 선생님과 선생님이 기대하던 제자로서. 햇빛이 밝게 비치고, 분위기는 여느 졸업식 날과 똑같이 부드럽고 완벽하고 역사적이다. 그는 하얀 반소매 옥스퍼드 셔츠와 회색 양복바지를 입었다. 깔끔하다. 그녀는 청록색 원피스를 입었다. 하와이에서 마테오와 함께 오토바이를 탄 날 입었던 옷이다. 머리는 한쪽으로 땋아 내렸다. 그가 몸을 기울여 그녀를 품에 안고 속삭인다. 아름답다.

아무 것도 모르는 언니가 다가와 사진을 찍어도 되겠느냐고 묻는다.

두 사람 모두 미소를 짓는다. 플래시가 터지고 사진이 저장된다. 그 뒤로 오랫동안 매기는 이 사진을 보고 또 볼 것이다.

일주일 뒤 그가 페이스북으로 메시지를 주고받을 수 있겠느냐는 문자를 보낸다. 그래서 페이스북으로 시도해보지만, 이 메시지 시스템이 새로운 것이라 문제가 많아서 그들은 MSN으로 옮겨간다.

그가 여름학기 강의를 맡았는데 정오에 수업이 끝난다. 막 집에 돌아왔는데 마리는 다섯 시에나 돌아올 예정이다. 그때까지는 자유 시간이다. 두 사람은 자신들의 관계에 대해 이야기하며 불씨를 긁어모은다. 그녀는 그를 너무나 보고 싶다고 말한다. 그는 그녀가 계속 다시 만나고 싶다는 말만 늘어놓는다면 이렇게 이야기를 주고받을 수 없을 것이라고 말한다. 과거로 돌아가는 것은 불가능하다. 그의 문자에서 위협이 느껴진다. 그런 것이 아니라 해도, 그는 마치 교사처럼 굴고 있다.

두 사람은 네 시까지 이야기를 나눈다. 그녀는 이제 일하러 가야 한다.

그녀는 비록 듣고 싶은 말은 듣지 못했지만, 상황이 조금 달라졌다는 생각이 든다. 다시 해가 떠오른 것 같다. 그가 다시 그녀에게 마음을 열었다. 비록 아주 조금뿐이라 해도.

다음 날에도 MSN 메시지가 온다.

아내가 내 연락처에서 다시 널 찾아냈어. 너의 지역번호로. 우린 이제 두 번 다시 이야기를 나눌 수 없어.

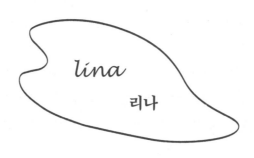

에이던에게 문자를 보내면서 리나는 그가 집에 있는 모습을 상상한다. 그의 휴대폰이 진동하자, 그가 화면을 내려다보고는 그녀의 이름을 확인한다. 그의 주위는 온통 혼돈이다. 예를 들어, 아내는 설거지를 하고 있고 아이들은 사방을 어지르고 있다. 리나는 작은 아이가 바닥에 토마토소스 한 병을 죄다 쏟아버리는 상상을 한다. 에이던의 친구 한 명이 바닷가에 살면서 밴드 활동을 시작한 샌프란시스코에서 사온 소스다. 하지만 사실 에이던은 캘리포니아에 간 적이 한 번도 없다. 리나도 안다. 그의 아내는 딸을 등진 채로 아이에게 소리를 지른다. 그래서 싱크대 위의 더러운 창문을 향해 소리를 질러대는 미친 사람처럼 보인다. 창문 너머에 누가 있는 것도 아닌데. 페이스북에서 에이던의 또 다른 친구가 방금 프로필 사진을 업데이트했다. 바닷가 야자나무 아래에서 매력적인 푸에르토리코인 여자와 함께 찍은 사진이다. 에이던은 푸에르토리코에도 바하마에도 가본 적이 없다. 리나가 알기로 그가 원하는 것은 오로지 자신을 안아주는 여자의 품이다. 그는 스스로 훌륭하다고 생각하는 장점으로 남들의 칭찬을 받고 싶어 한다. 그가 남들을 위해 살아가는 삶에 지쳤으며, 자신이 어쩌다가 여기까지 이르게 되었는지 제대로 기억조차 하지 못한다는 사실을 리나는 알고 있다. 그가 앨리에게 청혼하는 순간 이미 이야기가 끝나버렸을 가능성이 높다. 그 순간이 눈덩이처럼 몸집을 불릴 것임을 그때의 그는 알지 못했다. 자신이 침대, 소파, 숲에 있는 시간을 모두 합한 것보다 더 많은 시간을 매주 땅바닥의 구멍 속에 서 있게 되리라는 것도 그때는 알지 못했다. 그는 돈이 많은 사람을 부러워하지도 않는다. 그저 자신의 삶이 영원히 이런 식으로 흘러갈 것이라고 확신할 뿐이다. 자신의 삶은 앞으로도 계속 힘들어지기만 할 것이라고.

하지만 이제 그들은 다시 강가에서 만나고 있다. 이것이 리나뿐만 아니라 그에게도 큰 의미가 있는 일이면 좋을 텐데. 가물거리는 안개, 굶주린 키스. 때로 리나는 자신이 강가에서 만나는 이 남자 못지않게 강도 사랑하는 것 같다는 느낌이 든다.

그녀는 강으로 이어진 도로변의 작은 포도주 양조장에서 시음실의 철제 스툴에 앉아 있다. 향료를 넣어 뜨겁게 데운 사과술 한 잔을 마시고는 성당을 닮은 천장을 올려다본다. 크리스마스를 맞아 하얀 불빛들이 줄줄이 매달려 있다. 그녀는 초록색 셔츠와 카코 바지를 입었고, 에이비에이터 선글라스를 썼으며, 장갑은 벗지 않았다.

그녀가 에이던에게 보낸 문자는 이렇다. 강가에서?

그리고 기다린다. 그녀가 꿈꾸는 그 장소에서 겨우 몇 킬로미터 떨어진 곳에서, 평생의 사랑이 자신을 만나러 나올 수 있기를 바라며.

몇 분 전 그녀는 화장실에서 가벼운 발작을 겪었다. 그래서 장갑을 낀 손으로 세면대 양쪽을 붙잡고, 마구 날뛰는 심장을 가라앉히려고 애썼다. 오늘 아침 법정에서 그녀와 에드의 별거가 결정되었다. 얄궂은 것은, 서류에 서명하는 바로 그 순간 에드와 데이트를 하고 싶다는 생각이 그녀의 머리에 떠올랐다는 점이다. 밖에서 식사를 하면서 포도주도 한 잔 마시는 만남. 자신이 혼자 있는 것을 죽음보다 더 두려워하기 때문이라고 이해하고 있다.

그녀가 친구에게서 메리케이 화장품을 몇 개 산 탓에 피부가 뒤집어졌다. 친구가 그 회사 제품으로 집에서 스킨케어 서비스를 해준 뒤 의무감에 그 제품을 샀는데, 그만 얼굴이 엉망이 되어버렸다.

우리 어머니도 에이번 판매원인가, 뭐 그래. 그런 건 전부 영업전략이야. 리나가 말한다. 회사에서 판매가 부진한 상품을 판매원들에게 억지로 팔기 때문에 고무줄로 묶어둔 옛날 옛적 아이라이너 수십 개가 어머니의 집 서랍마다 들어 있어.

술을 몇 잔 마셨는데도 에이던에게서 답이 없자 리나는 현금으로 계산을 치르고 자신의 갈색 본빌 자동차에 오른다. 원래 에드의 부모님이 쓰시던 차라서, 차 안에서 노인 냄새와 아이들 냄새가 동시에 난다.

리나는 강가로 간다. 혹시 모른다는 기대로. 자신들이 만나는 그곳에서 잠시 시간을 보낼 것이다.

그녀는 그 장소를 좋아하지만 날이 추워서 사랑을 나눈다면 호텔에서 하고 싶다. 하지만 호텔비가 129달러나 되고, 심지어 미리 예약을 해야 한다. 에이던과 만날 때는 예약이 불가능하다. 호텔에 예약을 하려면 또한 신용 카드를 내놓아야 하는데, 그건 두 사람 모두 할 수 없는 일이다.

그래서 리나는 아무 장소에서나 그를 만난다. 어디든 그가 올 수 있는 장소라면 그녀는 어떻게든 그곳으로 갈 방법을 찾아낸다. 전에 그가 세인트루이스에 가 있을 때, 그녀가 한밤중에 네 시간이나 차를 달려 거기까지 가려고 했을 정도다. 그녀가 가지 않은 것은 순전히 그가 오지 말라고 했기 때문이다.

또 언젠가는 그가 강가에서 만나자고 그녀에게 말했다. 만나자는 시각이 이른 아침이라는 사실에 그녀는 몹시 기뻤지만, 생각해보니 그때가 그에게는 한밤중이었다. 그녀는 그의 문자가 도착한 소리에 자다가 깨어나 곧바로 답장을 보낸다. 샤워를 하다가 문자를 받아도 그녀는 물을 뚝뚝 떨어뜨리며 답장을 쓴다. 샤워기 물을 그대로 틀어둔 채로 그녀는 사진을 찍어 그에게 보낸다.

강가로 가는 길에 리나는 어떤 경찰차의 뒤를 바짝 따라간다. 그렇게 몇 킬로미터를 달리다가 경찰차가 오른쪽으로 자리를 옮기자 그녀는 즐거이 그 차를 추월한다. 하지만 곧 경광등이 번쩍이고 사이렌이 울리면서 경찰이 그녀에게 차를 세우라고 지시한다.

처음에 그녀는 겁을 낸다. 차에서 내린 젊은 경찰관이 친절하게 묻는다. 그녀가 자신의 차에 바짝 붙어서 달리다가 쌩하니 추월했다는 사실을 아느냐고. 리나는 잘 모르겠다고 말한다.

그녀는 제복을 입은 남자들을 좋아한다. 자신을 잘 돌봐줄 것처럼 보이기 때문이다. 남자가 자신에게 이렇게 말해주었으면 싶다. 오늘 내가 당신의 문제를 모두 처리해줄게요. 누워봐요, 내가 다 알아서 할 테니. 그녀에게 실제로 이렇게 해준 남자는 한 명도 없었지만, 그녀는 어딘가에 그런 남자가 있다고 믿는다. 어머니는 절대 그녀를 아버지와 단 둘이 두지 않았다. 그래서 어떻게 보면 그녀는 아버지가 자신의 문제를 처리해줄 수 있는 남자인지 전혀 알지 못한다.

경찰관이 경고만 하고는 그녀를 그냥 보내준다. 그래서 그녀는 그와 사랑을 나누고 싶다는 생각이 든다.

그녀는 다시 도로로 올라서서 5분쯤 더 달리다가 서쪽의 카운티 라인 로드로 들어간다. 강으로 접근할 수 있는 공용 도로다. 그녀는 여기서는 졸면서도 방향을 꺾을 수 있다. 이 길의 울퉁불퉁한 굴곡을 자기 몸의 굴곡보다 더 훤히 알고 있다.

그녀는 나무가 듬성듬성 서 있는 곳에 차를 세운다. 천천히 흐르는 강이 예쁘다. 진흙 묻은 거룻배 한 척이 강 위에 떠 있고, 남자 두 명이 맥주를 마시고 있다. 아직 겨울이라 중심 도로의 자동차들이 멀리 보인다.

이곳에서 기다리는 동안 리나는 페이스북에 올릴 자신의 프로필 사진을 찍기로 하고, 본빌의 뒷좌석에서 메이시에서 산 새 옷으로 갈아입는다. 그가 이 사진을 보고 즉시 자신에게 연락해주기를 바라는 마음이다. 내가 새 사진을 올릴 때마다 에이던이 반응을 보이잖아. 그녀가 말한다.

리나는 소셜 미디어에서 사람들이 하는 행동은 모두 다른 누군가를 위한 것이라고 생각한다. 한 명일 수도 있고 여러 명일 수도 있지만, 모두들 최소한 한 명 정도는 마음에 품고 있는 것이 보통이다. 자기보다 잘사는 친구를 둔 유부녀라면, 그러니까 예를 들어 자신은 이 도시를 떠날 생각도 하지 못했는데 친구는 웨스트체스터로 이사해서 마구간에 말을 키우고 친구 남편은 주말이라는 이유로 평생의 사랑인 아내를 위해 금요일마다 꽃을 사온다면, 자신은 친구의 성공을 평가하겠다는 목적에 집착하며 활동하게 된다. 농가 식탁 위에 올리브유를 이용해서 만든 케이크를 올려놓고 찍은 사진과 열대를 배경으로 파스텔 색 자전거를 찍은 사진을 자신의 페이스북에 올리면서, 친구의 갑옷에 혹시 금이 간 곳은 없는지 살피게 되는 것이다.

리나가 페이스북에 올리는 모든 것은 에이던을 위한 것이다. 모든 에이비에이터 선글라스 사진, 새로 머리를 자를 때마다 올리는 사진. 이런 사진들을 보고 댓글을 남기는 50여 명의 사람들은 영화 속 엑스트라와 같다. 심지어 보수를 줄 필요도 없는 엑스트라다. 그녀가 그들에게 알은척을 하는 것은 순전히 자신이 다른 사람들과, 다른 남자들과 이야기하는 모습을 에이던에게 보여주기 위해서이다. 자신의 삶에 에이던만 있는 것은 아니라고 보여주고 싶기 때문에.

그녀는 새발격자무늬 원피스에 생각보다 훨씬 큰 지출을 했지만, 그 옷이 몸에 딱 맞는 것이 환상적이다. 사이즈 8. 현재 그녀의 몸무게는 고등학교 시절보다 고작 1킬로그램 남짓 더 나갈 뿐이다. 원피스에 맞춰 검은색 롱부츠를 신으니 아름다워진 느낌이다. 사실 그녀의 형편으로는 감당하기 힘든 이 멋진 새 옷을 입고, 그녀는 저 멀리 진흙 묻은 거룻배를 바라보며 에이던과 처음 강가에 왔을 때를 생각한다.

리나가 스스로 진실을 인식할 때는 머리가 맑다. 하지만 대개는 환상에 의존하는 편이다. 머리가 맑은 날에는 에이던이 세상에서 가장 멋진 남자가 아니라는 사실을 그녀도 안다.

모두 내가 문제였어요. 결국 그녀는 나중에 토론 그룹에서 이렇게 말한다. 나만 아니었으면, 그 사람이 아내를 두고 바람을 피우는 일은 없었을 거예요. 특히 두 번째 만남부터는.

이 말을 소리 내어 하고 보니 충격이 몹시 크다.

내가 그 사람에게 올가미를 던져 끌어들인 거예요. 카우걸처럼. 페이스북을 올가미 삼아 끌어들였어요.

처음 호텔에서 만난 것은 그렇다 쳐도, 두 번째 만남에서는 자신을 만나러 오라고 그를 강요하다시피 했다고 그녀가 말한다. 그녀는 그날 일찍 그의 친구인 켈 토머스에게 친구 요청을 했다. 그러고는 에이던에게 자신의 두 아이가 어렸을 때 쓰던 장난감이 혹시 필요하냐고 페이스북 메시지로 물었다. 크리스마스가 가까워질 때였다. 처음 호텔에서 만났을 때 그는 딸들이 원하는 크리스마스 선물을 모두 사주기 위해 시간 외 근무를 하고 있다고 리나에게 말했다.

그래서 그에게 그런 메시지를 보냈다. 이 장난감들이 필요하냐고, 모두 공짜로 주겠다고, 나중에 어디선가 나를 만나 이 장난감들을 받아가라고.

에이던은 장난감 사진을 보내달라고 요청했다.

리나는 토론 그룹의 여자들에게 말한다. 그 사람이 관심을 보인 것은 정말로 딸들에게 줄 장난감뿐이었고, 나는 오로지 그 사람한테만 관심이 있었어요. 내가 한심한 사람이 된 것 같았죠.

그녀는 뒤를 졸졸 따라오는 아이들과 함께 휴대폰을 들고 지하실로 내려가 장난감들을 전부 예쁘게 한 곳으로 모은 뒤 혼잣말을 했다. 내가 이런 짓까지 하다니. 순전히 그 남자를 만날 기회를 얻으려고.

그녀는 장난감 사진을 보낸 뒤 기다렸다.

그녀의 딸이 말했다. 엄마, 우리가 옛날에 갖고 놀던 장난감을 어떻게 하는 거예요?

아이들이 장난감 몇 개를 갖고 놀기 시작했다. 낡은 피셔-프라이스 키보드에 전원을 넣은 뒤에는 리나의 아들이 거기서 흘러나오는 음악에 맞춰 즉석에서 노래를 불렀다.

휴대폰이 울렸다. 에이던의 답장이 와 있었다. 음, 고맙지만 괜찮아.

그녀는 충격으로 눈을 크게 떴다. 심지어 분노까지 일었다. 그를 위해 장난감들을 전부 찾아내서 이렇게 모아두었는데, 그렇게 애를 썼는데 이 무미건조하고 무심한 답장은 뭔가. 음, 고맙지만 괜찮아.

하지만 그녀는 미칠 듯이 그가 보고 싶었다. 한편 그동안 그녀의 친구 요청을 받아들인 켈 토머스가 그날 밤 그녀와 페이스북 채팅을 시작했다. 그는 그녀를 '인형' '자기' '섹시한 여자'로 불렀다.

그녀는 에이던이 접속한 것을 확인하고 그에게 메시지를 보냈다.

둘이 하는 말이 똑같은 걸 보니 너랑 켈 토머스는 친척인 게 분명해!

생각이 바뀌었어. 에이던이 답장했다. 우리 애들이 그 장난감을 잘 쓸 수 있을 것 같아. 어디서 만날까.

그녀의 심장이 기도까지 튀어올랐다.

그 사람이 날 만나도 될지 조금 망설이는 건 알고 있었어요. 리나는 토론 그룹에서 말한다. 하지만 내가 다른 사람을 만나는 꼴을 보고 싶지 않은 건 확실했죠.

두 사람은 자신들의 집 중간쯤에 있는 골프 카트 창고 뒤에서 만나기로 했다.

그녀는 옷을 차려입었다. 손목과 오금에 향수도 뿌렸다. 그녀가 기쁨에 차서 약속 장소로 향하고 있을 때, 그는 그녀를 만나도 될지 잘 모르겠다는 문자를 보냈다.

바로 그 순간부터 그의 어정쩡한 태도가 시작되었다. 두 사람의 관계에서 이것이 선례가 되었다. '그를 만날 수 있을까, 아닐까'를 미친 듯이 고민하며 불안에 떨다 보면, 리나는 가장 행복한 순간조차 제대로 즐길 수 없었다.

이런, 이런. 리나는 답장을 썼다. 이미 장난감을 전부 포장해서 차에 싣고 가는 중인데 무슨 소리야!

몇 분 동안 아무 응답이 없었다. 그녀는 운전에 집중하려 했지만, 심장이 너무 빨리 뛰고 사지가 덜덜 떨렸다.

그러다 무릎 위의 휴대폰이 울렸다. 그녀는 화들짝 놀라며 전화를 받았다.

그의 목소리가 들렸다.

카운티라인 로드 알아?

그녀는 강에서 만나자는 소리임을 곧바로 알아들었다. 단지 창고에서 만나는 것이 불안해서 망설인 것 같았다.

응! 그녀는 이렇게 대답하고 전화를 끊었다. 그리고 전화기를 조수석으로 던졌다. 그에게 생각을 바꿀 기회를 주고 싶지 않았다. 그를 반드시 만날 수 있게 휴대폰 중계탑을 모두 부숴 세상을 멈춰버리고 싶었다.

그때는 호텔에서 처음 만난 날로부터 3주가 흐른 시점이었다. 그녀는 운전하면서 백미러로 자신의 얼굴을 확인하고, 조수석의 휴대폰을 계속 힐끔거렸다.

하느님, 제발 에이던이 약속을 취소하지 않게 해주세요. 그녀는 계속 이렇게 중얼거렸다.

이 기도가 틀림없이 효과가 있었다. 그녀의 차가 약속 장소에 들어섰을 때, 이미 그의 차가 와 있는 것이 보였다.

두 사람은 각자 차에서 내려 어색하게 인사했다. 그는 옷을 여러 겹 껴입고 있었다. 청바지와 티셔츠 두 개, 그리고 목도리. 그녀는 추웠지만 그를 만난 것이 기뻤다. 자신을 바라보는 그의 시선에 그녀는 황홀함과 두려움을 동시에 느꼈다. 그가 무슨 생각을 하는지 알 길이 없었다.

나중에 리나는 토론 그룹에서 이렇게 말한다. 분명히 말하지만, 그 사람의 시선은 정말 독특해요.

두 사람은 그녀의 차 뒤편으로 함께 걸어갔다. 그녀가 트렁크 가장자리까지 장난감 상자를 잡아당겼다. 간지럼쟁이 엘모. 말하는 도라. 밝은 초록색과 하얀색 플라스틱으로 만든 잔디 깎는 기계.

남자가 만나기 싫은 여자를 만날 때의 공식이 있다고 리나는 믿는다. 여자의 집요함과 유부남의 자기혐오가 동조하면서 이 공식이 만들어진다. 어쩌면 그가 그 달에 생활비를 제대로 마련하지 못했는지도 모른다. 그래서 그의 아내가 그를 최소한의 기대조차 충족시키지 못하는 사람처럼 바라보았을지도 모른다.

전에 호텔에서 이미 섹스를 한 사이인데도, 강가에서 처음 만난 그날 리나는 또 처녀성을 잃는 것 같은 느낌이었다. 처음부터 끝까지.

두 사람은 각자의 차 사이에 한동안 서 있었다. 그는 언제나 그렇듯이 아무 말 없이 앞만 바라보았다. 마치 몇 시간처럼 느껴지는 시간이 흐른 뒤 그녀가 그에게 다가가 양손으로 그의 얼굴을 감쌌다. 그리고 고개를 저으며 말했다. 아, 넌 진짜 잘 생겼어. 미치겠네.

그녀는 그의 얼굴을 잡아당겨 입을 맞췄다. 자기가 이렇게 하지 않으면, 그는 결코 키스해주지 않을 것을 그녀는 알고 있었다. 그는 살짝 미소 지은 뒤 그녀가 몰고 온 트럭의 운전석 쪽으로 걸어갔다. 그리고 굵은 팔을 열린 창문으로 넣어 눈으로 보지도 않고 차내등을 껐다. 다시 돌아온 그는 리나를 그녀의 트럭 뒤편으로 밀어붙였다. 그녀는 트렁크 안의 장난감 상자를 붙잡아 던지려고 했다. 두 사람의 몸이 들어갈 공간을 마련하기 위해서였다. 간지럼쟁이 엘모가 키득거리며 상자에서 흘러나오자 그녀는 그것을 손으로 밀어 발치로 떨어뜨렸다. 온 세상을 다 밀어내는 한이 있더라도 방해가 되는 것들을 치워버리고 싶었다.

어이, 꼬맹이, 잠깐 진정해봐. 장난감들을 던져버리면 안 되지.

에이던이 입을 열어 말을 한 것은 처음이었다. 그는 장난감들을 다시 상자에 주워 담고, 상자를 트렁크 안에 놓았다.

얌전해진 그녀는 차 안의 뒷좌석 쪽으로 올라갔다. 그도 뒤따라 와서 그녀 옆에 앉았다. 그녀는 양다리를 벌려 그의 몸을 타고 앉았다.

오로지 섹스뿐이야? 그녀가 그의 눈을 들여다보며 물었다.

에이던은 한마디도 하지 않았다.

나한테는 아닌데. 난 그저 너랑 같이 있고 싶을 뿐이야.

그는 고개를 끄덕였다.

그녀가 그의 청바지 단추를 풀자, 그는 엉덩이를 들어 바지를 쉽게 벗길 수 있게 도와주었다. 사각팬티 속 그의 성기가 이미 딱딱했다. 끝부분이 팬티 고무줄 위로 삐져나오는 중이었다.

이러면 안 돼, 꼬맹이.

그가 직접 자신의 별명을 불러주는 소리에 그녀는 몹시 행복해졌다. 하지만 곧 그녀는 그가 또 뒷걸음질치려 한다는 사실을 깨달았다. 딱딱했던 성기도 조금 풀려 있었다. 시동이 꺼져 있었기 때문에 차 안이 추웠다. 계속 히터를 켜두는 방법을 몰랐지만, 차 안의 불도 꺼져 있고 에이던에게 물어보고 싶지도 않았다. 이 분위기가 깨질까봐. 분위기라는 게 남아 있는 건지는 잘 모르겠지만.

꼬맹이?

그녀는 듣지 못한 척하며 바지와 속옷을 벗고, 그의 팬티를 발목까지 내렸다. 그래서 그가 화장실을 사용할 때와 비슷한 모습이 되었다. 그녀는 발기한 성기 앞에 무릎을 꿇고 앉아서 끝부분에 입술을 댔다. 그리고 부드럽게 쪼는 듯한 키스를 했다. 그의 것이 금방 다시 단단해졌다. 그것이 그의 통제 밖에 있다는 사실이 좋았다. 자신과 그의 성기가 이런 관계를 맺고 있다는 것이. 지금까지 그녀의 몸에 거의 손을 대지 않던 그가 천천히 차분하게 손을 뻗어 그녀의 몸속에 손가락을 하나 넣었다.

네 보지를 먹어버리고 싶어. 그가 말했다.

'보지'라는 단어에 그녀는 이상한 기분이 들었다.

그는 좌석 위에서 그녀가 최대한 눕는 자세를 취하게 했다. 그리고 신음 소리를 내며 그녀의 다리 사이로 입술을 가져갔다. 그의 셔츠가 말려 올라오자 그녀는 그것을 다시 아래로 내려주었다. 그가 자신의 뱃살을 의식한다는 사실을 알기 때문이었다. 리나는 에이던과 함께 하며 이성을 잃은 순간에도 그를 뒷걸음질치게 만들 만한 요소들을 줄곧 감시해야 했다.

결국 그녀가 다시 그의 몸에 올라앉아 뒤로 손을 뻗어서 그의 성기를 쥐었다. 그리고 자신의 질 입구에 대고 그것을 문질러 적신 다음 스스로 그 위로 몸을 낮춰 본격적으로 움직이기 시작했다. 자신의 키가 아주 커진 것 같았다. 자신의 머리가 이 자동차 지붕을 뚫고 솟아올라 별들과 함께 떠다니는 것 같았다.

몇 분 뒤 그가 그녀의 몸속에서 부드러워지는 것이 느껴졌다. 죄책감 때문이었다.

여기서 멈춰도 괜찮아. 그녀는 이렇게 말하고 나서 몸을 일으켜 그의 허벅지에 무릎을 대고 앉았다.

그는 고개를 젓고는 그녀의 어깨를 붙잡아 다시 아래로 내리눌렀다. 그녀의 다리가 타는 듯이 아파오기 시작했다. 그는 성기가 연결된 채로 그녀를 뒤집었다. 리나는 남편과도 이 동작을 해보려고 했지만, 남편은 이렇게 말할 뿐이었다. 아팟! 그러면 리나는 이런 생각이 들었다. 윽.

그는 그녀의 엉덩이를 붙잡고 위아래로 움직였다. 그의 속도가 점점 빨라지자 그녀는 그가 사정할 순간이 다가왔음을 알 수 있었다. 그가 느낄 쾌락을 생각하니 머리가 어지러웠다. 그는 그녀를 자기 몸에 더욱 더 쾅쾅 박을 듯이 움직이다가 마침내 그녀의 등에 사정했다. 그녀도 오르가슴을 느끼기 직전이었지만, 먹고 있는 약의 영향으로 쉽지 않았다. 그의 정액이 척추를 타고 조금씩 흘러내리는 것이 느껴졌다. 그것을 자신의 온몸에 바르고 싶었다.

그녀는 그의 손을 잡고 말했다. 네 손가락을 내 안에 넣어. 그러고 나서 그녀는 자신의 손을 이용해 얼마나 깊게 넣어서 얼마나 빨리 움직여야 하는지 보여주었다.

그가 가르침을 잘 따른 덕분에 그녀는 쉽게 절정에 올랐지만, 여진처럼 느껴지는 오르가슴이었다. 게다가 중요성도 무한히 떨어졌다. 그는 오줌을 싸야겠다고 말했다. 두 사람은 차 밖으로 나와 추위 속에서 옷을 입었다.

그는 갈색 나무들을 향해 콸콸 오줌을 싸고 나서 이렇게 말했다. 이만 가야 돼, 꼬맹이. 잘못하면 아주 곤란해질 수도 있어.

그녀가 고개를 끄덕이자 그는 그녀가 상상하지도 못한 속도로 사라져버렸다. 그녀는 그 자리에 좀 더 남아 밤의 소리에 귀를 기울였다. 덤불 속에서 작은 동물들이 바스락거리는 소리. 그녀는 완전히 홀로 동떨어진 기분이었다. 여기는 자신의 나라, 자신의 우주가 아닌 것 같았다. 그가 가고 나니 아무 것도 남지 않았다.

난 2라운드도 할 수 있어. 그녀는 그에게 이렇게 썼다. 그래봤자 소용없다는 걸 알지만 그래야 할 것 같았다.

안 돼. 그가 답장했다. 네가 내 생기를 앗아갔어. :)

미안해. 내가 긴장해서 말을 너무 많이 했지.

그건 괜찮아, 꼬맹이. 섹시했어.

그녀는 한 손을 가슴에 올렸다. 이 말만으로도 최소한 일주일은 견딜 수 있을 것 같았다.

하지만 그 일주일이 거의 끝나가고 있어서 또 한 번 그럴 필요가 생긴 그녀는 다시 강가에 와 있다. 새로 산 옷을 입고 백미러로 점검한다. 아까 법정을 나와 포도주 양조장에 들르기 전에 그녀는 차를 몰고 월마트로 가서 에이던이 피우는 아메리칸 스피리트 한 갑을 샀다. 과체중이 심한 어느 젊은 남자는 밝은 가게 안을 돌아다니다가 100개 들이 핫도그 봉지에 손을 뻗었다.

여기 사람들은 자기 관리를 잘 안 해요. 리나는 누구든 자기 말을 이해할 것처럼 보이는 사람에게 이렇게 말한다. 인생에서 목적을 찾지 못한 모양이에요.

그녀는 새 원피스를 입고 셀카를 여러 장 찍는다. 필터나 정교한 편집 도구는 사용하지 않는다. 이 사진 여러 장을 페이스북에 올리고 나니 스스로 한심하다 싶으면서도 동시에 살아 있는 듯한 짜릿함이 느껴진다. 이 일을 마친 뒤 그녀는 혹시 원피스를 반품하고 싶어질 때를 대비해서 다시 카코 바지로 갈아입는다. 요즘은 뱃살이 없어져서 바지를 쉽게 쑥 올릴 수 있다. 그녀는 강가에 조금 더 머무르며 컵홀더에 놓아둔 담뱃갑을 바라본다. 노란색 바탕에 밝은 빨간색 태양이 그려져 있다. 그녀는 담뱃갑을 빤히 바라보며 손으로 만지작거린다. 그러다 담배를 한 개비 꺼내 손에 쥔다. 곧 그녀는 차에 시동을 걸고 보라색 빛 속에서 집으로 향한다.

4월 13일 어딘가에서는 누군가의 어머니가 세상을 떠나고, 어딘가에서는 누군가의 아이가 가출하고, 어딘가에서는 누군가가 새로운 인생을 위해 다른 대륙으로 이주했다. 리나에게 4월 13일은 사랑받는다는 느낌을 받은 날을 뜻한다. 자신이 원하는 모든 것을 손에 넣고 또한 우주에게 소유당한 날. 몸속의 뼈가 가벼워진 것 같았다. 목이 졸리는 것 같은 사랑의 고통뿐만 아니라 사랑의 즐거움 또한 모처럼 경험할 수 있었다.

그녀가 호텔에 도착했을 때 에이던은 완전하게 깨어 있었다. 단순히 잠을 안 자는 상태가 아니라, 그 순간에 충실했다. 그는 침대에서, 소파에서 몇 번이나 그녀와 나란히 앉았다. 사실 그가 그녀에게 다가온 순간도 여러 번 있었다. 휴대폰을 바라보지도 않고 술을 마시지도 않았다. 그는 그녀에게 주의를 기울이고 말을 많이 했다. 델라의 생일 파티에 대해 질문을 던지기도 했다. 리나는 부모로서 아이와는 다른 차원에서 분주히 움직이며 그날을 보냈다. 에이던은 그녀의 답에 추가 질문을 던지기까지 했다.

그녀는 편안하고 즐겁고 좋은 기분이었다. 자신의 이런 감정을 알아차리고 글자로 써놓기까지 했다. 자신에게는 드문 감정이었으니까.

그들은 여러 번 사랑을 나눴다. 리나는 나중에 토론 그룹에서, 그리고 자신의 이야기를 들어주는 모든 친구들리나처럼 불륜을 저지른 적이 있어서 함부로 이러쿵저러쿵하지 않을 사람들에게 에이던이 얼마나 멋진 연인인지 모른다고 말한다. 사랑이라는 영토에서 그는 정말 고귀한 존재라고.

학교에서 심리학을 공부한 그녀는 프로이트의 이론을 조금 기억하고 있다. "성적인 문제에서 사람이 보여주는 행동은 그 사람이 인생에서 보여주는 다른 모든 형태의 반응에 원형이 될 때가 많다."

하지만 에이던의 경우에는 이 말이 맞지 않다. 에이던은 일상생활을 할 때와 섹스할 때가 다르다. 일상생활에서 그는 멍청한 낙오자이지만, 침대에서는 완전히 다른 존재가 된다. 군주 같다.

리나는 그 방에 들어선 순간 텔레비전을 켰다. 그에게서 대화를 전혀 기대하지 않았기 때문에 그녀는 텔레비전 화면만 바라보았다. 하지만 에이던은 평소처럼 휴대폰을 들고 욕실로 가는 대신, 식당 메뉴판을 들고 침대로 와서 그녀와 나란히 앉았다. 그녀는 하마터면 화들짝 놀라 튀어오를 뻔했다. 그가 한 팔로 그녀를 감싸고 그녀의 등을 부드럽게 문지르며, 다른 손으로는 메뉴판을 들어 그녀에게 보여주었다.

뭐 먹고 싶어? 그가 물었다.

모르겠어. 그녀가 말했다.

두 사람은 갈비와 버거를 생각해보았다. 그는 그녀가 원하는 것이면 무엇이든 좋다고 했다. 리나는 배가 고프지 않아서 딱히 먹고 싶은 것이 없었지만 분위기를 망치고 싶지 않았다. 분위기가 너무나 완벽했다.

그녀가 그의 애정을 편안하게 받아들일 수 있게 되는 데에는 몇 분이 걸렸다. 몸의 떨림이 멈추는 데. 그를 놀라게 하지 않으려고, 분위기를 조금이라도 방해하지 않으려고, 그녀는 천천히 왼팔을 뒤로 뻗어 손바닥으로 그의 등을 위아래로 문지르기 시작했다. 부드럽고 다정하게. 이 순간이 영원히 지속되었으면 싶었다. 그가 움직이지 않는다면, 그녀 또한 절대 움직이지 않을 것이다.

얼마쯤 시간이 흐른 뒤 그가 일어섰다. 그녀는 자신의 손을 앞으로 가져와 바라보았다. 그가 휴대폰을 들고 식당에 음식을 주문했다. 그리고 욕실로 향하면서 내내 그녀에게 뭐라고 말을 걸었다. 그녀는 그가 오줌을 싸고 있는 욕실 안으로 걸어 들어가 그의 얼굴에 물을 끼얹을 만큼 편안해졌다.

두 사람이 이렇게 이야기를 많이 나눈 적은 처음이었다. 두 사람은 욕실에서 함께 걸어나오면서 계속 이야기를 나눴다. 침대로 걸어가는 도중에는 멍하니 텔레비전 화면을 함께 보다가 가끔 화면 속 어떤 광경에 웃음을 터뜨렸다. 그러고는 침대 위에 딱 붙어서 앉았다.

그가 그녀에게 몸을 기울이기 시작하자 그녀의 골반이 달아올랐다. 온몸이 짜릿짜릿했다. 한 시라도 빨리 그가 자신의 몸속으로 들어오기를 원하면서도, 동시에 이 순간이 끝나지 않기를 바랐다. 섹스가 이 순간을 지워버릴까봐 걱정스러웠다.

그때 그가 그녀를 바라보았다. 그 시선에 그녀는 하마터면 울음을 터뜨릴 뻔했다. 사실 그날 밤 그녀는 그가 그런 시선으로 자신을 보는 것을 아주 여러 번 발견하고는 기분이 몹시 좋아졌다. 마치 전에는 그가 제대로 그녀를 바라본 적이 없는 것 같았다. 그녀는 그의 시선을 견딜 수 없어서 그의 무릎에 자신의 머리를 올려놓았다. 그의 시선에 그녀의 가슴이 격렬하게 쿵쿵 뛰었다. 그녀는 자신의 움직임 하나하나를 생각해보았다. 그의 관심을 유지하려고 일부러 하는 행동과 자연스러운 행동의 비율을 측량해보려고 애썼다.

그가 고개를 숙여 그녀에게 키스했다. 그녀의 귀와 목과 입술에 입을 맞췄다. 그녀의 살갗 아래에서 결정들이 터지는 것 같았다.

그가 몸을 기울여 굵은 팔뚝으로 체중을 지탱하며 그녀에게 깊이 키스하기 시작했다. 그가 자신의 온몸에 입을 맞추는 동안 그녀는 그를 애무했다. 그가 그녀의 귓가에 입술을 대고 속삭였다. 널 핥고 싶어.

그녀는 크게 신음 소리를 냈다. 그 말만으로도 거의 절정에 오를 것 같았다.

그녀는 일어나 앉아서 셔츠와 브래지어를 벗었다. 그는 침대 끝에 무릎을 대고 앉아 있었다. 그녀는 오로지 그를 지켜보고 싶을 뿐이었다. 그가 그녀를 침대 끝으로 점점 더 잡아당겼다. 산부인과 진찰을 받을 때처럼. 그가 그녀의 다리를 양쪽으로 벌리고, 다리 사이에 입을 맞추기 시작했다. 저런 덩치의 남자가 할 수 있을 거라고는 그녀가 미처 예측하지 못한 부드럽고 가벼운 키스였다. 그의 양손이 그녀의 허벅지를 쓸면서 위로 올라와 옆구리를 스치고 젖가슴을 문질렀다. 그의 손끝이 그녀의 젖꼭지를 가볍게 스쳤다. 그는 그녀의 가슴을 마사지하듯이 손에 부드럽게 힘을 주었다. 그동안에도 그의 입은 끊임없이 그녀의 그곳을 빨면서 키스했다. 그는 그녀의 클리토리스에서 혀를 돌리다가 그녀의 몸속으로 집어넣었다. 입술이나 앞니로 그녀의 클리토리스를 잡아당기기도 했다. 입술인지 앞니인지 그녀는 구분할 수 없었지만, 자신의 그곳이 점점 딱딱해지는 것이 느껴졌다. 그가 잡아당길 때마다 작은 전기 충격처럼 오르가슴이 찾아왔다. 과학 실험실의 실험체처럼 그녀의 몸이 튀었다.

그는 그녀의 그곳에 오랫동안 머물렀다. 노크 소리가 들릴 때까지. 몸을 일으킨 그는 온통 젖은 얼굴로 늑대처럼 웃고 있었다. 그녀는 침대 머리판 쪽으로 급히 움직여서 뻣뻣한 베개 두 개로 알몸을 가렸다. 문 옆의 커다란 거울에 음식 배달원의 모습이 비쳤다. 그가 그녀를 보고 있었다. 그녀는 미소를 지어준 뒤, 빨갛게 달아올라서 베개 끝으로 얼굴을 가렸다.

에이던이 문을 닫고 음식을 책상 위에 놓았다. 그리고 침대 위로 올라와 그녀의 다리 사이로 기어왔지만, 그녀는 그를 밀어내며 똑바로 눕혔다. 그리고 그의 것을 오랫동안 빨아주었다. 그녀의 입술과 손이 위아래로 움직이는 동안 그의 손가락이 그녀를 부드럽게 만지고 문질렀다. 그녀는 움직임을 멈추고 그의 위로 올라갔다. 그가 잠시 머뭇거리는 것을 보고 그녀는 그가 혹시 구강성교만 원하는 건가 싶었다. 어쩌면 죄책감을 조금이나마 달래기 위해 스스로 작은 거래를 한 것 같았다. 그녀는 항상 그와 끝까지 가고 싶었기 때문에 속이 상했다. 그와 자신이 서로의 안에서 폭발할 때까지 그녀는 결코 만족하지 않았다.

그녀는 그의 성기를 기어 스틱처럼 잡고 자신의 다리 사이에 문질러 윤활액을 묻힌 다음 그 위로 깊숙이 내려앉았다. 몇 분 뒤 그가 신음하기 시작했다. 그가 그런 식으로 신음하는 것을 그녀는 처음 들었다.

아, 리나! 리나, 리나.

그가 그녀를 바라보자 그녀도 그를 마주보았다. 대개 그녀는 시선을 피하는 편이었다. 이렇게 친밀한 분위기를 감당할 수 없었기 때문에. 그녀는 그를 너무나 사랑했기 때문에 섹스 중에 이렇게 친밀한 순간을 감당할 수 없었다. 섹스가 끝난 뒤 이런 순간의 느낌은 샤워실의 물줄기를 타고 하수구로 흘러갈 테니까. 그녀는 또한 아주 가까이에서 들여다본 자신의 얼굴이 어떤 모습일지 자신이 없었다. 옛날 어렸을 때에도 그녀는 눈을 피하곤 했다. 하지만 이번에는 섹스를 하면서 그를 온전히 바라보았다. 자신이 그를 마주보지 못했던 그 모든 순간들이 아쉬웠다. 그렇게 인생을 허비해버리다니.

한 번은 그가 그녀의 엉덩이를 잡아 움직임을 멈추고는 이렇게 물었다. 오늘이 네 인생 최고야?

그녀는 천천히 고개를 끄덕였다. 당연한 소리였다. 그녀가 그의 위에서 한참 동안 움직이고 있을 때 그가 그녀에게 절정에 도달할 것 같으냐면서 그녀가 절정에 올랐으면 좋겠다고 말했다. 그가 그것을 원한다는 사실에 그녀는 터질 것 같은 심정이 되었다.

거의 다 왔어. 그녀가 말했다. 그녀는 눈을 감고 입술을 깨물고 있었다. 그의 몸 위에서 잘 움직이는 데, 섹시하게 구는 데에 집중했다. 이러지 마, 리나. 그녀는 혼잣말을 했다. 머리를 비워, 리나.

음, 흠. 그녀는 이렇게 말했다. 그녀의 눈이 자기도 모르게 가늘어지고, 입은 쾌락에 젖어 벌어졌다. 그녀는 절정에 도달하고 있었지만, 그것이 자신의 일 같지 않았다. 누군가 다른 여자의 일 같았다. 리나 자신처럼 겁에 질리거나 외롭지 않은 다른 여자. 그녀는 소리를 지르고 신음했다. 마치 과거의 리나가 죽고 새로운 리나가 태어나고 있는 것 같았다. 동물에 가까운 리나, 피부는 매끈하고 종아리가 튼튼한 여자. 그가 몸을 굴려 그녀의 위로 올라온 뒤 열렬한 키스를 퍼붓기 시작했다. 여느 때처럼 로맨틱한 키스가 아니라 깊고 축축한 키스였다. 그가 거칠게 숨을 몰아쉬며 혀를 마구 찔러넣는 것으로 보아 본인도 걷잡을 수 없는 것 같았다. 그녀는 이 새로운 키스가 마음에 들었다. 서로를 강렬하게 이어주는 프렌치 키스를 두고 이런 생각을 하는 것이 마치 부정을 저지르는 것 같아서 더욱 흥분되었다.

널 사랑해. 그가 말했다. 이 보지를 사랑해, 널 사랑해. 널 사랑해, 리나. 네 보지를 사랑해.

그녀의 귓속이 울렸다. 방금 들은 말을 믿을 수 없었다.

그때 그가 부드럽게 물었다. 자신이 그녀의 몸 안에서 사정하기를 바라느냐고. 거기가 아니라면 어디가 좋으냐고.

좋아. 리나가 말했다. 그거 좋아. 아니면 어디든 다 좋아. 나로 인해 네가 사정하기를 간절히 바랄 뿐이야.

그가 그녀의 몸 안에 사정하기 시작했다. 그의 온몸이 스스로를 내던져 에너지를 쏟아내는 것이 느껴졌다. 그때 그녀가 다급히 말했다. 내 입에, 내 입에!

그가 말했다. 어어. 늦기 전에 그녀의 입까지 갈 수 없기 때문이었다. 그가 소년처럼 말을 더듬는 것이 정말 귀엽고 사랑스러웠다.

두 사람은 서로를 끌어안았다. 영광스럽기 그지없는 땀이 그녀의 온몸을 뒤덮고 있었다. 안온했다. 상처를 주는 것은 전혀 없었다. 그렇게 오랜 시간이 흐른 뒤 그가 이제 편안히 일어나서 식사를 해야 할 것 같다고 말했다.

난 지금 어느 때보다 편안해. 리나가 말했다.

어어. 그가 말했다. 자신도 마찬가지라는 듯이. 그는 욕실로 가서 몸을 씻었다. 그 뒤를 이어 리나도 욕실로 가서 몸을 씻고 파자마를 입었다. 그녀는 사방에 흩어진 그의 물건들을 치워 소파에 자리를 만들었다. 그가 그 자리를 좀 더 정리했다. 두 사람은 거기에 앉아서 감자튀김과 닭고기 샌드위치를 먹었다. 소스는 전혀 뿌리지 않았다. 그녀가 아직 음식을 먹고 있는데 그가 침대로 가서 눕더니 눈을 감았다가 뜨기를 반복했다. 그녀가 그쪽을 바라보면 그가 가끔 그녀를 마주 바라보았다. 그녀는 욕실로 가서 얼굴을 씻었다. 거울 속의 그녀는 자신을 향해 미소 짓고 있었다. 얼굴에서 마음에 들지 않는 부분들조차 좋아 보였다. 행복하고 사랑받는 여자처럼 보였다. 그녀는 침대로 돌아와 아이들이 잘 있는지 휴대폰으로 확인했다.

갑자기 에이던이 눈을 뜨더니 정말로 강렬하게 그녀를 바라보았다. 본능이 그녀를 사로잡았다. 자신이 미소 짓는 것이 느껴졌다. 그녀는 고개를 한쪽으로 살짝 기울였다. 자신이 지금 확실히 귀엽고 섹시하게 보인다는 자신감이 들었다. 자신을 바라보는 그의 시선이 느껴졌다. 그는 진심으로 그녀를 바라보고 있었다.

마침내, 평생 처음으로 리나는 충분한 만족감과 애정을 느끼고 진정할 수 있었다. 이 순간에 집중할 수 있었다. 그녀는 침대로 올라가 그와 함께 잠들었다. 그와 나란히 누워 아무런 통증 없이 편안히 잠들었다.

그녀는 새벽 4시 15분에 깨어나 옷을 입고 나갈 준비를 했다. 가기 전에 침대에 걸터앉아 그의 팔을 문질렀다. 그러고는 고개를 숙여 그의 이마에 키스했다. 그는 깨어나지 않았다. 그녀도 그것을 원하지 않았다.

그녀는 어두운 주차장에서 시동을 걸었다. 공기가 따뜻한 동시에 서늘했다. 그동안 그녀는 4월이 얼마나 아름다운지 잊고 있었다.

누구에게든 전화를 걸기에는 너무 이른 시각이었지만 그녀는 참을 수가 없었다. 자신이 느낀 쾌락이 폭발해서 자신을 죽여버리기 전에 조금 내보낼 필요가 있었다.

아직 주차장에 서 있는 차 안에서, 자신의 호흡 때문에 흐려진 유리창들에 둘러싸인 채 그녀는 친구에게 전화를 걸었다. 전화가 음성사서함으로 넘어가리라는 것을 알면서도. 이렇게 이른 시간에 걸려온 전화 때문에 친구가 무슨 일이 생겼나 하고 걱정하게 되더라도 상관없다는 기분이 들었다. 사람들은 원래 자신의 삶에만 관심이 있는 법이니까. 심지어 굳이 이 친구가 아니어도 상관없었다. 그저 속에 담긴 말을 소리 내어 누군가에게 하고 싶을 뿐이었다.

음성사서함이 작동했다. 그녀는 신호음이 울릴 때까지 제대로 기다리지도 않고 입을 열었다.

"그가 말했어, 날 사랑한대, 사랑한대! 물론 내 보지를 사랑한다는 말도 했지. 하지만 어쨌든 말했어! 나를 사랑한다고 말했다고!"

그러고 나서 그녀는 얼굴이 아플 정도로 싱글거리며 집까지 곧바로 차를 몰았다.

maggie
매기

매기는 스무 살이다. 고등학교를 졸업한 지 거의 3년이 되었지만 아직도 아론을 극복하지 못했다. 우선 아론 이후 제대로 사귄 사람이 전혀 없었다. 아론 같은 남자는 영웅이다. 남자 형제들 사이에서 자란 여자에게는 특히 더 그렇다. 쩨쩨함과 좁은 시야를 지닌 형제들은 포르노만 볼 뿐 서로 토론을 하는 법이 없다. 그녀는 매일 아론의 몸과 얼굴과 말과 그의 품 안에서 보호받는 것 같았던 기분을 생각한다.

노스다코타 주립대학NDSU, 미식축구 팀 바이슨즈가 있고 아론 노델과 마리 노델이 처음 만나 사랑에 빠진 곳에서 보내는 대학 시절은 그녀에게 어두운 시기다. 심지어 룸메이트의 이름까지 레이븐°이다.

° 갈까마귀라는 뜻.

매기는 첫 학기에 학사 경고를 받고, 두 번째 학기에는 정학 처분을 받는다.

그녀는 학교를 떠나 고향집으로 돌아와서 6개월 동안 썩어간다. 그러다 새미, 멜라니와 함께 아파트를 얻어 나온다. 버펄로 와일드 윙스에서도 다시 일하기 시작한다. 그녀가 그곳에서 일한 기간을 모두 합하면 5년 반쯤 된다. 고등학교 때 계산원으로 일을 시작해서 서빙 직원으로 올라갔다. 웨이트리스로 일할 때는 안정감이 든다. 먹은 것을 토하고 싶을 때도, 주말에 두 타임을 연달아 일할 생각을 하면 자신에게만 너무 몰두하지 않게 막아주는 초라한 항상성이 느껴진다.

파티에서 매기는 술을 지나치게 많이 마시고, 남의 집 욕실 바닥에 누워 그를 생각하며 울어댄다. 남자들 몇 명과 잠자리도 한다. 그녀는 그들이 자신을 거칠게 다뤄도 그냥 내버려둔다. 섹스 중에 과거의 장면들이 떠오르면 멈출 수밖에 없다. 한창 섹스를 하던 중이라 해도 그녀는 상대에게서 자신의 몸을 떼어내, 분필로 그려진 자신의 그림자 속으로 털썩 떨어진다. 자신이 더럽다는 생각에 남의 손이 닿는 것이 싫을 때가 많다. 손을 잡는 것 같은 낭만적인 행동도 몹시 싫다. 서로 꼭 껴안는 행동에는 반감이 든다. 더러운 속옷처럼 중고품이 된 것 같다. 그녀의 심리치료사인 스톤 박사는 그녀에게 많은 약을 처방해준다.

그녀는 집으로 완전히 돌아왔다. 버펄로 와일드윙스를 그만두고 영세민 무료 급식소와 비슷한 퍼킨스에서 일을 시작한다. 강 건너 무어헤드에 있는 퍼킨스는 거지같고 그녀의 인생도 거지같다. 학교를 그만둔 뒤 다시 입학 허가를 받은 적이 하도 많아서 그녀 자신도 몇 번이나 되는지 잘 모른다. 구역질나게 지겨운 아침을 침대에서 보낸 적이 아주 많다. 얇은 블라인드 사이로 들어온 햇빛 때문에 정오 무렵이면 이불이 지나치게 따뜻해진다.

1월의 어느 날 밤 그녀는 자신의 방에서 캡틴 모건을 혼자 마시며 이메일을 열어본다. 저녁 11시 44분이다. 그의 이름을 입력하자 그녀의 이메일 창에 자동으로 그의 이메일 주소가 가득 뜬다. 그녀는 그와 헤어진 지 1년쯤 되었을 때부터 그에게 편지를 쓰지 않았다. 그에게 자신이 보낸 편지를 돌려달라고 말한 것도 그 무렵이다. 그녀는 그가 빌려준 책『뉴 문』과 네루다의 책을 돌려주면서 실수로 그의 편지까지 돌려주었다.『뉴 문』의 책갈피에 그 편지들을 접어서 간직하고 있었는데.

이메일에서 그녀는 그가 아직 그 편지를 간직하고 있어서 학교 주소로 자신에게 보내줄 수 있다면 기쁘겠다고 말했다. 하지만 만약 편지를 이미 버렸기 때문에 보내줄 수 없다면, 정당한 분노를 느낄 것이라는 말도 했다. 그래도 그를 미워하지는 않을 것이다. 그가 그녀의 이 이메일에 아무 반응을 보이지 않는다면, 그제야 비로소 그녀는 그를 미워하게 될 것이다. 이런 내용을 그녀는 상당히 상처받은 느낌과 살짝 장난스러운 느낌을 섞어 써내려갔다. 심지어 약간의 희망도 섞여 있었다. 다음 날 오전에 보낸 답장에서 그는 그녀에게 전화를 걸었는데 그녀가 받지 않았다면서 점심시간 중에 다시 전화하겠다고 말했다. 이 답장을 보낸 시각이 11시 19분이었다. 그렇게 통화가 이루어졌을 때 그는 그녀의 편지들을 이미 버렸다고 시인했다. 그녀는 슬프고 속이 상했지만, 정당한 분노가 느껴지지는 않았다. 그를 정말 미워하고 싶은데, 그런 마음이 생기지 않았다.

이번에 그녀가 다시 이메일을 쓰는 것은 누군가의 말 때문이다. 어떤 사람이 항상 머리에서 떠나지 않는다면, 그 상대 또한 이쪽을 계속 생각한다는 뜻이라는 말. 그렇게 많은 에너지가 공기 중으로 분출된다면, 돌아오는 것이 있기 마련이다.

'언제 말을 건네면 좋을지 계속 고민하고 있습니다…. 거의 3년이 되었는데도 언제 그때가 올지, 아니 그때가 오기는 할지 아직도 잘 모르겠어요. 제발 제 마음을 편하게 해주세요, 아론. 내가 당신을 만날 준비가 되었다고 말한다면, 당신도 같은 기분이 들까요?'

그녀는 화면 앞에서 몇 분 동안 기다린다. 반응이 곧바로 날아올 것 같아서. 하지만 자고 일어났는데도 그에게서는 아무런 반응이 없다. 계속 자다 깨서 확인해봐도 화면에는 아무 것도 없다.

이듬해에 매기는 파고에서 또 여름을 보내며 기억을 되새기고 싶지 않아서 언니 멜리아가 사는 워싱턴 주로 날아간다. 그리고 8월부터 11월까지 그곳에 머무르며 상처를 치유하려고 한다. 상록수들 옆에 서면 하찮은 존재가 된 것처럼 마음이 움츠러든다. 그녀는 '플렌티오브피시'라는 사이트에 등록해서 몇 번 데이트를 하지만 이렇다 할 결과는 없다.

그녀는 일주일 내내 심리치료사인 스톤 박사와 이야기를 나누는 시간만 기다린다. 아이들과 놀아주기도 하고, 음식을 깨작거린다. 워싱턴 주의 아름다운 풍경에 감탄하고, 언제쯤 고통으로부터 자유로워져서 자연의 아름다움을 다시 온전히 느낄 수 있을지 모르겠다는 생각도 한다.

매기가 우울해하는 것은 모두가 알지만 이유를 아는 사람은 하나도 없다. 그녀가 남자 때문에 이런다는 것을 사람들이 알았다면, 그녀에게 극복하라고 말했을 것이다. 모두 고개를 절레절레 저으며, 실연의 상처는 4년 이상 가지 않는 법이라고 말했을 것이다. 만약 그들이 진상을 모두 알았다면, 그러니까 그녀가 그리워하는 대상이 나이 많은 유부남 교사라는 사실을 알았다면, 대부분 그녀를 비난했을 것이다. 특히 하와이의 그 일 이후에는. 그런 실수는 한 번이면 족하다. 두 번이면 낙인이 찍힌다.

어느 날 멜리아는 저녁 식사를 마치고 큰 아이들을 재운 뒤 얼마 전에 낳은 아기를 안아 어르고 있다. 매기는 노트북 컴퓨터를 열어 페이스북에 접속한다. 그녀의 뉴스피드에 현기증이 날 만한 내용이 올라와 있다. 매기보다 두 살 위로 웨스트파고 고등학교에서 일하는 알레산드라 히메네스의 뉴스피드다. 단어 몇 개가 사람의 생기를 앗아갈 수 있다는 사실이 불합리하다.

많은 사람들이 아론 노델을 진심으로 축하하고 있다. 바로 얼마 전 그가 노스다코타의 올해의 교사로 뽑혔기 때문이다. 매기의 눈 앞에서 댓글들이 실시간으로 들어온다. 좋아요도 계속 찍힌다. 스마일 이모티콘과 무지개와 감탄사도 화면에 뜬다.

매기는 숨을 쉴 수가 없어서 밖으로 달려나간다. 파고에 있는 새미에게 전화했더니 자신은 그것을 보았지만 매기는 보지 않기를 바랐다고 말한다.

그녀에게 가장 생생한 감정은 아론이 받은 이 상이 자신을 향한 잔인한 공격이라는 것이다. 새미나 다른 사람들은 이해하기 어려울 것이다. 마치 아론 노넬의 세계에서 그녀는 눈곱만큼의 가치도 없다는 사실을 그가 자꾸만 그녀에게 들이미는 것 같다. 그녀는 망가진 여자가 되었지만, 그는 자신의 삶을 계속 살아갈 뿐만 아니라 그 삶에서 잘 나가기까지 한다고 계속 말하는 것 같다. 고향에서 그는 그녀를 그리워하며 인생에 발목을 붙잡혀 건성으로 살고 있는 것이 아니다. 그가 그녀에게 한 말은 모두 거짓이었다. 그에게는 힘든 일이 전혀 없었다. 그는 그저 자신이 원하는 순간에 자신이 원하는 일을 했을 뿐이다. 자신이 그녀를 원할 때는 그녀를 뽑아올려 자기 옆에 두고, 볼 일이 끝난 뒤에는 고향에서 아주 멀리 떨어진 곳에 내려놓았다.

매기는 뱀장어 같은 어둠 속에 오랫동안 서서 커다란 나무들이 암흑 속으로 솟는 모습을 지켜본다. 담배 반 갑을 쉬지 않고 피워댄다.

파고로 돌아온 뒤 그녀는 새로이 끔찍한 시기에 접어든다. 늦잠을 자지 않은 아침에 그녀는 번쩍 정신을 차려보려고 샤워를 한다. 그렇게 옷을 입고 밖에 나갈 준비를 하고 나면, 어둠이 악취처럼 방 안에 들어와 자리를 잡는다. 그녀는 침대에 앉았다가 그대로 눕는다. 그렇게 낮이 밤으로 변한다.

그녀가 실제로 '자살'이라는 단어를 생각하는 것은 아니다. 정말로 자살을 생각하는 사람들은 그 단어를 떠올리지 않는다. 대신 방법을 생각한다. 방법이 곧 죽음을 의미하는 것은 아니다. 중요한 해방감을 수확해줄 일련의 사건들을 의미할 뿐이다. 매기가 생각한 방법은 한밤중에 차고 서까래에 목을 매는 것이다. 그녀는 이 생각을 행동에 옮기기 직전에 경찰에 전화를 걸어, 부모보다 그들이 먼저 자신을 발견하게 할 계획이다.

새미 외에는 아무도 모른다. 새미도 이 계획에 대해서는 모르지만, 친구가 깊이 잠겨 있다는 건 안다. 그녀는 매기를 반려동물 입양센터로 데려간다. 두 사람은 검은색과 황갈색 얼룩무늬가 있는 고양이를 고른다. 새미가 입양료를 보태준다. 매기는 고양이에게 라자라는 이름을 지어준다. 아랍어로 '희망'이라는 뜻이다.

어느 날 밤 매기가 새미에게 전화한다. 새미는 함께 일하는 동료 몇 명과 함께 친구 집에 있다. 매기가 새미에게 말한다. 나 지금 나쁜 곳에 와 있어. 매기는 캡틴과 코카콜라를 마시고 조금 취한 상태다. 새미는 동료들에게 아론에 대해 말해도 되는지 묻는다. 이것은 매기의 괴담이다. 재미있는 괴담. 새미는 이 이야기를 할 권리를 얻었다. 아론으로 인해 매기가 울 때 그 울음소리를 옆에서 들어준 적이 몇 번이나 되는지 헤아릴 수 없기 때문이다. 술에 조금 취한 데다가 자신의 과거 사연이 스캔들처럼 강렬하다는 사실에 감탄한 매기는 좋다고 말한다. 자신의 이야기가 세상으로 퍼져나갔다가 평가와 함께 돌아오는 것을 보고 싶다고.

새미는 휴대폰을 스피커폰으로 설정하고, 친한 친구의 이야기를 그 자리의 여자들에게 말하기 시작한다. 교실에서 손가락으로 야한 짓을 한 것, 가석방 담당관인 아내, 이불에 묻은 핏자국 등 특별한 사실들을 모두 이야기한다. 새미의 입으로 그 이야기를 듣다보니 매기에게도 이상하게 들린다. 그 이야기 속의 여자가 자신이라는 사실을 믿을 수 없다.

사람들은 예상대로 반응한다. 말도 안 된다며 숨을 집어삼킨다. 저기, 난 당신과 아는 사이도 아니지만, 이건 진짜 완전히 말도 안 되는데. 누군가가 이렇게 말한다. 그 남자 완전히 쓰레기잖아.

매기는 차고의 서까래를 생각하고, 식이장애와 음주 문제를 생각한다. 극단적으로 아름다웠던 워싱턴 주의 나무들조차 제대로 바라보지 못한 것을 생각한다. 이 이상은 불가능하다 싶을 만큼 청결함을 추구하느라 속옷을 몇 번이나 갈아입는지 생각한다.

아이고, 이건 라이프타임°의 영화 같은데. 다른 사람이 말한다.

여자들이 웃음을 터뜨린다. 비열한 웃음은 아니다. 그들 모두 그를 미워한다. 그녀를 위해서. 그녀는 보호를 받는 것 같으면서도 동시에 지독한 외로움을 느낀다. 그가 그녀를 보호해주던 그때처럼 보호받는다는 느낌을 주는 사람이 없었기 때문이다. 사실 다른 여자들이 자신을 보호해줄 수 없음을 매기는 알고 있다. 그들은 자기가 좋아하는 남자 덕분에 성벽 바깥의 오합지졸을 상대할 필요가 없는 공주로 변신하는 순간 그녀의 옆을 떠날 것이다. 티셔츠를 파는 근처 가게의 유리창에는 이런 말이 붙어 있다. '적어도 우리는 혼자가 아니다.'

완전히 라이프타임 영화야! 아니면 옥시전인가? 그게 새로운 라이프타임인가?

매기는 취해서 흥분한 상태다. 새미와의 통화는 이미 끊겼다. 새

° TV 채널 이름.

미 일행은 새로운 추억을 만들러 나갈 것이다. 달걀 냄새가 나고 긁힌 자국이 잔뜩 있는 유리잔으로 맥주를 마실 것이다. 전등이 매달려 있고 시끄러운 음악소리가 들리는 술집에 들어서는 순간 그들은 매기의 이야기를 모두 잊어버릴 것이다. 그리고 자신의 립스틱이나 만나는 남자에 대한 걱정을 늘어놓을 것이다. 매기의 괴담은 그들에게 중요하지 않다. 그녀의 이야기가 중요한 사람은 딱 두 명뿐이다. 아론과 그녀 자신.

그는 올해의 교사다. 노스다코타 주의 황금 청년이다. 학교에서 농구 경기가 열렸던 그날 밤과 똑같다. 그가 레이업슛으로 점수를 올린 뒤 가볍게 착지하자 환호가 울렸다. 그의 아내와 아이들은 십중팔구 계속 그의 곁에 있을 것이다. 그녀에게서 어떤 맛이 나는지 그가 매기에게 말해줬다는 사실을 설사 그녀가 안다 하더라도.

그녀가 그에게 마지막으로 편지를 쓴 뒤로 약 2년이 흘렀다. 지금은 1월인데, 매기에게는 1년이 모두 겨울 같다. 크리스마스 연휴가 끝난 뒤에도 겨울을 즐겁게 여기는 사람이 어딘가에 있기는 한지 궁금하다. 혹시 하와이에는 있을까. 그녀는 노트북 컴퓨터를 연다. 가느다란 파란색 불빛이 그녀의 얼굴을 비춘다.

그녀는 전화로 새미의 친구들이 한 말을 그가 반박해주기를 바란다. 그녀는 피해자가 아니라고, 그가 마음대로 가지고 논 어리석은 아이가 아니라고 그가 말해주기를 바란다. 그 여자들의 말이 모두 틀렸음을 그가 자신과 함께 증명해주기를 바란다. 그들은 잘 몰라서 그런 말을 한 것이다. 떠돌이 사랑이라는 것이 우습다. 어느 순간에는 확신이 든다. 네가 그와 함께 있을 때에 대해 그 여자들은 아무 것도 모른다. 질투를 하거나, 너를 이해하지 못한다. 네가 어른 남자와 함께 있을 때 그들은 소년과 데이트한다. 그러다가 그 어른 남자에게서 며칠, 몇 주, 몇 년 동안 소식이 끊긴다. 너는 여자들에게 이야기한다. 여자들은 네게 여러 가지 질문을 던지고, 이쪽에서 원하지도 않는 판결을 내린다. 그 남자에 비하면 네가 아깝다고. 그가 자신의 사랑을 충분히 증명하지 않는다고. 그러는 그들의 애인이나 남편은 비난에서 자유로운 위치에 있다. 순전히 그 남자들이 몇 년 동안 그들 주위에 머무르며 전구를 갈아주고, 아기를 심어주었다는 이유로. 너는 그런 꾀죄죄한 남자들과는 함께할 생각이 없다. 이런 말을 그들에게 해주고 싶었지만, 그 대신 너는 그들의 말에 귀를 기울이기 시작했다. 아론은 몇 년 동안 소식을 끊고, 네가 없는 곳에서 피자도 먹고 치실로 이도 청소하며 살았다. 전에 그는 수업 시간에 트로피로 사용하고 싶다면서 '생각하는 사람'의 작은 모형을 네게 가져왔다. 전에 그의 봉사학습 수업을 듣던 학생이 그 모형을 장식하려 했으나 솜씨가 워낙 엉망이었다. 나무 위에 스프레이 페인트를 뿌렸을 뿐, 세세한 부분이 전혀 표현되지 않았다. 그는 네게 혹시 그것을 손볼 수 있는지 물었다. 너는 그것을 일주일 동안 가지고 있으면서 색을 완전히 벗겨내고, 먼저 받침에 색을 칠한 뒤, 볼품없는 은색 모형에 자연스러운 청동색을 입혔다. 그는 왜 이렇게 오래 걸리느냐고 물었다. 거의 짜증이 난 것 같은 표정이었다. 하지만 수정이 끝나고 나면 그가 자랑스러운 표정을 지을 것을 너는 알고 있었다. 그것을 그에게 가져다주면서 너는 자신이 아주 호사스러워진 것 같았다. 강한 근육이 조각된 이 남자를 뱃머리에 붙이고 교실 안으로 들어가는 유람선이 된 것 같았다. 여기 있어요. 네가 말했다. 그의 눈이 반짝거렸다. 네가 누군가에게 뭔가를 건넬 때 항상 보고 싶어 하는 표정이었다.

와. 그가 모형을 이리저리 돌려보며 세세한 부분에 감탄했다. 그리고 인간 여자를 바라보며 명성의 숨결을 불어넣어주는 그리스 신처럼 너를 바라보았다. 너라는 존재가 그의 시선에 따라 변했다. 추락할 때는 이카로스처럼 떨어졌다. 너는 운명의 여신과 복수의 여신과 아이들 때문이라고 생각했기 때문에, 오랫동안 지상을 방황하며 자연을 사랑하지 못하고 학교에서도 앞으로 나아가지 못하고 부모의 집에서 술이나 마시며 살았다. 그런데 그가 올해의 교사로 뽑혔다. 그러자 복수의 여신들이 입을 열었다.

그래서 너는 편지를 쓴다. 그들이 틀렸음을 증명하고 싶어서. 그에게서 그때도 지금도 너를 사랑한다는 말을 듣고 싶다. 올해의 교사라니 코미디다. 그는 너를 만난 뒤로 마리를 사랑하지도 않았고 건드리지도 않았다. 잔디밭에 물을 줄 때마다 그는 그 물줄기가 자신의 눈물이라고 상상한다. 거기 흙 속에 네가 살고 있다고 상상한다. 너의 작고 어린 손이 늙어가는 그의 발목을 어루만지려고 올라오고 있다고 상상한다.

하지만 네가 그에게 편지를 쓰는 가장 큰 이유는, 네가 그의 인생을 망치는 것을 그가 막아주었으면 한다는 것이다.

잔 속의 호박색 캡틴이 5밀리미터쯤 남아 있다. 너는 잔 바닥에서 작은 남자가 자그마한 엄지손가락을 치켜들고 손짓하는 모습을 상상한다. 그리고 눈을 감고 보내기를 누른다. 그 다음에는 보낸 편지함으로 가서 확인한다. '생각하는 사람'처럼 색을 입힌 이메일을 다시 본다. 이제 없던 일로 돌리는 것은 불가능하다.

'대답을 원하는 질문이 있어요. 저도 이제 나이를 먹었으니, 과거의 그 일에 대해 새로운 시각을 갖게 됐어요. 내가 틀렸음을 증명해주는 것이 당신에게도 좋을 거예요.'

가끔 너는 누군가가 자신의 부름에 답해주기를 간절히 바란다. 자신의 존재를 인정해주기를. 너는 뱀굴 입구에 불을 피워야 한다. 어차피 정신과 의사는 과거 그 일에서 네가 버림받은 연인이 아니라 피해자였다고 줄곧 네게 말하고 있다. 너만 빼고 모두들 이렇게 확신하는 듯하다. 그날 밤 새미의 전화기로 대화를 나눈 여자들도. 심지어 네가 데이트했던 남자들도. 처음에 그들은 너를 무서워하다가, 나중에는 섹스할 때 신발도 벗지 않게 된다.

새미와 매기는 친구 애디슨을 만나러 간다. 애디슨은 문신 전문가다. 아론은 그녀의 최신 이메일에 답장하지 않았다. 애디슨은 그녀의 사연을 모른다. 왜 이 문신이에요? 그녀가 말한다. '나는 닫힘 앞에 열린다'는 글자인데, 해리 포터 시리즈에서 나온 말로 '열린다'의 O자가 황금색 스니치다. 매기는 이 작품의 단순한 팬이 아니다. 어느 날 밤 그녀는 얼어붙을 듯이 추운 날씨인데도 이 시리즈 다섯 번째 영화의 표를 사려고 텐트에서 노숙을 했다. 그녀와 새미는 그날 어느 커피숍의 화장실에 가서 뜨거운 물로 손을 녹이기도 했다. 어떤 이야기가 완전히 마음을 울려서 등장인물들과 가족이 되기를 바랄 정도라면, 그건 단순한 팬의 감정이 아니다. 『트와일라잇』을 읽을 때는 좀 달랐다. 그때는 마치 그녀 자신이 뱀파이어에게 물린 것 같았다.

'나는 닫힘 앞에 열린다'는 매기가 앞으로 나아갈 준비가 됐다는 뜻이다. 마침내 그녀는 그를 놓을 것이다. 그녀의 책 속에 남은 그의 체취까지 포함해서 모든 것을. 설사 그녀가 피해자였다 해도, 그것은 과거 일이다. 그녀는 그 기억을 모두 닫을 것이다.

난 잘 모르겠어요. 애디슨이 말한다.

매기는 숨을 내쉬고, 마지막으로 한 번만 더 사연을 이야기해주기로 한다. 뱀파이어와 사랑에 빠졌던 소녀를 위한 작별 파티가 될 것이다. 세 여자는 자리에 앉는다. 매기가 이야기하는 동안 애디슨은 작업한다. 바늘이 닿을 때마다 수천 명의 자그마한 남자들이 작은 갈퀴로 그녀의 팔을 찔러대듯이 아프다. 생각했던 것보다 더 아프기도 하고 덜 아프기도 하다.

말도 안 돼. 무슨 그런 쓰레기가 다 있어요. 애디슨이 말한다.

일주일 뒤에도 그는 여전히 그녀의 이메일에 답장하지 않았다. 매기는 텔레비전으로 「닥터 필」°을 본다. 아버지의 친구들이 자신을 강간하는데 아버지가 가만히 놔둔다는 어느 여성의 이야기다. 그녀는 아버지가 친구들에게서 돈을 받았는지 여부를 기억하지 못한다. 매기는 애디슨이 자신에게 한 다른 말을 떠올린다. 애디슨은 문신을 소독하면서 자신의 솜씨에 감탄하다가 매기의 얼굴에 흘러내린 머리카락을 쓸어넘겨 주었다. 그러고는 매기가 예전부터 생각하던

° 심리학자인 필 박사가 초대손님에게 조언하는 내용의 프로그램.

것, 심리치료사가 넌지시 말했던 것을 애디슨이 말했다. 하지만 왠지 그 말이 마음에 와 닿지 않았다. 어쩌면 바늘에 찔린 통증 때문이었는지도 모른다.

당신이 첫 번째일 리가 없어요. 그렇다면 당신이 마지막일 리도 없다는 뜻이에요. 애디슨이 말했다.

매기는 자신의 문신을 바라본다. 잉크가 주입된 부위 주변의 살갗이 벌겋게 달아올라서 아직 문신이 아름다워 보이지 않지만, 나중에는 아름다워질 것이라는 말을 들었다. 어쨌든 매기는 불만을 제기할 수 없었다. 문신을 해준 사람이 친구였으니까.

그날 밤 매기는 부엌에서 엄마에게 다가간다. 눈물이 줄줄 흐른다. 엄마 알린이 시선을 든다. 짧은 머리를 한 알린의 얼굴은 책임감이 강해 보인다. 알린은 술을 지나치게 마시지만, 술을 마시지 않았을 때는 그런 문제가 없는 사람처럼 보인다.

알린이 깜짝 놀라서 말한다. 왜 그래? 무슨 일이야?

알린이 보기에는 딸에게 무슨 일이 생긴 것 같다.

아빠 어디 계세요? 매기가 말한다. 할 얘기가 있어요.

아빠가 지하에서 올라온다. 알린과 달리 그는 이 방에 없는 뭔가를 찾는 사람처럼 보인다. 그가 절망에 차서 하는 작은 행동들이 치명적인 영향을 미친다. 소파는 낡았고, 불빛은 흐릿하다. 매기는 가장 먼저 기본적인 규칙 몇 개를 정한다.

너무 당황하지 마시고, 제발 부탁이니 나한테 질문을 퍼붓지 마세요. 내가 대답할 준비가 돼 있는지 나도 잘 모르니까요.

302

부모가 고개를 끄덕인다.

3학년 때 노델 선생님과 부적절한 관계를 맺었어요.

알린이 즉시 울기 시작한다. 그게 무슨 소리야? 그녀는 흐느끼면서 간신히 이렇게 묻는다.

매기는 아빠를 바라본다. 아빠의 눈에도 눈물이 글썽거린다. 매기는 아빠에게 전통적인 의미의 귀여운 딸이었던 적이 한 번도 없다. 둘이 너무 비슷하기 때문이다. 그래서 둘이 힘을 겨루며 소리를 질러대지만, 그녀는 아빠에게 맥주를 사주고 아빠는 그녀의 차를 고쳐준다. 딸에게 함부로 대하는 사람을 혼내주기도 한다. 그는 그녀의 기를 세워주고, 그녀를 보호해준다. 그녀는 막내딸이다. 남자들은 다른 남자들이 무슨 생각을 하는지, 무엇을 원하는지, 어떤 짓을 하는지 안다. 알린은 모르지만 그녀의 남편은 딸의 말이 무슨 뜻인지 정확히 알고 있다.

매기는 그것이 육체적인 관계였지만 실제로 성관계를 맺지는 않았다고 말한다. 왠지 이런 사실을 밝히는 것이 더욱 끔찍하다. 핀볼 기계처럼 이리저리 펑펑 튀어다니던 그 성적인 행동들을 아주 세세한 부분까지 모두 주목하게 만드는 것 같다.

그녀는 자신이 그 일을 신고할 각오를 다졌기 때문에 부모에게 털어놓는 것이라고 말한다. 그리고 창고의 벽장 속에 증거가 있다고 말한다.

그날 밤 늦게 알린이 그 증거들을 모두 뒤져서 매기의 스파이더맨 폴더와 포스트잇이 깃털처럼 잔뜩 붙어 있는 『트와일라잇』을 찾아낸다. 일요일 밤이다. 한 주가 시작되기 전의 조용한 밤. 하지만 이 집의 식구들은 경악과 충격에 빠져 있다.

알린은 증거들 앞에 무릎을 꿇고 앉아 딸의 선생이 딸에게 준 물건들을 손으로 쓸어본다. 뱀파이어 소설에 붙어 있는 포스트잇 메모들을 읽으며, 어른의 말과 섞여 있는 아이의 말을 본다.

그동안 매기는 아빠를 찾아다닌다. 아빠는 차고의 서까래 아래에서 울고 있다. 매기는 스스로가 싫어진다. 여기서 다시는 올라설 수 없을 것 같다. 아빠는 앞으로 그녀를 볼 때마다 그녀가 저지른 짓을 생각할 것이다. 아빠가 아무리 그녀를 사랑한다 해도, 두 사람의 관계 중 일부는 이미 썩어버렸다.

아빠는 아무 말 없이 딸에게 양팔을 벌리고, 딸은 그 품에 뛰어든다. 세상에서 가장 좋은 품이다. 함께 울다가 아빠가 먼저 울음을 멈추고, 곧 딸도 멈춘다.

매기는 경찰서로 들어간다. 자기 몸의 모든 것이 갑자기 의식된다. 검은 레깅스를 입은 엉덩이가 흔들리는 것. 베어파우 부츠. 긴 가짜 손톱. 몇 주 뒤면 그녀의 사건을 배당받은 수사관이 그것 때문에 그녀에게 헛소리를 해댈 것이다. 그 와중에도 머리를 크게 부풀린 창녀처럼 손톱을 다듬었다고. 처음에 그녀는 웃음을 터뜨리다가 곧 그에게 사실을 말할 것이다. 자꾸 자기 속눈썹을 잡아 뜯기 때문에 그걸 좀 어렵게 만들려고 가짜 손톱을 붙인 것이라고.

경찰서 접수대 직원이 시선을 든다. 아직은 여기서 돌아설 수 있다. 매기는 오늘 교실에 서 있을 아론의 모습을 상상한다. 6년 전 이 맘때쯤 그들의 사랑 이야기가 시작되었다. 그는 이제부터 어떤 일이 벌어질지 짐작도 못할 것이다. 작지만 힘이 느껴진다. 매기는 잘게 떨리는 손이 당황스럽다. 접수대 직원은 그녀가 입을 열기를 기다린다.

지난 며칠 동안 매기는 여성 경찰관인 언니의 친구에게 여러 가지 상황을 가정한 다양한 질문을 던졌다. 요즘은 남자들보다 여자들과 함께 있을 때 더 마음이 놓인다. 오빠들과 아빠와 심리치료사는 빼고.

매기는 지금 여기서 돌아나갈 수 있음을 안다. 스톤 박사에게 생각을 바꿨다고 말하면, 그는 그녀가 무슨 생각을 하든 다 괜찮다고 말할 것이다.

그녀는 목소리가 제대로 나오는지 확인하려고 몇 번 헛기침을 한다.

저는 미성년자 추행을 신고하러 왔어요. 그녀가 접수대 직원에게 말한다.

이미 너무 늦었어, 너무 늦었어, 너무 늦었어, 너무 늦었어. 그녀는 덜덜 떨고 있다. 겁이 나서 몸이 뜨거워지는 것 같다. 접수대 직원은 전혀 신경 쓰지 않고 그냥 자기가 맡은 일만 하는 것 같다. 심지어 지루해 보이는 것도 같다. 직원이 전화를 건다.

매기가 한참 동안 기다린 뒤에야 경찰관 한 명이 열린 문간을 통해 몸을 반쯤 내밀고 그녀를 별도의 방으로 부른다. 그녀는 자신의 뱀파이어 이야기를 시작한다. 아주 사소한 일까지 모든 것이 중요하다는 깨달음이 문득 찾아온다. 남자 경찰관은 노란색 종이에 그녀의 말을 받아 적는다. 과거가 그녀를 향해 입을 크게 벌리고 기지개를 켠다. 고양이처럼.

매기가 경찰서를 찾아간 지 6개월 뒤, 그러니까 마크 윌큰의 딸과 아론 노델의 관계가 끝나고 5년이 지난 어느 날, 마크는 아내보다 한참 먼저 일어났다. 얼마 전부터 이렇게 일찍 일어나는 것이 버릇이 되었다. 좋아서 그러는 것이 아니라, 심한 우울증의 부산물이다. 그러나 이날 아침에 그가 일어난 시각은 평소보다도 훨씬 더 일렀다. 밖은 아직 어둡고, 그에게는 이제 출근할 직장이 없었다. 지난 2000년에 그는 20년 넘게 창고 담당자로 일하던 페어웨이에서 해고되었다. 이 층에서 저 층으로 옮겨 다니며 식품, 농산물, 냉장고, 청구서 작성 등 다양한 분야의 일을 하던 곳이었다.

어느 모로 보나 그는 일을 잘했다. 창고에서 근무하는 누구보다도 실수가 적고 생산성은 가장 높았다. 효율은 그를 지탱하는 척추와 같았다. 비록 이력서에 적힌 항목 중에는 없었지만, 그의 정체성에 문신처럼 새겨져 있었다. 일을 통해 그는 목적의식을 얻었다. 하지만 페어웨이는 스포츠 용품에 투자하기 위해 파고 지점을 닫았다. 그렇게 그의 일자리를 빼앗아감으로써, 페어웨이는 윌큰 일가와 비슷한 상황에 처한 모든 사람들을 죽인 것이나 다름없었다.

마크는 식료품 도매점인 슈퍼밸류에서 일자리를 구하려고 했지만, 스텝 테스트를 통과하지 못했다. 스텝 테스트는 대부분의 사람들이 평생 들을 일이 없는 용어지만, 창고에서 일하고 싶은 사람이라면 반드시 알아야 하는 것이다. 시험 대상자는 단에 올라섰다가 다시 내려서는 동작을 1분당 24 스텝 속도로 해내야 한다. 위-위-아래-아래, 이렇게 네 스텝으로 이루어진 동작을 3분 동안 계속한다. 시험이 끝나자마자 대상자가 동작을 멈추면, 혹시 즉석에서 심장 발작을 일으킬 위험이 있는지 확인하기 위해 심박수를 측정한다.

마크와 알린은 매기가 스케이트를 배우던 스케이트장으로 매일 나가서 위아래로 올라섰다 내려가는 동작을 수백 번씩 연습했다. 그런 연습이 꼬박 1년 동안 이어졌다. 마크는 그동안 계속 슈퍼밸류에 가서 재시험을 치렀으나 매번 실패했다. 이렇게 1년 동안 계속 풀이 죽어가는 그를 가엾게 여긴 하급 직원이 그의 입사지원서를 통과시켜준 덕분에 그는 슈퍼밸류에서 파트타임 일자리를 얻었다. 호출이 있을 때만 일하는 자리였기 때문에, 마크는 매일 저녁 6시에 슈퍼밸류로 전화를 걸어 다음 날 자신이 출근해야 하는지 물어보아야 했다. 그러니 식구들은 어디든 여행을 갈 계획을 세울 수 없었다. 주말 동안 대도시에 다녀오는 것도 불가능했다. 처음에 그는 일주일에 이틀 정도 일했지만, 곧 한 달에 이틀로 줄어들더니 결국은 한 달에 한 번 몇 시간 동안 일하는 것이 고작이었다. 나중에는 거의 일을 하지 않고 혹시 내일 일할 수 있을지를 생각하며 하루하루를 보냈다.

마크 월큰은 이런 식으로 사실상 강제 은퇴를 했다. 한 가지 좋은 점은 그가 22년 동안 일한 것에 대해 연금을 모두 수령할 수 있게 되었다는 것이었다. 하지만 연금을 받으려면 이윤을 목적으로 한 기업에서는 더 이상 일할 수 없었다. 마치 회사에서 그에게 이렇게 말하는 것 같았다. 당신이 살아갈 수는 있게 해줄 테니, 당신 분수를 알고 그냥 그 자리에 가만히 있어. 꼭 필요하다면 술에 취해도 되지만, 싸구려 맥주나 마시라고. 그래서 그는 병원에서 각 부서들 사이에 오가는 우편물, 빨간 실로 봉인한 마닐라봉투를 전달해주는 일을 맡았다. 그의 세전 소득은 시간당 7달러였다.

그의 정확한 심정은 아무도 모른다. 그가 자신의 어두운 부분을 드러내지 않았기 때문이다. 하지만 인간적인 존엄성을 지킬 수 없게 되면 아무리 강인한 사람도 미쳐버릴 수 있다. 그는 잠을 제대로 자지 않았고, 익명의 알코올 중독 치료 모임에 자주 나갔다.

이날 아침 알린은 잠에서 깬 뒤 마크와 시선을 마주쳤다. 그는 기진맥진한 것 같았다. 눈빛도 흐릿했다. 그녀는 시계를 한 번 보고 다시 남편을 보았다.

부츠? 그녀가 말했다. 마크를 부르는 그녀만의 별명이었다. 남편은 그녀를 린이라고 불렀다.

그가 침대로 다가와 그녀 옆에 앉았다.

내가 항상 당신을 사랑하는 것 알지? 그가 말했다.

알린은 고개를 끄덕였다. 나도 항상 당신을 사랑해.

그녀는 그의 실수에 넌더리가 난다는 생각을 한 적이 없었다. 실직과 그 뒤를 이은 우울증처럼 그의 잘못이 아닌 일들도, 대마초 흡연이나 음주처럼 그가 저지른 잘못도 그녀에게는 다를 것이 없었다. 설사 중독이 질병이라 해도, 그녀는 남편이 자신보다 중독을 택한 정확한 순간들을 보았다. 자신이 남편에게 능력을 불어넣어줄 수는 없었지만, 그렇다고 남편의 일탈에 대해 잔소리를 하지도 않

308

왔다. 그런 것은 그녀의 방식이 아니었다.

그녀는 일어나서 출근 준비를 시작했다. 마크가 그녀의 주위를 따라다녔다. 솔직히 그녀는 자신이 남편에게 이렇게 필요한 존재가 될 때를 좋아했다. 그녀가 사랑받는다고 느끼는 순간 중 하나였다.

나랑 같이 집에 있다가 나가서 아침을 먹을 수 있을까? 그가 물었다.

그녀는 남편을 바라보았다. 남편의 피부가 뼈대 아래로 늘어져 있었다. 지난 몇 달간 남편은 많이 힘들어했다. 그동안 하던 행동을 그만두기도 했다. 이를테면 음주 운전 같은 것. 하지만 이렇게 나쁜 버릇을 그만두었어도 그의 기분은 전혀 좋아지지 않은 것 같았다. 마치 자신을 지탱해주던 것들을 잃어버리고 있는 것 같았다.

반차 휴가를 낼 수 있을 것 같아. 그녀가 말했다.

두 사람은 차를 몰고 샌디스 도너츠로 갔다. 항상 금방 만든 도넛을 파는 곳이었다. 두 사람은 커피를 마시며 따뜻한 도넛을 깨작거렸다. 옆 테이블에 혼자 앉은 남자가 알린에게 미소를 지어 보이고는 마크에게 말을 걸었다.

부인에게 한턱내시는 겁니까?

남자는 그냥 가벼운 대화를 시도했을 뿐이었다. 알린은 그의 어조를 들어보고, 어쩌면 그의 집에 여자가 없는 것 같다고 추측했다. 그의 말은 단지 헌신적이고 잘 웃는 아내가 있으니 마크는 행운아라는 뜻이었음을 그녀는 알고 있었다. 하지만 마크는 이 대화에 힘을 잃고 쓰러진 것 같았다. 두 사람은 우울한 침묵 속에서 아침식사를 마쳤다.

집으로 돌아오는 길에 마크는 잠깐 성당에 들러 버트 신부와 이야기를 나눠도 괜찮겠느냐고 알린에게 물었다. 그리고 나중에 성당으로 자신을 데리러 와주겠느냐고 물었다. 그녀는 당연히 그러겠다고 대답하고, 집으로 돌아가 그의 연락을 기다렸다.

나중에 버트 신부는 알린에게 마크가 이렇게 물었다고 말해주었다. 제가 병원에 가봐야 할까요? 기분이 너무 우울합니다.

버트 신부는 고개를 저으며 말했다. 집에 가서 좀 쉬세요.

성당 창문 밖에는 러시안세이지, 진한 자홍색의 접시꽃, 자주색 루드베키아가 푸른 하늘을 배경으로 높이 솟아 있었다. 신부가 직접 가꾸는 꽃밭에는 개옥잠화도 있었는데, 마크가 지금껏 본 그 어떤 식물보다도 선명한 초록색을 띠고 무성히 자라고 있었다. 마치 안에서부터 빛이 새어나오는 것 같았다.

마크는 그 꽃들을 가리키며 말했다. 신부님, 천국의 모습이 저것과 비슷할까요?

버트 신부는 고개를 끄덕이며 미소를 지었다. 나야 상상만 할 뿐이지요.

나중에 집에서 알린이 말했다. 당신 너무 우울해 보여. 당신이 무슨 생각을 하고 무엇을 느끼는지 제발 나한테 말해줘.

마크는 고개를 저으며, 그럴 수 없다고 말했다. 노인 요양원에서 오후에 버트 신부가 주재하는 미사에 가고 싶다면서, 그녀에게 같이 가겠느냐고 물었다. 하지만 알린은 갈 수 없었다. 오전 내내 집에 있었으니, 오후에는 출근해야 했다. 그를 혼자 두고 가도 괜찮을 것 같았다. 그는 미사에 갈 예정이고, 밤에는 알코올 중독 치료 모임이 있었다.

저녁에 집으로 돌아와 보니 마크가 방에서 자고 있었다. 화들짝
놀라 깨어난 그는 겁에 질린 사람처럼 눈을 크게 떴다. 무슨 일이
야? 어떻게 된 거야? 그가 말했다.

아무 일도 아니야. 그냥 당신이 어쩌고 있나 봤을 뿐이야. 알린이
말했다.

린?

응?

여기 내 옆에 잠깐 누워 있어.

그녀는 그에게 다가가 그의 옆에 누웠다. 그 순간 그에게 딱 필요
한 존재가 되고자 했다. 너무 지나치지도, 너무 모자라지도 않게. 그
가 잠들어 고른 숨소리를 내기 시작하자 그녀는 그가 몸을 쭉 펴고
누울 수 있게 침대에서 일어났다. 그리고 거실로 자리를 옮겨 소파
에서 꾸벅꾸벅 졸았다. 조금 뒤 그는 서둘러 일어나서 그녀에게 짧
게 키스를 했다. 약속 시간에 늦었다. 알린은 모임 잘하고 오라고, 사
랑한다고 말했다.

소파에서 그대로 잠이 든 알린은 자정 무렵 깨어났다. 마크가 아
직 돌아오지 않았다. 모임이 끝난 뒤 사람들이 함께 커피를 마시러
갈 때가 많았기 때문에 걱정은 크지 않았다. 그가 모임에 참석한 사
람과 유용한 대화를 나누고 있다면 좋을 것 같았다. 그녀는 다시 잠
들었다가 5시쯤 깨어났다. 마크가 옆에 없다는 사실이 너무 충격적
이어서 그녀는 파고의 겨울보다 더 차갑게 몸이 식었다. 이때부터
그녀는 덜덜 떨기 시작했다. 같은 모임에 다니는 사람들 몇 명과 아

는 사이인 자신의 형제에게 전화하고 싶었지만 아직 너무 이른 새벽이라 커피를 마시며 기다렸다. 그동안 내내 시계만 바라보면서 하느님에게 기도했다. 일곱 시에 그녀의 전화를 받은 그녀의 형제는 모임 멤버 몇 명에게 연락했다. 그들은 마크가 모임에 나오지 않았다고 말했다.

알린은 가슴이 덜컹 내려앉았다. 이제 그녀는 그가 어딘가에 차를 세우고 술을 마시다가 그대로 곯아떨어져 돌아오지 못했기만을 바랐다. 지금이라도 그가 깨어나서 돌아올지 몰랐다. 하지만 그는 이제 운전할 때는 술을 마시지 않았다. 자신이 그녀에게 얼마나 중요한 존재인지 알기 때문에 그녀의 요구에 한 발 물러나주었다.

그녀는 파고 경찰청, 병원, 파출소 유치장에 전화를 걸어 알아보았다. 그리고 조금 더 기다리다가 딸을 깨웠다.

매기는 덜덜 떨리는 엄마의 손길에 화들짝 놀랐다. 무슨 일인지 알 것 같았다. 그냥 알 것 같았다. 아빠가 이렇게 집에 돌아오지 않은 적은 단 한 번도 없었다. 그가 저지른 잘못 중에 외박은 없었다. 매기는 아빠가 무사하신지 자신의 심장에 물어보았다. 하지만 돌아온 답은 무사하시지 않다는 것이었다.

알린은 당황해서 어쩔 줄을 몰랐다. 매기는 더 많은 병원과 유치장에 전화를 걸어보았다. 모두 아빠의 소식을 알지 못했다. 도무지 마음이 놓이지 않았다. 매기는 웨스트파고 경찰청에 전화해서 실종 신고를 내려면 얼마나 더 기다려야 하느냐고 물었다.

경찰청 직원은 그녀의 집으로 경찰차를 보내겠다고 말했다. 20분 뒤 형사 세 명이 나타났다. 세상에서 가장 무섭고 음침한 틀로 찍어낸 것 같은 얼굴들이었지만, 그날 저녁 식구들이 기다리는 집으로 돌아갈 사람들의 모든 특징을 확실히 갖고 있었다. 아이들이 있고 따뜻한 저녁 식사가 있는 집. 형사 한 명이 두 여자를 집 안 깊숙한 곳으로 데려가서 자리에 앉으라고 말했다.

좋은 소식이 아닙니다. 그가 말했다.

무슨 일이에요? 알린이 말했다.

형사는 어떻게 말해야 할지 몰라서 머뭇거렸다. 알린은 어서 빨리 말해달라고 애원했다.

매기가 말했다. 아빠가 자살하신 거죠?

형사는 고개를 끄덕였다. 끔찍하지만 마음 한 구석으로는 기뻐하는 것 같았다. 이 젊은 여자 덕분에 그 말을 자신이 직접 해야 한다는 짐을 덜었으니까.

그는 장소가 어디인지 말해주었다. 무어헤드의 가톨릭 공동묘지. 마크 월큰은 한밤중에 손목을 그어 과다 출혈로 사망했다.

형사는 알린에게 그녀의 남편이 직접 이런 결정을 내린 거라고 세 번 말했다. 세 번째로 이 말을 들은 뒤 알린이 비명을 질렀다. 그 말 좀 그만해요. 내가 결혼한 남자가 이런 선택을 할 리 없어요!

그 뒤로 며칠 동안 매기와 엄마는 죽음이 대개 그렇지만 특히 자살 앞에서 사람들은 상대의 삶을 그 사람 본인만큼, 또는 그 사람보다 더 잘 아는 듯이 말하게 된다는 사실을 알았다.

마크 월큰의 장례식 전 밤샘 때 꽃들이, 비록 성당 앞에서 자라는 꽃들만큼 아름답지는 않지만 하여튼 꽃들이 그의 주위를 가득 채웠다. 그 유명한 포옹으로 누군가를 감싸주는 일이 다시는 없을 그의 양팔은 평화로이 휴식을 취하는 듯했다. 사람들은 그의 유명한 포옹과 일요일의 그레이비소스와 반짝이는 눈과 조용한 힘과 솔직함뿐만 아니라 그의 화려한 목소리에 대해서도 이야기했다. 그는 옛날에 매기가 피겨스케이팅 연기를 할 때 아나운서 역할을 했다. 그 자리에 있던 여자아이들과 부모들이 모두 그의 목소리를 좋아했다. 크게 멀리까지 울리는 그의 황홀한 목소리가 그 행사를 대단한 일처럼 바꿔놓았기 때문이다. 그가 말을 멈추자 경기장 안의 모든 사람들이 상실감을 느낄 정도였다.

모두 충격을 받아 슬퍼했지만, 매기는 단순히 문상을 온 사람들이 그날 밤 집에 돌아가서 다른 어두운 이야기를 늘어놓을 것임을 알고 있었다. 그가 어떻게, 왜 이런 일을 저질렀는지에 대한 이야기. 그들은 진저에일을 마시고 폭찹을 먹고 잠자리에 들 것이다. 그들의 몸에는 결코 채워지지 않는 구멍 같은 것은 없을 것이다.

매기는 관으로 다가가 아빠의 차가운 시신 위로 쓰러져 몸부림쳤다. 그러다 다시 정신을 차리고 이것이 자기 인생의 2부임을, 모든 것이 끝났으며 자신은 오늘 그 어느 때보다 고독한 처지가 되었음을 받아들이고 아빠의 귓가에서 「블랙버드」를 몇 소절 불렀다. 아빠가 좋아해서 그녀에게 가르쳐준 노래였다.

알린은 하루 종일 멍한 얼굴로 남편과 함께한 긴 생애의 추억들만 되새겼다. 함께 갔던 휴가와 함께 흘린 눈물, 아이들이 모두 아직 어릴 때의 모습이 흐릿한 흑백 화면처럼 떠올랐다. 젊은 마크가 그녀에게 댄스를 청하고, 결혼을 청하고, 무엇이든 물어보았다. 그러다 남은 것은 어쩌다 여기까지 이르렀는지, 인생이 견딜 수 없을 만큼 힘들어진 날이 정확히 언제인지에 대한 의문뿐이었다. 하지만 알린이 가장 많이 떠올린 것은 며칠 전 그가 자기 옆에 함께 누워달라고 부탁하던 모습이었다. 침대에 자신의 몸이 남긴 그 따뜻한 자국 속에 더 머무를 걸. 그녀에게 자신의 삶을 최대한 많이 나눠준 그 남자의 곁에 있을 걸. 아니, 그를 영원히 안아줄 수 있다면 좋겠다는 생각뿐이었다. 후회보다 더 강렬한 말이 있어야 할 것 같았다.

재판 첫날은 그 이듬해 4월의 추운 화요일이다. 매기는 아빠를 잃은 지 여러 달이 되었는데도 여전히 그 사실을 잊은 채 아침에 일어날 때가 있다. 그래서 행복하게 눈을 뜬다.

건물 밖의 하늘은 강철처럼 청회색이고 광활하다. 숨결이 얼어붙을 듯이 차갑다. 식당들에 손님이 북적거린다. 법정의 풍경은 그녀가 생각했던 것만큼 대단하지 않다. 평범한 회색 벽과 카펫과 가짜 목재. 어두운 색 정장을 입은 창백한 남자들 무리.

존 바이어스 검사는 몸에 잘 맞지 않는 정장 차림으로 불편한 표정을 짓고 있다. 앞으로 며칠 동안 그는 법정에서 오가는 이야기를 액면 그대로 받아들이는 것처럼 보일 것이다. 반면 피고 측 변호인은 날카롭고 세세하다. 배심원 선정 때는 영리하고 전략적인 모습을 보여준다. 결국 남자 네 명과 여자 여덟 명으로 배심원단이 구성된다. 언뜻 불공평해 보이는 구석이 있다. 검찰 측은 면담 때 열일곱 살의 아가씨라면 그런 짓이 나쁘다는 것을 알았어야 한다고 단언한 여성 배심원 후보를 거부하지 않는다. 그 여성은 그렇게 단언한 뒤,

315

사건과 관련된 사실들을 청취하면서 열린 마음을 유지할 수 있을 것 같다고 덧붙인다. 그녀는 서른 살 이하의 젊은 아가씨들에게는 바로 그 젊음이 문제라는 듯이 '아가씨'라는 말을 하는 여자다. 그 여자가 배심원이 된다.

피고 측의 모두 진술에서 변호사 호이는 배심원단 앞에 서서 아론 노델처럼 많은 상을 받고 사랑과 존경을 받는 남자가 피해자가 주장하는 것과 같은 행동을 할 가능성은 "대단히, 대단히, 대단히 희박합니다"라고 말한다. 상을 많이 받은 남자는 매력을 느끼는 젊은 여성에게 구강성교를 해주지 않는 모양이다. 상을 많이 받은 남자는 젊은 여성에게 그녀의 작은 손을 사랑한다고 말하지 않는 모양이다.

그는 이 모든 주장의 근거가 오로지 그녀의 말뿐이라고 말한다. 강간 검사 결과도 없고, 달팽이가 기어간 흔적처럼 옷에 묻은 정액도 없다.

매기가 법정으로 들어갈 때, 피해자인 그녀를 대리하는 변호사가 마리 노델이 복도에 나와 있다고 미리 알려준다. 매기는 그녀 앞을 지나쳐 갈 수밖에 없다. 약 30미터 떨어진 곳에 그녀가 보인다. 매기의 변호사가 말한다. 저 여자가 사라질 때까지 기다리겠어요?

아뇨. 매기가 말한다. 난 저 여자를 무서워하지 않아요.

매기는 마리의 앞을 지나가면서 계속 그녀를 빤히 바라본다. 잘 못된 행동이라는 건 알지만, 자신의 남자 옆에서 그를 도와주는 이 여자에게 화가 난다. 마리는 천장을 보았다가 시선을 내려 자신의 신발을 본다.

316

호이는 모두 진술에서 아론 노델이 매기를 위해 애를 많이 썼다고 말한다. 그는 복구된 통화 기록을 언급한다. 아론과 매기 사이의 통화 횟수가 이 기록에 나와 있다. 호이가 말한다. 아론이 몇 시간이고 고발인과 통화한 것, 때로는 자정이 훨씬 지난 시간에도 통화한 것은 고발인이 문제가 있는 학생이었기 때문입니다. 고발인의 부모는 알코올 중독자였습니다. 그 밖에 고발인이 처한 상황에 수반된 세세한 사항들은 몇 가지 되지 않습니다. 아론 노델은 소문이 퍼지기 시작하자 고발인과 연락을 끊었습니다.

교차 심문에서 매기는 아론 노델이 자신을 도와준 좋은 교사라는 주장을 반박하지 않는다.

"아론은 문제가 있어 보이는 아이들을 보살펴줬어요. 나도 그런 아이들 중 하나였고요." 매기는 아빠의 스카풀라레˚를 손에 쥐고 있다. 손에 힘이 너무 들어가서 금방이라도 피가 날 것 같다. 이 스카풀라레는 아빠와 함께 발견되었다. 매기는 소매에 부채꼴 무늬가 들어간 하얀 레이스 상의에 실크 스카프를 매고 있다. 그녀가 말한다. "나는 부모님이 내 문자 기록을 볼까봐 휴대폰을 숨기려고 했어요. 아론이 내 손이 작고 어려서 마음에 든다고 말했던 기억이 나네요."

법정 안의 사람들이 모두 그녀의 손을 바라본다. 슈퍼 모델처럼 빛나는 손일 것이라고 기대하면서. 하지만 손톱은 짧고, 손은 떨리고 있다.

아론은 회색 정장에 널찍한 줄무늬 넥타이를 맸다. 눈을 가늘게

˚ 수도사가 어깨에 걸쳐 입는 옷.

뜨고 매기를 바라보는 모습이 마치 수학 문제를 풀려고 애쓰는 사람 같다.

호이가 매기에게 민사 소송을 제기할 계획이 있느냐고 묻는다. 사실 그는 매기가 그럴 계획이었음을 알고 있다. 매기가 나중에 알아낸 사실에 따르면, 매기가 자문을 구한 법률 회사의 직원 중에 그의 아들이 있기 때문이다. 매기는 그 회사의 변호사들에게서 이것은 소송 거리가 되지 못한다는 말을 듣고, 그 회사에 일을 맡기지 않기로 했다. 따라서 매기의 자문 내용에는 변호사와 의뢰인 사이의 비밀 유지 원칙이 적용되지 않는다.

매기는 자신이 노델을 상대로 민사 소송을 제기할 수 있는지, 웨스트파고 교육위원회를 상대로도 소송을 제기할 수 있는지 변호사에게 물어본 적이 있다고 시인한다. 아론의 좌석 쪽에서 킬킬거리는 소리가 들린다. 결국 처음부터 돈이 목적이었을 것이라는 의심이 이제 확인되었다는 듯이.

호이는 노델이 왜 그녀에게 관심을 보인 것 같으냐고 묻는다. 매기는 자신이 어쩌다 살이 쪘는지 생각해본다. 이제 그녀는 고등학교 때의 모습이 아니다. 설탕이 들어간 술을 마시고, 몸을 관리하겠다는 의욕이 없다. 그녀의 데이트 상대들은 그녀에게 잘해주지 않는다. 호이는 도저히 생각도 할 수 없다는 듯이 이렇게 말한다. "그 학교에서 가장 인기 있는 교사 중 한 사람이 느닷없이 고발인에게 문자를 보내 사랑을 고백하기 시작했다는 겁니까?"

지금보다 날씬하고 어리고 행복했던 당시의 매기에게도 그건 믿을 수 없는 일이었다. 매기도 호이의 말에 동의하기 때문에 대답할 말을 찾기가 어렵다. 그녀는 자신이 아론에게 어울리는 사람이라고 한 번도 생각해본 적이 없었다.

"처음부터 아론이 내게 사랑을 고백한 건 아니에요." 매기는 자신이 콜로라도에 있을 때 햇빛과 눈 속에서 천천히 그 관계가 시작되어 점차 발전해나갔다고 설명한다. 하지만 그 발전 과정을 짧게 설명할 방법이 없다. 그녀에게는 그때 주고받은 문자 메시지도 남아 있지 않다. 그의 요청으로 문자들을 지웠을 뿐만 아니라, 너무 오래전 일이라 통신 회사가 마법 같은 힘을 발휘해 그 문자들을 발굴해낼 수도 없다.

매기는 조금 전보다 자신감이 있는 목소리로 말한다. "깜짝 놀랐어요. 특별한 사람이 된 것 같고, 세상에 나를 원하는 사람이 있구나 하는 생각도 들었죠. 나보다 한참 나이 많은 남자가 나 때문에 아내와 헤어지려 하는구나."

그녀는 적잖이 자신있는 태도로 자신보다 아론 노델이 사랑한다는 말을 먼저 했다고 법정 안의 사람들에게 말한다.

심문의 초점이 『트와일라잇』으로 옮겨간다. 매기가 아론에게 주었고, 아론이 소설의 내용과 자기들이 하고 있는 금단의 사랑을 연결시킨 메모지를 잔뜩 붙여서 돌려주었다는 책. 매기는 법정 안의 사람들에게 이렇게 증언한다. "그 뱀파이어의 이름은 에드워드인데, 그가 벨라와 사랑에 빠져요. 그가 그녀를 사랑하는 마음과 그녀를 죽이고 싶어 하는 욕구 사이에서 괴로워하기 때문에 그건 금단의 사랑이에요."

매기는 또한 교사 노델이 그녀의 숙제에 적어준 문장 하나를 소리 내어 읽는다. "아론은 이렇게 썼어요. '나도 동의할 수밖에 없어.'"

존 바이어스는 그가 그 메모를 어디에 적었느냐고 심한 파고 사투리로 묻는다.

매기는 자신이 『트와일라잇』에 대해 쓴 에세이의 한 줄을 읽는다. "이 경험을 통해 나는 또한 나이가 중요하지 않다는 믿음을 재확인했다. 관계를 만들어내는 것은 공통의 관심사이지 나이가 아니다."

노델이 매기의 숙제를 채점하면서 마음의 문제에서는 나이가 중요하지 않다는 문장에 '나도 동의할 수밖에 없어'라고 썼다는 사실은 노델 측도 인정했다. 하지만 그가 포스트잇에 메모를 잔뜩 적어 보냈다는 주장은 당연히 인정하지 않았다.

문서 감식가인 리사 핸슨이 말한다. "아론 노델이 문제의 그 글을 생산했을 가능성이 있습니다." 그녀는 그 메모들이 자신이 갖고 있는 매기 윌큰의 필체 샘플과 일치하지 않는다고 분명하게 말한다. 그러나 그녀의 증언에는 아주 많은 단서들이 붙어 있다.

이어 매기는 그의 집에 갔던 그날 밤, 그녀의 인생에서 가장 행복했던 그날 밤을 설명한다.

"내가 아론의 바지 단추를 열려고 했더니 아론이 안 된다고 했어요." 이 말을 하면서 그녀는 눈물을 흘린다. 그것이 성폭행이었기 때문이 아니라, 그에게 거절당했기 때문에. 그로 인해 그녀가 나쁜 아이가 된 것 같았기 때문에. "내가 이유를 물었더니, 아론은 내가 열여덟 살이 될 때까지 기다리고 싶다고 말했어요. 그래서 거기서 행동을 멈췄죠. 나는 속도 상하고, 뭔가 잘못을 저지른 것 같은 기분이었어요. 그래서 우리가 거기 그냥 누워 있었던 걸 기억해요."

여러 구경꾼들이 보기에 매기의 가장 큰 문제는 그녀가 지나치게 공격적이라는 점이다. 피해자가 저렇게 비뚤어진 태도를 보이면 안 된다. 그녀가 눈물을 흘리고 있는 것은 사실이지만, 너무 폭포처럼 줄줄 울고 있어서 억지로 소중한 곳을 침범당한 사람처럼 보이지 않는다. 우는 모습이 이 자리에 맞지 않는다.

교차 심문에 나선 호이가 묻는다. "이 재판의 결과에 대해 관심이 있습니까?"

매기가 어두운 목소리로 묻는다. "어떤 관심이요?"

"아무 관심이든." 호이의 말투 때문에 매기는 집파리가 된 것 같다.

"물론 나는 정의가 실현되는 것을 보고 싶어요. 하지만 나는 지금 생각했던 일을 행동에 옮기고 있을 뿐이에요."

그러고 나서 그녀는 캐스카운티 지방법원의 스티븐 매컬러 판사에게 잠시 시선을 돌려 이렇게 말한다. "저를 노려보면서 불편하게 만드는 사람이 이 법정 안에 있는 것 같은데요…. 그런 사람이 여기에 있어도 되나요?" 그녀는 아론 뒤에 있는 여자를 똑바로 바라본다. 마리가 아니다. 십중팔구 아론의 여자 형제인 듯한데, 하루 종일 점잖은 얼굴을 찡그리고 있다.

"됩니다." 판사가 대답한다.

사람들은 매기에게 그녀의 태도 때문에 안쓰럽다는 생각이 잘 들지 않는다고 말했다. 한편 법정에 앉아 재판을 지켜보던 의사가 모두가 들을 수 있게 큰 소리로 말한다. "세상에는 돈이라면 무슨 짓이든 하는 사람들이 있습니다."

검찰 측 증인들 중 가장 비중이 큰 사람은 매기와 가장 친한 친구 세 명이다. 먼저 새미는 미용실에서 머리를 다듬고 나와서 눈을 크게 뜨고 커다란 몸짓을 곁들여 자신이 아론 노델의 봉사학습 수업을 듣던 때에 대해 이야기한다. "내가 친구 몫까지 커피를 사려고 나갈 때 정작 친구는 교실에 남는다면, 그건 아주, 커다란, 적신호예요." 그녀는 그 적신호가 얼마나 심각한 것인지 강조하기 위해 양손을 허공으로 들어올린다. "부적절하다는 생각이 들었어요."

새미보다 조용한 편인 멜라니는 2009년에 매기가 말을 잘 하지 않아서 대화를 나누기 힘들었다고 말한다. 매기가 자신들과 어울리려 하지 않고 스스로를 고립시켰다는 것이다. 새미도 같은 말을 하면서 멜라니보다 더 많은 감탄사를 붙인다. "매기는 심하게 우울했어요! 그냥 보기만 해도 행복하지 않다는 걸 알 수 있었다고요. 살이 많이 빠져서 핼쑥해 보이더니 갑자기 살이 쪘어요. 체중이 미친 듯이 오르락내리락했어요!"

몇 년 뒤 매기는 이 시기에 단 둘이 있을 때는 자신에게 용감하고 강한 사람이라며 옹호해주던 멜라니가 다른 사람들에게는 매기가 이기적인 어린애처럼 구는 바람에 친구들까지 웃기지도 않는 꼴이 되었다고 말하고 다닌 것을 알게 되었다. 그녀가 그 일을 극복했어야 마땅하다는 말도 했다.

숀 크링크는 검찰 측 증인으로 나왔는데도 놀라운 증언을 한다. 그는 아론의 동료 교사이자 친구지만, 마이크 네스 수사관을 만났을 때는 자신이 고발 내용을 들었을 때 유일하게 떠오른 인물이 바로 매기였다고 말했다. 틀림없이 매기일 거라는 생각이 들었다는 것이다. 그는 아론의 친구지만, 검찰은 아론의 행동이 부적절했다는 사실만은 그가 부정하지 않을 것이라고 판단했다.

그러나 증언대에 선 그는 네스 수사관에게 한 말을 그대로 반복하지 않는다.

크링크가 말한다. "유난히 주의를 기울여야 하는 학생들이 있습니다. 그러니 교사는 그런 아이들에게 실제로 남들보다 더 관심을 기울일 때가 많죠." 그는 이런 내용의 말을 여러 번 되풀이하더니, 아론과 매기 사이에 뭔가 나쁜 일이 벌어지고 있다는 느낌이 들었다면 자신이 아론에게 물어보았을 것이라고 말한다.

증언대에서 매기는 아론이 술에 많이 취해서 자신이 차로 아론을 집까지 데려다준 적이 있다고 말한다. 크링크는 노델이 집까지 차를 운전할 수 없을 만큼 취한 모습은 한 번도 보지 못했다고 말한다. 이것이 어느 정도 취한 상태를 말하는지 아무도 묻지 않는다. 칵테일 두 잔을 마신 뒤 운전대를 잡으려 하지 않는 사람들이 있는가 하면, 술보다 과식이 문제가 될 때도 있다. 집에 두 아이가 있다면, 운전면허가 정지될 위험을 무릅쓸 수는 없다.

검찰 측은 이어 통화 기록을 제출한다. 수많은 통화 횟수와 늦은 시간의 통화. 법정에 있는 그 무엇보다 밝은 연보라색 상의를 입은 단발머리의 범죄 분석관이 침착한 모습으로 통화 기록을 화면에 불러낸다.

아론에게서 매기에게 걸려온 전화, 46통, 752분.

매기가 아론에게 건 전화, 47통, 1405분.

1월부터 3월까지 총 93통, 2157분.

파란색과 빨간색으로 그린 파이그래프와 막대그래프는 이 통화들 중 23건이 밤 10시 이후에 이루어졌음을 보여준다.

검찰 측은 슬램덩크에 성공했다고 판단하고 마음을 놓는다.

그때 피고 측이 징을 울리며 퍼레이드를 시작한다.

아론 노델이 어떤 사람인지를 증언해줄 증인 열세 명. 그 중 열한 명이 여자다.

옛 제자인 새라베스 J.와 캐시디 M.은 아론 노델에게 추행을 당한 적이 없다고 말한다. 그들은 마치 우리를 보세요, 예쁘고 멋지죠, 그런데도 선생님은 우리한테 관심이 없었어요, 라고 말하려고 나온 것 같다.

안경을 낀 금발 여성 루스 조이스는 직장 동료다. 그녀는 아론과 매기가 한 방에 단 둘이 있었다면 들키지 않았을 리가 없다고 말한다. 영어 교사인 린지 코세트도 동의한다. 매기는 그녀를 잘 모르지만, 매기가 아론의 방에서 많은 시간을 보내는 것에 코세트가 의심을 품었다는 말을 아론에게서 들은 기억이 있다.

이런 증언들이 이루어질 때 매기는 법정에 없다. 그들이 혹시 반대 심문을 위해 그녀를 불러낼 수도 있으니 자리를 비우는 게 좋겠다는 검사의 조언을 따른 것이다. 실제로 그들은 그녀를 불러내려고 하지만, 매기는 나중에야 그 이야기를 듣는다. 검사가 그녀에게 해주지 않은 이야기는 텔레비전 뉴스와 온라인 검색으로 알 수 있다.

갈색 머리의 보조 교사는 이렇게 말한다. "노델 선생님은 제가 웨스트파고 고등학교에서 일하면서 만난 최고의 교사라고 말할 수 있습니다."

그 뒤를 이어 눈이 번쩍 뜨이는 금발 미인 크리스털 사스테트가 나온다. 그녀는 아론의 옛 제자로서 그에게 추행당한 경험이 없다고 증언한다. 심지어 예전에 미스 노스다코타로 뽑힌 적이 있는데도.

바이어스가 불만스러운 소리를 낸다. 사스테트가 자신에게도 관심을 보이지 않은 아론이 미스 노스다코타로 뽑힌 적도 없는 매기에게 왜 관심을 보였겠느냐고 넌지시 암시하러 나왔다고 판단한 것이다.

제레미 머피는 증언대에서 매기의 말처럼 아론에게 따진 적도 없고 뭔가 의심을 품은 적도 없다고 말한다.

매기가 나중에 듣고서 무엇보다 이상하다고 생각한 것은 이 모든 사람들이 그녀에 대해 한 발언들이다. 크리스라는 청년의 진술 조서가 큰소리로 낭독되자 매기는 당황한다. 크리스는 아론 노델이 맡은 3학년 영어 수업을 그녀와 함께 들었다. 서로 친구라면 친구라고 할 수 있는 사이로, 그룹 과제를 함께 한 적도 한 번 있었다. 크리스는 매기가 작업을 잘 거는 여자였다고 말했다. 매기가 아론의 책상 위로 몸을 기울이곤 했다는 말도 했다.

문제는 매기가 아론이 함께 있는 자리에서는 집요할 정도로 행동을 조심했다는 점이다. 불륜을 저지르는 사람이라면 이것이 무슨 뜻인지 알 거라고 매기는 확신한다. 다른 사람들이 의심을 품을지도 모른다는 두려움 외에도, 매기는 아론이 특정한 상황에서 아주 쉽게 겁을 먹거나 짜증을 낸다는 사실을 잘 알고 있었다. 언젠가 두 사람이 하굣길에 함께 학교에서 걸어나갈 때의 일이다. 그가 교사 주차장 방향으로 꺾어질 때까지 함께 걷기로 했는데, 그가 어리석은 소리를 하는 바람에 그녀가 그의 다리를 가볍게 때렸다. 그러자 그는 마치 전기 충격을 받은 사람처럼 화들짝 놀라면서 주위를 두리번거렸다. 그렇게 주위에 사람이 전혀 없는 것을 확인한 뒤 그는 그녀를 바라보며 이렇게 말했다. 내 몸에 손을 대면 안 돼. 사람들이 의심할지도 몰라. 엄격하면서도 너를 이해한다는 듯한 어조였다. 그는 그녀가 수작을 거느라 그런 행동을 한 것이 아님을 알고 있었다. 하지만 그와 동시에 당시 상황을 감안할 때 조금이라도 의심을 사면 안 된다는 사실 또한 알고 있었다.

그러니 별로 친하지도 않은 크리스가 그녀가 아론에게 작업을 걸었다고 말한 것은 순전히 터무니없는 소리다. 매기는 잘 알지도 못하는 사람들 손에 붙잡혀 늑대 무리 앞에 던져지는 편이 차라리 덜 외로울 것 같다고 생각한다.

캔더스 파츠코우스키에 관한 이야기를 들었을 때 매기는 하마터면 울음을 터뜨릴 뻔한다. 파츠코우스키는 가장 엄한 교사 중 한 명으로 알려져 있지만 매기를 귀여워했다. 땅딸막한 몸집에 빨간 머리를 짧게 자른 그녀는 오늘 흑백 재킷을 입었다. 매기는 선험론 수업을 기억한다. 그녀는 그 수업에 정말로 흥미가 있어서 수업 중에 손을 들고 질문을 던진 소수의 학생 중 한 명이었다. 파츠코우스키 선생은 수업이 끝난 뒤에 남으라고 하더니, 매기의 적극적인 참여와 관점을 높이 평가한다고 말해주었다. 그때 매기는 똑똑한 사람이 된 것 같아서 집으로 가는 내내 환한 미소를 짓고 있었다.

그런데 오늘 파츠코우스키 선생은 매기가 아니라 아론을 위한 증언을 하러 나왔다.

그녀의 교실은 아론의 교실 맞은편에 있는데, 그녀는 매일 정오에 자신이 그의 교실을 들여다보며 인사를 건넸으나 매기가 함께 있는 모습은 한 번도 보지 못했다고 말한다. 게다가 그녀는 교사가 워낙 바쁜 직업이라 손가락으로 야한 장난을 칠 시간이 없다고 넌지시 말한다.

로라는 매기가 TGI 프라이데이즈로 아론을 태우러 갔던 날 함께 사진을 찍은 금발들 중 한 명이다. 그녀는 3월 말에야 그 사진을 페이스북에 올렸는데, 피고 측은 이것이 매기가 말한 시간대와 어긋난다고 지적한다.

증인들의 행렬이 막바지에 이르렀을 무렵, 무엇보다 몰인정한 장면이 연출된다. 그녀가 온다는 것을 매기는 이미 알고 있었다. 피고 측 증인 명단에서 그녀의 이름을 보았을 때 매기는 화장실로 달려가 속을 게워냈다.

헤더 S.가 증언대에 앉아, 매기가 주장하는 관계가 진행되던 당시 자신이 그녀의 절친한 친구였다고 말한다. 따라서 무슨 일이 있었다면 자신이 반드시 알았을 것이라고 그녀는 주장한다. 그녀의 증언은 기본적으로 매기가 거짓말을 하고 있다는 것이다. 예전에 매기는 교장실에서 헤더 대신 혼난 적도 있는데. 항상 헤더의 뒤를 받쳐주었는데. 헤더의 증언을 나중에 전해 들었을 때, 매기의 머리에 어떤 기억이 저절로 떠오른다. 학교에 다닐 때 헤더가 사랑에 관한 성경 구절이 새겨진 머그 잔을 아론에게 크리스마스 선물로 주었다는 것. 당시 아론은 아내가 그것을 보고 이상하다며, 헤더가 그 잔을 선물로 준 것은 그와 섹스를 하고 싶기 때문이라고 말했다고 매기에게 말해주었다. 그가 그 잔을 사용할 때마다 마리는 이렇게 말했다. 또 그 '섹스해줘' 잔을 쓰는 거야? 물론 아론과 마리가 정말로 그런 대화를 나눴는지 매기는 확인할 수 없다. 매기와 사귈 때 아론은 새미가 자신에게 반한 것 같다고 말한 적이 있었다. 그때 매기는 한동안 새미에게 비이성적인 분노를 느꼈는데, 그 이유를 그녀에게 도저히 말할 수 없었다. 지금 생각해보니 아론은 그녀가 질투하기를 바랐거나 아니면 친구를 밀어내기를 바랐던 것 같다. 그녀가 비밀을 털어놓을 만한 사람이 주위에 하나도 남지 않도록. 두 가지 의도에서 그는 모두 승리를 거뒀다.

검사는 교차 심문에서 증인으로 나선 교사들 전원에게 밤 10시 이후 학생들과 통화한 적이 있느냐고 묻는다. 캔더스 파츠코우스키와 매기가 들은 영어 수업에서 아론의 보조 교사였던 에이비 제이콥슨은 아론이 학생들을 많이 도와줬다면서, 문제가 있는 학생에게 자신들도 똑같이 했을 거라고 증언한다. 파츠코우스키 선생을 포함한 여러 증인들은 아론을 옹호하면서 매기를 보지 않아도 된다. 매기는 그 현장에 없었다. 나중에 저녁 때 아빠가 자주 앉던 의자에 앉아 뉴스로 증언을 보던 매기는 자신의 곁에 남은 사람이 누구인지 이제는 알 수가 없어서 울음을 터뜨리고 속을 게운다.

마침내 바이어스가 파츠코우스키 선생에게 묻는다. "이 전화들이 오간 시간은 어떻습니까? 당신은 자정 무렵 학생의 전화를 받거나 학생에게 전화한 적이 있습니까?"

"없습니다." 그녀가 말한다.

SLOANE
슬론

식당을 연 지 얼마 되지 않았을 때 리처드와 슬론은 신년 파티를 열었다. 그날 저녁 근무 중이던 요리사 중에 리처드의 오른팔인 웨스가 있었다. 웨스는 진하고 굵은 눈썹을 지닌 매력적인 남자였다. 각진 턱은 반항적으로 보이면서 동시에 호감이 갔다. 당시 웨스는 제니와 다니엘이라는 식당 직원 두 명과 잠자리를 하는 사이였는데, 이 두 사람은 서로의 존재를 알지 못했다. 웨스는 식당의 단골손님 한 명과도 역시 성적인 관계를 맺고 있었다. 매력적인 남자들이 대개 그렇듯이, 그도 방을 나설 때 그가 없는 곳에 굳이 남아 있을 이유가 없다는 기분을 사람들에게 심어줄 줄 알았다.

슬론과 웨스는 오래 전부터 아는 사이였다. 그를 성적인 의미로 생각한 적은 한 번도 없었지만, 이 신년 맞이 파티 날 자정 무렵에 벌어진 일로 그녀는 깜짝 놀랐다.

슬론은 일을 하면서 수족관의 물고기가 된 기분이었다. 관객을 위해 존재하며 그들을 위해 치장하지만, 혼자서 앞으로 나아간다는 점에서. 아름답고 마른 여자가 된 기분이었다. 음식을 토하지 않은 지는 이미 몇 년이나 되었다. 지금은 그때보다 훨씬 건강한 방법으로 날씬한 몸매를 유지하고 있었다. 솔직히 그 방법이 아직 강박적이기는 했다. 운동을 많이 하고 음식을 조금만 먹는 방법이니까. 그녀는 하루 종일 운동할 수 있는 방법을 찾아냈다. 전화 통화를 할 때나 식사를 마치고 상을 치울 때나 항상 허벅지 근육을 단련하는 방법이었다. 리처드가 그녀를 찾으러 왔다.

당신도 와서 봐야 돼. 그가 말했다.

그녀는 그를 따라 주방으로 갔다.

자정까지 5분이 남아 있었다. 제니와 다니엘은 주방의 통로들을 이리저리 돌아다니며 웨스를 찾고 있었다. 그와 만나는 손님도 주방에 들어와 있었다. 그들은 냉장고 뒤편을 들여다보았다. 세 여자 모두 자정을 알리는 종이 치는 순간 키스하고 싶은 남자가 같았다.

웨스는 어디 있어? 슬론이 리처드에게 속삭였다.

리처드는 냉동 창고를 가리켰다. 슬론이 문을 살짝 열어 보니 웨스가 있었다. 그는 천장에 매달려 있는 붉은색 고깃덩어리 옆에서 벽에 몸을 기대고 있었다.

그가 손가락을 입술에 댔다. 슬론은 짐짓 기가 막히다는 듯이 입을 벌렸다. 그가 한쪽 눈을 찡긋했다. 살짝 웃는 얼굴이었다. 음흉하면서도 상냥했다. 그녀는 그에게 마주 웃어준 뒤 문을 닫고 홀로 돌아갔다. 자정에 그녀는 남편과 키스했다. 넓은 식당에서 모두가 시끄럽게 뿌뿌 소리를 내며 새해 복 많이 받으라고 소리치고, 샴페인 잔을 챙챙 부딪혔다.

그 뒤로 몇 년 동안 리처드와 슬론은 침실에 제삼자를 초대하는 실험을 계속했다. 제삼자는 대개 남자였다. 리처드는 아내가 자기 앞에서 다른 남자와 관계를 맺는 모습을 지켜보며 흥분했다. 때로는 리처드가 일하는 중에 슬론이 다른 남자와 단 둘이서 관계를 맺기도 했다. 그럴 때 슬론은 문자 메시지와 녹화 영상을 그에게 보내 상황을 알리며 그가 참여한 것과 같은 효과를 냈다.

남자를 고르는 사람은 리처드였다. 그는 아이들이 학교에 간 뒤 커피를 마시면서, 또는 침대에서 어떤 남자를 언급했다. 슬론은 이런 대화의 내용을 한 번도 기억하지 못했다. 그녀는 남편의 제안을 거의 거부하지 않았다. 리처드가 뜻밖의 남자를 고를 때도 있었지만, 대개는 납득이 가는 사람들이었다. 하지만 슬론이 웨스를 그런 대상으로 생각한 적은 한 번도 없었다. 그와는 아주 오래 전부터 아는 사이였다. 그는 미남이고 머리숱이 풍성했다. 슬론은 남편처럼 힘이 세고 머리가 벗어진 남자를 좋아했다.

어쨌든 제삼자인 다른 남자 때문에 그녀의 마음이 어느 쪽으로든 움직이는 경우는 별로 없었다. 그녀를 흥분시키는 것은 제삼자의 존재 그 자체였다. 그들은 항상 그럭저럭 잘 생기고, 그럭저럭 상냥하고, 그럭저럭 똑똑한 사람들이었다. 그녀가 받아들이지 못할 것은 전혀 없었다. 하지만 그녀가 직접 골랐다면 그들을 고르지 않았을 것이다.

드물기는 해도, 제삼자가 여자일 때도 있었다. 그녀의 스물일곱 번째 생일에 그랬던 것처럼. 슬론은 제삼자가 여자일 때가 더 좋았다. 남자 둘에 그녀 혼자일 때는 자신이 무대 위에서 시선을 받고 있는 것 같았다. 모든 관심이 자신에게 쏠려 있고, 장면마다 자신이 주인공으로 나와야 하는 것 같았다. 어떤 남자들은 자신의 고환이나 음경이 리처드의 고환이나 음경과 스치는 것을 싫어했다. 그럴 때는 그녀가 그런 일을 막는 역할을 했다. 때로는 그녀 혼자서 배드민턴 코트에 서서 양편을 오가며 셔틀콕을 치고 있는 것 같은 기분이 들었다.

모든 일을 추진하는 사람은 리처드였다. 비록 그녀 본인도 즐기기는 했지만, 기본적으로는 그녀가 그의 취향에 맞춰주는 구도였다. 섹스에 관한 한 그녀가 전적으로 자기만을 위해 뭔가를 하는 경우는 거의 없었다. 하지만 딱 한 번 그럴 뻔한 적이 있었다.

그때 그녀는 여자 친구들 몇 명과 함께 새그 항구에 있었다. 수상 술집에서 친구들과 보드카를 마시고 있는데, 항구에 떠 있던 배들에 환히 불이 켜지는 것이 보였다. 그 배들은 일종의 전시품이었다. 그녀는 밤새 거의 먹지 않아서 배가 납작했다. 식이장애를 극복하고 어느 정도 정상적인 상태가 된 뒤에도, 그녀는 여전히 음식에 대한 어두운 공포에 시달렸다. 음식이 몸속에 차곡차곡 쌓일 것이라는 두려움. 그녀는 한 번도 과체중이었던 적이 없었다. 살을 45킬로그램쯤 빼고 나서도 여전히 고무줄 바지만 입고 다니던 힘든 과거에 매달려 있는 사람들과는 달랐다. 임신 중에 살이 좀 붙었기 때문에, 많은 여성들이 그렇듯이 그녀도 그 살을 빼려고 몸부림치기는 했다. 하지만 대개는 슬론의 손가락에서 반지들이 헐겁게 빠질 정도였다. 그런데도 음식에 대한 두려움이 여전히 모든 것을 뒤덮고 있었다.

새그 항구에서 보낸 첫날 밤에 대해서는 기억이 흐릿하다. 모두 술을 아주 많이 마신 탓이었다. 슬론은 바에서 술을 한 잔 더 사오다가 아는 부부와 우연히 마주쳤다. 부부 모두 항상 여러 사람에게 추파를 던지는 편이었는데, 그날 밤도 예외는 아니었다. 슬론은 두 사람 중 누가 그녀를 더 반가워했는지 기억나지 않았다. 어쨌든 슬론은 그들의 추파에 추파로 답했고, 모두 함께 각자의 호텔 방으로 돌아갔다.

아침에 슬론은 리처드에게 전화를 걸어 저녁에 있었던 일을 이야기했다. 그러면서 그가 주방의 통로를 오가며 단단한 바닷가재 꼬리와 살을 분리하는 모습을 상상했다. 그녀는 자기들이 운영하는 식당의 주방에서 나는 냄새를 사랑했다.

리처드는 그녀에게 그 부부의 방으로 가라고 말했다. 아직 이른 아침이었지만 햇빛이 몹시 밝았다. 그녀도 그의 말에 마음이 동하기는 했으나, 꼭 그러고 싶은 것은 아니었다. 자신이 날씬하고 예쁜 사람이라는 생각이 들었다. 때로는 그것만으로도 충분히 섹스를 할 수 있었다. 그녀가 그 부부에게 문자를 보내자 그들에게서 답장이 왔다. 어서 내려와요. 그들은 자기들 방 번호를 함께 보냈다.

슬론과 함께 온 친구들은 밖에서 담배를 피우거나 자전거로 시내를 돌아다니고 있었다. 아직 잠옷 차림인 슬론은 운동화를 찾아 신었다. 저녁의 술기운이 남은 채로 잠옷에 운동화를 신고 에어컨이 돌아가는 복도로 나오니 어리석은 짓을 했다는 생각이 들었다. 차림새가 그럴듯하지 않았다. 그녀는 친구들과 혹시 마주칠까봐 빠르게 걸어서 계단을 내려갔다. 부부의 방에 도착한 그녀는 복도를 좌우로 살펴본 뒤 노크를 했다.

리처드와 함께 하지 않을 때 슬론은 상황을 알리는 짧은 연락을 보내는 외에, 중간에 잠시 쉬는 동안에 벌어진 일들을 휴대폰으로 녹화할 때가 가끔 있었다. 나중에 리처드와 함께 보기 위해서였다.

이렇게 다른 사람들과 잠자리를 할 때 그녀는 깨끗해진 느낌을 받을 때가 많았다. 자기 삶의 부정적인 부분들이 녹아서 주변으로 물러났다. 그녀의 자신감을 깎아내리는 시누이 같은 여자들. 식당에서 발생한 문제들. 돈 문제. 이런 짜증스러운 것들이 떨어져 나갔다.

그해 초여름에 슬론은 『그레이의 50가지 그림자』 3부작을 읽었다. 뭔가가 찰칵 하고 맞아 떨어지는 기분이었다. 그녀는 형편없는 시력으로 인생을 헤치며 살다가 안경을 쓴 것 같은 느낌이었다고 친구들에게 말했다. 그녀 자신이 생각해도 웃기는 표현이었다. 어느 주말에 우연히 니체의 책을 읽고 갑자기 세상을 똑바로 바라보게 되었다고 생각하는 대학생이라도 된 건가. 게다가 그녀가 읽은 책은 그나마 니체도 아니고 가벼운 포르노 3부작이었다.

그 소설에서 어느 젊은 여자가 성적으로 지배적인 성향의 남자와 계약을 맺는다. 이 남자는 공교롭게도 부와 권력을 쥔 미남 기업가이기도 하다. 여자는 남자의 피지배적인 상대가 되어, 채찍질과 수갑을 허락한다. 자신의 질 안에 쾌락을 위한 물건들을 삽입하는 것도 허락한다. 이 책을 읽은 전국의 여자들은 가죽 상점으로 가서 승마용 채찍을 구입해 침대 위에 놓아두었다. 이 소설은 여자들을 대담하고 야성적으로 만들었다. 하지만 슬론은 오히려 자신이 멀쩡한 사람임을 확인했다. 자신의 삶이 정상임을 소설이 보여주었기 때문이다. 심지어 낭만적인 것으로 포장해주기까지 했다. 이 책을 읽기 전에 그녀는 자신이 별로 없었다. 자신이 어떤 사람인지 확신이 없었다. 주위 사람들은 각자 자기만의 것을 단호히 고수하면서 스스로가 어떤 사람인지 아는 것 같았다. 설사 각자의 사람됨이 계절에 따라 달라진다 해도 그런 자신감은 사라지지 않았다. 슬론이 살고 있는 뉴포트의 여자들은 여름 별장에 별도의 여름용 옷을 갖고 있었다. 유명 인사들과 전직 대통령들이 뉴포트로 와서 리처드의 음식을 먹고, 술집에서 파티를 열고, 배우자가 아닌 사람들에게 작업을 걸다가 곧 집으로 돌아가 일상으로 복귀했다. 이성애와 일부일처제가 중심이 되는 생활로. 그러나 『그레이의 50가지 그림자』는 슬론의 삶을 마법처럼 바꿔놓았다. 나는 멋진 삶을 살면서 이런 역할을 연기하고 있어. 아무 문제 없어. 그녀는 이렇게 생각했다.

먹는 것을 철저히 통제했던 과거와 마찬가지로, 이제 그녀는 자신이 만들어가는 이야기를 통제하고 있었다. 전에 그녀가 자신의 욕망에는 눈을 돌리지 않고 남편의 욕망만을 수용했다면, 지금은 새로운 렌즈를 통해 자신들의 관계를 바라볼 수 있게 되었다. 그녀는 피지배적인 상대로서, 지배적인 상대의 요구에 순종하는 사람이었다. 과거의 그 어느 때보다도 그런 관계에 대한 갈망이 강해졌다. 처음에 리처드가 그녀에게 다른 남자들과 섹스를 해보고 자신에게 그 이야기를 들려달라는 말을 꺼냈을 때, 슬론은 쉽게 받아들일 수 없었다. 그가 골라주는 남자가 항상 그녀의 마음에 들지는 않는다는 점도 문제 중 하나였다. 남들과 다른 음탕한 행동을 하는 것은 좋았다. 하지만 과거에는 리처드가 먼저 제안하지 않는 이상 그녀가 앞장서서 뭔가를 한 적이 없었다. 그것이 이제 달라졌다.

그녀는 고등학교 때부터 가장 친한 친구이던 잉그리드와 롱아일랜드 남쪽 바다에 있는 파이어 섬으로 주말 여행을 떠났을 때, 자신이 피지배적인 역할을 한다고 말했다. 두 사람은 긴 머리를 어깨 위로 늘어뜨리고 커다란 밀짚모자를 쓴 차림으로 모래사장을 발가락으로 헤집고 있었다.

슬론은『그레이의 50가지 그림자』덕분에 자신이 자유로워졌다면서, 식이장애에서 자유로워졌을 때와 비슷하다고 설명했다. 그녀는 조개찜을 버터에 찍어 먹었다. 어떤 사람들은 아무렇지도 않게 먹는 음식이다. 누군가가 몹시 갈망하는 것이 다른 누군가에게는 그저 당연한 일인 것, 이것이 세상의 이치임을 슬론은 알고 있었다.

잉그리드는 궁금한 것이 있는데도 별로 입에 담고 싶어 하지 않는 것 같았다. 슬론도 궁금한 것이 있었다. 가장 친한 친구에게 어떤 일을 털어놓고 나니 갑자기 그 일이 빛을 잃어버리는 현상. 인간이 신의 은총을 잃고 추락하는 것과 비슷하다.

아무도 이 질문을 입에 담지 않았다. 네 남편이 너더러 다른 남자랑 자라는데, 너는 괜찮아?

하지만 슬론의 귀에는 이 질문이 들려오는 것 같았다.

그녀는 자신이 사는 섬의 바다보다 더 작고 더 회색으로 보이는 바다를 바라보았다.

이제 내가 어떤 사람인지 나는 알아. 그녀가 잉그리드에게 말했

336

다. 이제는 사람들의 목소리를 똑똑히 들을 수 있어. 사람들이 자기 소개를 하면서 우리에게 말을 거는데 우리 귀에 들리는 건 오로지 우리 자신의 생각뿐일 때가 있지? 이젠 내 머릿속의 그런 소음들이 들리지 않아. 진짜로 사람들에게 귀를 기울일 수 있어.

잉그리드는 고개를 끄덕였다.

슬론이 말했다. 이젠 사람들 이름도 잘 기억해. 내가 아침에 눈 뜨자마자 침대를 정리하는 것 알아? 어디서든 그래. 남의 집에서도, 여름 별장에서도 항상.

잉그리드는 빙긋 웃었다. 당연히 알지.

하지만 이제는 침대 옆을 그냥 지나칠 수 있어. 정리하지 말라고 혼잣말을 하면서. 정리, 하지, 마. 그깟 침대. 그래서 어떻게 됐는지 알아? 진짜로 침대를 정리하지 않아.

새그 항구에서 만난 그 부부가 문을 열어주었다. 남자는 셔츠와 반바지 차림이고, 여자는 탱크톱에 린넨 바지 차림이었다. 부부는 커튼을 내리고 샴페인을 주문해두었다. 슬론이 도착한 직후 누군가가 문을 두드렸다. 룸서비스 웨이터는 아침 9시도 되기 전에 샴페인을 주문한 방 안의 세 사람을 바라보다가 자기 발을 내려다보았다. 슬론은 벌써 샴페인에 취한 사람처럼 웃음을 터뜨렸다.

그녀는 생각보다 편안한 기분으로 먼저 여자에게 키스하기 시작했다. 언제나 여자에게 먼저 키스해야 하는 법이다. 상황은 빠르게 진전되었다. 세 사람이 연달아 이런저런 행동을 이어가는 바람에 시간이 얼마나 흘렀는지, 슬론이 잠시 쉬는 김에 리처드에게 문자를 보내려고 침대에서 나와 휴대폰을 들었더니 배터리가 방전되어 있었다.

쳇!

무슨 일이야? 부부가 물었다. 두 사람은 침대에서 웃는 얼굴로 그녀를 기다리며 서로를 어루만지고 있었다. 슬론은 그들에게 돌아갔다. 별로 걱정할 필요는 없을 것 같아서 그녀는 그 방에 두 시간 동안 더 머물렀다. 어쩌면 더 오래 머물렀을 수도 있다. 어쨌든 나중에는 리처드 때문에 슬슬 걱정이 되기 시작했다. 게다가 부부 중의 남자는 너무 취해서 사정하지 못했고, 슬론은 그 때문에 몹시 갑갑했다. 그를 가게 해주려고 그녀가 열심히 노력했는데도 소용이 없었다. 남자의 아내에게도 화가 났다. 어떻게 해야 남편이 절정에 도달하는지 정확히 알지도 못하다니.

모두 끝난 뒤 그녀는 몸도 제대로 추스르지 않고 재빨리 그 방을 나섰다. 자기 방으로 돌아와 리처드에게 전화하자, 그는 크게 화를 냈다. 그녀가 짐작한 그대로였다.

당신이 어떻게 나한테 연락을 안 할 수 있어. 리처드가 말했다. 내가 거기에 참여하지 못한 것 같은 기분이 들잖아. 끔찍해.

슬론도 기분이 나빴지만, 입장을 바꿔놓고 생각해보면 그녀 역시 리처드와 같았다. 리처드가 실제로 옆에 없더라도 자신의 가슴속에, 바로 옆의 휴대폰 속에 그가 함께 있다는 기분을 느낄 수 있어야 했다. 오늘 그 부부와의 만남이 즐거운 경험이 될 줄 알았는데.

정말 미안해. 그녀가 말했다. 리처드가 먼저 전화를 끊었고, 슬론은 산책을 나갔다. 자신이 어떤 사람이고, 무엇을 원하는지 아직 확실히 알 수 없었다. 이렇게 자신이 미처 알지 못하는 부분들이 아직 있음을 깨닫고 나니, 균형 잡힌 삶을 살고 있다고 좋아할 수가 없었다. 지친 기분이었다.

언제부터 변화가 생겼는지 슬론은 알지 못했다. 다만 뭔가가 변했다는 사실을 알 뿐이었다. 웨스는 언제나 매력적이었다. 그를 만난 여자들은 웃으며 헤어졌다. 하지만 웨스가 슬론에게도 그 매력을 발휘한 적은 없었다. 그녀에게는 이가 보일 정도로 웃어준 적이 없었다.

그런데 그해 여름 어느 순간부터 웨스가 사소한 행동들을 하기 시작했다. 그녀를 놀린다든가, 그녀가 치마를 입고 올 때마다 다리를 지긋이 바라본다든가.

리처드가 그것을 알아차렸다. 그는 한동안 아무 말도 하지 않았지만, 슬론은 주방에 있을 때 변화를 느낄 수 있었다. 그녀가 주방으로 들어가면 웨스가 뭔가 말을 하고 그녀가 웃음을 터뜨리고 둘이 서로를 바라보다가 그녀가 고개를 돌리면 저편에서 두 사람을 지켜보는 리처드가 보였다. 그녀가 생각해낼 수 있는 최고의 표현은, 자신이 별빛을 받아 환해진 기분이라는 것이었다.

이 기분을 더욱 부추긴 것은, 이런 일이 벌어진 장소가 식당이라는 사실이었다. 그녀가 경영하는 식당. 일반적으로 식당은 극장과 비슷했다. 모두들 잘 차려입고 뭔가를 축하하러 오는 곳이라는 점에서. 식당 주인과 요리사와 웨이터는 매일 밤 공연을 무대에 올리는 셈이었다. 슬론은 주연 배우, 키가 크고 똑똑한 미남인 요리사는 그녀에게 작업을 거는 역할, 요리사 겸 경영주인 그녀의 남편은 그것을 지켜보는 역할. 리처드는 이런 변화를 받아들였을 뿐만 아니라 즐거워하기까지 했지만, 당연히 질투도 한 줌 섞여 있었다. 이 질투심이 그를 흥분시키고, 슬론 또한 흥분시켰다. 슬론은 자신에게 힘이 생긴 것 같았다.

신년 축하 파티 때 웨스가 자신을 좋아하는 여자들을 피해 냉동창고에 들어가 숨어 있는 것을 슬론이 발견한 때로부터 거의 10년이 흘렀지만, 그녀의 머릿속에는 그때의 모습이 그대로 남아 있었다. 지금은 그가 슬론에게 주의를 기울이고 있다는 점만 빼면, 별로 변한 것이 없었다. 그는 그날 밤 그를 찾아왔던 여자들 중 한 명과 지금도 사귀는 사이였다. 슬론도 제니라는 이름의 그 여자를 알았다. 웨스와 제니는 이미 아이 셋을 낳았지만, 결혼은 하지 않았다. 웨스의 성격 때문에 슬론은 그 두 사람이 개방적인 관계를 맺고 있을 것이라고 상상했다. 제니도 가끔 여자들을 사귀었다. 어느 날 밤 리처드가 슬론에게 말했다. 당신 웨스를 어떻게 생각해? 그녀는 이 질문을 듣고도 곧바로 제니를 떠올리지 않았다.

나랑 웨스? 슬론이 물었다. 그녀와 리처드는 침실에 누워 있었다. 슬론은 바로 조금 전에 밤 운동을 마친 참이었다. 이 운동에는 제인 폰다 스타일로 엉덩이를 올려주는 동작이 항상 포함되었지만, 그밖에 다리를 옆으로 들어올리는 동작과 윗몸일으키기 또한 자주 포함되었다. 그녀는 식이장애와의 전투가 처음 시작되었을 때부터 침대 옆 카펫 위에서 항상 자기만의 운동을 했다. 술이나 약에 취했을 때도 5~10분이 걸리는 이 저녁 운동을 빼먹은 적이 없었다.

어때? 리처드가 말했다.

좋지. 슬론은 누운 채 천장을 바라보며 말했다. 안 될 것 뭐 있어?

여러 주가 흐른 뒤 그녀는 식당 안에 웨스와 단 둘이 있게 되었다. 아니 사실 잡일을 하는 직원들이 더 있었지만, 그들은 슬론이 어울리는 사람들의 범주에 속하지 않기 때문에 없는 거나 마찬가지였다. 리처드는 조금 전 그녀에게 키스를 한 뒤, 아이들을 데리고 바비큐를 먹으러 갔다.

슬론은 얼마 전 새로 문신을 했다. 비키니 라인 근처의 예민한 부위라서 그녀는 흥분했다.

웨스는 생선의 살을 발라내고 있었다. 그의 얼굴은 수염 자국 때문에 항상 거뭇했다. 항상 엉성해 보이기도 했다. 슬론은 추파를 보내는 것이 천성인 데다가, 자신의 성적인 취향 또한 섬세하게 파악하고 있었다. 필요에 따라 그녀는 자신의 천성을 증폭시킬 수도 있고 가라앉힐 수도 있었다. 하지만 웨스와 있을 때는 어느 쪽으로든 기울어질 필요가 없었다. 자연스러운 모습으로 있어도 된다는 사실이 그녀를 흥분시켰다.

웨스. 그녀가 말했다.

아, 네. 웨스가 시선을 들었다. 그녀의 다리 사이가 욱신거렸다.

새로 문신을 했어.

그래요?

두 사람은 함께 빙긋 웃었다. 그녀는 그에게 문신을 보고 싶으냐고 물었다. 리처드와 슬론은 식당 바로 옆에 있는 집에 살았다. 웨스도 그 집에 자주 들러 물건을 두고 가거나 커피를 한잔했다. 그를 그 집으로 데려가는 것은 아주 안전하고 정상적인 일 같았다.

그녀는 리처드에게 문자를 보내, 이제부터 무엇을 할 생각인지 알렸다. 그가 이 일을 좋아한다는 사실은 이미 알고 있었다. 그는 또한 자신이 제안한 일을 그녀가 이런 식으로 실천하는 것도 좋아했다. 그는 자신의 힘을 이렇게 넘겨주는 것을 좋아했다. 그리고 그녀는 그를 기쁘게 해주는 것이 즐거웠다.

침실에서 그녀는 바지허리를 내려 웨스에게 문신을 보여주었다. 그는 그녀의 엉덩이 옆에 무릎을 바닥에 대고 앉았다. 살갗에 그의 숨결이 닿더니, 곧 꺼끌꺼끌한 수염 자국이 느껴졌다.

두 사람 모두 오르가슴을 느꼈다. 아주 오랫동안 함께 오르가슴을 경험한 사람들처럼. 이렇게 아주 익숙한 듯한 느낌 속에 두 사람의 행동이 사실은 불륜이라는 인식이 섞여 있었다. 슬론은 기분이 들뜨고 행복했다. 옷을 입은 뒤 그녀는 남편에게 문자로 자초지종을 말해주었다. 리처드는 아이들을 데리고 저녁을 먹으러 나왔는데 자신의 것이 너무 딱딱해져서 힘들다고 답장을 보냈다. 슬론은 빙긋 웃은 뒤 웨스와 함께 이런저런 이야기를 나눴다. 아이들 이야기, 식당 이야기, 가족들 이야기. 이렇게 자연스러웠던 적이 없었다.

그날의 만남 이후 여러 달 동안 슬론은 가장 편안하고 행복한 섹스를 경험했다. 리처드도 마찬가지였다. 자신들에게 딱 맞는 제삼자를 찾아내는 것은 언제나 힘든 일이었다. 딱 맞는 남자 파트너를 찾아내는 것은. 그들과 비슷한 또래의 남자 중에 잘생기고 흥미롭고 수준도 있는 사람들은 유부남이거나 아니면 리처드가 원하는 관계에 관심이 없었다. 게다가 슬론은 낯선 남자들이 형편없이 구는 바람에 흥분이 식을 때가 많았다. 그들의 신음 소리나 특이한 행동 같은 것. 예를 들어, 남자가 그녀의 뒤에서 한 손으로 그녀의 엉덩이를 잡고 제멋대로 움직이면서, 다른 손으로는 자신의 셔츠 자락을 우아하게 잡아 뒤로 돌려서 고정하는 방식이라든지. 그런 것에 그녀는 흥분이 식었다. 폭력적으로 구는 남자나 악취를 풍기는 남자도 역시.

그러나 웨스에게는 그런 문제가 전혀 없었다. 그는 쾌락주의자인 동시에 상대를 배려할 줄 알았다. 리처드와 웨스는 함께 또는 따로 따로 슬론과 섹스를 아주 많이 했다. 키스는 관능적이었다. 눈이 번쩍 뜨일 만큼 매력적인 남자가 그녀의 다리 사이에 내려가 있는 동안 남편과 키스하는 기분은 최고였다. 둘의 위치가 반대일 때도 마찬가지였다. 남편이 흐뭇하게 바라보는 가운데 다른 남자와 섹스하는 기분도 좋았다. 슬론은 자신이 부정하다는 생각을 한 적이 없었다. 사랑받는 느낌이었다. 자신과 리처드의 욕망이 마침내 꼭 맞아떨어지게 되었다는 느낌이 들었다. 설마 이런 일이 가능할 줄은 몰랐는데. 무엇보다 중요한 것은 그녀가 진정한 참여자가 된 기분을 느낄 수 있다는 점이었다.

때로는 섹스가 고작 30분 만에 끝나기도 했다. 촛불을 켜두고 비단 침구 위에서 벌이는 마라톤이 아니었다. 각자가 절정에 도달할 때까지 꼭 필요한 만큼만 섹스가 이어졌다. 대개 슬론이 가장 늦게 도달하는 편이었다. 여러 날 동안 이런 장면을 공상 속에서 그려봤다 하더라도 실제 상황에서는 신경이 곤두서서 방해가 되기 때문이었다. 그래서 그녀가 섹스의 끝을 알릴 때가 많았다. 그녀는 이렇게 말했다. 됐어, 두 사람, 난 괜찮아. 웨스가 떠난 뒤 그녀는 혼자서 오르가슴에 도달했다. 리처드가 함께일 때도 있었다. 혼자 할 때는 방금 이 침대 위에서 있었던 일을 생각했다. 시간에 여유가 있을 때는 각자 옷을 입은 뒤 함께 커피를 한잔하기도 했다. 슬론과 웨스만 있을 때도 마찬가지였다. 그들은 마치 디너파티에 온 사람들처럼 굴었다.

이 새로운 관계가 시작된 뒤 웨스는 자신의 파트너인 제니의 이야기를 잘 하지 않았다. 슬론은 남자들의 이런 태도에 익숙했다. 그들은 그녀 앞에서 자신의 여자들을 지워버렸다. 하지만 슬론이 보기에는 제니가 알 것 같았다. 웨스는 상냥한 남자였으므로, 그녀를 위해 올바른 결정을 내렸을 것이다.

슬론은 무엇이든 자신들의 관계를 흐트러뜨리는 것이 싫었다. 웨스는 슬론의 결혼 생활과 자아 감각에 예상하지 못한 기쁨을 가져다주었다. 이성애자인 두 남자가 항상 그녀를 원하고 있었다. 그녀는 대단한 힘을 손에 쥔 기분이었다.

어느 날 저녁 슬론이 웨스에게 말했다. 제니한테 혹시 우리랑 합류할 생각이 있는지 물어본 적 있어? 이 말을 할 당시 그들은 아주 좋은 시간을 보내는 중이었다. 모두 잘 아는 어떤 친구의 행동에 대해 이야기하며 웃고 있었으니까. 하지만 웨스의 반응을 보고 슬론은 그의 행동에 대해 제니가 잘 모른다는 사실을 알 수 있었다.

나중에 리처드와 둘만 남았을 때 슬론은 제니가 모르는 것 같다고 말했다.

틀림없이 알걸. 그가 말했다.

아냐, 모를 거야.

리처드는 지금의 관계를 망가뜨리고 싶지 않았다. 슬론도 그건 싫었다. 하지만 한 번 올린 스위치를 그녀가 되돌릴 수는 없었다. 창문을 통해 보이는 등대와 같았다. 결코 불이 꺼지는 법이 없는 등대. 슬론은 불안해졌다. 느낌이 좋지 않았다. 오랫동안 그녀는 제니가 모른다는 사실을 알게 되는 순간을 두려워했다. 집에서 아이들과 함께 쿠키를 굽고, 정원에서 잡초를 뽑고, 돈 걱정을 하며 살아가는 제니가 파트너가 어느 날 저녁이나 오후에 하는 행동에 대해서는 모른다는 사실. 슬론은 사실이 발각될까봐, 형편없는 사람이라는 소리를 들을까봐 두려워했다. 그리고 궁극적으로 그 두려움은 현실이 되었다.

겨울이지만 아주 춥지는 않았다. 슬론은 이웃집 개를 산책시키며 거리를 걷고 있었다. 해외에 가 있는 리처드가 보고 싶었지만, 느긋하고 괜찮은 기분이었다. 가사를 돌보고, 책을 읽고, 친구도 만나고. 나중에 마트에 가서 아이들이 좋아할 만한 것을 좀 사와야겠다는 생각이 들었다. 아이들과 함께 구워 먹을 것과 그 위에 장식으로 뿌릴 것들. 이렇게 태평하고 즐거운 순간에 망치가 머리를 때릴 때가 많다는 사실을 그녀는 나중에 깨달았다.

모퉁이만 돌면 바다가 보이는 곳에서 그녀의 휴대폰이 울렸다. 문자 메시지였다. 내가 웨스의 휴대폰을 갖고 있어요. 당신의 문자도 보고 사진도 봤어요.

슬론이 웨스와 만날 약속을 잡으면서 그에게 보낸 문자의 답장이었다. 슬론이 웨스에게 보낸 문자에는 작업 멘트가 적혀 있었다. 빨리 만나고 싶어서 견딜 수가….

갑자기 거리가 사람들의 시선으로 가득해진 것 같았다. 새침한 잔가지에 달린 겨울 열매들. 슬론은 갑자기 알몸이 된 것 같고, 자신이 역겨워졌다. 아이를 기르는 어머니, 한 남자의 아내, 사업체를 소유한 경영자, 이 세상을 살아가는 건강한 사람이 아니라 검은 덩어리가 된 것 같았다.

금방이라도 쓰러질 것 같아서 그녀는 개의 목줄을 잡은 손에 힘을 주고 개에게 정신을 집중하려고 애썼다. 이 짐승은 자기 앞에 서 있는 여자가 어떤 사람인지 알지 못했다. 엄청난 수치심 너머에는 아무 것도 없었다. 슬론의 내면에서도 아무 것도 느껴지지 않았다. 그녀가 몸에 걸친 옷만 남아 있는 것 같았다. 그녀가 또 죽은 걸까?

비참한 순간에도 그녀는 빨리 답장을 보내는 것이 최선임을 깨달았다. 제니가 혹시 근처에 차를 세워놓고 자신을 지켜보는 건가 싶어서 그녀는 주위를 둘러보았다.

네가 생각하는 그런 게 아니야. 슬론은 이렇게 썼다. 하지만 화면에 뜬 이 문장을 보니 자신이 싫어졌다.

제니도 알겠지만, 슬론 또한 이런 경우에는 거의 항상 '생각하는 그런 일'이 맞다는 사실을 알고 있었다.

그렇게 길에 서 있는 동안 자기혐오가 그 어떤 잡초나 나무보다 더 쑥쑥 튼튼하게 자라났다. 오늘 이전에 슬론은 이렇게 생각했다. 괜찮겠지, 뭐. 제니가 알 수도 있고, 알더라도 잘 알지는 못하겠지만, 언젠가 제니를 여기에 끼워줄 수도 있어.

하지만 슬론은 이제 이렇게 모르는 척할 수 없었다. 사실 바로 그 순간에 슬론은 제니가 전혀 모른다는 사실을 자신이 처음부터 알고

있었음을 깨달았다. 슬론은 그동안 아마 제니도 알 거라고 자신을
설득하려 했을 뿐이었다.

또 문자가 왔다. 제니는 다시는 슬론과 말하고 싶지도 않고, 그녀
를 보거나 그녀의 소식을 듣고 싶지도 않다고 말했다. 하지만 의학
적인 의미에서 슬론에게 병이 없는지는 반드시 알아야겠다고 썼다.

슬론은 가슴이 덜컹 내려앉았다.

자신이 무슨 짓을 하든 소용없겠지만, 제니와 웨스의 관계를 어
떻게든 구해주고 싶었다. 웨스를 지켜주고 싶었다.

슬론은 답장하지 않았다. 제니는 그녀에게 병이 있는지 알아야겠
다고 계속 압박했다. 당장 알아야겠다고.

슬론은 다시 사실을 부정하는 문자를 보냈다. 자신과 웨스가 부
적절한 작업 멘트를 주고받았을 뿐이라고. 그게 전부야. 그녀는 이
문장이 떠 있는 화면을 내려다보았다. 개는 목줄을 잡아당기지 않
고 가만히 앉아서 기다렸다.

진실은 둘이었다. 첫째, 슬론은 자신이 제니를 배려해야 한다고
생각하지 않았다. 웨스가 자신의 파트너를 위해 올바른 결정을 내
릴 것이라고 짐작했다. 둘째, 남자들은 여자만큼 이런저런 생각을
많이 하지 않는다. 어쩌면 이것이 첫 번째 진실보다 더 진실할 수도
있었다. 어떤 의미에서 슬론이 성차별적인 생각을 하는 것인지도
모르지만, 남자들이 때로 이기적으로 구는 것은 사실이었다. 특정한
욕구를 충족할 수만 있다면 그들은 대가를 생각하지 않았다. 제니
를 고려하는 것은 여자인 슬론의 몫이었다.

세 번째 진실도 있었다. 웨스의 존재 덕분에 슬론의 삶이 완전해

졌다는 것. 그녀가 남편과 하고 있는 일이 웨스 덕분에 괜찮은 일이
되었다. 어떤 의미에서 슬론은 웨스 없이 어떻게 살아갈 수 있을지
알 수 없었다.

거의 즉각적으로 연락이 끊겼다. 슬론은 리처드에게 연락해서 제
니와 이야기를 나눠보라고 말했다. 리처드는 생각해보겠다고 했다.
그리고 얼마쯤 지난 뒤 리처드는 그냥 상관하지 않는 편이 더 낫겠다
고 말했다. 다른 커플 일에 우리가 끼어들 필요는 없지. 그가 말했다.

하지만 이미 끼어들었잖아. 슬론이 말했다.

웨스와 파트너의 관계가 어떻게 되었는지 슬론은 여러 달 동안
알지 못했다. 웨스의 가족, 아이들이 걱정스러웠다. 직원들 사이에
떠도는 소문은 단순하고 직접적이었다. 슬론이 웨스와 바람을 피웠
다는 것. 소문이 보통 그렇듯이, 진실은 고사하고 상황의 복잡성도
제대로 표현하지 못하는 소문이었다.

슬론은 상심했다. 웨스가 그리웠다. 웨스 덕분에 그녀는 안온함을
느꼈고, 자신의 행동이 지나친 일탈이 아니라고 생각할 수 있었다.
물론 그녀가 가장 의지하는 사람은 리처드였지만, 웨스는 외부에서
그녀의 선택과 결정을 정당화해준 사람이었다. 그녀의 절친한 친구
이기도 했다. 리처드가 그녀에게 원하는 것을 오로지 성적인 의미
로만 생각하지 않고 사랑으로 생각하게 된 것도 웨스 덕분이었다.

그녀는 리처드가 제니에게 사실대로 설명해주기를 원했다. 자신
이 슬론을 밀어붙여서 이런 행동을 하게 했다고. 슬론이 웨스를 쫓
아다닌 게 아니야. 우린 당신과 웨스의 관계에 대해 잘 몰랐어. 이건
우리 둘이 부부로서 실행한 일이야. 슬론이 혼자 저지른 게 아니야.

슬론은 당신이 생각하는 그런 사람이 아니야. 그녀는 리처드가 제니에게 이렇게 말해주기를 원했다.

사실 이런 방법을 생각해낸 것은 슬론 본인이 아니라 친구인 잉그리드였다. 그녀는 리처드가 그 여자의 집을 찾아가야 한다고 말했다. 반드시 그렇게 해야 한다고.

몇 달 뒤 슬론은 여객선에서 웨스와 그의 가족들을 보았다. 혼자 있던 그녀는 목구멍으로 신물이 올라오는 것 같았다. 너무나 두려웠다. 마침 제니는 자신의 가방 안을 들여다보는 중이었고, 웨스는 아이들과 함께 수면을 바라보며 이야기를 하고 있었다. 그들이 수면 위의 뭔가를 가리키자 제니도 그쪽을 보았고, 온 식구가 함께 웃음을 터뜨렸다. 행복해 보였다. 그건 아무 일도 아니었어. 다 지나간 일이야. 나쁜 일은 일어나지 않았어. 그녀는 속으로 이렇게 생각했다. 웨스가 언뜻 그녀를 본 것 같았지만, 그는 아무 내색도 하지 않았다. 제니도 마찬가지였다. 그들은 행복한 가족처럼 계속 웃으면서 이야기를 나눴다. 슬론은 재빨리 자신의 차에 들어가 배에서 내릴 때까지 그 안에만 있었다. 엄청난 안도감이 밀려왔다. 웨스가 정말로 그녀를 보았는지 궁금하기는 했다. 본 것 같기는 했지만, 물론 보지 못했을 가능성도 얼마든지 있었다. 어쩌면 아무도 그녀를 보지 못했을 수도 있었다.

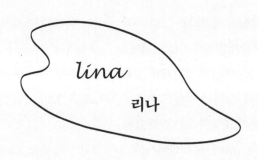

lina
리나

그 다음에 그가 그녀에게 문자를 보낸 시각은 오후 4시다. 아이들은 집에 있고, 리나는 저녁에 먹을 음식을 데우고 빨래를 건조기에 넣고 거울을 닦는 시각. 만약 내일 그를 만나기로 약속이 되어 있었다면, 지금이야말로 그 만남을 상상하는 최고의 시간이 되었을 것이다.

하지만 그는 그녀에게 만나자는 말을 미리 하는 법이 없다. 그냥 만나고 싶은 생각이 들 때마다 그녀에게 문자를 보낸다. 잔인하고 기운이 빠지는 일이다. 지금처럼 오후 4시에 그에게 욕망이 생길 수도 있다. 아이 둘이 모두 집에 있고, 아이들을 봐줄 사람이 없는데도.

그가 말한 시간을 바꿀 수는 없다. 이런 남자들은 자신의 욕망을 다른 시간으로 미루려 하지 않는다. 두 시간만 지나면 욕망은 사라질 것이다. 만약 리나가 재빨리 좋다는 대답을 보내지 않으면, 그는 20분 뒤 거의 사람 키만 한 벽장 앞에서 아내의 브래지어를 향해 자신의 것을 스스로 애무할 것이다. 메이시 백화점의 갈색 쇼핑백 위에 유령 같은 정액을 조금 쏟아낸 뒤, 젖은 부분을 찢어내서 침실 쓰레기통에 버릴 것이다. 그와 함께 리나가 지난 몇 주 동안 집착하고 꿈꾸던 하루도 그 쓰레기통 속으로 사라질 것이다.

사실 그는 자기가 편할 때만, 술에 취했을 때만, 심심할 때만, 기분이 아주 나쁠 때만 리나를 생각한다. 리나도 정신이 맑을 때는 이 사실을 알고 있다. 그는 쉽게 그녀를 만날 수 있을 때만 그녀를 생각한다. 남에게 들킬 위험이나 직장에서 문제가 생길 위험을 무릅쓰는 법이 없다. 기름을 많이 써가며 멀리 가는 일도 없다. 심지어 그렇게 그녀를 생각하는 순간에도, 그가 그녀를 꼭 만나야 하는 것은 아니다. 만나든 말든 별로 신경 쓰지 않는다. 마음이 부서지는 것 같지만, 리나는 이런 현실을 받아들인다.

그녀는 부엌에서 신선한 토마토를 썰고 있다. 칼날이 먼저 얇은 껍질을 뚫고 가운데의 부드러운 부분으로 들어가는 느낌이 섹스와 비슷하다. 지금 리나에게는 모든 것이 섹스와 비슷하다. 꿈에는 무릎까지 오는 바닷물 속에서 에이던과 키스하고 섹스하는 모습, 그가 그녀의 다리 사이에서 굴을 빼는 모습, 두 사람이 숲 속에 담요를 펴놓고 섹스하다가 그녀의 머리에 나뭇잎이 붙는 모습만 잔뜩 나온다. 그녀는 다음에 그를 만날 때 무슨 옷을 입을지, 그가 검은 면 원피스 자락을 어떻게 만질지, 옷자락을 그녀의 허벅지 위로 어떻게 올릴지, 그의 엄지손가락이 그녀의 팬티 아래쪽 가장자리를 어떻게 찾아낼지를 생각한다. 불타는 오렌지색 석양을 꿈꾼다. 사랑에 빠지기 전에는, 아니 사랑 속으로 '쓰러지기' 전에는, 석양을 우스갯거리로 취급하던 그녀가.

하지만 그가 오후 4시에 문자를 보내자 이런 환상이 모두 사라진다. 그가 어제만, 아니 하다못해 오늘 오전에라도 미리 문자를 보냈다면 얼마나 좋았을까 하는 생각에 그녀는 울고 싶어진다. 대뜸 당황부터 하지 않고, 그 흥분과 설렘을 느낄 수 있다면. 그녀가 하루 전에 미리 다리털을 밀 수 있게 그가 그녀를 배려해준다면 얼마나 좋을까.

그의 문자가 날아온다. 뭐 해.

그는 현장에서 동료들에게 지시를 내리다가, 현장에서 3킬로미터쯤 떨어진 술집에서 차가운 맥주를 마시다가, 술집 화장실에 들렀다가 이런 문자를 보낸다.

젠장.

'뭐 해'라는 말은 자신이 정한 시간 안에 리나가 자신이 있는 곳 근처로 올 수 있다면 당장 섹스를 해주겠다는 뜻이다.

뭐 해.

오늘 밤에는 한가해.

강가로.

강가로. 거기서 봐.

아이들이 집에 있다. 그녀가 아는 모든 여자들 많지는 않다, 아이들을 봐줄 수 있는 여자들은 시간을 낼 수 없다. 그녀가 전화, 문자, 페이스북 메시지를 모두에게 돌려봤기 때문에 안다. 그녀의 친정 부모는 바로 어제 아이들을 봐줬기 때문에 또 부탁하면 그녀에게 엄마 노릇을 못한다고 할 것이다. 그런 욕을 먹더라도 부탁하고 싶은

데, 두 분 다 집에 없다.

마침내 한 여자가 리나에게 답한다. 그녀의 음성사서함에 리나는 시간당 15달러를 주겠다는 메시지를 남겨두었다. 이 지역에서는 높은 금액이다. 그 여자가 아이들을 봐주겠다고 말한다.

리나는 기분이 들뜬다. 그녀는 아이들을 봐줄 여자를 찾아냈고, 피자도 주문해두었고, 남편이 일하는 곳으로 가서 본빌 자동차를 두고 남편의 차로 갈아탔다. 지금은 그 차를 몰고 강가로 가는 중이다. 약속 시간에 맞추지 못할까봐 정신이 하나도 없다.

오후 5시 조금 지나서 그의 문자가 온다. 기다리는 중.

젠장. 그녀는 속으로 생각한다. 젠장, 어떡하지.

자신이 아직 멀리 있다고 말하기가 무섭다. 그랬다가는 그에게서 이런 문자가 날아올 것이다. 안 보는 게 낫겠어. 이 말을 생각하면 토하고 싶어진다.

애디펙스와 웰버트린과 심볼타 사이에서 그녀는 이러다 심장 발작을 일으킬 것 같다는 생각이 든다. 에드에게서 날아온 문자가 짜증스럽다. 그녀는 꺼져, 에드, 라고 말하고 싶은 심정이다. 때로는 누군가의 문자를 기다리는 중에 엉뚱한 사람에게서 문자가 날아오는 것만큼 기분 나쁜 일이 없다.

거의 다 왔어. 그녀가 에이던에게 문자를 보낸다.

그만두는 게 낫겠어, 꼬맹이. 시간이 늦어.

아냐, 거의 다 왔어. 제발.

안 보는 게 낫겠어. 그가 또 말한다. 그녀의 분홍색 심장을 프라이팬에 올려놓고 지글지글 굽다가 획 뒤집어 다시 굽는 것 같다.

제발, 가는 중이야. 회색으로 변해버린 심장으로 그녀가 말한다. 한 손은 운전대를 잡고, 다른 손으로 정확하고 빠르게 글자를 치려고 애쓴다.

그는 강가가 너무 북적거린다고 말한다.

스미스 계곡에서 북쪽으로 5분 거리. 그녀는 카운티라인 로드에서 서쪽으로 방향을 꺾기 직전이다. 직전.

제발, 거의 다 왔어. 그녀가 문자를 보낸다.

꼬박 1분 동안 그에게서 소식이 없다. 그녀의 눈이 움찔거리기 시작한다. 운전에 정신을 집중할 수가 없다. 그녀는 형편에 넘치는 금액으로 아기 볼 사람을 구했고, 피자를 주문했고, 남편과 아이들에게 거짓말을 했다. 자동차 하나를 몰고 나가 다른 차로 갈아타고 64킬로미터를 달렸다. 둘 중 하나는 공짜 운행 거리가 정해져 있는 대여 차량이다. 그녀는 얼굴에 묻어 있지도 않는 티끌을 떼어낸다. 아직도 운전을 하고 있다는 사실을 믿을 수 없다. 여기서 돌아서지는 않을 것이다. 반드시 그를 만나야 한다. 그녀는 하느님에게 애원한다.

에이던? 제발.

자신의 문자에 깃든 고뇌를 그가 알아차릴까봐 겁난다. 하지만 제발, 그가 오게 해주세요. 그녀는 기도한다. 그가 오게 해주세요. 하느님, 제발. 제게 행복이라고는 눈곱만큼만 주셨잖아요. 저는 그저 이 남자를 만나고 싶을 뿐이에요. 하룻밤 더.

지금까지의 노력이 모두 허사가 되어 그녀가 집으로 돌아가야 한다면, 이대로 죽을 것 같다. 이 순간 그녀는 진심으로 그렇게 믿는다.

그때 휴대폰이 울린다!

베스트웨스턴에 체크인.

가는 길에 베스트웨스턴이 있다. 슈퍼 8과 굿윌 옆에. 그녀는 출구 쪽 차선으로 늦지 않게 갈아탄다. 그녀의 심장과 허리 아래의 모든 것이 베스트웨스턴의 위치를 알고 있다. 그녀는 백미러로 얼굴을 확인하고, 속옷의 매무새를 가다듬는다. 젖꼭지가 꼿꼿하다. 몸이 떨리지만, 기분은 무척 좋다.

하지만 베스트웨스턴의 프런트 데스크를 지키는 여자는 현금 지불이 불가능하다고 말한다. 에이던과 섹스하기 위해 남편의 신용카드를 내놓을 수는 없다.

프런트 직원의 이름은 글로리아다. 머리카락은 매끄러운 검은색이고, 앞머리를 가지런히 잘랐다. 리나는 자신을 도와주지 않는 모든 사람이 싫다. 온 세상이 그녀의 행복에 반대하는 것 같다.

리나는 다시 에이던에게 문자를 보낸다. 제발, 이미 호텔에 와 있어? 강가에 있으면 안 돼? 가는 중이야.

스미스 계곡 북쪽, 5분, 그 다음에 카운타라인 로드에서 서쪽으로, 강가로 이어지는 공용 도로. 세상의 여덟 번째 불가사의에 도달하는 방법이다.

그녀는 속도를 계속 높인다. 128킬로미터, 144킬로미터. 순식간에 약속 장소에 도착한 그녀는 그의 차가 있는 것을 보고 몹시 행복해진다. 행복이 콸콸 쏟아져 나오는 것 같다. 의사들은 그녀가 발음할 수도 없는 약들을 우울증 치료제로 처방해준다. 병원에 갈 때마다 새로운 포장지의 약이 있다. 이런 남자가 약속한 장소에 있으면 된다는 처방을 의사들이 내려줄 수만 있다면. 그녀가 고통 없이 사는 데 필요한 것은 그것뿐이다.

그녀는 검은 셔츠와 청바지에 가죽 재킷 차림이다. 그는 작업복을 입고 있다.

그가 그녀 차의 조수석으로 다가온다. 그녀는 기쁘면서도 조금 화가 나 있다. 어쩔 수 없다. 일주일 내내 그녀는 페이스북으로 그에게 메시지를 보냈다. 그가 문을 열고 차에 올라탄다.

너 내 메시지 봤지? 그런데 왜 답이 없어? 그녀가 말한다.

진짜 바빠.

그렇다고 단 한마디도 답장을 안 해?

두 사람은 아무 말 없이 앉아 있다.

네 아내를 사랑해?

뭐, 괜찮은 여자야.

한참 침묵이 흐른 뒤 그가 그녀의 손을 잡고 팔을 문지른다. 그녀는 거의 토할 것 같은 기분이다.

수탉의 울음소리에 리나는 조부모의 시골집을 떠올린다. 그녀는 그에게 자기 휴대폰의 배경 화면을 보여준다. 자기 아이들과 조부모가 함께 있는 사진이다. 조부모에게서 그 시골집을 사고 싶지만, 두 분은 아마 그 집을 리나의 부모에게 유산으로 남길 것이다. 부모님은 틀림없이 그 집을 팔아버릴 것이고.

그가 팔을 쓰다듬는 동안 그녀는 그의 어깨에 고개를 기댄다. 그리고 손을 뻗어 그의 보조개를 만지작거린다. 그녀가 가장 두려워하는 일은 그가 그녀에게 아무 감정 없이 섹스만 하는 것이다. 하지만 이런 순간에는 그가 그녀를 위한다는 확신이 든다. 그가 자신을 사랑한다는 확신.

두 사람은 뒷좌석으로 옮겨가 성행위가 끝날 때까지 줄곧 서로의 눈을 바라본다. 그녀는 그가 자신의 얼굴을 이러쿵저러쿵 평가할까봐, 예쁘지 않다고 생각할까봐 걱정하면서도 그를 마주 바라본다. 지난 번 호텔에서 그랬던 것처럼. 하지만 이번에 그녀는 아주 세세한 부분에까지 주의를 기울인다. 그의 동작들을 낙인처럼 머리에 새겨, 밤에 그 온기로 몸을 따뜻하게 할 생각이다. 그의 행동 중에 그녀가 가장 좋아하는 것은….

그녀가 그의 몸 위에 올라탄 상태에서 그녀에게 삽입한 채로 몸을 뒤집어 서로의 위치를 바꾸는 것.

그녀가 꼼짝도 할 수 없게 찍어 누르는 것.

리듬에 맞춰 천천히 움직이는 것.

잔뜩 발기해서 빠르게 움직이는 것. 너무 속도가 빠르다 보니 그것이 가끔 빠져나와 그녀의 질과 항문 사이 살갗을 찌르는 것.

그가 혼자서만 움직이지 않게 그녀도 박자를 맞춰 움직여 자신이 섹스에 재능이 있다는 생각을 그에게 심어주는 것.

그의 것이 워낙 커서 자신이 아이 둘을 낳은 엄마가 아니라 어린 처녀 같은 기분이 드는 것.

자동차 바닥에서 그녀가 양손을 짚고 그의 몸에 올라탔을 때 그의 손이 그녀의 엉덩이를 쥐는 것. 그녀는 게나 곡예사처럼 바닥에서 위로 아래로 움직인다. 팔꿈치가 무릎과 똑같은 방향을 향하고 있어서 마치 딱 이 동작만을 위해 만들어진 생물 같다.

그가 그녀를 향해 허리를 놀리면서 한 손으로 그녀의 양손을 한

꺼번에 움켜쥐는 것.

따뜻한 체리 파이를 먹듯이 그가 그녀를 먹어치우는 것.

그가 그것을 빼내 그녀의 음모 위에 사정하는 것.

사정 뒤에 그가 그녀의 젖가슴에 입을 맞추고 젖꼭지를 빨면서 계속 손가락을 놀려 그녀가 첫 번째 또는 두 번째로 절정을 느낄 수 있게 해주는 것.

그 손가락 놀림. 그녀의 몸 안에서 애정을 담고 미끌미끌 움직이는 손가락.

그녀의 둔덕 위에서 손가락으로 원을 그리듯 움직이다가 놀리듯이 손가락 하나를 집어넣은 다음, 다시 둔덕을 어루만지다가 손가락을 넣는 동작의 반복.

에드는 손으로 그녀의 팔을 쓸면서 이렇게 말하곤 했다. 할 생각 있어?

이렇게 다짜고짜 묻는 것이 그의 방식이었다. 지금 장난해? 그녀는 이렇게 말했다. 그냥 내 위로 올라오든지, 아니면 날 붙잡고 키스부터 하면서 남자답게 굴어봐.

난 그런 타입 아냐. 에드가 말했다.

그래도 내가 원하는 건 그거야. 리나가 말했다. 무리한 요구도 아니잖아. 상대를 사랑한다면, 상대에게 키스하는 것도 상대가 원하는 방식으로 사랑을 나누는 것도 어려운 일이 아니야.

젠장, 에드. 에드는 끝났다. 에드는 죽었다.

그날 에이던과의 성행위가 끝난 뒤, 리나가 두 번째로 절정을 경험한 뒤, 그녀가 라디오를 켜고 말한다. 컵스가 일요일에 마구 두들

358

겨 맞았대.

흠. 그가 말한다.

아! 내가 이 얘기 했나? 어제 욕조에서 대니를 씻기고 있을 때 물이 부글거렸어. 그래서 내가 대니! 너 지금 물속에서 뿌웅 한 거야? 하고 말했더니 대니가 이러는 거야. 엄마! 내가 지금 물속에서 뿌웅 했어!

에이던이 웃음을 터뜨린다. 그러고는 그가 뭐라고 말하려 하는데 리나가 말을 잇는다. 쉬, 잠깐만, 컵스 뉴스만 좀 듣고. 그러고 나서 그녀는 라디오의 소리를 키운다. 이것이 그녀에게는 엄청난 승리다. 자신의 인생에 에이던만 있는 게 아니라는 듯이 구는 것. 그가 피식 웃는다. 그녀는 고개를 돌려 차창 밖의 갈색 강물과 나무를 바라본다. 그가 그녀의 얼굴을 움켜쥐고 키스하기 시작한다. 그의 키스 솜씨는 세계 최고다. 그녀가 '프린세스 브라이드'가 되는 순간. 앞으로 몇 달 뒤에 그녀는 여자들만 참석하는 '프린세스 브라이드 파티'를 기획할 것이다. 영화를 본 뒤 뜨거운 욕조에 앉아 포도주를 마실 계획이다. 하지만 그녀의 연락에 답변하는 사람은 둘뿐일 것이다. 그 중에 한 명은 2주 전에 미리 알려줘야 직장에 하루 휴가를 낼 수 있다고 답할 것이고, 다른 하나는 찡그린 표정의 이모티콘과 함께 주말에 남편의 생일 파티가 있어!라고 답할 것이다.

에이던이 그녀에게 이런 키스를 할 때 그녀는 그 순간을 온전히 즐기지 못한다. 에이던과의 시간이 끝날 때에 대한 생각이 머릿속에 가득하기 때문이다. 이런 순간을 반드시 머리에 새겨두어야겠다는 생각이 든다. 그녀에게 프로게스테론을 처방해주는 의사를 포함해서 어떤 사람들은 이렇게 말한다. 세상은 넓어요, 리나. 당신에게는 무한한 가능성이 있습니다. 하지만 이런 말을 들으면 그녀는 몹시 화가 난다. 그들은 인생에서 자신이 행복해지는 자리를 이미 찾아낸 사람들이니까.

그녀가 키스하지 않았는데 그가 먼저 키스했다는 사실에 그녀는 뭔가를 성취한 듯한 기분이 된다. 사랑하는 사람들 사이에도 일종의 경쟁 관계가 존재한다는 것을 리나는 알고 있다. 상처를 덜 받는 쪽이 되려는 필사적인 경쟁. 아까 사랑을 나눈 뒤에도 그녀는 에이던의 말보다 컵스에 더 신경을 쓰는 척하면서 승리감을 느꼈다. 하지만 지금 욕구와 불안감이 또 그녀의 마음속에서 어지럽게 얽히기 시작한다. 어머니가 생각난다.

그녀는 그가 가지 않았으면 좋겠다고 조용히 중얼거린다. 이 키스를 멈추지 않았으면 좋겠다는 말도 한다. 그는 짧지만 황홀할 만큼 열정적인 키스를 여러 번 한다. 그녀는 섹시한 신음 소리를 내면서 이렇게 말한다. 더, 더, 더. 우리가 다시 만날 때까지 한 달 동안 내가 버틸 수 있게.

그 다음 키스는 그녀가 한 번도 경험하지 못한 최고의 것이다. 그가 그녀를 꼭 끌어안고 키스, 키스, 키스, 키스를 퍼붓는다. 그의 혀가 그녀의 입 속에서 나올 줄을 모르고 계속 움직인다. 그녀는 그의 입 안을 향해 신음한다. 그가 키스로 그녀를 계속 몰아붙이는 바람에 그의 무릎 위에서 그녀의 몸이 점점 아래로 내려가고, 두 사람은 아주 오랫동안 함께 신음하며 키스를 계속한다.

그녀가 평생 유일하게 원하던 것이 바로 이것이다. 리나는 이 순간 자신의 눈에 가장 매력적으로 보이는 사람을 받아들이는 것이 생물학적으로 가장 중요한 욕구지만 많은 사람들이 이 욕구를 수시로 무시해버린다고 믿는다.

그가 마지막으로 아쉽다는 듯 길게 키스한다. 그러고 나서 밖으로 나가 갈색 나무들을 향해 오줌을 싼다. 그는 자신의 트럭에서 맥주 하나를 꺼내 트럭 문에 기대서서 몇 분 동안 맥주를 마신다.

나중에 리나는 그에게 문자를 보낸다. 시간을 내줘서, 오늘 나랑 그렇게 오랫동안 같이 있어줘서 고마워.

오랫동안이 정확히 어느 정도였느냐고 그녀에게 묻는다면, 그녀는 이렇게 대답할 것이다. 글쎄, 거의 30분쯤이었을걸.

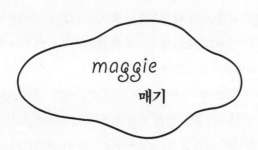

maggie
매기

아론 노델이 묵주를 쥐고 증언대에 앉는다.

그의 변호사가 직접 심문을 시작한다. 법정은 그 어느 때보다 조용하다. 호이는 태어난 곳, 사는 곳 등 그의 환경을 파악하는 질문을 던진다. 아론 노델은 자신이 진정한 노스다코타 토박이라고 말한다. 그리고 어두운 강과 길고 평평한 도로를 사람들의 머릿속에 불러낸다. 그는 뷸라에서 교사 부부의 아들로 태어났다. 아버지는 아론이 일곱 살 때 돌아가셨고, 어머니는 의사와 재혼했다. 어머니가 두 남편과의 사이에서 낳은 형제자매가 여섯 명, 마셜 군도에서 입양한 형제자매가 또 몇 명. 뷸라 고등학교 시절 노델은 동아리와 스포츠 팀에서 적극적으로 활동했다. 1997년에 고등학교를 졸업하고 NDSU에 진학한 그는 전기공학을 전공했으나 결국은 교사가 되었다. 인기 좋은 남자의 여러 일화들을 들으며 법정 안의 사람들은 간간이 웃음소리를 낸다.

그가 교사가 되고 싶다는 생각을 갖게 된 것은 부모 덕분이었다. 특히 돌아가신 아버지에 대한 기억, 아버지가 품위 있고 지혜로운 사람이었다는 주변 사람들의 이야기가 많은 영향을 미쳤다. 그는 대학 3학년 때 마리와 사귀기 시작했으며, 졸업 뒤에는 가톨릭 고등학교인 샌리에 교사로 취직했다. 그 학교는 알린 윌큰과 마크 윌큰이 사랑에 빠진 곳이기도 하다.

호이의 심문은 건전한 대화 같다. 아론의 삶에 대해 호이와 아론이 가벼운 대화를 나누는 듯한 모습. 호이는 언제 마리와 결혼했느냐고 묻는다.

"음… 아, 증인 선서를 했으니까 절대 틀린 답을 하면 안 되지요. 2003년 7월 26일입니다."

다시 웃음소리.

두 사람은 아론의 세 자녀에 대해 이야기한다. 각각 열 살, 여덟살, 두 살이다. 둘째와 셋째 사이의 터울이 상당하다. 매기 측 사람들은 정확히 두 살 터울로 아이를 낳는 부부, 그냥 생기는 대로 낳는 부부, 처음에는 계획대로 터울을 두지만 셋째는 무리해서 낳는 부부가 있음을 알고 있다.

호이와 아론은 아론의 수업 스타일에 대해 이야기한다. 아론은 자신이 새 학기 첫날 학생들에게 무슨 말을 하는지 법정 안의 사람들에게 이야기한다.

"저는 항상 이렇게 말합니다. 첫째, 나는 너희의 삶에 대해 잘 모른다. 벽에 둘러싸인 이 교실이 너희 삶의 전부가 아니라는 것을 알

뿐이다. 너희의 삶에는 내가 너희에게 가르치고자 하는 것에 방해가 되는 힘든 일들이 있을 것이다. 그러니 만약 그런 힘든 일이 생기거든 내가 어떻게 너희를 도울 수 있는지 내게 말해주기 바란다."

호이와 아론은 원고 측이 주장하는 범죄가 발생했을 당시 그의 일상에 대해 이야기한다. 아침에 일어나서 위의 두 아이를 어린이집에 데려다주고 학교로 출근하는 일상이다. 아론은 때로 출근 시간에 맞추지 못한 날이 있었음을 인정한다. 그의 후회가 손에 잡힐 듯이 생생하다.

호이는 우아하고 분석적이다. 그가 자신의 의뢰인에게 묻는다. "매일 아침 여덟 시 삼십 분에 당신이 반드시 생활 지도 교실에서 만나 조언해주어야 하는 학생들의 숫자가 정해져 있었습니까?"

아론은 이렇게 대답한다. "숫자가 정해진 건 아니고, 한 그룹의 학생들이 제게 맡겨져 있었습니다. 맞습니다."

"제 질문보다 더 훌륭한 설명이군요. 감사합니다." 호이가 말한다.

매기와 검사는 방청객들이 법정을 나서며 이런 생각을 할까봐 걱정스럽다. 음, 아론 노델은 정확한 사람이군.

호이는 아론에게 주로 누구와 점심을 함께 먹었는지 묻는다.

"여성 동료들은 많이 아쉬워했지만, 영어를 가르치는 세 명의 남자 교사가 항상 함께 먹었습니다. 숀 크링크와 저, 그리고 머피 선생입니다."

매기 측은 저 두 사람이 지금 무엇을 하려고 하는 건지 알아차린다. 노델이 이성과의 관계에서 선을 지키는 사람임을 보여주려는 것이다. 그는 굳이 여자들과 점심을 먹을 필요가 없는 사람이고, 집에 가면 사랑하는 아내와 세 자녀가 있다. 집은 항상 깔끔하고, 냉장고에 음식이 떨어지는 법도 없다. 이런 대화를 들으면서 배심원들이 자신의 일상을 떠올릴지도 모르겠다. 평범하게 살아가던 사람이 자신과 성적인 관계를 맺었다는 어느 여자의 주장 때문에 어느 날 갑자기 35년 징역형을 받을 위기에 처한다면? 그 여자가 일방적으로 그를 사랑했을 뿐이라면? 원칙을 지키며 살아가는 이 사마리아인, 집에는 오디오와 비디오 시스템을 갖춰놓고 오랫동안 공들여 구축한 삶을 즐기며 자녀를 키우는 이 유부남이 바로 배심원 자신이라면? 매년 4월에 세금도 성실하게 내고, 크리스마스 때는 이웃들보다 조금 빨리 집을 장식했다가 이웃들보다 하루 먼저 장식을 내리는 사람. 깔끔하고 예의바른 아이들과 피자를 시켜 먹는 사람. 세상을 떠난 그의 아버지는 훌륭한 사람이었고, 계부는 전문직 종사자였다. 게다가 그가 올해의 교사로 뽑힌 것을 잊으면 안 된다. 이건 누구나 쉽게 해낼 수 있는 일이 아니다. 그런데 어느 날 어떤 여학생이 손가락을 들어 그를 가리키며 이렇게 말한다. 저 사람이 교실에서 내게 손가락을 넣었어요, 자기 집 지하실에서 내게 구강성교를 했어요, 위층에서는 아이들이 자고 있었고 평소 집을 비우는 법이 없는 저 사람 아내는 출장인지 뭔지로 집에 없을 때였어요. 설마 그럴 리가. 신이여, 이 남자를 도우소서.

그럼 남자 교사들끼리 점심식사를 할 때 서로 무슨 이야기를 나눴을까?

"바로 그래서 우리가…. 아니, 이건 말하지 않는 편이…. 우리 과의 규모가 상당히 큽니다. 교사 열다섯 명 중에 열두 명이 여교사인

데, 우리 남교사 세 명은 여교사들이 원하는 화제를 그리 즐기지 않
았어요. 그래서 우리는 주로 판타지, 축구, 게임처럼 남자들이 좋아
하는 이야기를 했습니다."

호이는 교사의 하루에 대해 묻는다. 분 단위로 꼼꼼하게 계획된
일정에 대해. 노델은 그런 하루 중 자신이 책상에 앉아 있는 시간에
학생이 찾아와 상담을 청할 때가 있다고 증언한다. 네, 물론 상담실
이 있습니다, 교사들이 학생을 상담실로 보내죠. 하지만 때로 아론
노델을 만나고 싶어 하는 학생들이 있다. 그들은 그가 답을 알려줄
것이라고 생각한다.

그가 미성년자 강간을 저지를 만큼 한가하지 않다는 사실을 보여
주기 위해 일정을 꼼꼼히 분석한 뒤 호이가 말한다. "이제 이번 사건
에 대해 이야기해봅시다."

"좋습니다." 아론이 말한다.

"원고 측의 주장 말인데, 누군가가 당신에 대해 이런 주장을 제기
했다는 사실을 조금이나마 알아차린 것이 언제입니까?"

"2월 14일, 밸런타인데이였습니다."

"연도는?"

"이천… 14개월 전이니까 2014년입니다."

"어떻게 해서 알게 되었지요?"

아론은 수업이 막 끝났을 때 교감이 교실에 들어왔다고 설명한
다. 인생의 분기점이 된 순간이다. 그레그 교감이 말했다. 아론, 잠시
이야기할 수 있습니까? 아론이 물론이라고 대답하자, 그레그는 그
를 옆방으로 데려갔다. 기분이 좋아 보였기 때문에 아론은 뭔가 문

제가 생겼다고는 짐작하지 못했다. 혹시 내가 표창을 받는 건가? 오히려 이런 생각을 했다.

당시 아론은 웨스트파고의 셰이엔 고등학교에서 근무하고 있었다. 집과도 가깝고 나중에 자신의 자녀들이 다니게 될 학교라서 그가 옮겨간 곳이었다.

"프렘스태드 교장 선생님과 학생부 주임이 탁자에 앉아 있는 것이 보였습니다. 학생부 주임은 아주 심각한 표정이더군요. 저는 안으로 들어가서 말했습니다. 아니, 무슨 일이라도 있습니까? 표정이 심각하신데요. 그때 제가 걱정한 것은 혹시 우리 집의 누군가가 돌아가셨다는 연락이 왔나 하는 거였습니다. 두 분은 제게 일단 앉으라고 말했습니다."

그들은 그에게 누가 죽었다는 연락은 아니라고 말해주었다. 그리고 그에게 고발이 들어왔다고 말해주었지만, 그 고발의 내용이 무엇인지는 알려주지 않았다. 그에게는 6개월간의 행정 휴직 처분이 내려졌다. 그 6개월이 끝나갈 무렵, 아론이 집에서 진공청소기를 돌리고 있는데 전화벨이 울렸다. 그의 누이였다. 휴대폰 화면을 보니 누이의 부재중 전화가 두 건 들어와 있었다. 그는 누이가 왜 전화했는지 추측해본 뒤, 누이에게 전화하는 대신 컴퓨터로 〈파고 포럼〉에 접속했다. 그리고 자신이 이런… 이런 범죄 혐의로 고발되었음을 알게 되었다.

호이는 그에게 매기 윌큰과 주고받은 문자 메시지를 확보하려고 시도했느냐고 묻는다. 아론은 그랬다고 말한다. 그는 통신 회사에 연락했지만 소용이 없었다. 문자 메시지를 주고받은 뒤로 흐른 시간이 너무 길었다.

호이는 이어 매기에 대해 묻는다. 아론은 그녀가 1학년과 2학년 때 자신의 어떤 수업을 들었는지 거의 기억하지 못하지만, 3학년 영어 수업을 들은 것은 확실히 기억한다. 그는 크리스마스 연휴가 끝난 뒤 그녀와 더 많은 대화를 나누게 되었다고 확인해준다. 당시 그녀는 사촌의 죽음을 슬퍼하고 있었다. 그 다음에 그녀가 한 이야기는 졸업을 위해 꼭 필요한 대수학 II 수업에서 낙제점을 받았다는 것이었다. 그 다음에는 부모가 알코올 중독이라 술 문제로 부모와 싸우느라 스트레스가 심하다는 이야기를 했고, 오빠와 아버지가 얼마 전에 마리화나를 함께 피웠다는 이야기도 했다. 이뿐만 아니라 그녀에게는 평범한 십대들의 문제도 있었다. 친구 관계, 학교 생활, 이성 관계의 문제들로 인한 불안.

이어서 아론과 변호사는 위태로운 학생들에 대해 상당히 전문적인 이야기를 시작한다. 웨스트파고와 셰이엔 고등학교는 이런 학생들을 돕기 위해 다양한 프로그램들을 마련해놓았다. '세상을 바꾸자 한 번에 학생 다섯 명씩,' 'RTI' 등이 그런 프로그램이다. RTI는 '개입과 반응Response to Intervention'의 약자다. 수학적인 이야기도 나온다. 학생들 중 80퍼센트는 스스로 헤쳐나갈 가능성이 높지만, 나머지 20퍼센트에게는 더 많은 도움이 필요하다는 것이다. 매기 같은 학생들이 그렇다. 한 학급의 학생이 예를 들어 스물다섯 명이라면, 교사는 이렇게 더 많은 도움이 필요할 수도 있는 학생 다섯 명을 가려내려고 한다. 그리고 매주 열리는 교사들의 모임에서 각자 어떤 전략을 사용하는지 공유한다.

올해의 교사로 뽑힌 의뢰인의 꼼꼼한 설명에 지루한 표정을 짓던 호이가 말한다. "교육 이론을 모두 말씀하실 필요는 없습니다."

하지만 아론은 말할 것이 몇 가지 더 있다고 말한다. 위태로운 학생들을 상대하는 최고의 전략을 두에인 브로라는 수학 교사에게서 배웠는데, 브로는 이 전략을 '2 곱하기 10'이라고 불렀다. 위태로운 학생과 열흘 동안 매일 방과 후에 최소한 2분씩 대화를 시도하는 전략이었다. 아론은 학생이 교사와 학교에 친근감을 느끼게 하는 것이 이 전략의 목표라고 말한다.

"교육적인 관점에서 학생과 교사 사이의 친근감에는 어떤 의미가 있습니까?"

"거의 모든 학자들의 의견이 일치합니다. 학생이 학교에 친근감을 갖게 되면, 졸업 때까지 학교에 다닐 가능성이 엄청나게 높아지며, 친근감을 느끼지 못하는 학생은 중퇴할 위험이 크게 높아진다는 겁니다."

매기는 이런 문제 학생 중 하나가 된다. 아론이 이 전략을 실행한 뒤 효과가 있었던 것 같다. 매기가 1월 내내 그에게 자주 연락하기 시작했기 때문이다. 방과 후에만 이야기를 나눈 것이 아니라, 전화와 문자 메시지도 오갔다. 아론이 원한 대로, 매기는 엄청난 친근감을 느끼게 되었다.

아론이 말한다. "나는 매기에게 그래도 괜찮다고 말하지 않았습니다. 하지만 그러면 안 된다는 말 역시 하지 않았습니다."

호이는 왜 그랬느냐고 묻는다. 학생과 그렇게 많이 문자를 주고받고, 전화로 그토록 오랫동안 이야기를 나누는 것이 정상인가.

아론은 어디까지나 좋은 뜻으로 한 행동이었다. 그는 진심으로 그녀를 돕고 싶었다.

호이가 일부러 반대편의 입장을 취하며 묻는다. "좋습니다. 그럼 이런 통화들은 뭡니까?"

아론은 매기 윌큰이 점점 욕심을 부렸다고 말한다. 그는 그녀와 통화하고 싶은 생각이 없었지만, 자칫 그녀가 걷잡을 수 없는 행동을 하게 될지도 모른다는 생각이 들었다. 그녀는 회오리바람 같았다. 그래서 그는 그 바람의 속도를 늦추고 싶었다.

호이는 그 오랜 시간 동안 둘이서 무슨 이야기를 했느냐고 묻는다. 그녀를 타이른 시간은 얼마이고, 네가 좋아하는 색이 뭐지? 같은 이야기를 주고받은 시간은 얼마인가.

아론은 대화의 내용이 잘 기억나지 않지만, 또렷이 기억하는 것이 하나 있다고 말한다. 3월 8일 자정 직후에 나눈 대화다. 그가 스핏파이어 바앤드그릴에서 깜짝파티를 한 그 날이었다. 그녀가 그에게 전화를 걸었는지 문자를 보냈는지는 기억나지 않지만, 어쨌든 그가 그녀의 연락에 답하려고 그녀에게 전화를 걸었다. 대화 내용은 그녀의 부모와 음주 운전에 관한 것이었다.

호이는 한 시간 넘게 이어진 통화 여덟 건에 대해 묻는다. 그 중 세 건은 통화 시간이 두 시간이 넘었고, 두 건은 아론이 매기에게 건 것이었다. 한 통화는 240분 동안 지속되었다. 아론은 그때 매기에게 응급 상황이 있었다고 말한다. '응급 상황'이라는 단어를 사용하고 싶지는 않지만, 기본적으로 대단히 폭발적인 문제이며 매기의 부모와 음주 문제와 관련된 것이었다고 말한다. 그래서 자신이 매기와 대화를 나눌 필요가 있었다는 것이다.

한 번은 매기가 아버지와 대판 싸우고 나서 집을 나오고 싶다고 말한 적도 있다고 아론이 말한다. 아버지와 오빠가 함께 마리화나를 피우다가 매기에게 들켰을 때의 일이다. 당시 그녀는 두 사람에게서 마리화나 냄새를 맡았다.

"그렇게 통화를 하면서 당신은 무엇을 하려고 했습니까?"

"제… 제 생각에는 딱히…. 이런 문제는 아주 섬세하게 다뤄야 합니다. 저는 매기에게 이것이…. 네가 이러이러하게 행동해야 한다고 말하고 싶지 않았습니다. 네가 이런 식으로 나가야 한다고. 제가 가끔 매기에게 여러 선택지를 주기는 했습니다. 매기의 오빠와 아버지가 함께 마리화나를 피운 것에 대해 이야기하면서 제가 제시한 선택지 중에 하나는 아내가 제게 말해준 것인데, 그냥 경찰에 신고하라는 것이었습니다. 매기는 이 방법에 관심을 보이지 않았지만, 우리는…. 그리고 저… 저는 주로 듣는 입장이었습니다. 저는 매기가 무사한지 확인하려고 했고, 매기는 항상 딱히 자신의 안전을 걱정하지 않는다는 뜻을 드러내려는 것 같았습니다. 어쨌든 저는 주로 듣는 입장이었습니다."

요약하자면, 매기에게 아주 큰 문제가 있어서 엄청나게 주의를 기울일 필요가 있었기 때문에 그녀가 절친한 친구가 아니라 교사와 몇 시간씩 통화를 했다는 것이다.

아론은 이것이 자신의 가정생활에 영향을 미쳤다고 설명한다. 잦은 통화 때문에. 물론 그는 가정에 충실했다. 언제나 그랬듯이 좋은 아빠이자 남편이었지만, 가정에 필요한 만큼 주의를 기울이지 못했다고 인정한다. 2월말쯤 그는 감당하기 힘들다는 기분이 들기 시작했다. 매기를 차갑게 내치지는 않는 선에서 접촉을 줄이고 싶었다. 그래서 이런 말을 하기 시작했다. 혹시 나중에 이 얘기를 하면 안 될까? 급한 일이 아니라면, 알지? 그는 매기에게 자신의 뜻을 암시하기 위해 가끔 문자나 전화를 무시했다. 매기를 아끼기는 했지만, 매기의 아버지가 될 생각은 없었다. 아버지가 아니라 다른 어떤 것도.

또한 다른 문제도 있었다.

바이어스는 아론이 풍문을 언급하려 한다면서 이의를 제기하지만, 호이가 말을 바꿔서 질문을 던진다. "매기 월큰이 전화를 통한 이 관계를 당신과 다른 시각으로 보고 있다는 낌새를 느낀 적이 있습니까?"

"네." 아론이 말한다.

그는 머피 선생이 와서 자신과 매기가 부적절한 관계라는 소문을 전해주었다고 설명한다. 머피 선생의 걱정 때문에, 아론은 머피의 신문반 수업 시간에 매기와 이야기를 나눴다. 그는 소문을 들었다면서 혹시 그녀가 그 소문을 낸 건지 물었다. 그녀는 부정했다. 아론은 그녀의 말을 믿지 못하겠다면서, 진실이 무엇이든 이제는 교실이 아닌 곳에서 그녀와 계속 연락할 수 없다고 말했다.

그 다음으로 호이와 노델은 매기가 노델의 집에 간 적이 있다는 사실을 증명하기 위해 그린 노델의 집 안 구조도를 화면에 띄운다. 아론은 그림이 정확하지 않다고 말한다. 『트와일라잇』의 환영받지 못하는 뱀파이어처럼 그녀도 자신의 집에 정식으로 초대받아 들어온 적이 없다는 것이다. 그와 변호사는 그가 집을 팔려고 내놓았을 때 인터넷에 올려둔 설명을 매기가 손에 넣은 것이라고 주장한다.

호이는 노델의 일상에 관한 평범한 질문들 사이사이에 성적인 접촉에 관한 질문들을 끼워넣는다. 그는 두 종류의 질문을 모두 가볍고 빠르게 던진다. 마치 둘 다 같은 종류인 것처럼. 아론도 같은 태도로 대답한다.

친구들과 자주 가는 장소는 어디입니까? 어떤 경기를 보았습니까? 매기 윌큰에게 TGI 프라이데이즈로 데리러 오라고 말한 적이 있습니까? 매기 윌큰과 성적인 접촉을 한 적이 있습니까? 매기 윌큰이 당신에게 『트와일라잇』을 빌려준 적이 있습니까? 그녀가 빌려주지도 않은 그 책 안에 포스트잇 메모를 붙인 적이 있습니까?

매번 밝고 단호한 목소리로 '아니오'라는 대답이 나온다. 때로는 자신감 있게 '절대'라는 대답이 나오기도 한다.

아론은 3월 7일을 기억한다. 그의 실제 생일 직전의 토요일. 스핏파이어 바앤드그릴에서 친구 몇 명이 모여 깜짝파티를 한 날이다. 아내는 그를 그곳으로 유도하기 위해 이런 말을 했다. 가서 친구들하고 블랙잭이라도 해. 제발 좀! 당신은 당신 자신을 위해서는 아무것도 안 하는 사람이잖아!

즐거운 모임은 12시 30분경까지 이어졌다. 가게가 문을 닫기 얼마 전이었다. 아론과 마리는 베이비시터에게 맡겨둔 아이들을 위해 풍선 몇 개를 차에 실었다. 집으로 돌아가는 길에 매기 윌큰에게서 전화가 걸려왔다. 12시 45분이었다. 매기의 부모 중 한 명이, 아론은 부모 중 어느 쪽인지는 기억하지 못한다, 어쨌든 한 명이 술에 잔뜩 취한 채로 역시 술에 취한 다른 부모를 데리러 가려고 한다는 내용이었다.

잠시 휴식 시간을 가진 뒤 피고 측이 증거를 제출하고, 검사는 이의를 제기한다. 마리가 남편을 위해 직접 만든 생일 케이크를 아론이 장남과 함께 들고 있는 사진이다.

바이어스가 묻는다. 본 사건과 무슨 상관이 있습니까? 호이는 만약 마리가 불쾌한 문자 메시지를 발견했다면 바로 그날 남편을 위해 케이크를 만들었겠느냐고 말한다. 바이어스는 그 사진을 찍은 날짜를 피고가 정확히 알지도 못한다고 지적하면서 사진을 찍은 날이 8일이나 9일일 수도 있다고 말한다. 만약 8일이라면 케이크 사진을 찍은 것이 말이 된다. 그러나 매기의 증언에 따르면 마리는 9일 아침에 그 부정한 문자 메시지를 발견했으므로 케이크를 만들 기분이 아니었을 것이다.

뛰어난 변호사가 모두 그렇듯이, 호이도 판사가 상대의 이의 제기를 받아들이기 전에 무엇이든 자신이 원하는 질문을 계속 던지는 솜씨가 능숙하다. 그는 아론이 그해에 세 번째 생일 파티를 했는지 묻는다. 첫 번째 파티는 스핏파이어에서 열린 것이고, 두 번째 파티는 집에서 마리와 아이들과 함께 케이크 사진을 찍었을 때다. 아론은 그 주의 주말에 세 번째 파티가 있었다고 말한다.

"우리 생일이…. 아내 마리의 생일이 나처럼 3월에 있고 사촌 두 명의 생일도 3월입니다. 그래서 우리는 디바스 앤드 록스타스로 친한 사람들을 초대하기로 했습니다. 와페턴에서 제 누이도 남편과 함께 왔죠. 우리 모두 솜씨가 형편없는 사람들의 노래를 들었습니다."

3월 9일 이후로 아론이 매기에게 전화한 기록은 없다. 그는 자신이 의식적으로 그런 결정을 내린 건지 기억하지 못하지만, 그동안의 일들에 지쳤다는 사실은 잘 기억하고 있다. 3월 9일 아침에 자신이 샤워하는 동안 아내가 발견한 문자 메시지 때문은 아니었다.

하지만 그는 그날 아침 매기와 접촉한 사실은 기억하고 있다. 아들들 중 한 명어느 아들인지는 기억나지 않는다이 아파서 아론은 그날 휴가를 내기로 했다. 그러려면 먼저 학교로 가서 수업을 보충할 방법을 마련해야 했다. 그는 학교로 가는 길에 매기에게 전화를 걸었다. 마침 집에 있던 그녀는 틀림없이 무슨 일이 있었기 때문일 것이다 숙제가 무엇이냐고 물었다. 그는 대략 이런 말을 했다. 아직은 나도 잘 몰라, 보충할 방법을 마련하려고 지금 학교로 가는 길이야.

그는 학교에 도착해서 동료 교사들과 이야기를 나눴다. 그 날이 그의 실제 생일이었기 때문에 동료들이 그의 교실 문에 장식을 해둔 것이 보였다. 그는 자신이 9시까지 학교에 있었던 것은 기억하지만, 자기 대신 수업을 맡아준 교사가 누구인지는 기억하지 못한다.

호이가 묻는다. "그날의 일 중에 또 생각나는 것은 없습니까?"

"있습니다. 엄청난 눈보라가 쳤습니다."

호이가 말한다. 이런 혐의가 제기된 지 1년이 넘었는데, 그동안 무엇을 배웠습니까? 아론은 자신이 아주 헌신적인 교육자라서 때로 가정까지 희생할 정도이며, 옳은 일을 하려고 아무리 끊임없이 애써도 일이 항상 계획대로 풀리지는 않는다는 것을 배웠다고 대답한다. 하지만 괜찮습니다, 그런 것이 인생이죠. 그의 아내가 하는 말이 옳다. "사람은 일하려고 사는 것이 아니라, 살려고 일한다."

"감사합니다." 호이가 말한다. "더 이상 질문이 없습니다."

마침내 증언대에 앉은 마리 노델은 어두운 색 정장 재킷에 밝은 보라색 셔츠를 받쳐 입었다. 완전히 생머리인 머리카락은 어둡지도 밝지도 않은 갈색이다. 눈썹의 모양이 극적이어서 항상 깜짝 놀란 사람처럼 보인다. 이런 곤경에 처했을 때도 여자는 아름답게 보일 필요가 있다는 깨달음이 끔찍하다. 매력적이지 않은 모습으로 이런 자리에 나올 수는 없다. 그랬다가는 일부 배심원들이 원고 측의 주장에 고개를 끄덕일지도 모른다. 그가 무고하다고 믿는 배심원들조차 그녀를 아주 낮춰볼지도 모른다. 매기 월큰이 돈 때문에 이런 짓을 벌였다고 믿는 사람들은 대부분 자신을 예쁘게 가꾸지 않는 여자는 남자를 잃어도 싸다고 믿는 사람들이기도 하다.

호이가 증언대로 다가와 말한다. "제가 혹시 중간에 실수로 그냥 마리라고 부를지도 모르겠습니다. 어쨌든, 노델 부인, 아론 노델과 부부이시죠?"

보입니까, 배심원 여러분, 우리 모두 이렇게 친한 사이랍니다. 호이의 말은 사실 이런 뜻이다. 마리는 그의 편이다. 심지어 매기 월큰의 학교 친구들도 피고 편이다.

마리 노델은 자신이 미네소타 중부에서 낙농업을 하는 부모의 딸이라고 말한다. 고등학교를 졸업한 뒤 NDSU에서 형사행정학을 공부한 그녀는 현재 가석방과 보호관찰 담당관으로 일하고 있다. 경범죄에서부터 중범죄까지 다양한 범죄를 저지른 100여 명의 범죄자가 그녀의 감독을 받고 있다.

호이가 그녀에게 자녀가 몇 명이냐고 묻자 그녀가 처음으로 울음을 터뜨린다.

호이는 그녀에게 급하지 않으니 천천히 마음을 가라앉히라고 말한다.

"쉽지 않은 상황이겠죠. 최대한 빨리 진행해보겠습니다. 직업상 주말에 출장을 갈 때가 있습니까?"

"아뇨." 다시 침착해진 그녀가 말한다.

"그런 적이 전혀 없습니까?"

"없습니다."

"주말에 출장을 가신 적이 있습니까?"

"없습니다."

마리는 주말에 집을 비우지 않고 아론은 항상 일한다. 그녀는 아론이 일반적인 수준 이상으로 교사라는 직업과 학생들에게 헌신한다고 설명한다. 예를 들어 한 번은 그가 책을 살 돈이 없는 학생을 위해 자신이 책을 사주겠다고 마리에게 말한 적이 있었다. 책값이 무려 600달러에 달했기 때문에 두 사람은 그 문제를 놓고 토론을 했다. 아론이 학생들을 위해 생각지도 못한 일까지 해주려고 하는 것은 전혀 새로운 일이 아니었다.

"그렇다면 본 사건과 관련해서, 2008~2009 학년도에 아론이 도움이 필요해 보이는 학생에게 손을 뻗어 도와주기로 결정한 것을 알고 계셨습니까?"

"네."

"그 학생의 이름을 알고 계셨습니까?"

"아뇨, 기억나지 않습니다. 그때도 기억하지 못했습니다."

하지만 마리는 아론이 매기 월큰에게서 전화를 받기도 하고 그녀에게 전화를 걸기도 한다는 사실을 알고 있었다고 말한다. 그녀는 또한 둘이 문자를 주고받는 것도 알고 있었다. 그는 때로 그녀 앞에서 매기에게 보내는 문자를 입력하기도 했다. 호이는 그런 사례 중에 기억나는 것이 있는지 묻는다. 네. 마리는 이렇게 대답한다. 스핏파이어에서 깜짝파티를 한 날 밤이 기억난다고. 매기 월큰은 술에 취한 부모 중 한 사람이 외출했다면서 당황하고 있었다. 매기와 아론의 대화를 옆에서 드문드문 듣던 마리는 아론에게 혹시 누가 위험에 빠진 상황이라면 경찰에 신고해야 한다고 말했다. 당시 술에 취한 사람이 매기의 어머니인지 아버지인지 마리는 기억하지 못했다. 두 사람 모두 알코올 중독자였으니 둘 중 누구라도 가능했다. 그녀는 아론이 그때의 대화 내용을 조금도 숨기려 하지 않았다고 말한다. 휴대폰 요금을 내는 사람은 마리다. 아니, 사실 모든 요금의 지불을 마리가 처리한다. 자리를 잡고 앉아서 청구된 금액만큼 수표를 쓰고 봉투에 우표를 붙여 발송하는 사람이 바로 그녀다. 또한 통화 내역도 뽑아 볼 수 있었다.

호이는 눈이 내리던 아론의 생일날 아침에 아론에게 문자를 보냈다는 매기의 주장에 대해 묻는다. 마리가 남편에게 사실을 따져 묻는 계기가 되었다는 바로 그 문자다. 마리는 그런 일이 없었다고 말한다. 호이는 마리가 그날 오전에 아론을 위해 만들어주었다는 케이크 사진을 꺼낸다.

그 다음에는 매기가 마리의 휴대폰 번호를 갖고 있었던 이유에 대해 묻는다. 매기의 주장에 따르면, 아론이 만약 이 번호로 전화가 오거든 절대 받지 말라면서 알려주었다고 한다. 그것은 그가 정한 규칙 중 하나였다. 절대 먼저 자신한테 연락하지 말라는 규칙과 마찬가지로.

마리는 어느 날 아론이 매기와 통화할 때의 상황을 기억하고 있다. 여느 때처럼 매기는 흥분한 상태였고 아론의 휴대폰은 배터리가 간당간당한 상태였다. 그래서 아론은 이렇게 말했다. 자, 내 아내의 번호니까 받아 적어. 혹시 통화가 갑자기 끊긴 뒤에도 나랑 연락할 일이 생기면 이 번호로 전화해라.

매기가 마리의 휴대폰 번호를 알게 된 경위가 이거였다. 아론이 절대 받지 말라면서 가르쳐준 것이 아니라, 내 아내의 번호라면서 알려줬다는 것.

교차 심문 중에 마리 노델이 지방검사의 수사에 협조하지 않았다는 사실이 밝혀진다. 검사가 왜 수사관과의 면담을 거절했느냐고 묻자 마리는 검찰 측의 수사팀장인 마이크 네스에 대해 들은 이야기가 있었기 때문이라고 말한다. 그와 통화를 하면서 그가 객관적이지 않다는 인상도 받았다고 한다. 마리는 자신 역시 법을 집행하는 일을 하기 위해 훈련받은 사람인 만큼, 변호사 없이 그와 대화를 나누는 것은 멍청한 짓이라고 판단했다고 말한다.

바이어스는 마리에게 그런 훈련을 받았으니 지금 법정에서 증인 선서를 하고 진술하는 내용을 네스에게 똑같이 말했다면 이렇게 법정에 나올 필요도 없었을 것이라는 사실을 틀림없이 알 것이라고 말한다. 그녀의 증언은 매기의 주장에 몹시 치명적이다. 따라서 만약 수사 중에 수사관이 마리의 이야기를 들었다면 이 사건을 애당초 기소하지 않았을지도 모른다는 것이다.

"그런 생각은 하지 못했습니다." 마리가 말한다.

나중에 최종 변론에서 바이어스는 마리가 법정에 와서야 비로소 증언을 함으로써 어떤 이득을 얻었는지 암시할 것이다. 증거 개시 절차 때 마리는 남편의 변호사를 통해 이번 사건의 모든 내용을 알아낼 수 있었다. 바이어스는 마리가 검찰 측이 작성한 사건의 시간대별 구성과 증인들의 면담 기록을 자세히 살펴볼 수 있다는 사실을 이미 알았을 가능성이 있다고 지적할 것이다. 즉, 그녀가 기록을 살핀 뒤 매기 월큰의 주장을 반박할 수 있게 자신의 증언 내용을 다듬을 수 있었다는 뜻이다. 법 집행과 관련된 훈련을 받았으니, 그녀는 자신의 가족들에게 가장 중요한 증언을 할 수 있는 기회가 단 한 번밖에 없다는 사실을 아마 처음부터 알고 있었을 것이다.

바이어는 계속 말을 잇는다. "예를 들어, 매기 월큰이 당신의 휴대폰 번호를 억지로 알아내지 않았다는 사실이 있습니다."

"내가 알려준 것이 아닙니다." 마리가 말한다.

"그 번호를 알려줘도 좋다고 남편에게 허락했습니까?"

"네."

"그런데 재판 때까지 검찰 측에 그 사실을 밝히지 않았다고요?"

"네."

"매기의 휴대폰 연락처 목록에 당신의 휴대폰 번호가 '금지'라는 이름으로 저장된 이유가 무엇입니까?"

"모릅니다."

바이어스가 혹시 다른 학생들 중에도 그녀의 전화번호를 아는 사람이 있느냐고 묻자 그녀는 없다고 말한다. 바이어스는 매기와 아론이 통화한다는 사실과 통화 시간이 길다는 사실을 알고 있었느냐고 묻는다. 마리는 두 사람이 오랫동안 통화한다는 사실은 알았지만, 정확한 통화 시간은 몰랐다고 말한다. 바이어스는 밤 10시 이후 통화한 사례가 스물세 건이라는 사실을 알고 있었느냐고 묻는다.

"그런 전화 통화에 대해 알고 있었습니다." 그녀가 말한다.

"제가 질문을 던질 때마다 당신은 전화 통화가 있었다는 사실을 알았다고 되받습니다. 제가 물은 것은, 밤 10시 이후 늦은 시간에 통화한 사례가 스물세 건이라는 사실을 알았느냐는 것입니다."

"몰랐습니다."

이 답변의 무게 때문에 법정 안이 몹시 조용해진다.

그 다음으로 바이어스는 집 안의 구조에 대해 묻는다. 아래층 침실의 침대보와 이불 색깔에 대해서도 묻는다. 매기 윌큰이 그 집에 가봤다는 주장을 증명하기 위해 집 안의 구조를 그림으로 그렸기 때문에 이런 질문을 던지는 것이다. 그러나 피고 측은 매기가 인터넷에 부동산 중개업체가 올린 사진을 보고 그림을 그렸을 것이라고 주장하고 있다. 어쨌든 노델 부부는 현재 더 좋은 동네로 이사해서 살고 있다. 아론이 옮겨간 학교 셰이엔과 가까운 곳이다. 냅킨도 냅킨 홀더도 새것으로 바꿨고, 아이도 새로 태어났다.

주말에는 재판이 없다. 월요일에 다시 재판이 열리자 바이어스는 금요일에 던졌던 질문을 대부분 되풀이한다. 배심원들의 기억을 되새겨주기 위해서다. 바이어스는 호이가 했던 질문 중 하나를 그대로 받아서, 마리에게 혹시 주말에 출장을 간 적이 있느냐고 묻는다. 이번에도 그녀는 없다고 말한다. 그럼 출장이 아닌 여행은 어떻습니까. 바이어스가 묻는다. 어느 토요일에 만단에서 열린 볼링 경기를 겨냥한 질문이다. 그녀는 2009년 이전과 2009년 이후에 이 경기를 보러 갔다. 그녀는 자신이 거의 매년 그 경기에 갔지만 그해에는 가지 않았다고 말한다.

두 사람의 통화 사실을 알았느냐고 묻자 마리는 알고 있었다고 다시 대답한다. 바이어스가 묻는다. 90여 통의 통화와 오랜 통화 시간에 대해 모두 알고 있었습니까? 이 질문에 마리는 정확한 숫자는 몰랐지만 통화 사실에 대해서는 알았으며, 두 사람이 여러 번 통화한 것도 알았다고 대답한다. 바이어스가 말한다. 90여 통인데요? 마리는 그 정도면 여러 통이라고 말해도 될 것 같다고 말한다.

바이어스는 포스트잇 메모로 화제를 돌린다. 마리는 아론이 자신과 아이들에게도 포스트잇 메모를 많이 남기고, 일반적인 내용도 포스트잇 메모로 남길 때가 많다고 증언한다. 하지만 『트와일라잇』에 붙어 있는 메모의 필체는 남편의 것이 아니라고 말한다. 확실합니까? 마리는 확실하다고 말한다. 자신이 보기에는 남편의 필체가 아니라고.

"포스트잇 메모들의 대체적인 내용을 기억합니까?" 바이어스가 묻는다.

"네."

"그 메모를 쓴 사람이 누구든, 그 메모를 받는 사람과 모종의 관계를 맺고 있다는 인상을 당신도 받았습니까?"

"제 의견으로는 아닙니다. 저는 그 책을 읽은 적이 없으니, 메모의 맥락을 알 수 없었을 겁니다."

"그럼 첫 번째 메모를 예로 들어보죠. '너를 처음으로 꿈꾼 그날 밤부터 나는 네게 사로잡혔다는 걸 알았다.' 메모의 수신인과 관계를 맺고 있는 사람의 말처럼 들리지 않습니까?"

"로맨스처럼 들리기는 합니다." 마리가 말한다. "하지만 그건…. 제 의견으로는 남편의 글이 아닙니다."

"이미 그렇게 말씀하신 건 알고 있습니다. 남편의 필체가 아니라고 말씀하신 것도 알고요. 혹시 이 메모를 쓴 사람에 대해 나름대로 생각해보셨습니까?"

"제가 그 메모들을 자세히 훑어보지 않았습니다. 잠깐 보기는 했는데, 제 의견으로는 남편의 글이 아니었기 때문에 열심히 들여다보지 않았습니다."

바이어스는 메모에 반복적으로 등장하는 화려한 표현들에서 남편의 글이 연상되지 않느냐고 묻는다. 마리는 절대 그렇지 않다고 대답한다.

바이어스가 말한다. "그럼 메모에 스마일 이모티콘을 그려 넣는 것도 남편의 버릇이 아닙니까?"

"아닙니다."

"'흐으음'이라고 쓰는 건 어떻습니까?"

"그것도 아닙니다."

"'내 생각에는'이라고 할 때 '내'라는 글자를 쓰는 방식은 어떻습니까? 남편의 버릇이 아닙니까?"

"제 의견으로는 아닙니다." 마리가 말한다.

"이렇게 점, 점, 점 말줄임표를 찍는 것도 남편의 버릇이 아닙니까?"

"아닙…. 그렇게 생각해본 적이 없습니다. 어쨌든 남편의 특징은 아닙니다."

바이어스는 이미 던졌던 질문 여러 개를 다시 던진다. 그에게 전략이 있는 건지, 아니면 마리 노텔이 실수를 저질러서 같은 질문에 다른 답을 내놓기를 바라는 건지 판단하기 힘들다. 어쩌면 그는 인간이 이런 부조리한 상황에 저런 반응을 보인다는 사실에 순전히 충격을 받은 건지도 모른다.

"만약 이것이 어른이 미성년자에게 쓴 메모라면, 당신은 이 메모를 작성한 사람이 남편이 아니라고 말했습니다만, 어쨌든 만약 어른이 미성년자에게 쓴 메모라면, 부적절한 메모라는 말에 동의하십니까?"

"네."

"감사합니다. 이 마지막 질문에는 예, 아니오로 답하시면 될 것 같습니다. 당신이 2009년에 이사한 것은 남편이 집에서 무슨 짓을 했는지 당신이 알게 되었기 때문입니까?"

"아닙니다. 우리가 이사한 것은….

"예, 아니오로만 답하면 됩니다."

"그래도 정확하게….

재판관이 끼어들어서 피고 측을 대신해 "아니오"라고 답한다.

이 재판 직후 살인 사건을 다뤄야 하는 존 바이어스는 최종 변론에서 배심원들에게 두 사람이 통화한 시간이 몇 시간이나 되는지 기억해달라고 말한다. 그는 자신의 경우 아내와도 무려 네 시간 동안 대화한 적이 없는 것 같다면서, 배심원들도 각자 네 시간 동안 통화한 적이 있는지 생각해보라고 요청한다. 그런데 이 교사는 밤 11시 30분부터 새벽 3시 30분까지 믿을 수 없을 만큼 오랜 시간을 이 학생에게 썼다. 훌륭한 교사가 학생을 위해 유난히 신경을 써준 사례라고? 그런 주장을 믿을 수는 없을 것이다. 바이어스는 배심원들에게 포스트잇 메모의 내용을 상기시킨다. 그 작은 메모지에 적힌 문장들. 존 바이어스는 문제가 많은 십대 학생의 말을 아무도 믿어주지 않을 것이라는 사실에 아론 노델이 마음을 놓았을 가능성이 크다고 말한다. 문제가 많은 환경이라는 사실 때문에 학생이 그의 완벽한 희생자가 되었다는 뜻이다.

호이는 최종 변론을 시작하면서, 아론 노델이 방과 전이든, 도중이든, 후든 매기 윌큰과 성적인 관계를 맺는 것은 절대 불가능한 일이었다고 말한다. 그는 현실적인 부분을 파고든다. 그리고 섹스는 그 현실적인 한계를 벗어나는 일인 것처럼 말한다. 매기에 대해 그는 이렇게 말한다. "시간이 흐르다 보면, 사람은 기억을 자신이 원하는 내용으로 변형시킵니다. 기억이 언제나 현실과 똑같지는 않습니다."

당신이 젊은 여자에 대해 뭘 알아? 매기는 속으로 생각한다. 우리는 원하는 내용으로 기억을 바꾸지 않아. 잊을 수 없는 일들을 기억하는 거야.

웨스와의 상황은 뇌에 박힌 총알 덕분에 종양 문제가 해결될 때처럼 저절로 해결되었다. 그가 그녀의 인생에서 워낙 신속하게 사라져버린 데다가 그것을 문제 삼을 수 있는 처지도 아니었기 때문에 그녀는 그 일로 인한 고통에도 거의 손을 댈 수 없었다. 그리고 곧 다른 일들이 제자리를 찾아 들어가기 시작했다. 딱히 긍정적인 방향은 아니었지만, 어느 정도 발전적인 방향이기는 했다.

봄에 슬론의 오빠가 아내와 자녀들을 데리고 슬론의 집으로 놀러왔다. 슬론의 아버지도 함께였다. 슬론은 자기 주위의 남자들이 당당히 세상을 살아가는 모습이 항상 자랑스러웠다. 하지만 이번에는 느낌이 좀 달랐다.

그것은 '지렁이 꿈틀하기'라고 불리는 현상이다. 전에 엄청난 학대를 그냥 받아들이던 사람이 갑자기 더 이상 못 참겠다면서 복수에 나설 때 사람들은 '지렁이도 꿈틀한다'고 말한다.

슬론의 아버지와 오빠는 슬론의 집에 도착한 직후 부자가 출전하는 골프 경기에 나가 우승했다. 경기를 마칠 때 두 사람은 활짝 웃는 얼굴이었다. 고급 면 셔츠와 반짝거리는 신발. 슬론은 그들을 바라보다가 갑자기 떠오른 생각을 떨쳐버릴 수 없었다. 그녀가 지금보다 18킬로그램이나 덜 나가던 시절, 치마를 걸친 해골 같은 몰골이던 시절 저 두 사람은 아무 말도 하지 않았다. 그들이 살던 캐롤라이나의 집에서, 그녀가 세면대 옆 쓰레기 처리기를 돌리고 올케가 개를 야단치듯이 그녀에게 소리를 질러대도 모두들 한마디도 하지 않았다.

어린 시절에 기억나는 것이라고는 그들이 물리적으로 남긴 흔적뿐이었다. 셔츠의 진주 단추, 선물받은 넥타이, 오빠와 함께 예쁘게 꾸민 글자로 식구들의 이름을 쓰던 것. '아버지'와 '오빠'라는 개념이 대본에 미리 정해져 있는 것 같았다. 날씨가 터무니없이 화창했다. 골프 코스에 태양이 멋진 노란색 햇살을 뿌리고, 그린은 깜짝 놀랄 만큼 밝게 반짝였다.

슬론은 사람이 시간을 거슬러 올라가 기억을 다시 돌려보는 일이 쉽지 않다는 것을 알고 있었다. 어린 시절의 현실적 모습들을 막아선 문은 높고, 실존적인 무게로 무겁다. 그 문을 여는 데만도 예상보다 많은 힘이 들어간다. 문을 여는 요령도 필요하다. 연도와 계절을 잘 골라야 한다는 것. 그냥 막연히 비틀비틀 돌아다니다가 자신이 늑대를 두려워하는 이유를 우연히 발견하기를 바라면 안 된다.

슬론은 아버지와 오빠가 놀러왔던 그때 옛날의 기억을 떠올렸다.

아니 어쩌면 그녀가 그보다 일찍 기억을 떠올렸을 수도 있지만 그 기억의 문을 연 것은 골프장에 나간 그날이었다. 자신이 여덟 살이나 아홉 살이고 오빠 게이브가 열한 살이나 열두 살 때, 어느 날 한밤중에 오빠가 자신의 방에 들어왔던 기억. 크고 웅장한 그녀의 방은 마치 공주의 방 같았다. 비록 작동하지는 않지만 화려한 벽난로도 있고, 모든 것이 분홍색이었다. 그녀가 다락으로 방을 옮기기 전에 쓰던 이 방에서 문을 열어놓고 잠들었을 때, 갑자기 누군가가 방에 들어와 그녀의 침대 위에 있었다. 그녀가 깨어나자 누군가가 말을 하고 있었다.

그의 목소리는 조용했다. 온 집을 감싼 침묵보다 더 조용한 것 같았다.

야. 그가 말했다. 너 나랑⋯ 장난칠래?

슬론은 자다가 깼기 때문에 눈이 적응한 뒤에야 자신의 침대에 올라온 사람이 어떤 변태가 아니라 오빠임을 확인할 수 있었다.

그녀는 무심하게 말했다. 싫어. 아직 졸음이 가시지 않았거나, 달리 생각해야 할 일이 있는 것처럼. 오빠를 어색하게 만들고 싶지 않았다. 오빠의 미움을 사고 싶지 않았다. 그녀는 오빠를 우러러보았다. 그래서 아무렇지도 않게 싫다고 말하자, 오빠 역시 아무렇지도 않게 방을 나갔다.

그날 골프장에서 아버지와 오빠의 경기를 지켜보는 동안 이 기억이 떠오르면서 기분이 이상해졌다. 항상 그 기억이 머릿속에 존재했던 동시에 존재하지 않았던 것 같았다.

그날 나중에 슬론은 오빠의 두 딸과 함께 퍼팅 그린에 있고, 게이브는 첫째 아이인 아들과 함께 새로운 드라이버를 맞춰보고 있었다. 두 여자아이는 예쁘고 상냥했지만, 가장 기본적인 진실을 이해하지 못했다. 그들이 이렇게 좋은 가정에 태어난 것이 행운이라는 진실. 깨끗한 물을 마시고 스키장에서 휴가를 즐기는 생활. 슬론은 이 아이들이 자라서도 이 진실을 이해하지 못할 것을 알 수 있었다. 적어도 아주 오랫동안 불가능할 것 같았다. 그건 일반적으로 훌륭한 보모가 가르쳐줄 수 없는 교훈이었다.

슬론은 이렇게 말해주고 싶었다. 애들아, 세상에는 너희를 절대 배신하면 안 되는 입장인데도 배신하는 남자들이 있어. 여자들도 있고. 그녀는 몇 가지 종류의 공격을 이기고 살아남는 법을 그 아이들에게 가르쳐주고 싶었다. 슬론은 언제나 문제의 핵심으로 곧장 찔러 들어가는 것을 원했다. 아마 그녀의 생각과는 반대로 행동하는 편이 모두에게 가장 이롭다고 생각하던 집안 분위기 때문이었을 것이다. 슬론은 자신이 갖고 있는 지식으로 아이들의 인생을 구해줄 수 있을 것 같았다. 하지만 이 아이들은 그녀의 자식이 아니었다. 슬론은 이 아이들을 사랑했지만, 세상의 끔찍한 일들로부터 구해줄 수는 없었다.

슬론 고모? 두 여자아이 중 언니가 말했다. 옷깃이 부채꼴 모양인 하얀 원피스를 입은 예쁜 아이였다.

응, 왜?

아빠가 그러시는데, 고모가 열여섯 살 때 아빠 차를 부쉈댔어요.

슬론의 마음속에서 지렁이가 고개를 들었다. 꿈틀꿈틀 박동하듯 모양을 바꾸며 불쾌해서 쉭쉭 침을 뱉었다. 하지만 이것은 어디까지나 마음속의 일일 뿐, 겉으로 그녀는 냉정하고 완벽한 모습을 유지했다.

멀리서 오빠가 생수를 병째 마시는 모습이 보였다. 오빠의 십대 시절 모습이 눈에 선했다. 그 사고가 있었던 그날 밤으로 곧장 돌아갈 수 있을 것 같았다. 바로 그 순간에는 그 기억을 쉽게 불러낼 수 있었다. 금속이 긁히는 소리는 언제나 상상보다 더 괴롭다. 로봇의 내부 기관들을 억지로 찢듯이 여는 것 같은 소리다. 자동차가 모로 누워 있던 것이 생각났다. 목이 끼여서 마치 지옥에 와 있는 것 같은 기분으로 그녀는 자동차의 강철 천장을 올려다보았다. 조수석에 앉았던 친구는 죽은 것 같았다. 한 1초 동안은. 하지만 1초만으로도 충분히 끔찍했다. 이내 친구가 살아 있음을 깨닫고 나자, 이번에는 자신이 틀림없이 죽은 것 같다는 생각이 들었다. 684번 도로의 불빛들이 괴물처럼 밝았다. 소리는 전혀 들리지 않았다. 사람이 완전히 당황하면 느닷없이 부모가 나타나 구해주기를 바라게 되지만, 슬론은 자신에게 그런 기대가 전혀 없음을 알아차렸다. 그 다음에 깨달은 것은 자신이 엄마와 같다는 사실이었다. 엄마가 운전하는 차를 타고 가다가 할머니가 목숨을 잃었다. 엄마가 정신을 차렸을 때 눈에 보인 것은 옆에 죽어 있는 자기 엄마의 모습이었다. 얼굴에는 아직 온기가 남아 있었지만, 눈은 이미 텅 비어서 흐릿해져 있었다. 엄마가 딸에게 자신의 일을 넘기고 휴가를 떠나버린 것이다.

그날 밤의 사고 이후 슬론은 한층 더 앙상한 해골이 되었다. 프레츨의 소금을 빨아먹고 다이어트 음료수만 많이 마셨다. 그래도 뭐라고 한마디 하는 사람이 없었다. 오빠의 딸들에게 이런 이야기를 전부 해줘야 할까? 그녀가 스스로를 벌하고 있다는 의사들의 말과, 그것 자체가 남자들의 관점이라는 이야기도? 일반적으로 사람들은 여자가 스스로 문제가 있음을 인정하고 벌을 자처할 때 다행스러워하는 것 같다는 말도? 사람들은 그제야 그 여자를 돕겠다고 나섰다. 슬론은 아이들에게 이런 이야기를 해주고 싶었다.

슬론 고모? 두 조카 중 언니가 말했다. 그 사고 얘기를 해주세요. 어떻게 아빠 차를 부쉈어요? 언니가 이런 말을 하는 동안 동생은 키득거렸다.

슬론은 빙긋 웃었다. 그녀는 여전히 저 멀리 있는 오빠를 바라보며 분노를 느끼고 있었다. 슬프기도 했다. 예전에 둘이 이야기를 더 나눌 수만 있었다면. 지금은 서로의 좋은 부분만 건드릴 뿐이었다. 각자 마음속의 쓰레기들은 꼭꼭 감춰두었다.

오빠와 독수리처럼 생긴 올케가 웃어대면서 아이들에게 이런 말을 하는 모습이 눈앞에 그려졌다. 얘들아, 슬론 고모는 좀 사고뭉치야. 전에 너희 아빠 차를 완전히 망가뜨린 적도 있어. 고모한테는 아는 척하지 마라, 하고 아이들을 단속하는 예의도 발휘하지 않았을 것이다. 어쩌면 고모한테 가서 직접 물어보라고 아이들을 충동질했을 수도 있었다.

옛날에 리처드는 이런 말을 했다. 당신한테 괜찮으냐고 물어본 사람이 하나도 없었다니, 믿을 수가 없어. 그녀가 그 사건 이야기를 들려줄 때, 자신이 어쩌다 식구들의 애정을 받을 자격이 없는 사람이 되었는지 열심히 생각할 때 그는 그녀를 몇 번이나 안아주었다. 식구들이 네가 살아서 천만다행이라고 말한 적이 없다고? 리처드는 그녀에게 자꾸만 물었다. 이렇게 계속 묻다보면 언젠가 그녀에게서 아, 사실 식구들이 물어봤는데 지금껏 내가 그걸 까맣게 잊고 있었네, 라는 대답을 듣게 될 거라고 기대하는 사람처럼.

하지만 이날, 어린 조카들이 어떤 의미에서 그녀를 죽여버린 사건을 이야기하며 옆에서 웃고 있는 이날, 슬론은 목구멍 안에서 지렁이가 꿈틀하는 것을 느꼈다. 그 지렁이가 무엇보다 화가 난 것은 어쩌면 그날의 그 사고 때문인지도 모르지만, 그 분노의 진짜 뿌리는 그 전의 어느 날 밤 오빠가 그녀의 방에 들어와 했던 말인 것 같기도 했다. 그날 오빠는 그녀가 생각하던 순수한 사랑이라는 개념을 사실상 없애버렸다. 물론 그녀와 오빠가 장난을 친 적은 없었다. 그래서 슬론은 그 기억을 묻어버릴 수 있었다. 그때 두 사람 사이에는 아무 일도 없었다. 사고가 있었던 그날 밤에도 사실상 아무 일도 없었다. 이렇게 평생 동안 그녀 주위에서는 나쁜 일이 전혀 일어나지 않았고, 항상 초록색 풀밭에 밝은 햇빛이 비쳤다.

슬론은 두 조카 중 언니의 어깨를 양손으로 단단히 짚고, 두 아이를 바라보며 말했다. 잘 들어.

골프 코스 너머로 해가 지기 시작했다. 슬론은 모든 여자들이 동물로 변한다는 것을 알고 있었다. 반드시 그래야 할 필요가 있는 순간에 그렇게 된다는 것을.

잘 들어. 난 그때 친구를 차에 태워 집까지 데려다주는 중이었어. 그러다 어떻게 됐는지 알아? 내가 사고를 당한 건 사실이야. 그냥 사고였어. 내가 다칠 수도 있었지만 다치지 않았지. 죽을 수도 있었지만 죽지 않고 살아남았어. 그래서 지금 여기에 서 있게 된 거야.

너희도 고모가 보이지? 무슨 말인지 알겠어?

조카들은 아주 조심스럽게 고개를 끄덕였다. 그리고 불안한 표정으로 시선을 돌렸다. 아이들의 아버지가 저 멀리 있었다. 하지만 그는 이쪽을 보고 있지 않았다.

maggie
매기

평결이 예정된 날 아침, 여성 배심원 한 명이 병원에 입원한다. 처음에는 자세한 내용이 알려지지 않는다. 스티븐 매컬러 판사가 남은 열한 명의 배심원들을 한 방에 모아놓고 묻는다. 아론 노델의 다섯 가지 혐의에 대해 평결에 도달했습니까?

판사는 모두 이미 짐작할 수 있었던 말을 언론에 배포한다. 배심원이 심리 중에 병원으로 실려가는 것은 이례적인 일이라는 말. 그는 검사와 변호사에게 이 상황에 어떻게 대처하면 좋겠느냐고 묻는다. 바이어스는 미결정 심리로 처리할 것을 요청한다. 매기는 재판이 새로 열린다면 기꺼이 증언하겠다고 말한다. 호이는 거부의 뜻을 밝힌다.

"모두 이번에 많은 시간과 노력과 힘과 인생을 쏟았습니다. 미결정 심리를 피할 수만 있다면 피하고 싶습니다." 호이는 이렇게 말하

394

고 나서 규정집의 한 대목을 읽는다. 열두 명이 안 되는 배심원단이 형사 재판에서 평결을 내릴 수 있다는 규정이다.

"검찰 측의 마음에 들지 않는 최종 평결이 나올 수도 있지만, 사실 모두가 본 사건을 온전하고 공정하게 심리했으며 배심원단은 평결을 내리기 위해 많은 시간과 노력을 쏟았습니다."

바이어스는 열두 명이 안 되는 배심원단에 모든 혐의에 대한 평결을 맡기자는 주장에 동의하지 않는다. 따라서 판사는 일부 혐의를 미결정 심리로 처리하기 위한 절차를 밟는다. 그는 열한 명의 배심원들에게 안으로 들어와, 배심원 한 명이 입원하기 전에 그들이 내린 결정을 발표하라고 요청한다. 배심원들은 다섯 가지 혐의 중 1번, 2번, 5번, 이렇게 세 가지 혐의에 대해 이미 의견 일치를 보았다.

1번 혐의는 아론 노델이 교실에서 매기 윌큰의 질구에 손가락을 삽입했다는 것이다. 이 행위가 5~10분 동안 지속되었다고 한다. 매기 윌큰은 그를 등진 자세였고, 그는 양손을 그녀의 앞쪽으로 돌려 옷 속으로 넣은 자세였다. 매기 윌큰은 또한 그가 뒤에서 유사 성행위를 했다고 설명한다. 그 행위가 끝난 것은 어떤 교사가 교실의 문고리를 흔드는 바람에 아론이 화들짝 놀라 뒤로 물러났을 때였다. 그는 손을 획 옷 속에서 꺼낸 뒤, 시트콤의 한 장면처럼 지나치게 매끄러운 태도로 그녀에게 시험지를 건넸다.

2번 혐의는 1번과 비슷한 행위가 발생한 또 다른 사례인데, 여기에는 아론이 교실에서 매기의 손을 잡아 자신의 성기에 댔다는 주장이 포함되어 있다. 매기에 따르면 그가 그녀에게 키스하다가 그녀의 손을 잡아 자신의 가슴에 대고 이렇게 말했다고 한다. "내 심장이 얼마나 빨리 뛰는지 봐." 그러고 나서 그는 그녀의 다른 손을 잡아 불룩 튀어나온 바지 앞섶에 대고 이렇게 말했다. "너 때문에 내가 이렇게 단단해졌어." 이 일이 일어난 장소는 수납장 옆의 탁자였다.

5번 혐의도 앞의 두 혐의와 거울처럼 닮았지만, 장소가 매기의 차 안이라는 점이 다르다. 매기는 아론이 술에 취했기 때문에 자신이 차를 몰고 TGI 프라이데이즈로 가서 그를 차에 태워 그의 차가 있는 곳까지 데려다주었다고 말한다. 그는 음주 운전을 하지 않으려고 집 근처에 차를 세워두었다고 그녀에게 설명했다. 그녀는 그곳까지 가는 동안 그가 그녀의 바지 속에 손가락을 넣었으며, 그로 인해 자신이 하마터면 주차된 차를 들이받을 뻔했다고 주장한다.

여러 명이 헛기침을 한다. 이들과는 아무런 상관이 없는 사람들이 이들의 삶에 대한 결정을 내리기 직전이다.

매기는 아빠의 스카풀라레를 꼭 쥐고, 배심원 대표의 말에 귀를 기울인다.

"1번, 2번, 5번 혐의에 대해 우리는 만장일치로 아론 노델이 무죄라는 결정을 내렸습니다."

모두 피고를 바라본다. 그가 이 평결을 어떻게 받아들이는지 모두 궁금해한다.

물론 그의 얼굴에 안도감이 나타난다. 하지만 쓸데없이 고통받은 선한 사람의 안도감일까? 이날 대부분의 사람들은 그렇게 생각하는 기색이 역력하다. 하지만 이와 다른 견해를 가진 사람들, 즉 그의 표정을 죄 지은 사람의 안도감으로 생각하는 사람들 쪽이 더 진실에 가까운지도 모른다. 세상은 아론 노델을 지금껏 익숙했던 모습

그대로 바라본다. 아니 어쩌면 사람들은 자신이 존경하는 누군가가 보라고 하는 것만 보는 건지도 모른다. 이편이 더 오싹하다.

반면 그의 죄를 볼 준비가 되어 있는 사람들에게 그는 치밀하게 계획을 짜서 움직이는 괴물이다. 흔한 아동 성범죄자와 크게 다르지 않다. 그는 이 어린 여성이 자신에게 홀린 듯한 사랑을 느끼게 조종했고, 필요한 때에 딱 필요한 만큼 일부러 밀고 당기기를 하면서 괴물이 되었다. 반인반마의 괴물 켄타우로스처럼 그는 반은 유부남 교사이고 반은 남자친구였다.

그러나 다른 사람들에게 그는 어느 젊은 여자 때문에 칼날 위에 서게 된 착한 사람이다. 두 사람 모두 엄청난 잘못을 저지른 것은 아니다. 특히 이 피고는 확실히 사악하지 않다. 어쩌면 그가 그녀와 거리를 두려고 했는데도 그녀가 밀어붙였는지 모를 일이다.

마지막으로, 그를 자아가 조금 비대한 교사로 보는 방법이 있다. 그는 매력적인 사람이다. 학생들도 얼굴을 붉히며 그 점을 확인해준다. 그가 매기와 문자를 주고받기 시작한 것은 우연이었다. 그녀가 예쁘고 똑똑하고 관심을 보였으니까. 그녀에게는 조금 말괄량이 같은 면이 있지만, 머리는 금발이고 트레이닝복 바지 속의 팬티는 여성적이다. 문자를 주고받으면서 아론 노델은 좋았다가 싫었다가, 다시 좋았다가 마침내 싫어진다. 그가 『트와일라잇』을 읽은 것은 누군가가 자신을 뱀파이어 연인으로 생각해준다는 사실이 섹시했기 때문이다. 그녀가 마구 다가오는 것 같아서 그는 뒤로 물러났다. 그러다 보니 그녀가 점점 희미하게 사라지는 것 같은 느낌이 들었다. 젊음을 느낄 기회가 스르르 사라진다는 생각에 그는 문자를 보냈다. 널 점점 사랑하게 되는 것 같아. 사실 이 말의 본 뜻은 이런 거였다. 나는 지금의 나를 사랑하니까 제발 날 떠나지 마, 내게 홀딱 반한 네 감정이 사라지면 이 새로운 나도 죽어버릴 테니까. 그는 자신이 멋대로 정한 이상을 실현하기 위해 그녀를 가족들과 함께 사는 집으로 불러들였다. 그때는 기분이 좋았으나 나중에는 몹시 싫어졌다. 그녀가 지나치게 사랑에 빠졌기 때문에. 그 다음 몇 달 동안 그는 그 관계를 서서히 끝내야 했다. 뱀이 허물을 벗듯이 그녀의 마음을 벗어버려야 했다. 이를 위해 그는 연민에 호소했다. 자신도 아내도 서로를 사랑하지 않는 척해야 했다. 그는 순전히 아이들 때문에 가정을 지키는 척했다. 이렇게 서서히 허물을 벗는 도중에도 가끔은 차 안에 혼자 심심하게 앉아 있다가 라디오나 음악을 듣는 대신 그 여학생을 불러냈다. 자신을 방귀도 안 뀌고, 포커에서 지는 법도 없고, 대출을 걱정할 필요도 없는 사람으로 봐주는 여학생을.

1번, 2번, 5번 혐의에 대해 그는 무죄 평결을 받았다. 병원에 입원한 배심원도 같은 의견이었다. 나머지 두 개의 혐의, 즉 3번과 4번은 두 사람이 그의 집에서 함께 보낸 밤, 가장 해방감을 느꼈던 그날 밤의 일이다. 정확히 말하자면, 그가 그녀의 질구에 손가락을 삽입했고, 그의 입과 그녀의 질구가 접촉했다는 주장을 말한다. 이 두 혐의에 대해서는 평결이 내려지지 않았다. 소문에 따르면 병원에 입원한 그 여성 배심원만이 이 두 혐의에 대한 무죄 평결에 반대했다고 한다. 검찰이 다섯 개 혐의 모두에 대해 미결정 심리를 요청할 수도 있고, 평결이 내려지지 않은 두 개 혐의에 대해서만 미결정 심리를 요청할 수도 있다는 발표가 이어진다.

판사는 여성 배심원이 갑자기 자기 가족들을 알아보지 못하는 증세를 나타내는 바람에 급히 응급실로 실려갔다고 말한다. 설상가상으로 그 배심원은 혈액 채취를 거부했다. 그 뒤 며칠 동안 여러 눈에 띄는 사실들이 병원에서 새어나와 법정으로, 법정에 새어나와 일반 사람들에게로 퍼져나간다. 그 중 하나는, 그 배심원이 배심원 선정 때 과거 성폭행 피해를 당한 적이 있다는 사실을 법원에 알리지 않았다는 것이다. 그 다음에 새어나온 이야기는 그녀가 병원으로 실려가면서 경찰관들에게 자신은 아이들을 지킬 책임이 있다고 소리쳤다는 것이다.

매컬러 판사는 배심원들에게 수고하셨다고 인사한 뒤 해산을 명한다. 아론은 일어나서 나이가 지긋한 여성의 뺨에 입을 맞춘다. 매기는 그를 보지 않는다. 볼 수가 없다. 속이 텅 빈 것 같다. 그가 그녀에게 삽입했던 손가락에 묵주를 걸고 있는 것이 역겹고, 그녀가 쥐고 있는 아빠의 스카풀라레에 대항하려고 묵주를 가져왔다는 사실도 역겹다. 갑자기 바보가 된 기분이다. 그 메모들이 그의 죄를 증명할 것이라고, 아무도 그 메모들을 무시하지 않을 것이라고 믿다니. "조건 없는 사랑, 우리 사랑처럼!"

판사는 나중에 세 가지 혐의에 대한 무죄 평결을 받아들이고, 다른 두 혐의에 대해서는 미결정 심리를 선언할 것이다. 그리고 아론 노델은 셰이엔 고등학교에 복직할 것이다.

도대체 왜 그 메모들을 그가 적었으며 그 내용이 옳지 않다고 믿어주는 사람이 없는가? 고민 많은 학생이 교사를 이상적인 인물로 우러러보고, 교사는 그 찬사를 받아들여 훼손했을 가능성이 있다는 생각을 왜 아무도 하지 않는가? 그가 다음과 같은 문장을 썼다는 사실을 누가 부정하는가?

"가끔은 나쁜 일을 하는 것이 너무 옳게 느껴질 때가 있어."

"너를 기다리는 시간을 때로는 견딜 수가 없어!"

"네 손이 얼마나 심하게 떨렸는지 기억나? 네가 그렇게 흥분했다는 걸 알면 내 기분이 좋아져!"

"너를 처음으로 꿈꾼 그날 밤부터 나는 네게 사로잡혔다는 걸 알았다."

"너로 인해 나의 가장 좋은 면과 가장 나쁜 면이 드러나지…. 그런데도 넌 나를 사랑하고!"

"열일곱이라…. 그보다 성숙해 보이는데! 이제 며칠이 남았지? :)"

그녀는 입 안쪽을 씹기 시작한다. 어찌나 세게 씹어댔는지 입에서 피 맛이 난다. 뱀파이어 교사의 혀를 뜯어내고 싶다. 하지만 그녀는 식구들과 함께 조용히 그 자리를 떠난다.

밖으로 나가는 길에 어떤 여성 배심원이 기자들에게 말하는 소리가 들린다. 노엘의 가족이 다시는 이런 시련을 겪지 않기를 바란다는 말이다.

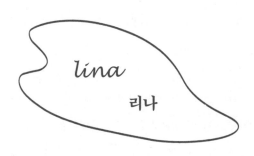

lina

리나

시계처럼 정확하다. 리나가 그에 대한 생각을 멈추는 순간 그는 곧바로 알아차린다. 인디애나 주의 대로 두 개를 사이에 두고 떨어져 있는데도 그는 고삐가 느슨해지는 것을 느끼고 찡그린 얼굴 이모티콘을 문자로 보낸다. 호텔 방에서 막 잠들었던 그녀는 휴대폰의 진동에 화들짝 놀라 깨어난다.

왜 이런 얼굴이야, 에이던? 무슨 일이야? 그녀는 이모티콘을 보자마자 이렇게 적는다. 그와 같은 입장이 된다면 정말 기분이 좋을 것 같다. 자신이 그녀에게 무엇이든 원하는 것이 있을 때 단추 하나만 누르면 되니, 얼마나 근사한 힘을 손에 쥔 기분일까.

너 나한테 보낼 사진이 있는 것 아냐? 에이던이 문자를 보낸다.

사실 리나는 그를 위한 사진들을 휴대폰 속 앨범에 한가득 준비해두었다. 이틀 전 태닝을 하러 갔을 때 그녀는 알몸으로 카펫 위에

401

서서 그 망할 놈의 휴대폰을 머리 위로 들고 찰칵 사진을 찍었다. 갈색 태닝 로션이 얼룩처럼 묻어 있고, 다른 방에서 작동 중인 태닝 침대의 불빛이 새어 들어오고 있었다. 그녀는 이 사진을 그에게 보내며, 그의 답장이 오기 전에 배터리가 꺼지지 않기를, 다른 사람들이 공연히 문자를 보내 배터리만 잡아먹는 일이 생기지 않기를 기도한다. 에이던 이외의 다른 사람들은 모두 그녀의 다리에 달라붙은 따개비나 마찬가지다.

에이던이 문자를 보낸다. 새로 찍은 섹시한 사진이면 좋겠지.

망할 놈. 그녀는 이렇게 생각하면서 동시에 웃음을 터뜨린다. 그가 그녀에게 원하는 것이 많을수록 좋기 때문이다. 그가 시큰둥한 반응을 보일수록 그녀는 더욱 더 그에게 잘 보이고 싶어진다.

그녀는 새로 머리를 잘랐을 때의 사진을 보낸다.

그의 답장. 섹시한 란제리가 좋아.

그녀는 그를 위해 사 입은 검은 레이스 팬티와 볼륨업 브래지어만 남기고 옷을 벗는다. 그리고 침대 위에 누워 사진을 몇 장 찍은 다음, 가장 잘 나온 것을 보낸다.

그녀의 휴대폰 배터리가 간당간당하지만, 아이팟에는 배터리가 제법 남아 있으니 페이스북 메신저에 접속해 그와 대화할 수 있다. 그래서 그녀는 페이스북으로 옮겨가자고 그에게 간청한다. 그에게는 쉬운 일이다. 휴대폰으로 페이스북에 접속할 수 있으니까.

리나는 이렇게 쓴다. 제발 페이스북에 접속해줘. 내 전화기가 간당간당해!

그녀는 충전기를 가져오지 않았다. 그를 만나기 위해 아무리 단단히 준비해도, 이 세상이 꼭 뭔가 훼방을 놓는다. 집에서 나오기 직전에 아이가 세탁기에서 돌아가는 인형을 찾거나 자동차에 시동이 걸리지 않는 식으로.

그녀는 호텔 침대에서 옷을 완전히 벗는다. 그러면 그녀가 활짝 열려 있음을 그가 느낄지도 모른다. 그녀는 눈을 감고 그가 금방이라도 517호의 문을 두드릴 것이라고 상상한다. 그녀는 만일의 경우를 대비해서 이 방을 구했다. 원래 그의 동네 근처에서 친구를 만나 술을 한잔하기로 했는데, 친구가 약속 시간 직전에 약속을 취소했다. 리나는 이미 방을 구한 뒤였다. 아이들은 에드가 봐주고 있었으므로 리나는 그냥 이 방에 머물렀다. 그녀는 에이던에게 자신이 있는 곳을 알리면서, 그의 집에서 1.5킬로미터도 되지 않는 곳이라고 말했다. 그가 자신을 만나러 올 가능성이 희박하다는 것은 알지만, 어쨌든 그와 가까운 곳에서 잠드는 기분이 좋았다.

제발 페이스북에 접속해줘. 그녀가 다시 문자를 보낸다.

하지만 그는 접속하지 않는다. 문자에 답하지도 않는다. 그 사진만으로 충분한 것 같다. 리나는 그가 잠들기 전에 마지막으로 자신의 사진을 볼 것이라고 생각하며 스스로를 위로한다. 거금을 들여 호텔 방을 잡았는데 허사가 되었다고 생각하니 화가 난다.

아침에 그녀는 천천히 짐을 챙기면서 여전히 에이던에게서 연락이 오기를 바란다. 혹시 그가 자다가 일어나서 이런 문자를 보내지 않을까? 미안, 잠들었어! 지금 어디?

어느 시점부터 그 희망이 점점 희미해지고 그녀는 호텔을 나선다. 날이 화창하다. 하지만 그녀는 자신이 우울증에 빠져들 것을 확신한다. 음악을 들으며 차로 무어스빌을 지나다가 갑자기 더 이상 못 참겠다는 생각이 든다.

지금 메시지 보내도 돼? 그녀는 그에게 이렇게 쓴다. 이 말의 뜻은 이런 것이다. 내가 하고 싶은 말을 정확히 써도 돼? 아님 네 아내가 옆에서 보고 있어?

그가 답장한다. 응.

이러면 안 되는 걸 알지만, 네 얼굴을 다시 보고, 너한테 다시 키스하고, 너랑 같이 움직이는 기분을 다시 느끼고 싶어.

'이러면 안 되는 걸 알지만'은 그가 자주 하는 말이다. 그녀는 그가 자신의 말버릇을 따라하고 자신이 그의 말버릇을 따라하는 것이 좋다.

그가 답한다. 왜?

그의 자아를 쓰다듬어줄 필요가 있다는 것을 그녀는 안다. 그녀는 이 남자를 본인보다 더 잘 알고 있다.

너랑 같이 있으면 기분이 끝내줘. 널 생각하는 마음도 있고.

사실 그녀가 쓰고 싶은 말은 이런 것이다. 널 너무나 사랑해. 네 아이들을 내 자식처럼 키울 수 있어.

그에게서는 답장이 오지 않고, 휴대폰 배터리 막대는 보기에 안쓰러울 정도로 가늘게 줄어들었다. 그녀는 어드밴스드 자동차 부품상 주차장에 급히 차를 세우고, 자동차용 충전기를 하나 산다. 가면서 음악을 들을 수 있을 것이다. 심지어 이것도 이 다음에 그와 차 안에서 사랑을 나눌 때를 대비한 물건이다.

그녀가 쓴다. 만세! 충전기를 샀어.

답장은 오지 않는다.

그녀가 또 쓴다. 이렇게 일이 잘 풀리면 기분이 좋더라! 여기 무어스빌의 날씨가 끝내줘!

답장은 오지 않는다.

그녀가 또 쓴다. 네가 원하는 대로 그냥 너의 친구가 될게. 나한테는 좀 힘든 일이겠지만. 앞으로도 계속 나는 너를 생각할 테니까. 이 정도면 괜찮아?

그가 답한다. 집에 가는 중?

무어스빌이야. 집에는 4시 30분까지만 가면 돼.

그럼 뭔 짓을 하려고?

어이, 덩치! 말 곱게 쓰세요!

다시 게임이 시작되었다.

미안, 꼬맹이.

괜찮아, 덩치. 그냥 장난이었어.

왜 나더러 뚱뚱하대?

뚱뚱하지 않아. 거시기가 크고 근육이 멋진 거지, 하트 씨, ㅎㅎ.

그 ㅎㅎ는 뭐야? 전부 농담?

농담 아님. 진짜야. 내 대신 영화 상영 시간 좀 확인해줄래?

한동안 답장이 없지만 괜찮다. 마침내 공이 구르기 시작했으니, 점점 힘이 쌓이는 것이 느껴진다. 두려움 속에서도 그녀는 그의 마음을 읽을 수 있다. 어느 잡화점에서 그녀는 그에게 문자를 보낸다. KY 워밍 젤리 써본 적 있어?

아니. 그걸 어디 쓰게?

어디다 바르고 핥아 먹지 뭐.

그가 호수에 대해 몇 마디 하고, 그녀는 수축에 대해 몇 마디 하고, 그는 점점 작아진다고 말하고, 그녀는 자기가 그걸 더 크게 만들 수 있다고 말하고, 그는 이렇게 묻는다. 어떻게?

궁금하지!

몇 분 동안 답장이 없지만, 그녀가 충전기를 괜히 산 것이 아니다. 그녀는 문자를 보낸다. 직접 보고 싶어?

엄청난 게임이다. 문자 하나하나가 그를 끌어들이는 도구다. 그녀는 문자를 보낼 때마다 자신의 인생을 쏟는다. 결점이라고는 하나도 없게, 그에게 공연히 겁을 주지 않게 그녀는 신경을 집중한다. 글자 하나하나마다 전략이 있다. 구두점에도 전략이 있다. 그의 반응에 그녀의 온 인생이 좌우된다. 그녀의 심장은 밝았다가, 타는 듯하다가, 버찌처럼 새빨갛게 변한다. 자동차 영업 사원처럼 그녀는 만약 자신이 그를 자기 앞에 세울 수만 있다면 가게 문을 닫을 수 있다는 것을 안다.

그녀가 문자를 보낸다. 지금 막 창의력이 샘솟아. 방금 창의력을 발휘할 물건을 샀어.

뭔데?

네 눈으로 직접 봐.

힌트라도 줘.

너의 어떤 부위에 바른 다음에 내가 혀로 핥아낼 수 있는 거야. 자, 어디서 만날까, 에이던?

너희 엄마의 집.

ㅎㅎ 내가 옛날에 쓰던 침대? 못된 인간.

ㅎㅎ 영화관 뒤.

그들이 처음 데이트한 데가 거기다. 그가 그것을 기억한다니! 그거면 돼, 그거면! 기분이 너무 좋으면서도 리나는 시간을 허비할 수 없다고 생각한다. 그녀에게 시간이 무한히 있는 것이 아니니까. 언제나 그렇다.

파이브포인츠에서 만나서 너 가고 싶은 데로 가자.

난 갈 만한 데 몰라. 그가 답장한다.

나 지금 파이브포인츠야. 몇 분 뒤 그녀가 문자를 보낸다.

긴장 때문에 숨을 가쁘게 쉬면서 그녀는 기다린다. 자신의 골반을 내리누르는 욕구의 무게가 느껴진다.

영원처럼 길게만 느껴지는 시간이 흐른 뒤 마침내 그의 트럭이 도로에 나타난다. 그가 그녀에게 윙크 비슷한 것을 하더니 자신을 따라오라고 손짓한다. 그가 이렇게 스스로 움직이게 만든 자신이 그녀는 몹시 마음에 든다. 그는 머릿속을 열심히 뒤져서 갈 만한 곳을 찾아냈을 것이다. 그녀는 그가 파이브포인츠와 강 사이에서 농사를 짓는 할머니 집으로 향하고 있다는 사실을 깨닫고 얼굴이 밝아진다. 그가 형제들과 함께 수백 에이커의 아름다운 땅을 누비며 사냥을 하는 곳이다.

들판을 지나 숲 속으로 그녀는 그의 차를 따라간다. 그가 멈추자 그녀도 멈춘다. 그리고 그대로 기다리면서 그의 트럭 문이 열리고 그의 건장한 몸이 밖으로 나오는 것을 지켜본다. 그가 자신 있는 태도로 천천히 다가와 그녀의 차에 오른다. 그녀가 한 번도 생각해보지 않은 몸의 여러 부위들이 빛을 내며 가늘게 떨기 시작한다. 예를 들어 치아 뿌리조차 흥분해서 간질거린다.

그들은 상당히 볼 만한 숲과 숲 사이 작은 공터에 있다. 그녀는 영화 「트와일라잇」의 한 장면과 똑같다고 말한다. 뱀파이어들이 살던 북서부 태평양 연안 지역의 어둡고 아름다운 풍경 같다고. 그녀는 인디애나 대학에서 수업을 들으며 배운 것을 이야기한다. 숲 한 가운데의 나무들이 가장자리의 나무들보다 너 넓게 가지를 뻗고 키도 높이 자란다는 것. 가운데의 나무들은 햇빛을 받으려고 몸부림을 쳐야 하기 때문이다.

그녀가 이렇게 욕망과 아무 상관이 없는 이야기를 하는 것을 그는 좋아한다. 그가 말한다. 살쾡이가 우는 소리 들어본 적 있어? 그녀가 없다고 하자 그는 지난번에 여기로 사냥을 나왔다가 들었는데 마치 어린 여자아이들이 살해당하면서 내는 소리 같았다고 말한다. 두 딸을 키우는 입장이라 그는 몸을 부르르 떨고, 그녀는 손을 뻗어 그의 손을 꼭 쥔다. 그렇게 둘이서 나란히 앉아 숲을 지켜본다. 완벽한 순간이다. 이렇게 한창 부드러운 분위기를 즐기면서도 그녀는 몸을 떤다. 아무리 생각하지 않으려 해도, 그가 그녀에게 형편없이 군다는 진실을 지울 수 없기 때문이다. 그가 눈에 띄게 못된 행동을 하는 것은 아니지만, 그녀의 마음을 거의 배려해주지 않는다. 그는 그녀가 있는 집에서 아내에게 책임을 다하며 자신의 삶을 살고 있다. 리나는 숲속의 살쾡이 같은 존재다. 살쾡이의 울음소리를 듣는 순간에는 안쓰럽다고 생각하지만, 시간이 흐른 뒤에는 아무 생각 없이 식탁에 앉아 저녁 식사를 하고 아이를 안아주고 이 사이에

긴 음식 찌꺼기를 빼낸다. 텔레비전으로 운동 경기도 보고, 그러다 문자에 답장하는 것을 깜박 잊은 채 그대로 잠이 든다.

한동안 침묵이 흐른 뒤 에이던이 먼저 입을 연다. 이상한 일이다. 내가 아까 켈을 만난 거 알아?

그의 친구 켈 토머스를 만났다는 뜻이다. 켈은 어젯밤 리나에게 문자를 보내 자기가 호텔로 와서 그녀의 말동무가 되어주겠다고 제 의했다. 리나는 에이던의 질투심을 부채질하기 위해 켈 토머스 같 은 남자 몇 명을 주변에 두고 있다. 아니, 자신이 외로워지지 않을 것이라는 확신을 얻기 위해서이기도 하다.

아니, 몰랐어. 리나가 말한다.

흠.

에이던, 켈은 나랑 섹스를 하고 싶어 했지만 난 아니었어. 앞으로 도 안 할 거야. 하지만 켈이 데이트를 하자는 얘기는 했지. 성인 두 사람이 즐거운 시간을 보내자고.

그러다 네가 켈을 좋아하게 될지도 모르지. 둘 사이에 불꽃이 튈 지 누가 알아?

넌 신경 안 쓰여?

네 인생은 네 거야, 꼬맹이.

아니, 그게 아니라, 불꽃 같은 건 없어. 켈은 너랑 가장 친한 친구 잖아. 게다가 그 사람 좀 기분 나빠!

에이던이 웃는다! 에이던이 웃는다!

또 한동안 침묵이 흐른 뒤 에이던이 말한다. 그래, 네가 가져왔다 는 게 뭐야?

지금 주도권은 리나의 손에 있다. 적어도 리나가 느끼기에는 그렇다. 그녀가 말한다. 뒷문으로 들어와서 바지랑 신발을 벗어.

그는 서버번 자동차의 뒷문으로 들어온다. 리나도 그 뒤를 따라 들어가 스스로 옷을 벗는다. 하지만 그에게는 아직 자기 몸에 손대지 말라고 한다. 그녀가 바닥에 놓인 자신의 바지 주머니에 손을 넣어 캐드베리 크렘 에그°를 꺼낸다.

네가 너무 늦게 나와서 내가 이걸 먹어버릴 뻔했어. 그녀가 말한다.

그녀가 윙크하자 그는 어리둥절한 얼굴로 과자를 바라본다. 그녀는 왼손에 든 과자를 한쪽 옆으로 높이 들고는, 그에게 다가가 키스한다. 기분이 미치게 좋다. 그와 함께일 때는 항상 그렇다. 그의 혀. 그녀의 혀. 그는 그녀의 혀가 건드리기 싫을 만큼 거친 담요 같지는 않다고 생각한다. 곧 그녀가 그에게서 떨어져 과자의 포장지를 벗긴다. 그리고 과자의 이음매를 따라 반으로 쪼갠다. 그녀는 한쪽을 자동차 바닥에 놓고 다른 반쪽의 속에 든 크림을 검지와 중지로 퍼내 그의 성기와 고환에 바른다. 성기 끝에는 특히 처덕처덕 크림을 듬뿍 바른다.

그녀는 달콤한 크림을 혀로 펴 바르면서 성기를 빨기 시작한다. 크림을 혀로 핥아 먹기도 한다. 그의 성기에서 쿠퍼액이 조금 흘러나오자 그녀는 고개를 들고 말한다. 음, 짭짤하고 달콤해. 환상적인 맛이야.

그러고 나서 그녀는 위로 올라와 크림이 묻은 혀로 그에게 키스

° 달걀 모양의 초콜릿 과자.

한다. 이렇게 그의 입에 키스하다가 성기를 빨기를 반복한다. 양쪽 모두 맛이 아주 좋다.

그는 튼튼한 양팔을 그녀의 허벅지 아래에 넣어 그녀의 몸을 완전히 들어올렸다가 자신의 얼굴 쪽으로 사타구니가 향하게 내려서 그녀의 그곳을 빨기 시작한다. 그녀는 마치 호랑이에게 먹히는 것 같은 기분이다. 그는 그녀의 질 안을 향해 신음하면서 계속 같은 말을 되풀이한다. 난 네 보지를 먹는 게 정말 좋아. 그가 사실상 그녀의 질 안을 향해 이 말을 하기 때문에 마치 그녀의 질과 에이던이 서로 은밀한 대화를 나누는 동안 리나 자신은 위에서 지켜보고 있는 것 같은 기분이 든다.

그의 얼굴이 그곳에 약 10분 동안 머무른다. 도중에 몇 번 기분이 좋은 정도를 넘어 견딜 수 없을 만큼 자극이 심해서 그녀가 물러나려 하지만 그는 팔로 그녀를 더욱 단단히 붙들고 계속 그곳에 얼굴을 묻는다. 그가 그녀의 질을 향해 말한다. 안 돼, 안 돼. 그리고 마치 뿌리가 박힌 듯 그녀를 자신의 입에 붙들어둔다.

마침내 그가 그녀를 입에서 들어올려 아래로 움직여서 자신의 음경에 그녀의 질을 맞추려 하는 순간 그녀가 소리친다. 잠깐! 그게 내 안에 들어오는 건 싫어!

그녀가 말한 건 캐드베리 크림이다. 다행히 자동차 콘솔 박스에 물티슈가 있어서 그녀는 그것으로 그의 성기를 닦은 뒤에야 그 위로 자신의 몸을 내린다. 자동차 바닥에 쭈그리고 앉은 자세다.

그의 것이 부드럽게 안으로 들어가자, 그녀의 모든 욕구가 남김없이 충족되는 것 같다. 딱 알맞은 연료가 채워져서 원래의 기능을 모두 발휘할 수 있게 된 기계 같다. 펌프질을 100번쯤 할 때까지 그녀는 새것처럼 움직인다. 그러다 그녀가 지치자 그가 이어받는다. 그는 그녀의 허리를 붙잡고 그녀를 도구처럼 이용해 온몸을 자신의 무릎 위로 쾅쾅 내린다. 그러다 그녀도 다시 움직이기 시작한다. 두 사람은 노련하게 서로 맞물려 있다. 그가 그녀의 몸 위로 올라와 정상 체위로 리듬에 맞춰 움직인다. 그의 몸놀림이 엄청나게 빨라지자 그녀는 이성을 잃고, 펌프질이 한 번 들어올 때마다 가벼운 오르가슴을 느낀다. 그동안 키스도 계속 이어진다. 그녀의 머리에 불이 붙은 것 같다. 그녀가 가벼운 오르가슴을 100번쯤 느꼈을 때 그가 자신의 것을 빼낸다. 곧 사정할 것 같기 때문이다. 그는 그녀에게 절정을 느꼈느냐고 묻고 그렇다는 대답을 들은 뒤 다시 그녀의 몸 안으로 들어가 쾅쾅쾅쾅, 그리고 성기를 꺼내서 그녀의 배에 사정한다. 두 사람은 서로를 끌어안고 바닥에 눕는다. 그가 떠날 시간을 향한 카운트다운이 이미 시작되었기 때문에 그녀는 두려워진다.

그녀가 말한다. 잠깐만 있어봐. 그의 몸이 점점 식어가는 것을 느꼈기 때문이다. 잠깐, 손가락으로 나도 가게 해줘.

너도 갔다며. 그가 숨을 몰아쉬며 말한다.

완전히 간 건 아니야.

그가 손가락 하나를 그녀의 몸 안에 넣어 천천히 움직인다. 그러다 손가락 하나가 더 들어오자 그녀는 신음한다.

이렇게 몇 분이 흐른 뒤 그녀는 절정 직전까지 가지만 완전히 도달하지는 못한다. 자신이 도달하는 순간 그가 떠난다는 것을 알기 때문이다. 프랑스 사람들은 오르가슴을 la petite mort°라고 불렀다.

행복한 작은 죽음이라는 뜻이었다. 만족스러운 죽음. 하지만 지금 이것은 아니다. 이것은 무서운 죽음이다. 거기에 한 번 도달할 때마다 그것이 그녀에게는 평생의 마지막 절정이 될 수 있으니까.

여자야, 나도 지친다, 이제!

그가 초조해하는 것을 그녀는 알고 있다. 그는 좁은 공간에 갇힌 기분일 것이다. 그녀가 말한다. 그럼 그냥 가. 내가 혼자 할게. 나가.

그가 말한다. 잠깐만 기다려. 오줌 싸고 올게. 그는 밖으로 나가 공터에서 오줌을 싼 뒤 전화를 건다. 그녀는 김서린 차창을 통해 들려오는 소리로 그의 통화 상대가 여자가 아니라 남자임을 확인한다. 다행이다. 하지만 그래도. 그녀는 스스로 손가락을 넣어 움직이기 시작하지만, 차 안에서 혼자 이러고 있는 모습이 한심하다. 차창으로 그녀를 지켜보는 그의 시선조차 없는데. 그래서 그녀는 옷을 입고 밖으로 나가 자동차 보닛에 앉아서 그를 위해 사온 아메리칸 스피릿 한 개비를 꺼내 불을 붙인다.

그는 통화를 끝낸 뒤 그녀에게 다가와 튼튼한 양손으로 그녀의 무릎을 짚고 말한다. 야, 꼬맹이, 나중에 전화할게.

그래. 그녀는 공터 주변의 나뭇가지들을 바라보며 말한다.

그가 몸을 돌리려고 하자 그녀가 말한다. 잠깐, 잠깐, 이 담배 가져갈래? 나한테는 너무 독해.

그래, 고맙다.

그거 6달러야.

° 작은 죽음이라는 뜻.

그는 바지에서 지갑을 꺼내 5달러 지폐와 1달러 지폐를 한 장씩 꺼낸다.

그냥 장난친 거야!

아냐, 받아. 그가 말한다.

싫어, 안 받아.

그가 돈을 그녀의 다리 아래에 찔러 넣는다.

여기 계속 있을 거야?

응, 좀 더 있을 거야. 그녀가 말한다. 햇볕을 좀 쬐고 싶어. 날씨가 좋잖아.

그래, 꼬맹이.

그가 그녀의 다리를 짚었던 손을 떼는 순간 그대로 세상이 끝난 것 같다. 그가 자신의 트럭으로 걸어가는 동안 그녀는 그쪽을 보지 않는다. 시동이 걸리는 소리가 난다. 그는 서버번 옆으로 다가와 열린 차창 뒤에서 윙크를 한다. 잘 쉬어, 꼬맹이.

그녀는 자동차 보닛에서 뛰어내려 그의 차로 다가가서 차창에 5달러와 1달러 지폐를 찔러 넣는다. 자신의 자동차 바닥에 녹아 있을 크림을 치우려면 얼마나 힘들지 아직 그녀는 생각해보지 않았다. 자신의 머리카락에 초콜릿 조각들이 묻어 있는 것도 생각하지 않는다. 차창 사이로 지폐를 찔러 넣으려 할 뿐이다. 하지만 그가 그대로 차를 출발시키는 바람에 지폐는 그녀의 손에 남는다.

나중에 그녀는 병원 회의실에 모인 여자들에게 이렇게 말한다. 어쨌든 나는 거기서 30분쯤 더 머물렀어요. 날이 어두워질 때까지 나무만 바라보면서. 그러다 집에 돌아가는 시간도 늦어졌죠.

그녀는 6달러를 땅바닥에 버리고 갔다. 5달러와 1달러 지폐, 가을
에 가장 화려한 색으로 물들어 죽어버린 낙엽처럼 둥글게 말린 초
록색 지폐.

그 사람이 혹시 나중에 그 자리를 다시 찾거든 내가 돈을 가져가
지 않았다는 걸 알아차리게 돌 같은 걸로 돈을 눌러놓고 올 걸 그랬
어요. 그녀가 말한다. 그런데 내가 그냥 두고 오는 바람에 돈이 바람
에 날아가버렸어요.

이 섬에 있는 아주 좋은 농산물 시장에서는 여러 농부들에게서 양상추와 겨잣잎과 베이비케일을 살 수 있다. 주먹보다 큰 집게발에서 발라낸 살로 만든 바닷가재 크림 샐러드도 있다.

이 크고 서늘한 농산물 시장에서 슬론은 옛날 자신에게 완전히 쓰레기가 된 것 같은 기분을 안겨주었던 여자를 보았다. 1년 전 그녀가 자신에게 문자를 보낸 뒤로 만난 적도 없고 연락한 적도 없었다. 1년 전 그때 슬론이 바로 이 시장에 도착하기 직전에 문자를 받았던 탓에, 마치 이 시장이 귀신 들린 집 같았다.

제니는 청바지와 요가 셔츠 위에 겨울 재킷을 입고 있었다. 그녀는 아기 둘을 아기띠로 고정해서 하나는 업고 하나는 안은 자세로 아무렇지도 않게 돌아다닐 수 있었다. 앞에 안은 아기에게는 젖까지 먹이면서 손으로는 오트밀 쿠키를 만드는 것도 가능했다. 그녀는 이 섬 사람 특유의 아름다움을 지니고 있었다. 햇빛 속의 요가와 견과류 우유를 연상시키는 아름다움이었다.

두 여자 모두 식료품을 담은 카트를 밀고 있었다. 슬론은 냉동 케일과 아몬드 버터를 카트에 담은 자신이 바보 같았다.

얘기 좀 할까요? 제니가 큰 소리로 말했다. 마치 상대가 그녀의 말을 잘 못 들어서 다시 한 번 묻는다는 듯이. 어쩌면 슬론이 순간적으로 생각에 빠져 정말로 그녀의 말을 못 들었을 수도 있었다. 슬론의 가슴속 풍선에서 바람이 조금 빠졌다.

그래. 우리 집으로 올래? 슬론이 말했다.

제니는 고개를 끄덕였다. 그리고 두 사람 모두 다시 장을 보기 시작했다. 슬론은 필요하지도 않은 사소한 물건을 몇 개 골랐다. 초콜릿을 입힌 마카다미아. 글루텐이 없는 무화과 에너지바. 장보기를 마친 뒤 제니가 슬론의 집으로 따라왔다. 각자 차를 세운 뒤, 슬론은 현관문으로 향했고, 제니는 차에서 내렸다.

잠깐만요. 제니가 말했다. 나는 당신 집에 들어가고 싶지 않아요.

슬론은 현관 앞 계단에 서서 몸을 떨었다. 농산물 시장이 자신에게 귀신 들린 곳이라면, 제니에게는 이 집이 귀신 들린 곳일 것이다. 비록 서로의 느낌이 같지는 않겠지만.

그럼 내 차로 갈까? 슬론이 물었다.

제니가 동의했다. 슬론은 자동차 시동을 켜고 따뜻한 바람이 얼굴이 아니라 다리에 오게 조정했다.

잠시 두 사람 모두 말이 없었다. 슬론은 히터 소리와 자신의 숨소리, 제니의 숨소리에 귀를 기울였다. 몇 주 전부터 그녀는 딸의 시력을 걱정하고 있었다. 딸은 B군 연쇄상구균에 감염된 채 태어났다. 아이가 뱃속에 있을 때 엄마에게서 감염되는 균이었다. 그로 인해 지발형 패혈증이 발생했고, 이것이 생후 일주일 만에 뇌수막염으로 이어졌다. 의사는 이런 아기들이 청력이나 시력을 잃을 위험, 나중에 학습장애와 심한 신경학적 문제가 생길 위험 등이 있다고 슬론에게 설명했다. 다행히 항생제 치료로 이런 어두운 전망을 물리칠 수 있었지만 몇 주 전부터 아이가 세상이 흐릿하게 보인다고 말하기 시작했다.

이유가 뭐예요? 제니가 침묵을 깨고 물었다.

슬론은 곧바로 고개를 저었다. 그녀가 가장 먼저 이 질문을 던질 것을 알고 있었다는 듯이. 제니는 고개를 돌려 그녀를 이글이글 노려보고 있었다.

나는 마지막까지 몰랐어. 슬론이 입을 열었다. 네가 아무 것도 모른다는 걸 몰랐어.

제니가 웃음을 터뜨렸다. 웃기시네. 나 따위 신경도 안 쓰신 거겠지. 그렇지 않아!

제니는 계속 웃었다. 슬론은 커다란 암흑 덩어리, 진창 같은 것이 자신의 몸속에서 움직이는 것 같았다. 제니에게서 순수한 증오가 느껴졌다. 이렇게 가까이에서 증오를 접한 적은 처음이었다.

난 지금 이 자리에 꼭 있지 않아도 되는데 이렇게 앉아 있어. 슬론이 조용히 말했다. 네가 내 말을 믿든 안 믿든, 난 분명히 몰랐어. 마지막까지, 네가 모른다는 걸 내가 알게 될 때까지. 그리고….

슬론은 말을 끝맺지 못했다. 결국 마지막이 얼마나 끔찍했던가.

자신은 제니가 모를 수도 있다는 걸 알면서도 그녀의 파트너와 어쩌면 서너 번 더 섹스를 했을 수도 있었다. 자신이 웨스에게 제니도 이 관계에 포함시킬 수 있을지 물어봤다는 말을 할 수 없었다. 그가 침묵으로 그 화제를 피해버렸다는 말도 할 수 없었다. 그는 대답을 피하기 위해 슬론과 섹스를 시작했다. 이런 이야기를 제니에게 할 수는 없었다. 아이들의 아버지보다는 슬론을 미워하는 것이 이 여자에게는 최선이라는 사실을 슬론은 알고 있었다.

왜 날 안 찾아왔어요? 제니가 말했다. 그렇게 미안했다면 날 찾아와서 대화를 하자고 했어야죠.

슬론은 친구 잉그리드의 조언을 떠올렸다. 리처드가 그녀를 찾아가야 한다던 조언. 리처드에게 그 집에 가서 문제를 해결해야 한다고 말해. 리처드가 이 모든 일이 자기 머리에서 나온 아이디어라고 말하게 해. 그게 사실이잖아. 그러니 너는 리처드에게 그렇게 시킬 자격이 있어. 그 여자도 그런 설명을 들을 자격이 있고. 이건 리처드의 책임이야. 웨스의 책임이기도 하고. 네 책임이 아니야.

하지만 지금 슬론은 제니에게 이렇게 말했다. 내가 찾아갔어야 하는 건데. 네 말이 맞아. 그렇게 하지 않아서 미안해. 아마 건드리지 않고 그냥 내버려두는 게 최선이라고 생각했나 봐.

당신 문자 메시지는 무슨 암호 같던데! 나쁜 짓을 하다 들킨 사람 같지 않았다고요! 오히려 날 미친 여자 취급했잖아!

미안해. 네가 무엇을 어디까지 아는지 몰랐어. 네게 더 상처를 주고 싶지 않아서 그런 거야.

웨스를 보호하려던 거겠지. 당신 자신도 보호하고.

하느님께 맹세코, 난 널 위해서 그런 거야!

제니는 고개를 저었다. 당신은 내 아이들의 아버지랑 잤어. 그런 일에서 날 보호하려 했다고? 정말로 그렇게 생각하는 거예요? 어디 한 번 말해봐요. 정말로 그런 생각이었다고 당신 입으로 말하는 걸 듣고 싶으니까.

슬론의 입술이 파르르 떨렸다. 자신이 당시 옳은 판단을 내린 줄 알았다고 말해봤자 틀림없이 바보처럼 보일 터였다.

당신은 자신을 좋아해, 그렇지? 매일 아침 거울 속의 자신을 바라볼 수 있을 거야. 자기 외모가 마음에 드니까.

슬론은 자기도 모르게 갑자기 픽 웃었다. 어이가 없어서. 몇 달 전 픽업트럭을 몰고 프로비던스에 갔을 때가 생각났다. 볼일도 보고 식당에서 사용하는 텐트 세척도 맡기기 위해서였다. 일을 마친 뒤 시간이 좀 남아서 그녀는 어느 제과점에 들렀다. 아몬드 크루아상이 그녀의 시선을 끌었다. 그것은 세상에서 가장 아름다운 패스트리였다. 전체적인 모양은 팔꿈치를 완벽하게 닮았고, 햇빛 색깔의 겉껍질은 바삭바삭했다.

그 빵을 먹고 싶어 하는 자신이 싫고, 그렇게 자신을 싫어하는 자신이 또 싫어졌다. 자신처럼 심각한 고통과 심각한 영양실조에 시달리는 여자들이 세상에 존재한다는 것을 그녀는 알고 있었다. 그래서 항상 기회를 허비하지 말고 성공해야 한다는 책임감을 느꼈다. 그녀는 열세 살이 되기 전에는 말도 잘 타고, 스케이트도 잘 타고, 스키도 잘 타고, 노래도 잘 부르고, 모델 일도 잘했다. 필드하키와 육상도 했다. 그녀가 졸업한 학교는 이 나라 최고의 사립학교 중

하나였다. 그러나 비교적 유복한 환경 속에서도 그녀는 자신이 어떤 여자인지 항상 평가해야 했다. 어떤 여자가 되어야 하는지, 얼마나 섹시한지, 향수를 얼마나 뿌렸는지. 자신을 너무 많이 포기해도 안 되고, 너무 포기하지 않아도 안 되었다. 딱 알맞은 만큼만 포기해야 했다. 그러지 않으면 뚱뚱하고 보기 싫은 유령이 될 수도 있었다.

슬론은 자신을 좋아할 수 있게 되기를 세상 무엇보다 간절히 바랐다. 그날 그 제과점에 앉아 크루아상에 대해 너무 고민하지 않고 그냥 먹을 수 있기를 바랐다. 매순간 자신을 미워하는 일에 정신이 팔리고 싶지 않았다. 모든 것을 단단히 단속하지 않으면, 항상 자신이 부족한 인간이라는 생각이 들었다. 이제 마흔두 살이 된 그녀는 다시 체내의 호르몬 균형이 바뀌는 시기를 겪고 있었다. 하지만 '호르몬'이라는 단어가 무슨 성인용 기저귀처럼 들렸다. 보톡스를 맞고 싶으면서도 그것을 원하는 자신이 싫고, 보톡스를 맞지 않으면 자꾸 늘어가는 주름살을 계속 싫어하게 될 터였다. 대학원에 갈 걸 그랬다는 생각이 들었다. 눈 주위에 보톡스를 얼마나 맞아야 할까?

그런 게 아니야, 제니. 슬론은 비참한 자신의 처지를 생각하며 말할 힘을 얻었다. 내가 분명히 말할 수 있는 건, 네게 마음을 많이 쓰고 있다는 거야. 지금 네가 느끼고 있을 기분, 내가 한 짓을 생각하면 나도 미칠 것 같아.

왜 그 사람이었어요?

슬론은 대답할 말을 찾을 수 없었다. 아니, 사실은 이렇게 고함을 지르고 싶었다. '젠장, 나더러 무슨 말을 하라는 거야! 웨스가 근사하다고? 몸매가 끝내주고, 섹스도 엄청 잘하고, 다른 면에서도 기가 막히고, 친절하고 매력적이고 유용하다고? 침대에서 그 일이 끝난 뒤에 웨스가 물이 새는 파이프를 고쳐주기도 했다고? 나더러 이런 말을 하라는 거야, 젠장? 너도 이미 다 아는 얘기를 나더러 하라는 거야?'

나한테 상처를 줄 생각이었어요? 제니가 물었다. 그 표정은 뭐예요? 왜 말이 없어요? 그냥 당신 앞에 아무 것도 없는 척하는 거예요?

슬론은 제니의 말이 무슨 뜻인지 알아들었다. 식당을 연 첫 해에 제니가 잠시 웨이트리스로 일한 적이 있었다. 그때 제니의 어떤 행동으로 인해 슬론은 마음을 다쳤다. 식당을 연 지 몇 달쯤 되었을 때, 슬론과 리처드는 근무 교대 시간을 정하는 방법을 바꿨다. 직원들 사이에 인기가 있는 주말 브런치와 저녁 식사 시간을 고참 직원들이 독점하지 못하게 하기 위해서였다. 슬론과 리처드는 종이를 길게 잘라 모자에 넣고 직원들에게 하나씩 뽑게 하는 방법을 선택했다. 이렇게 방법을 바꿀 것이라는 사실을 직원들에게도 미리 알려주었다. 하지만 여름을 맞아 식당에서 처음으로 대규모 파티를 치른 뒤, 제니가 직원들을 하나로 모아 슬론을 궁지로 몰아넣었다. 이건 불공평해요. 옛날 방식이 더 좋아요. 우리가 여기서 가장 오래 일했잖아요. 그들은 이렇게 말했다. 당시 스물다섯 살이던 슬론은 사냥감이 된 것 같았지만, 절대 흔들리지 않겠다고 마음을 다졌다. 그래서 허리를 꼿꼿이 세우고서 그들에게 의견을 말해줘서 고맙다며 리처드와 의논해보겠다고 말했다. 그리고 교대 시간을 정하는 방법을 옛날로 환원하지 않았다. 슬론은 제니에게 화가 났다. 제니 자신이 새로운 방식에 실망했다는 이유로 그렇게 프로답지 못한 행동을 하다니. 아마 슬론은 그때 자신의 생각보다도 더 속이 상했던 모양이었다.

왜 웨스였어요? 제니가 다시 물었다. 이번에는 거의 애원하는 말투였다.

진실이 슬론의 혀끝에 걸려 있었다. '웨스는 섹시하고, 내 남편이 나더러 그와 섹스하라고 말했으니까. 알겠어? 어쩌면 네가 전에 나를 화나게 했기 때문인지도 모르지. 그때 네 공격 때문에 내가 아주 작아진 기분이었거든. 하지만 가장 큰 이유는 내가 다른 사람과 섹스하는 걸 내 남편이 원한다는 거야.' 이 말을 실제로 입 밖에 낼 수는 없었다. 웨스와 리처드를 보호해야 했다. 이유는 모르겠지만 그래야 할 것 같았다.

난 잘 모르겠어, 제니.

도대체 뭘 모른다는 거예요? 왜 항상 그렇게 잘 모르는 척하는 건데? 로봇처럼 구는 게 좋아요?

제니의 냉정하고 현실적인 태도가 슬론에게 나름대로 인상적이었다. 슬론은 게임을 하는 기분이라면, 제니는 자신의 고통과 의문을 완전히 손에 쥐고 있었다. 그녀는 강하고 분명했다.

최소한 사실을 말해줄 수는 있는 거잖아요. 마침내 제니가 말했다.

제니는 진심이었다. 정말로 자세한 이야기를 원하고 있었다. 하지만 슬론은 자신이 남편의 환상을 실현해주는 존재였다는 사실을 다른 여자에게 말해줄 수 없었다. 그녀는 또한 자신이 행운아라는 사실도 알고 있었다. 그래도 남편이 자신을 환상의 대상으로 삼았다는 점에서. 다른 남자들은 샤워를 하면서 혼자 욕구를 해소할 때 아내를 생각하는 경우가 많지 않았다. 리처드는 슬론에게 당신이야말로 자신이 꿈꾸던 여자라고 항상 말했다. 긴 밤색 머리카락, 장난꾸러기처럼 반짝거리는 눈, 뾰로통한 입술, 호리호리한 몸매. 슬론이 알기로 리처드는 심지어 그녀의 늙어가는 모습, 그러니까 뼈대 위에서 살이 점점 느슨하게 움직이는 모습까지도 우아하게 여겼다.

제니. 슬론이 말했다. 네 눈에 이 일이 어떻게 보이는지는 나도 알아. 만약 누가 네 관점에서 나한테 이 이야기를 들려줬다면, 나도 나 자신을 끔찍한 인간으로 생각했을 거야. 내 책임을 덜어보자는 게 아니야. 다만 내가 얼마나 미안해하는지 알아줬으면 해. 나도 이 일로 엄청난 충격을 받았어. 이게 너한테 아무렇지도 않은 일이 아니라는 걸 알게 됐을 때 당장 너한테 연락했어야 하는 건데.

그런데 연락 안 했잖아요!

전에 여객선에서 널 본 적이 있어. 식구들이랑 다같이 웃고 있더라. 정말 행복해 보였어. 그래서 네가 이 일을 극복한 줄 알았어. 굳이 쓰레기를 다시 끌어올릴 필요는 없다 싶어서….

극복? 극복? 당신 때문에 우리는 망가졌어요. 나는 가슴이 아프지 않은 순간이 없다고요. 웨스를 볼 때마다 당신 몸이 생각나니까.

제니, 난 너를 정말 많이 생각해.

웃기지도 않는… 웃기지도 않는 소리 하지 말아요!

슬론은 뺨을 한 대 맞은 사람처럼 몸을 뒤로 뺐다. 그리고 고개를 끄덕였다. 한참 동안 괴로운 침묵이 이어졌다.

당신 말을 믿어요. 한참 만에 제니가 말했다. 날 생각한다는 말도 믿고, 당신이 저지른 짓을 미안해한다는 말도 믿어요. 이건 알아둬요. 당신이 잠든 사이에 죽여버리고 싶다는 생각을 안 한 건 1년 만

에 오늘이 처음이라는 걸. 나는 잠든 당신의 목을 그어버리는 상상
을 했어요. 그런 생각을 안 한 건 오늘이 처음이라고요.

슬론은 학교에 있는 아이들을 생각했다. 제니가 바로 지금 이 차
안에서 자신을 죽일 수도 있겠다는 생각이 들었다. 자신은 그런 일
을 당해도 싸다는 생각에 그리 심하게 저항하지도 않을 것 같았다.

왜 그랬어요? 제니가 갑자기 울음을 터뜨렸다. 얼굴이 완전히 일
그러져 있었다. 그녀는 대시보드에 한 손을 얹고 자신을 추슬렀다.
도대체 왜 그런 짓을 했어요?

히터가 돌아가는데도 슬론은 으슬으슬 추웠다. 제니가 여자들끼
리 이렇게 끔찍한 짓을 하면 안 된다고 말하는 소리가 들렸다. 슬론
자신이 바싹 마른 실보무라지 같았다. 자신이 시작한 일이 아니라
는 말은 할 수 없었다. 항상 리처드와 웨스가 먼저 시작했다는 말도,
그녀가 자신의 욕망 때문에 그런 짓을 한 것이 아니라 그 두 사람의
욕망을 위해 봉사한 경우가 대부분이었다는 말도 할 수 없었다.

그녀는 이 모든 일과 관련된 자신의 환상을 떠올렸다. 그것에 대
해 제니에게 말해줄 수 있으면 좋을 텐데, 물론 말할 수 없었다. 환
상 속에서 슬론은 버터 색 앞치마를 입고 부엌 싱크대 앞에 서 있다.
머리는 하나로 묶었다. 아이들은 식탁에서 조용히 놀고 있고, 노란
색 조명은 약하게 줄여져 있다. 방금 닭고기 구이를 저녁 식사로 먹
은 참이다. 겉의 껍질은 바삭바삭하고, 그 안의 살은 촉촉했다. 근처
농장에서 새로 수확해서 내놓은 감자와 미니 당근도 식탁에 올랐
다. 식당도 잘 되고 있으니 걱정할 일이 없다. 부엌은 엉망이다. 맛있
는 저녁 식사가 끝난 뒤의 풍경이다. 남편이 저편에서 그녀를 바라

본다. 솔직하고 근사한 표정이다. 그 나름의 의미가 있는 표정. 그가 일어나서 접시 여러 개를 손에 들고 다가온다. 그의 몸이 전하는 암시를 알아들은 그녀는 싱크대에서 물러난다. 그가 그녀를 위아래로 훑어보고 빙긋 웃는다. 그러고는 수도꼭지를 틀어 설거지를 시작한다. 그녀가 부탁하지도 않았는데.

슬론은 무슨 올림픽 경기에 출전하기라도 한 것처럼 남자에게 구강성교를 해주는 방법을 안다고 제니에게 말할 수 없다. 남자의 숨소리를 잘 듣고 그의 욕구에 맞춰 입놀림을 조절하는 법을 그녀는 알고 있다. 만찬의 성격에 따라 어떤 옷을 입어야 하는지도 안다. 힘이 느껴지면서 여성적이고 흐르는 듯하면서 동시에 몸매가 드러나는 옷. 자신이 원하는 것을 얻기 위해 어떤 옷을 입어야 하는지 정확하게 정해져 있기 때문이다. 섹시해 보이기 위해서가 아니다. 남자가 스스로 원하는 것을 생각해내기 전에 이미 모든 것을 다 갖추고 있어야 한다.

자신의 남편이 제니를 몹시 원했다는 사실을 그녀는 제니에게 말할 수 없다. 그보다 더 잔인한 일이 어디 있겠는가? 다른 여자에게 솔직히 당신이 이 세상에서 더 사랑받고 있다고 말하다니. 매일 아침 일어나서 이를 닦을 때 그녀는 거울을 본다. 하루 중 처음으로 자신을 평가하는 이때가 가장 중요하다. 자기 몰골이 끔찍해 보일 때면 그녀는 간밤에 술을 마신 자신을 탓한다. 너도 이제 나이를 생각해야지. 그녀는 자기 얼굴을 향해 이렇게 말한다. 이건 네 나이에 마른 몸매를 유지하는 대가야. 눈이 푹 꺼져 보이는 것 말이야. 그렇게 오랫동안 굶다시피 하지 않았다면 볼살이 이렇게 없어지지도 않았

426

을 거야, 이 겉똑똑이야.

리처드가 뒤에서 다가온다. 그녀가 자기혐오에 빠진 것을 알고 방해하려고. 만약 그녀의 손에 흰머리가 한 가닥 들려 있다면, 그는 그 머리카락을 손가락으로 훑으며 흰머리도 섹시하다고 말할 것이다. 진심으로 하는 말이다. 오후에 그는 그녀가 좋아하는 신발을 신고 뽐낸다. 그녀가 아침이나 밤보다는 오후에 섹스를 원할 때가 더 많기 때문이다. 그는 30분 동안 그녀의 다리 사이를 핥는다. 그것만이 그녀를 절정으로 이끄는 방법이다. 그녀가 오르가슴을 경험하는 동안 그는 섹스를 할 수 있을 만큼 단단해진다. 그리고 나중에 사정하면서 그녀에게 다른 사람과 섹스할 때의 일을 이야기하라고 말한다. 그녀는 그런 걸 좋아하지 않지만, 젠장, 누가 그런 걸 신경이나 쓰나? 이런 생각이 든다.

리처드가 때로 아주 못되게 군다는 말을 슬론은 제니에게 할 수 없다. 하지만 그가 결코 용서할 수 없을 만큼 못되게 군 적은 없다. 자신이 어디에 갔다 왔는지 거짓말을 하는 경우는 없다. 그가 성적인 공상을 할 때 그 상대는 슬론의 친구나 유명한 포르노 배우가 아니라 언제나 슬론이다. 그녀는 이 말을 제니에게 할 수 없다. 리처드가 포르노 배우와 관계를 맺는 슬론을 상상할 수는 있지만, 어쨌든 그의 성적인 공상에는 그녀가 항상 등장한다. 제니는 남편의 행실을 걱정해야 한다는 사실을 알게 되었지만, 슬론은 남편에 대해 그런 걱정을 한 적이 없다. 이 말도 그녀는 제니에게 하지 못한다.

슬론은 자신의 괴로움에 대해서도 제니에게 말하지 못했다. 제니의 고통에 비하면 사소하기 때문이다. 게다가 제니의 고통은 슬론의 책임인 반면, 슬론의 고통은 제니의 책임이 아니었다. 아침에 일어나서 부엌 창밖을 바라보면 그날 해야 할 일들이 눈앞에 펼쳐진다는 말도 그녀는 제니에게 할 수 없었다. 그렇지, 진드기 약, 옷 정리, 스케이트 수업, 화장지 채워놓기, 우유랑 양파랑 레몬 사기, 프린터 용지 주문, 자동차 윤활유 교체, 개먹이 주문, 비키니 라인 제모, 버터너트 호박과 리코타를 넣고 파스타 만들기, 아냐, 잠깐, 우리가 개를 키우고 있나, 60와트 전구 사기, 그레이구스 채워놓기, 건조기에서 빨래 꺼내기, 턱에 난 검은 털 뽑기, 친척들이 오기 전에 세차하기, 쓰레기통 안으로 들여놓기, 남편이랑 섹스하기, 만약 개를 키우고 있다면 개 산책시키기.

슬론은 어떤 의미에서 남편을 믿지 못한다는 말도 제니에게 하지 못했다. 자신의 할 일 목록 중 절반을 남편에게 부탁할 수는 있었다. 그는 요리사라서 하루의 시작이 늦다. 물론 그에게도 할 일이 있지만, 그의 목록은 슬론의 것만큼 길지도 않고, 슬론처럼 가슴앓이를 하게 만들지도 않는다. 목록이 오렌지색 불꽃처럼 보이지도 않는다.

만약 그녀가 자신의 할 일 중 40퍼센트, 아니 30퍼센트를 그에게 넘긴다면 그는 충분히 감당할 수 있다. 하지만 그 30퍼센트 중 정확히 절반을 그는 엉망으로 망칠 것이다. 예를 들어 엉뚱한 개 먹이를 사오거나, 아이들에게 진드기 약을 뿌려주는 걸 깜박 잊거나, 우유만 사고 아몬드 밀크는 사지 않거나, 하는 식으로. 이렇게 절반을 망치고도 그는 스스로 자랑스러워한다. 만약 슬론이 개 먹이를 사다줘서 고맙긴 한데 잘못 사왔어, 게다가 우리 집엔 개도 없어, 라고 말한다면 그는 화를 낼 것이다. 그의 요도 안에서 뭔가가 얼어붙어 그의 오줌과 정액이 작은 고드름으로 변할 것이고, 그는 기분이 나빠질 것이다. 그래서 그녀는 그런 말을 할 수 없다. 아무 말도 할 수 없다. 고맙다는 말을 할 수 있을 뿐이지만, 심지어 이것도 잘못된 말이다. '고맙다'는 말은 그녀가 말하지 않았다면 그가 그 일을 하지 않았을 것이라는 뜻이기 때문이다. 그는 스스로 나서서 뭔가 하는 법이 없는데도 본인은 얼마든지 그럴 수 있다고 생각한다. 물론 궁극적으로 그가 나서서 뭔가 하기는 할 것이다. 예를 들어, 그녀가 죽은 다음에는. 어쨌든 슬론은 잔소리를 하고 싶지 않다. 잔소리를 잘하는 여자들이 있지만, 슬론은 남에게 질문을 던질 때의 자기 목소리를 아주 싫어한다. 그렇다면 그녀의 환상은 무엇인가? 사실 아무 것도 아니다. 뭐, 말하자면, 그녀가 미처 알아차리기도 전에 필요한 일을 그가 해주는 것이 그녀의 환상이다. 변기 가장자리에 떨어진 그의 노란 오줌 방울을 알아서 치운다든가, 다음 날 아침에 아이들이 입을 옷을 미리 준비해둔다든가, 가위를 쓰고 제자리에 돌려놓는다든가. 슬론이 미처 생각하기도 전에 그는 여러 가지 일을 해줬다. 눈에 보이지 않는 서비스. 슬론은 자신의 식당에서도 웨이터들에게 이런 서비스를 요구한다. 그가 그녀의 머릿속 공간을 깨끗이 청소해준 덕분에 그녀는 성적으로 흥분할 수 있게 되었다. 널찍하게 탁 트인 그 공간에서 할 일 목록이 주르륵 올라가지도 않고, 다음에 할 일을 확인하지 않아도 되기 때문이다. 그녀가 생각하기도 전에 그가 할 일을 해주었기 때문에 그 엄청난 할 일 목록은 아예 작성되지도 않았다. 심지어 개 산책도 그가 해주었다. 하, 세상에, 말도 안 돼. 우리 집엔 개도 없어. 그녀는 속으로 생각한다.

하지만 그녀가 남편에게 원하는 이 모든 일 중에서 가장 절실히 원하는 것은 그가 이것이 자기 잘못이라고 말해주는 것이다. 슬론은 이 말도 제니에게 하지 못했다. 슬론이 악마 같은 창녀가 아니라고, 그녀가 다른 남자와 섹스하는 걸 자기가 구경하고 싶었다고, 리처드 본인이 여러 가지 이유로 웨스를 선택했는데 슬론의 취향이나 욕구는 아마 그 이유들에 전혀 포함되지 않았던 것 같다고 그가 말해주면 좋을 텐데. 제니가 이 모든 것을 전혀 이해하지 못한다는 사실을 슬론은 문득 깨달았다. 제니는 이것이 슬론의 책임이라고 생각했다. 제니는⋯.

진짜, 도대체 왜 그랬냐고요. 제니가 다시 물었다.

슬론은 상념에서 벗어나 제니를 바라보았다. 제니의 시선을 보았다. 자신이 생각보다 더 남들 눈에 노출되어 있다는 생각이 문득 들었다.

당신은 여자잖아요. 당신이 가만히 있었으니 일이 이렇게 된 거죠. 제니가 뱉듯이 말했다.

슬론의 몸을 받친 자동차 좌석이 그대로 사라져버린 것 같았다.

당신은 여자잖아요. 제니가 다시 말했다. 당신이 힘을 쥐고 흔들어야 한다는 걸 몰라요?

작년에, 그러니까 제니와 웨스의 일이 불거지기 전에, 슬론은 집에 다니러 온 어머니를 공항까지 바래다주었다. 어머니는 좋은 시간을 보내고 집으로 돌아가는 길이었다. 골프장에서 오빠의 딸들이 그녀에게 사고에 대해 물었던 그날도 아직 오기 전이었다. 어머니 다이앤은 이번에 아주 좋은 시간을 보냈다고 그녀와 이야기하다가 갑자기 숨이 막힌 것 같은 소리를 냈다.

엄마? 슬론이 말했다. 괜찮아요?

저 남자. 다이앤이 앞에서 짐 가방을 살피는 남자를 가리켰다.

누군데요?

아무도 아니야. 누굴 좀 닮은 것 같아서.

누굴요?

사고 뒤에 나랑 같이 살았던 여자애의 아버지. 테니스를 치면서 항상 속임수를 쓰는 남자였어. 그 사람 클럽에서 같이 테니스를 쳤거든. 공이 선 바로 바깥에 떨어지면, 그 사람은 항상 자기한테 유리한 판정을 내렸어. 그때 난 열일곱 살이라 어떻게 해야 할지 몰랐다. 그 사람이 속인다는 걸 알면서도.

사고 뒤에 엄마가 다른 사람들이랑 같이 산 줄은 몰랐어요.

다이앤은 고개를 끄덕이고는 처음으로 그녀에게 설명해주었다. 아버지가 그녀를 차마 볼 수 없어서 친구 집으로 보냈다고. 다이앤은 다른 사람 이야기를 하듯이 아주 냉정한 태도였다. 슬론은 울음을 터뜨리며 어머니를 안아주었다. 어머니는 서늘한 돌덩이 같았다.

내가 테니스를 싫어하는 이유 중 하나가 그거야. 다이앤이 웃는 얼굴로 슬론의 품에서 벗어나며 말했다.

슬론은 어머니의 팔에 얹은 손을 물리지 않았다. 그게 어머니에게 도움이 되는지는 확실치 않았지만. 자신이 구원자가 된 것 같지는 않았다. 그녀는 어머니가 자신을 위해 해준 모든 일을 생각했다. 슬론이 인생에서 최고의 기회를 누릴 수 있게 해준 어머니의 모든 노력. 어머니가 만들어준 훌륭한 음식. 추운 스케이트장이나 더운

무용 교습실에서 어머니가 자신을 기다려줬던 것. 어머니가 손주들을 위해 사준 좋은 옷이나 정성들여 고른 장난감. 슬론에게 아름답다고 자주 말해주던 것. 어머니는 그녀의 눈을 들여다보며 오로지 어머니만이 할 수 있는 방식으로 자식의 외모를 인정해주었다.

하지만 때로는 어머니가 너무 밀어붙이는 바람에 슬론이 목표에 도달할 수 없을 때도 있었다. 슬론이 남편과 정한 규칙들도 비슷했다. 그 규칙들과 선들은 바닷가 모래밭에 그린 것이라 쉽게 눈에 보이지 않았다. 저녁에 밀려온 파도가 그 선들을 쉽게 지워버릴 수도 있었다.

지난 번에 술에 많이 취했을 때, 그녀는 남편이 다른 여자와 섹스하는 모습을 지켜보며 자기 안의 모든 것이 증발하는 듯한 기분을 느꼈다. 그래서 그 방을 뛰쳐나왔다. 자기가 할 수 있는 한 가장 격하게. 차분하고, 사랑스럽고, 고독한 겉모습을 유지하는 데 익숙해진 사람으로서 그만하면 가장 격한 반응이었다. 아니, 실제로 그 방에서 뛰쳐나오지는 않은 것 같기도 했다. 그냥 마음으로만 뛰쳐나왔을지도.

슬론은 머릿속에서 기억들이 살아가는 방식이 아주 웃긴다는 생각이 들었다. 누가 칼자루를 손에 쥐게 되는지도 생각해보면 우스웠다. 먼저 누가 옳은지 결정해야 한다. 그녀가 오빠의 차를 몰고 가다가 차가 뒤집혔을 때 그녀에게 네가 살아서 다행이다! 하고 말해준 사람이 아무도 없다는 건 잘못된 일이라고 리처드가 말해주지 않았다면, 그날 밤은 그녀가 오빠의 차를 망가뜨린 밤으로 그녀의 머릿속에 남았을 것이다. 그녀와 오빠 사이가 좋지 않은 것은 그녀의 잘못 때문이라는 뜻이 되는 것이다. 그녀는 자신과 오빠의 좋았던 사이가 어그러진 것은 자신의 생각처럼 자신이 데이트한 남자나 그 자동차 사고 때문이 아니라 아주 다른 이유 때문이었음을 아마 결코 기억해내지 못했을 것이다. 그녀가 여덟 살이나 아홉 살 때 오빠 게이브가 그녀의 방에 들어와 같이 장난치자고 말한 그날 밤에 원인이 있었음을.

제과점에 들어갔던 그날 슬론은 크루아상을 주문한 뒤 어리석은 자신을 향해 미소를 지었다. 크루아상을 한 입 베어 무니 풍부한 버터와 달콤한 아몬드 맛이 났다. 세상에, 내가 지금 아몬드 크루아상을 먹고 있어. 이런 생각이 들었다.

당신은 여자잖아요. 당신이 힘을 쥐고 흔들어야죠.

슬론은 제니를 품에 안고 남편이 다른 여자와 섹스하는 모습을 보았던 그날 밤에 대해, 남편이 그녀를 위해 웨스를 골라준 이유에 대해 말하고 싶었다. 어머니가 옛날에 사고를 당한 뒤 다른 집으로 보내진 이야기를 해주고 싶었다. 그 일이 슬론을 대하는 어머니의 태도에 어떤 영향을 미쳤는지. 슬론 자신이 당한 사고와 그때의 참담한 심정, 자신이 거의 할 뻔했거나 하지 않은 일에 대해 항상 마음이 좋지 않았던 것을 설명하고 싶었다. 자신이 어렸을 때 오빠가 같이 장난치자고 말한 것에 대해서도 말하고 싶었다. 그때 자신의 크고 아름다운 분홍색 방에는 네 귀퉁이에 기둥이 있는 침대와 작동하지 않는 벽난로가 있었다고 말하고 싶었다. 겉으로는 모든 것이 얼마나 완벽해 보였는지 말하고 싶었다.

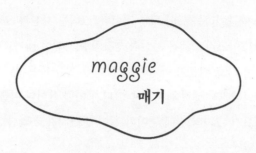

maggie
매기

매기와 두 오빠는 시위에 나선다. 직접 만든 나무 팻말을 들고 웨스트파고 고등학교 근처로 간다. 오렌지색 비니를 쓴 매기의 어깨 주위로 아주 긴 머리가 늘어져 있다. 팻말에는 이렇게 썼다.

　앞으로 희생자가 얼마나 더 필요한가?
　아론 코스비?

　지나가는 차에서 사람들이 그들을 향해 소리를 질러댄다. 대개 매기보다 어린 여자들이다. 그들은 경적을 울리며 고함을 지른다. 듣는 사람이 움찔하게 되는 말, 그녀의 입으로 남한테 다시 들려줄 수 없는 말이다. 지금까지 그녀에 대해 별다른 생각이 없던 사람에게 그 말을 들려준다면, 최소한 그녀를 그렇게 생각하는 사람이 이

434

세상에 존재한다는 사실을 그녀 본인의 입으로 알려주는 꼴이 될 것이다.

더러운 갈보년!

너 같이 더러운 년은 내가 본 적이 없어. 그러니 네 년이 강간당했다고 징징거리는 거지!

그 팻말 썩 내다버려. 엉덩이를 차줄 테다!

아직 솜털이 보송보송한 어린 여자애들이 가득 탄 자동차가 다시 앞을 지나갈 때 매기는 휴대폰으로 사진을 찍는다.

아이구, 경찰이라도 부르시게, 이 년아?

매기가 말한다. 그래, 부를 거다!

같은 날 그들에게 대항하는 시위도 열린다. '노델을 지지하는 웨스트파고WF4Knodel.' 매기는 그 시위를 텔레비전으로 지켜본다. 아론 노델에게 지금 수업을 듣고 있는 제자 여덟 명이 이끄는 시위다. 여자가 대부분인 그들은 스포츠 선수들이다. 그들이 페이스북에 올려놓은 프로필 사진들에서는 자기주장이 강하게 묻어난다. 짧은 반바지를 입은 그들의 다리는 구릿빛이다. 그들의 팻말에는 다음과 같은 말이 적혀 있다.

우리 평생 최고의 선생님
#WF4노델
무죄 #WF4노델

지나가던 운전자들은 속도를 늦추고 경적을 울리거나 속도를 한

층 높이며 소리를 질러댄다. 환호와 햇빛. 노델 일가의 스테이션왜 건이 지나간다. 그 순간 찰칵 찍힌 사진 한 장. 마리가 기혼 여성답게 머리를 틀어 올린 모습으로 조수석에 앉아 있다. 법정에 나왔을 때보다 피부색이 상당히 밝고, 입은 환호를 지르듯이 벌어져 있다. 예! 그녀 뒤의 좌석에 앉은 남자아이는 열린 차창 밖으로 엄지를 들어올리고, 그 옆에 앉은 작은 아이는 혼란스러운 표정이다. 운전석에 앉은 아론은 자신의 몸과 운전대 사이에 작은 하얀색 개를 안고 있다. 살짝 당황한 표정이지만 아주 의기양양한 자부심이 드러나 있다. 원수의 장례식을 비추는 햇살 같다.

재판을 보도하는 동안 내내 중립적인 태도를 유지하던 지역 신문 기자 하나가 말한다. 전에는 몰랐던 사람도 이제는 알 수 있을 겁니다. 그 시위가 벌어지는 동안 그는 아내와 아이들을 차에 태우고 무릎에 개를 안은 자세로 얼굴에는 점잖은 미소를 띤 채 이곳을 왔다 갔다 했습니다.

기자의 말이 이어진다. 그는 문자 그대로 모두를 속였습니다.

9월의 어느 화창한 오후, NDSU 바이슨즈가 노스다코타 대학 파이팅호크스와 경기를 벌인다. 이 날은 웨스트파고를 위한 퍼레이드인 웨스트페스트가 열리는 날이기도 하다. 지역 기업들이 후원한 꽃수레가 중앙 대로를 지나가고, 퍼레이드 참가자들은 길가에서 기다리는 아이들에게 사탕을 던져준다.

꽃수레에는 경쟁 관계인 기업들의 광고가 붙어 있다. 우리 보험이 좋습니다. 우리 식당으로 오세요. 아메리칸 리지언 사람들은 VFW 사람들과 경쟁을 벌인다. 로릿슨 파이낸셜은 어린 여자아이들을 동원해 사람들에게 막대 아이스크림을 던져준다. 길가에서 기다리는 아이들의 손뿐만 아니라 길바닥으로도 떨어진 아이스크림 때문에 사람들이 허둥지둥 피하느라 잠시 작은 소란이 인다. 속구를 던지는 여자 소프트볼 선수들은 2015년 주 선수권 때 사용한 공을 몇 개 던져준다. 우승팀 선수들이 모두 사인한 공이다.

한 소년이 그 공에 입을 맞고 소리를 지른다. 얇은 금발 머리의 아이 어머니는 손에 커피 잔을 들고 서서 말한다. 괜찮을 거야, 괜찮아, 엄마를 믿어. 그리고 잔뜩 모여 있는 사람들을 멍하니 바라본다.

아이 셋을 데리고 나온 또 다른 여자는 가운데 아이에게 말한다. 너 엄마 말 안 듣지? 도대체 왜 안 듣는 거니?

웨스트파고 미식축구 팀 패커스의 꽃수레가 지나간다. 인조잔디로 만든 엔드존에 풍선이 장식되어 있고 유니폼 차림의 선수들이 자기들끼리 미식축구 공을 던지며 논다. 검은 레깅스에 초록색과 하얀색이 섞인 패커스 셔츠를 입은 치어리더들이 그 뒤를 따라 걸어가며 초록색 응원용 술을 흔들어댄다. 그 다음으로는 주방용품과 가정용품을 파는 아론스의 25달러짜리 상품권 쿠폰을 든 소말리아 여자아이들과 마스코트가 지나간다. 깃발을 관처럼 든 보이스카우트, 선글라스를 쓰고 포도나 바나나처럼 옷을 차려입은 원기왕성한 여자들, 느리게 움직이는 매끈한 스포츠카 등이 그 뒤를 잇는다. 길가에는 구경꾼과 접의자가 줄줄이 늘어서 있다. 선크림을 잔뜩 바른 대머리들은 달걀 프라이 같다. 머리카락이 덜 마른 어린 여자애들, 휴대폰을 붙들고 있는 10대 초반의 아이들도 보인다. 웨스트파고와 NDSU의 운동복을 입은 부모들은 맥주나 물을 마시면서 꽃수레에서 손을 흔드는 사람들에게 마주 손을 흔들어준다. 주민들이 모두 서로를 알 만큼 작은 동네지만, 그렇다고 너무 작지는 않아서 사람들이 들킬 걱정 없이 남의 뒷이야기를 할 수 있을 정도는 된다.

지역 방송국의 뉴스 앵커가 아론 노델이 웨스트파고 공립학교국의 꽃수레에 타고 나올 것이라고 카메라맨에게 알린다. 최근의 일 때문에 다들 이 사실을 널리 알리지는 않지만, 그는 확실히 그 꽃수레에 탈 자격이 있다. 올해의 교사로 뽑혔으니까. 휴대폰 게임에서처럼 이 소식이 암암리에 새어나온다.

매기는 퍼레이드에 참가하지 않고, 퍼킨스에서 웨이트리스로 일한다. 웨이트리스는 고등학교 때부터 하던 일이다. 고등학교 때는 버펄로 와일드윙즈에서 접시 위에서 오렌지색으로 지글거리는 닭날개를 날랐다. 그러다 보면 그 냄새가 온몸에 뱄지만 퍼킨스의 냄새보다는 나았다. 퍼킨스의 냄새는 더 부드럽지만 더 깊게 몸에 밴다. 퍼킨스의 냄새는 카페테리아와 비슷하다. 스크램블드에그는 단단하고 색이 연하다. 옛날 버펄로 와일드윙즈에서 일할 때 아론이 들어와 음식을 테이크아웃으로 사간 적이 있지만, 매기가 아는 한 그가 퍼킨스에 온 적은 한 번도 없다.

저 멀리 화물 열차가 다니는 철로가 있다. 가끔 그녀는 자신이 맡은 구역의 창가로 다가가 기차가 지나가는 것을 지켜본다. 언제나 그렇듯이 오늘도 그녀의 긴 머리는 아름답게 다듬어져 있다. 비둘기 색 달걀 요리를 무식한 손님들에게 나르는 그녀의 모습이 이곳과 어울리지 않는다. 얼굴을 가로지르는 흉터가 있는 말라깽이 웨이트리스가 자기 아이에 대해 이야기한다. 생후 6개월 이후 키와 몸무게가 전혀 변하지 않았다고 한다. 지금은 생후 15개월인데. 이상한 일이다. 몸무게가 눈곱만큼도 늘지 않았다니. 의사는 이렇게 말했다. 세상에나, 이게 어찌 된 거지?

매기는 기차 소리를 듣고 창가로 간다. 이곳을 떠나고 싶다. 잊을 방법은 그것뿐이다. 그녀는 지금도 아론과 막 사귀기 시작한 사람처럼 아론에 대해 말한다. 6년이 넘게 지난 일인데도. 전에 그녀는 항상 이런 생각을 했다. 나의 이런 행동이 그를 배신하는 거라면 어쩌지? 아론이 지금도 내게 같은 감정을 품고 있는데 다만 어쩔 줄을 몰라서 이러는 거라면? 그가 자신을 사랑한다고 믿었던 자신이 어리석은 바보였다. 그녀는 많은 스물세 살 젊은이들보다 더욱 더 깊은 고독을 느낀다. 데이트 프로그램에 가입했지만, 그 프로그램이 짝 지어주는 남자들은 모두 당장 만나자고 한다. 남자들은 그녀의 이름을 듣고 이렇게 말한다. 아, 그렇게 헤프고 괴짜 같은 여자인 줄은 몰랐어. 그녀는 아무도 믿지 않지만, 어쩌다 누군가를 지나치게 믿어버릴 위험이 지금도 존재한다. 그녀에게는 이제 아버지가 없다. 아버지가 없는 여자들은 항상 맨홀 뚜껑 아래를 들여다본다. 얼마 전 그녀는 아론이 하룻밤만이라도 감옥에 갇혔으면 좋겠다고 친구에게 말했다. 단 하룻밤만이라도 그가 틀렸고 그녀가 옳았음이 증명되기를, 단 하룻밤만이라도 그가 그녀에게 저지른 짓의 대가를 치르기를.

이건 어때? 친구가 물었다. 그 사람 아내가 그 사람을 버리는 거야. 그 사람의 세계가 무너지면 네게 약이 될까? 그거면 될 것 같아?

그녀는 잠시 생각해보았다. 친구의 말은 틀리지 않았지만, 세상은 여자들의 고통이 어떤 궤적을 그리는지 잘 잊어버리기 때문에 그녀를 깎아내리지 않고는 그 고통을 온전히 이해하지 못했다. 심지어 여자들도 잘 이해하지 못한다. 아니, 여자들이 가장 이해하지 못하기도 한다.

그래, 그거면 될 것 같아. 매기가 말했다.

한편 매기의 집에서는 엄마인 알린 윌큰이 죽은 남편의 물건들을 대부분 치우고 있다. 1년이 넘게 지났는데도 매기는 아직 아무 것도 놓으려 하지 않는다. 알린은 남편이 쓰던 향수 냄새를 좋아한다. 그녀는 가장 먼저 남편의 바지를 모두 남에게 주었다. 바지는 셔츠만큼 의미가 크지 않기 때문이다. 하지만 며칠 전부터는 셔츠도 처분하고 있다.

그녀의 침실 문 뒤편에는 남편이 자살하기 며칠 전에 거기에 걸어둔 셔츠 두 벌이 그대로 있다. 그의 체취가 아직도 남아 있는 것이 놀랍다. 그래서 알린은 남편이 세상을 버릴 준비가 되어 있지 않았다는 생각이 더 강하게 든다. 문이 항상 열려 있기 때문에 마지막으로 남은 그 셔츠 두 벌을 그 자리에 그대로 걸어두어도 들키지 않을 것이다. 셔츠가 항상 벽 쪽을 향하고 있어서 그녀 외에는 아무도 보지 못한다.

곁들이는 음식 두 가지를 뭘로 드릴까요? 매기가 모자를 쓴 남자와 등에 거대한 고양이 그림을 손으로 꿰매어 붙인 스웨터 차림의 여자에게 묻는다.

남자가 뚱한 목소리로 말한다. 깍둑썰기한 양파를 넣은 가든 샐러드.

옆 테이블에서 값비싼 유아차 안에 잠들어 있던 아이가 깨어나며 시끄럽게 울음을 터뜨린다.

드레싱은요? 매기가 모자를 쓴 남자에게 묻는다.

프렌치드레싱. 남자가 그걸 꼭 물어봐야 아느냐는 듯이 말한다. 그리고 단호하게 덧붙인다. 깍둑썰기한 양파를 넣어서!

깍둑썰기한 양파 말씀이시죠. 매기는 주문서에 펜으로 표시를 하며 남자의 말을 확인한다.

웨스트페스트에서는 아론 노델이 꽃수레에 앉아 왕처럼 손을 흔든다. 이 도시에는 고등학교가 두 개 있다. 미국이 두 개인 것과 같다. 한쪽에는 남자, 한쪽에는 여자. 특정 지역에서는 한쪽이 다른 쪽을 여전히 지배한다. 텔레비전으로 방영되지 않는 순간에. 여자들은 맞서 싸울 때 제대로 싸워야 한다. 딱 알맞은 만큼만 울고 예쁘게 보여야 하지만, 섹시하게 보이면 안 된다.

퍼킨스의 말라깽이 웨이트리스가 값비싼 유아차의 바퀴에서 겨우 몇 센티미터 떨어진 곳에 버터나이프를 떨어뜨린다. 매기는 누가 알아차리기 전에 얼른 그 나이프를 주워 베이지색 설거지함에 넣는다.

모자를 쓴 남자와 고양이 스웨터의 여자는 숨죽인 소리로 이야기를 나누며 매기를 빤히 바라보고 있다. 표정을 보니 좋은 말을 하는 것 같지 않다. 사람들이 이렇게 매기를 빤히 바라볼 때면, 그녀는

441

그들이 텔레비전에서 본 자신의 얼굴을 알아본 탓인지 아니면 그저 그녀가 화장을 완벽하게 하고 머리를 크게 부풀려서 이런 일을 하기에는 스스로 너무 예쁘다고 생각하는 것처럼 보이는 탓인지 알 수가 없다. 멀리서 기차가 또 한 대 지나간다. 기차들은 아주 빨리 지나간다. 신비롭게 보이는 구식 기차다. 매기는 기차의 모양과 소리, 앞으로 뛰쳐나가는 모습을 좋아한다. 기차의 목적지를 상상해서 이야기를 꾸며내기도 한다. 그녀는 입술을 빨갛게 칠하고, 멋진 여행 가방을 들고, 그 화려한 기차에 올라타는 상상을 한다.

그날 저녁에 매기는 페이스북에 글을 올린다. 안녕 퍼킨스…. 정말 현실 같지 않았어!

손님과 말다툼이 있었다. 그리고 그 뒤로 하루가 우울한 잿빛으로 변해버렸다. 그녀는 일을 완전히 그만두겠다고 점장에게 말했다. 돈이 필요하지만, 다른 곳에서 일자리를 구하면 된다. 여기만 아니라면 어디든. 그녀는 사회복지사가 되기 위해 학교에 다닐 예정이다. 어떻게든 방법이 생길 것이다. 언제나 그렇다. 뭐, 세상에 올해의 웨이트리스 같은 것이 필요하지는 않을 테니까.

그날 시간이 더 흐른 뒤 그녀는 검은 바탕에 하얀 글씨로 또 글을 올린다. 아빠가 정말 보고 싶어.

매기의 첫 번째 글을 보고 좋아요를 눌러주는 사람은 많지 않을 것이다. 두 번째 글을 보고 위로의 댓글을 다는 사람도 많지 않을 것이다.

하지만 지금은 아직 밤에 그런 글을 올리기 전이다. 매기는 아직 퍼킨스에 있다. 아직 그만두지 않았다. 아직 다른 가능성도 남아 있다. 그녀의 앞에는 아직 많은 날이 남아 있다.

기차가 시야를 벗어나면서, 기차 꼬리가 칼처럼 나무들 속으로 사라진다. 그녀는 허리를 똑바로 펴고 서서 사람들의 목소리를 귀에서 밀어내려고 애쓰며 창밖을 바라본다. 모든 것이 아주 빨리 지나간다.

병원에 입원한 뒤 어머니는 계속 횡설수설하셨다. 조리 있는 말을 할 수 없게 되는 것보다 더 나쁜 일은 그리 많지 않다. 특히 평생 맑은 보드카처럼 똑부러지게 살아온 사람이라면.

하지만 가끔 어머니가 원래 모습으로 돌아올 때면 나는 그 순간을 놓치지 않았다. 어머니와 대화를 나누고 싶었다. 특히 어머니의 갈망이 무엇이었는지 듣고 싶었다. 나는 뭐라도 얘기해달라고 졸랐다. 리미니에 가고 싶으세요? 내가 물었다. 나는 어머니가 티레니아해나 코모 호수 같은 곳을 좋아하기를 바랐지만, 어머니는 친숙한 바닷가 마을인 리미니를 좋아했다. 내가 어머니에게 마지막으로 원하는 것, 꿈꾸는 것, 비현실적일지라도 내가 실현시켜줄 수 있는 기쁨을 말해달라고 애원하자 어머니는 간단히 대답했다. 버펄로윙. 닭다리 말고 밝은 오렌지색 날개만 먹고 싶다는 뜻이었다. 예전에 내가 팬티스타킹과 풀 먹인 검은 바지를 입고 일한 적이 있는 인근 식당에서 만드는 음식. 나는 신이 나서 병원을 나섰다. 전화로 주문을 할 때는 당시 내 상황에서 느낄 수 있는 최고의 전율이 느껴졌다. 나

는 흰색 스티로폼 용기가 들어 있는 갈색 종이 봉지를 식당에서 건
네받았다. 봄이었지만, 나는 차 안의 히터를 세게 틀고 봉지를 그 앞
에 놓았다. 닭날개가 식으면 안 되니까. 어머니는 차가운 음식이라
면 질색하는 분이었다. 혀가 델 것처럼 뜨거운 음식을 좋아하셨다.

나는 의기양양하게 어머니의 병실에 들어섰다. 얼마 전 암 병동
으로 옮긴 어머니의 병실은 처음 입원했던 산부인과 병동의 구질구
질한 방에 비해 아름다웠다. 당시 빈 병실이 있는 곳이 산부인과뿐
이라 그곳으로 입원했는데, 얼굴이 빨개져서 땀을 흘리며 기뻐하는
여자들 사이에 어머니만 홀로 잿빛으로 조용했다.

가져왔어요. 내가 말했다. 어머니가 좋아하시는 거.

어머니가 시선을 들었다. 어머니 옆에는 내가 쌓아 놓은 『피플』지
와 이탈리아 판『피플』지인『젠테』가 있었다. 나는 텔레비전 리모컨
도 어머니의 손이 쉽게 닿을 수 있는 위치에 옮겨놓았다. 하지만 어
머니가 어디에도 손을 댄 흔적이 없었다. 그냥 가만히 누워서 노란
색 벽만 바라보고 있었다.

아. 어머니가 말했다.

그게 무슨 뜻이에요? 아, 라니?

별로 배가 안 고프다.

그래도 한 번 드셔보세요. 제가 잘라 드릴게요.

아냐. 나는 직접 뼈를 들고 뜯어먹는 걸 좋아하잖니.

하지만 어머니는 그럴 수 있는 상황이 아니었다. 뼈를 들고 뜯어
먹으려면 정말로 먹고 싶은 마음이 있어야 한다. 어머니는 닭날개
하나를 들었다가 다시 내려놓았다.

나는 화가 났다. 원하는 것이 없는 어머니에게. 어머니가 뭔가를 원해보려고 시도조차 하지 않는 것에 화가 났다.

저한테 하고 싶은 말은 없어요?

물건들이 어디 있는지는 너도 다 알잖아. 어머니가 도둑들과 귀찮은 친척들의 손이 닿지 않게 숨겨둔 소소한 물건들을 말하는 거였다.

그것 말고 다른 건 없냐고요.

사랑한다.

끝내주네요. 내가 말했다. 어머니는 내 분노를 이해했다. 지금 이 상황을 내가 어머니 탓으로 돌리고 있다는 사실을 알기 때문이었다. 어머니가 병에 걸린 것 자체를 딱히 어머니 탓으로 돌리지는 않았지만, 자신이 병에 걸렸다는 사실에 어머니가 무심한 것이 싫었다.

뭔가 다른 이야기를 듣고 싶은 모양이구나. 어머니의 사투리가 옛날만큼 심하지 않았다. 모르핀 때문에 발음이 불분명해지면서, 어머니의 말투가 다른 사람들과 비슷해진 덕분이었다.

그때 병동에서 가장 친절한 간호사가 들어와 이렇게 말했다. 흠, 닭날개네요! 맛있겠어요! 그러자 어머니가 고기를 간호사에게 내밀었다. 나를 대할 때와는 다른 태도였다. 우리 애가 잘해요. 어머니는 이렇게 말하고서 내 팔을 토닥거렸다.

그 친절한 간호사가 나간 뒤 어머니는 나를 바라보았다. 얼굴이 완전히 잿빛이었다. 병원에서 어머니의 몸에 다른 사람들의 피를 열심히 넣어주는 밤에만 어머니는 분홍색 안색을 되찾아 옛날 내가 알던 모습과 비슷해졌다. 지칠 줄 모르고 집을 치우고, 매주 구리 냄비에 광을 내고, 영화관에서 창피한 줄도 모르고 시끄럽게 해바라기 씨를 먹던 여자.

들을 준비 됐어? 어머니가 내게 물었다.

네. 나는 어머니에게 가까이 다가가 뺨을 만졌다. 아직 온기가 있었지만, 오래지 않아 이 온기가 사라질 것을 나는 알고 있었다.

행복한 모습을 보여주지 마. 어머니가 속삭였다.

누구한테요?

모두에게. 어머니가 지친 듯이 말했다. 벌써부터 요점을 알아듣지 못하는 나를 향해. 어머니가 말을 덧붙였다. 주로 다른 여자들한테.

오히려 그 반대인 줄 알았는데요. 사내놈들 때문에 의기소침해지지 마라.

그건 틀렸어. 사람들은 네가 처져 있는 모습을 볼 수 있어. 반드시 그런 모습을 봐야 해. 만약 네가 행복한 모습을 보여준다면, 다들 널 망가뜨리려고 할 거야.

누가 그런다는 거예요? 나는 다시 말했다. 그게 무슨 소리예요? 이상한 소리 마세요.

내가 아직 젊을 때였어. 아버지가 돌아가신 지 겨우 몇 년밖에 안 됐을 때. 나는 아직 세상에 혼자 나가서 물린 적이 없었다. 게다가 내 마음이 아직 갈피를 잡지 못했어. 아버지는 나더러 모든 걸 다 가질 수 있다고 했거든. 중요한 건 나 자신뿐이라고. 어머니는 우리가 파리 같은 존재라고 나한테 가르쳤어. 우리가 지나치게 꽉 찬 병원 대기실에 있을 때였는데, 어느 병동이든 우리를 받아주기만 바라고 있었지.

그때 어머니의 눈이 감겼다. 아니, 눈꺼풀이 가늘게 떨렸다. 필요 이상으로 극적인 움직임이었다. 그 순간에도 어머니는 당신 인생의 무게를 내게 알리려고 했다.

2018년 7월의 어느 더운 날 밤, 알린 윌큰이 잠자리에 들 준비를 하고 있다. 심야 뉴스를 틀고 이불을 허리까지 덮는다. 침대 한쪽은 비어 있다.

텔레비전 속 앵커는 최근 노스다코타에서 있었던 학생과 교사 간의 스캔들에 대해 이야기한다. 그런 사건이 아주 많다. 여기가 온상인지, 그런 일이 계속 일어난다. 알린은 소리를 키운다.

앵커인 마이크 모큰은 알린이 참고 들어줄 수 없는 앵커들 중 한 명이 아니다. 재판 때 그녀의 딸을 올해의 교사의 가정을 파괴하려고 나선 여자로 취급한 앵커들을 그녀는 참지 못한다. 모큰은 그때 다른 사람들처럼 함부로 비난을 퍼붓지 않았다.

노스다코타에서는 모든 교사의 파일 열람을 신청할 수 있다고 모큰이 말하는 소리가 들린다. 새롭고 충격적인 정보다. 마치 하느님이 마이크 모큰의 입을 통해 그녀에게 지시를 내리고 있는 것 같다. 바로 다음 날 그녀는 웨스트파고 교육당국에 전화해서 교사 아론 노델의 파일 열람을 신청한다. 그녀에게 도착한 두툼한 서류철에 손을 대니 벌써 기분이 더럽다. 한 장씩 서류를 넘길 때마다, 아직 미성년자이던 딸 매기에게 5년만 기다려달라고 말하던 교사의 목소리가 들린다. 그녀의 온몸을 자신의 입으로 뒤덮고 싶어서 기다리기가 힘들다고 말하던 목소리도 들린다.

그러다가 알린은 화가 난다기보다 기가 막히는 자료를 찾아낸다. 재판 중에 공개되지 않은 필체 견본들이다. 지금 그녀가 보고 있는 서류는 아론 노델의 교사 지원서다. 모두 친필로 작성된 이 서류의 독특한 필체가 공개되었다면 문서 감식가가 더 확실한 의견을 낼 수 있었을지도 모른다. 감식가는 노델이 문제의 메모들을 썼다고 볼 수도 있는 증거들이 있는 것 같다고 암시했지만, 분석의 결론으로는 상당히 약한 편이었다.

알린은 이 새로운 자료를 어떻게 해야 할지 알 수 없다. 존 바이어스에게 말할까 생각해보지만, 그는 이미 몇 번이나 그녀의 전화를 무시한 전력이 있다. 재판이 끝난 뒤 알린은 망연자실한 와중에도 손을 뻗어 그와 악수하며 감사하다고 인사하려 했지만, 그는 못 본 척했다. 그녀는 그가 자신에게 아직도 불만을 품고 있음을 알아차렸다. 노델을 기소하는 데 왜 이렇게 시간이 오래 걸리느냐고 전에 그녀가 그에게 물어본 탓인 듯했다. 그때 알린은 바이어스에게 정확히 누구를 위해 일하는 거냐고 물었다. 그때도 지금도 그녀는 누가 자기 편인지 알지 못한다.

그녀가 갖고 있는 것은 딸의 주장에 대한 흔들리지 않는 믿음뿐이다. 뉴스 전광판의 헤드라인들처럼 모든 증언과 증거가 그녀의 머릿속을 흘러간다. 갖가지 정보가 쓰레기처럼 매립되어 김을 피워 올리고, 거기서 끔찍한 생각들이 빗물처럼 흘러나온다. 그들이 재판에 집중하면서도 한편으로는 마크 윌큰의 죽음을 슬퍼하느라 교육 당국에 멋대로 휘둘린 날이 얼마나 되던가? 그녀는 침대에서 비어 있는 옆자리를 바라보며 올바른 길을 알려달라고 애원한다.

이 자료를 내밀면, 노렐이 그녀의 딸에게 네가 하루빨리 열여덟 살이 되면 좋겠다는 메모를 썼다고 사람들이 마침내 믿어줄까?

누군가에게 전화를 걸고 싶다. 온 세상을 향해 말하고 싶다. 이것 좀 봐요! 우리 가족이 그동안 얼마나 이용당하고 무시당했는지 봐요. 그들이 감추고 있던 증거를 보라고요! 그녀는 전화기를 든다. 하지만 곧 다시 내려놓는다. 전화할 사람이 없다. 관심을 보일 사람이 없다. 딱히 실망한 것은 아니다. 가끔 세상 일이 자기 뜻대로 흘러가는 사람이나 이럴 때 실망하는 법이다. 그녀는 몇 년 전부터 딸과 남편과 자신의 결백을 증명하려고 애쓰고 있다. 겉으로 보기에는 확실히 그렇지만, 침실에 혼자 있을 때는 속으로 혼자만의 재판을 연다. 가족들이 지금까지 했던 모든 행동, 모든 식사와 모든 여행과 모든 음주를 일일이 되돌아보며 무시무시한 시간을 하염없이 보낸다.

다음 날 저녁 일을 마친 매기가 집에 들르자 알린은 새로 발견한 그 필체 견본에 대해 말한다. 그리고 딸에게 이걸 어떻게 해야 할지 묻는다. 이걸 증거로 다시 시도하고 싶은지. 매기는 어깨를 으쓱한다.

뭣 하러 그래요, 엄마? 이번에는 그 사람들이 날 믿어줄 것 같아요?

알린은 고개를 끄덕이고 부엌 쪽으로 움직인다. 파스타를 만들어 먹든지, 수프를 다시 데우든지, 음식을 배달시켜 먹으면 될 것이다. 뭐가 좋겠니, 매기? 매기는 배가 고프지 않다고 말한다. 피곤할 뿐이다. 그녀는 행동건강 전문가로 근무를 마치고 온 참이다. 대부분 그녀 자신보다 어려운 환경에 처한 아이들을 담당하는 일이다.

매기, 나가서 먹을까, 우리 둘이?

재판 이후로, 마크 윌큰의 죽음 이후로, 매기는 옛날에 좋아하던 것들을 좋아하지 않게 되었다. 무슨 짓을 해도 기꺼워하지 않는 부모보다 더 상대하기 힘든 것은 세상에 환멸을 느껴 부모가 애쓰는 것도 마뜩지 않게 생각하는 자식뿐이다. 필사적인 엄마의 노력만으로는 충분하지 않다는 것을 알린은 깨닫는다.

여성들이 목소리를 낼 수 있는 세상이라 해도, 대개는 적극적으로 목소리를 낼 수 있는 여성들의 집단이 따로 있다. 백인 여자. 부유한 여자. 예쁜 여자. 젊은 여자. 이 모든 걸 다 갖췄다면 최고다.

우리 어머니처럼 자신의 의견을 밝히는 것을 두려워하는 여자들도 있다. 내가 처음에 이야기를 나눈 여자들 중 한 명은 자기가 지금 하고 있는 사랑에 대해 이야기하면 그 사랑이 떠나버릴 것 같아 두렵다면서 나와의 대화를 중단했다. 사랑에 대해 말하는 것이 사랑을 가장 빨리 끝내는 방법이라고 그녀에게 말해준 사람은 바로 그녀의 어머니였다. 이름이 맬로리인 그녀는 키가 크고 머리를 길게 기른 도미니카 출신 여성이다. 서양자두 색깔의 모래가 있는 섬나라 도미니카는 가난한 곳이며, 바닷가에는 화장실이 덩그러니 서 있다. 사랑에 빠지기 전에 맬로리는 흑인 여성, 백인 남성과의 잠자리를 즐겼다. 그녀가 자신과 같은 흑인 여성들을 만난 것은 그들과 함께 있을 때 자신이 아름다워진 것 같고 마음이 놓이기 때문이었다. 백인 남자들 중에는 특히 면 셔츠를 즐겨 입는 뉴잉글랜드 남자들이 많았는데, 그들은 침대에서 지루하고 불안하게 굴었다. 하지만 인종 차별주의자로 짐작되는 이런 남자들과 섹스한다는 이유로 흑인 여자들에게서 비난받는 상상을 하면 그녀는 흥분했다. 백인 여

452

자들이 원하는 백인 남자들과 섹스할 때도 그녀는 흥분했다. 그녀가 어렸을 때 그녀가 사는 섬으로 휴가를 온 백인 여자들은 검은 모래밭의 오두막에서 사는 그녀의 어머니에게서 사롱 천을 사곤 했다. 맬로리는 그들을 보며 그들처럼 되고 싶었다.

욕망에 대한 두려움 중에는 이미 오래 전에 극복했어야 마땅한 것들이 많다. 상대를 가리지 않고 섹스하고 싶다는 말을 할 수는 있지만, 그렇게 해서 반드시 행복해질 것이라고 말할 수는 없다.

인디애나에서 방을 가득 채운 여자들의 이야기를 들을 때면, 우리들 사이에는 많은 동지애와 조용한 염려가 흘렀다. 하지만 리나가 방금 에이던을 만나고 행복한 모습으로 모임에 나올 때면, 다른 참가자들은 손가락으로 의자나 책상을 두드리며 그녀의 행복을 눌러버리려고 했다.

어떤 여자들은 가정도 있고, 자신을 부양해주는 남편과 건강한 아이들도 있는 리나에게 갑갑함을 표출했다. 모든 것이 깔끔하게 잘 돌아가고 있는데도 더 많은 것을 원하는 그녀에게 그들은 화를 냈다.

리나가 어렸을 때 그녀의 어머니는 모든 것을 간섭하며 자기 뜻대로 휘둘렀다. 리나의 화장품 색깔과 옷 색깔도 어머니가 골랐고, 리나가 싫어하는데도 분홍색 물건을 잔뜩 사서 딸에게 안겨준 사람도 어머니였다. 리나의 어머니는 딸에게 신경도 쓰지 않고 그냥 자기 마음에 드는 물건들을 샀다. 리나의 아버지는 딸과 함께 시간을 보낸 적이 없었다. 리나는 몇 년 동안 밤마다 아버지에게 타이어 가는 법을 가르쳐달라고 애원하던 것을 기억한다.

그녀는 토론 모임의 여성들에게 에드가 자신의 아버지와 똑같은 사람이라고 설명했다. 리나의 말이나 의견을 전혀 흡수할 줄 모르는 사람이라는 것이다. 그녀는 '파트너'를 원했다. 하지만 그녀 주변의 사람들은 이 단어의 의미를 모르는 것 같았다. 그녀는 섹스하고 사랑하고 함께 차를 고칠 수 있는 사람을 원했다. 컨버터블이든 뭐든 함께 차에 올라 더운 비포장도로에서 드라이브를 즐길 수 있는 사람을 원했다. 그런 상대가 없는 것은 최신식 세탁기를 갖지 못한 것과는 다른 문제였다. 리나에게 있어서 파트너가 없다는 것은 느리고 조용한 죽음과 같았다. 아마 에이던은 그녀와 그런 일들을 함께 해주지 않을 것이다. 끝내 아내와 헤어지지 않을지도 모른다. 그녀가 화려하게 포장한 그의 모습이 모두 틀린 것일 수도 있다. 하지만 에이던은 그녀의 피를 뜨겁게 만들어주었다. 집의 일부가 아니라 다시 여자가 된 기분을 느끼게 해주었다. 이제 그녀는 자기 인생의 끝을 분명히 예상할 수 없었다. 자신이 묻히게 될 회색 땅과 자신의 시체를 실은 장의차가 지나갈 길이 이제는 그려지지 않았다. 그것이 그녀가 평생 했던 모든 일 중에 가장 살아 있는 사람다운 행동이었다.

노동절 주말에 슬론과 리처드는 일과 관련해서 말다툼을 벌인다. 그들은 며칠 동안 섹스를 하지 않은 상태다. 슬론은 매일 섹스를 하지 않으면 리처드가 조금 뻬딱해진다는 것을 알고 있다. 서른여섯 시간의 공백은 너무 길다. 어떤 때는 스물네 시간도 너무 길다. 하지만 이날 그는 화가 나서 그녀와 유대를 느끼고 싶어 하지 않는다. 이

번만은 그가 섹스를 미루고 싶어 한다. 밖에서는 남자들이 집의 삼나무 판자벽에 페인트를 칠하고 있다. 민트색을 회색으로 바꾸는 중이다.

슬론은 제모 예약을 하고 목욕을 한다. 온몸이 물에 잠겨 있는데 그들의 놀이 친구 한 명에게서 문자가 온다. 창턱에 올려둔 휴대폰에 문자가 들어온 것을 보고 그녀는 물이 뚝뚝 떨어지는 손으로 휴대폰을 들어 리처드에게 전화한다.

당신이 나랑 섹스하지 않으려는 건 알지만, 난 그게 필요해. 그녀가 말한다.

리처드는 계속 거부한다. 그래도 슬론이 계속 조르자 결국 그는 집으로 오겠다고 말한다. 침실에서 그가 그녀의 다리 사이로 내려가자 그녀는 위로 올라와 온몸을 자신과 겹친 채로 안으로 들어오라고 말한다. 그는 거부한다. 아직 감정적으로 그걸 소화할 수 없다면서. 그는 그녀와 몸을 겹치지 않고 이렇게 입으로만 그녀를 가게 만드는 편이 더 편하다고 말한다.

알몸에 레이스만 걸친 그녀는 그를 끌어들이려고 자기 몸으로 쓸 수 있는 방법을 모두 동원한다. 그는 계속 거부하고 그녀는 계속 고집을 부린다. 결국 그가 한 발 물러나서 섹스를 시작한다. 강렬하고 깨끗하고 빠른 섹스다. 그가 그녀의 입 안에서 끝냈을 때, 그것이 거의 그녀의 코로 나올 것만 같다.

그 뒤에 슬론은 그 자리에 누워 있다. 작은 죽음이 아니라 그 반대의 느낌이다. 거의 충만한 느낌. 가족과 소중한 친구들의 건강 외에 가장 중요한 것은 결국 자신이 세상 누구보다 남편을 원하고 남편이 무엇보다 자신을 원한다는 사실이다. 그녀가 겪어온 갖가지 고난과 매일 수백 가지씩 벌어지는 힘든 일들에도 불구하고, 남편과의 이런 깊은 교섭보다 더 좋은 건 세상에 없다.

그녀를 시기하는 사람들은 등 뒤에서 나쁜 말을 떠들어댄다. 매기 월큰이 사실을 밝히고 나섰을 때, 리나 패리시가 소년 세 명에게 강간당한 뒤 사람들에게 듣던 것과 같은 말이다. 물론 슬론은 다른 사람들의 말에 신경을 쓰지 않아도 되는 사치를 누릴 수 있다. 백인이고 예쁘고 사업체를 운영하는 사람이니까. 친정도 부유하다. 그녀는 세상이 자신에게 이로운 방향으로 돌아가는 경로를 모두 알고 있다. 동시에 세상이 그녀를 끌어내리고 싶다면 어떤 것들을 이용할지도 알고 있다. 하지만 남편과 있을 때는 세상에 단 둘뿐이다. 실제로는 그렇지 않을 때조차 그렇게 느껴진다.

어머니는 세상을 떠나셨다. 모든 어머니들이 언젠가는 돌아가시며 자신의 지혜, 두려움, 욕망의 흔적을 남긴다. 어떤 어머니들의 흔적은 아주 훤히 눈에 띄지만, 우리 어머니의 흔적을 보기 위해서는 자외선 조사 장치가 필요했다.

어머니가 원하는 것이 거의 없었다는 사실이 최고였다. 아무 것도 원하지 않는 것만큼 안전한 일은 없다. 하지만 그런 식으로 안전해져도 사람이 질병, 고통, 죽음에 익숙해지지는 않는다는 사실을 나는 알게 되었다. 때로는 그저 체면을 지키는 데 불과할 뿐이다.

초가을에도 알린 월큰은 새로 발견한 필체 견본에 대해 생각하고 있다. 이것을 이용해서 앞으로 나아가면 아직 좋은 결과를 얻을 수 있을 것이라는 확신이 든다. 그녀는 매기에게 자신의 희망을 이야기하지만, 매기는 어머니의 생각에 동의하지 않는다.

그녀가 그 모든 이야기를 꾸며낸 것이 아니라는 생각을 많은 사람들이 단 한 순간이라도 받아들이려면 반드시 전문가가 인정하는 증거가 있어야 한다는 사실을 생각하면 갑갑하다 못해 화가 치솟는다.

재판 도중과 그 이후에 매기와 가족들은 전형적인 존재로 묘사되었다. 섬세한 차이 대신 '문제 가정'이라는 단어가 모든 것을 표현했다. 매기가 어렸을 때 겨울이 되면 마크 윌큰은 분무식 제설기를 꺼내 뒷마당에 아이들이 썰매를 탈 수 있는 거대한 눈 언덕을 만들어주었다. 몇 시간이나 걸리는 일이었지만, 그는 아이들이 이 언덕을 얼마나 좋아하는지 알고 있었다. 알린 윌큰은 남편이 세상을 떠나기 석 달 전부터 술을 끊어 지금까지 유지하고 있다. 매기의 부모가 술을 많이 마신 것은 사실이지만, 부모 역할을 팽개치지는 않았다. 게다가 무엇보다 자식들을 사랑했다. 하지만 그 사랑은 어디론가 쓸려가버렸다. 언론과 학교와 거리에서는 아론 노델의 선행만 열거되었다.

재판이 막바지에 이른 어느 날 매기가 법정을 나서는데, 머리가 희끗희끗하고 뚱뚱한 50대 남자가 그녀에게 척척 다가와 이렇게 말했다. "이게 도움이 될지는 모르겠지만, 난 아가씨를 믿었소. 처음부터. 첫날부터 믿었어요."

그의 눈빛은 상냥했다. 매기는 이제 잘 모르는 남자를 믿기 힘들었지만, 낯선 사람이 이렇게 편을 들어주는 것이 고마웠다. 가족과 친한 친구 외에 그녀의 편이 되어준 사람은 그 남자뿐이었다. 그녀를 믿어준 유일한 사람, 또는 그 말을 할 만큼 무모한 용기를 발휘해 준 유일한 사람.

반면 아론 노델은 다른 교사들, 학생들, 기자들, 주유소 직원들, 식료품점 계산원들의 은근한 지지를 받고 있었다. 그들은 그를 만난 적도 없고 매기를 만난 적도 없었다. 그래도 다들 재판이 열리기도 전부터 아론 노델에게 한 표를 던졌다.

"이 잘생긴 남자가 그런 짓을 하지 않았다고 생각하고 싶었던 거지." 알린이 말한다. "그놈을 옹호하면서 자신이 안전하다고 느낀 거야."

사실 세상은 언제나 이미 박수를 받은 사람에게만 박수를 보내고 싶어 한다. 역사를 통틀어 이미 받아들여진 사람에게만. 수많은 사람들이 매기의 이야기에 보이는 반응이 내게는 불편하게 다가왔다. 매기의 설명을 믿는 사람들조차 그녀 역시 공범이었다고 생각했다. 솔직히 아론 노델이 무슨 짓을 했는가? 강간을 한 건 아니지 않은가. 그들은 이렇게 말했다. 그 사람은 가정이 있는 훌륭한 교사야. 이런 일로 인생이 완전히 망가지는 건 좀 그렇지.

하지만 아론 노델의 행동은 한 아이에게 강간과 거의 비슷한 피해를 입혔다. 사회는 매기 같은 여자아이들을 훌륭한 판단력을 지닌 성인으로 취급한다. 그녀는 약간의 문제를 지닌 똑똑한 아이였다. 아론 노델이 훌륭한 교사라면, 그녀를 자신감 있고 훌륭한 어른으로 만들어줄 촉매가 될 수 있었을 것이다. 하지만 그는 정반대의 존재가 되었다.

남녀를 막론하고 매기의 이야기를 진실로 받아들인 많은 사람들이 내게 이렇게 말했다. 뭐, 그 애가 원한 일이잖아요. 자기가 자초한 거죠. 하지만 나는 그렇게 생각하지 않는다. 그녀는 아이가 상장과 선물을 받아들이듯이 그 일을 받아들였을 뿐이다. 어른 여자에게는 스스로 판단할 힘이 있지만 아이는 그렇지 않다. 사랑을 원하는 매기의 마음, 가치 있는 존재라는 말을 누군가에게서 듣고 싶다는 욕망은 결국 뻔뻔스럽다는 이유로 공격의 대상이 되었다.

슬론과 리나의 이야기를 다른 사람들에게 들려주었을 때도 나는 같은 반응을 보았다. 특히 그들과 가장 가까운 사람들, 친구들과 이웃들이 그랬다. 마치 사람들은 누구든 다른 사람이, 특히 여자가 욕망을 느끼기를 바라지 않는 것 같았다. 결혼은 괜찮았다. 결혼은 그 자체로서 감옥이고 저당이니까. 자신이 머리를 놓을 자리와 개 밥그릇을 놓아둘 자리가 모두 정해져 있다. 하지만 아무하고나 자고 돌아다닌다면, 두려워하던 모든 일이 현실이 될 수 있다. 어머니가 내게 남긴 마지막 교훈, 누구에게도 행복한 모습을 보여주지 말라는 교훈은 사실 내가 그보다 훨씬 오래 전 어렸을 때 이미 받아들인 가르침이었다. 옛날에 아버지는 목욕할 때 물속에서 온도에 따라 색이 변하는 인어공주 인형을 내게 사주곤 했다. 아버지는 어머니에게 말하지 말라는 말을 한 적이 없지만 내가 스스로 입을 다물었다.

현재 알린 윌큰은 일시적인 구원과 비슷한 감정을 느끼고 있다. 앞으로 나아갈 길이 생길 것 같다고 남편에게 말하고 싶다. 딸을 설득하고 싶다. 하지만 매기는 조용하고 냉담하고 신중하다. 누구에게든 자신을 너무 많이 드러내면 안 된다는 교훈을 배웠기 때문이다. 자신이 하는 말은 무엇이든 자신에게 불리하게 이용될 수 있다. 아니, 실제로 그렇게 이용될 것이다.

게다가 시기도 좋지 않다. 그녀가 기뻐하지 않을 만도 하다. 그 필체 견본이 발견되기 직전에 매기 윌큰은 아론 노델이 셰이엔의 골프 팀 신임 부코치가 되었다는 사실을 알게 되었다. 학교 웹사이트에 그가 뒷짐을 지고 웃고 있는 사진이 있다. 예전 재판 때보다 살이 더 찌고 더 건장해졌다. 안색도 그때만큼 창백하지 않다. 여학생 열다섯 명과 함께 서 있는 그는 건강하고 즐거워 보인다. 여학생들 중일부는 갈색 머리고 일부는 금발 머리다. 빨간머리도 한두 명 있다.

감사의 말

감사합니다. 제게 끝없는 친절을 보여준 잭슨, 저는 앞으로 평생 그 친절의 바다에 한 번 닿아보려고 애쓸 겁니다. 나와 함께한 짧은 세월 동안 너무 많은 것을 내게 주신 어머니와 아버지. 나를 구해준 이와, 스스로를 구한 내 남자 형제.

시드니, 당신이 해준 모든 일은 밤하늘을 밝히는 지등紙燈과 같습니다. 자매애를 보여준 에보니, 케이틀린, 잰, 비번, 카렌, 베스, 데이나, 일드, 루시아, 캐롤라인, 에밀리, 크리스티나, 로르, 크리시, 대라, 조, 커밀라, 루스, 샬럿. 에디도 역시.

편집자 조피 페라리 애들러에게는 한없는 감사를. 그는 나를 믿어주고 기다려주었으며, 조용하고 우아하게, 압박감 없이 나를 압박했다. 내 대리인 젠 조얼은 언제나 최고의 실력을 발휘했고, 존 카프는 여기에 감사한다고 이름을 적는 것만으로도 나 자신이 자랑스러워지는 사람이다.

그 밖에 일찍부터 나를 믿어준 훌륭한 편집자이자 이야기를 사랑하는 사람인 데이비드 그레인저와 타일러 캐봇에게도 감사한다. 이 두 사람과 마찬가지로 일반 독자들에 앞서 의견을 말해준 모든 사람에게 감사한다. 우상 같은 존재지만 실제로 만났을 때 더 좋은 애덤 로스에게 감사한다. 너그럽게 꼭 필요한 것들을 가르쳐준 환상적인 예술가 레슬리 엡스틴과 하진에게 감사한다. 내게 올바른 방향을 가르쳐준 맷 앤드리와 저스틴 가르시아와 캐스린 코에게 감사한다. 거기에 지혜와 진심을 함께 보여준 것도 감사하다. 훌륭한 솜씨를 보여준 닉 파첼리와 수전 게이머에게 감사한다. 따뜻한 이야기로 시작하라는 조언을 해준 마이크 세이저에게 감사한다. 그것은 내가 받아들이지 않은 유일한 조언이었다. 내가 쓴 글을 마침내 읽어준 맷 수멜에게 감사한다. 내가 몰랐다면 아쉬웠을 자주색과 서양자두 색과 그 밖의 모든 것에 대해 조던 로드맨에게 감사한다. 처음부터 줄곧 존재했던 것처럼 보이는 이 표지를 만들어준 앨리슨 포너에게 감사한다.

어비드 리더 프레스, 사이먼＆셔스터, ICM, 커티스 브라운의 모든 두뇌들에게 감사한다. 벤 로넨, 캐롤린 리디, 메레디스 빌라렐로, 줄리아나 호브너, 닉 비바스, 티아 이케모토, 캐스런 서머헤이스, 제이크 스미스-보샌킷, 캐롤린 켈리, 셰리 웨서먼, 엘리사 리블린, 폴 오헬로런, 어맨다 멀홀랜드, 마이크 콴, 브리지드 블랙, 폴라 어멘돌라라, 레오라 번스틴, 테레사 브룸, 레슬리 콜린스, 크리시 페스타, 체리 힉먼, 알레산드라 라카바로, 트레이시 넬슨, 다니엘라 플렁킷, 웬디 시닌, 그리고 내 맘에 쏙 드는 이메일을 보내준 스투 스미스.

마지막으로 가장 중요한 사람들. 이 책에 실린 리나, 슬론, 매기, 알린에게 영원히 큰 신세를 졌다. 이 여성들의 너그러움 덕분에 이 책이 만들어질 수 있었다. 그들이 아니었다면 이 책은 태어나지 못했을 것이고, 우리들은 꼭 필요한 인간성을 찾아내지 못했을 것이다. 그들은 실존 인물이다. 그들이 내게 이야기를 털어놓은 것은 자신을 위해서가 아니라 자신의 이야기가 누군가에게 좋은 영향을 미칠지도 모른다는 생각 때문이었다. 그들의 진실, 용기, 희망 앞에서 나는 겸허해진다. 그들의 이야기를 읽으며 독자들 역시 욕망의 찬란함과 무자비함을 모두 떠올릴 수 있을 것이라 믿는다. 이것은 피와 뼈와 사랑과 고통으로 이루어진 이야기다. 탄생과 죽음의 이야기다. 모든 것이 한꺼번에 존재한다. 결국 그것이 인생이다.

옮긴이 **김승욱**

성균관대학교 영문학과를 졸업하고 뉴욕시립대학교 대학원에서 여성학을 공부했다. 동아일보 문화부 기자로 근무했으며, 현재 전문 번역가로 활동하고 있다 . 옮긴 책으로 『나보코프 문학 강의』, 『분노의 포도』, 『푸줏간 소년』, 『노년에 대하여』, 『우아한 연인』, 『히카르두 헤이스가 죽은 해』, 『샤프롱』, 『스카이라이트』, 『니클의 소년들』, 『뉴호라이즌스』 등 100여 권이 있다.

세 여자

초판 1쇄 발행 2021년 8월 30일
지은이   리사 태디오
옮긴이   김승욱
펴낸이   김태균
펴낸곳   코쿤북스
등록   제2019-000006호
주소   서울특별시 서대문구 증가로25길 22 401호
ISBN   979-11-969992-7-8 03180

• 책값은 뒤표지에 표시되어 있습니다.
• 잘못된 책은 구입하신 서점에서 교환해 드립니다.
• 책으로 펴내고 싶은 아이디어나 원고를 이메일(cocoonbooks@naver.com)로 보내주세요.
  코쿤북스는 여러분의 소중한 경험과 생각을 기다리고 있습니다.